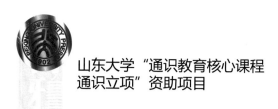

山东大学"通识教育核心课程
通识立项"资助项目

中外旅游文化赏析
——与风景对话

Appreciation of Tourist Culture in China and Abroad: Communication with Landscapes

王素洁 主编

图书在版编目(CIP)数据

中外旅游文化赏析:与风景对话/王素洁主编. —北京:北京大学出版社,2013.3
(21世纪经济与管理规划教材·旅游管理系列)
ISBN 978-7-301-21714-6

Ⅰ.①中… Ⅱ.①王… Ⅲ.①旅游文化-世界-高等学校-教材 Ⅳ.①F591

中国版本图书馆CIP数据核字(2012)第295227号

书　　　名:	中外旅游文化赏析——与风景对话
著作责任者:	王素洁　主编
责 任 编 辑:	宋　霜
标 准 书 号:	ISBN 978-7-301-21714-6/F·3541
出 版 发 行:	北京大学出版社
地　　　址:	北京市海淀区成府路205号　100871
网　　　址:	http://www.pup.cn
电 子 信 箱:	em@pup.cn
新 浪 微 博:	@北京大学出版社　@北京大学出版社经管图书
电　　　话:	邮购部 62752015　发行部 62750672　编辑部 62752926　出版部 62754962
印 刷 者:	北京虎彩文化传播有限公司
经 销 者:	新华书店
	787毫米×1092毫米　16开本　15.75印张　364千字
	2013年3月第1版　2020年6月第4次印刷
印　　　数:	6001—7000册
定　　　价:	32.00元

未经许可,不得以任何方式复制或抄袭本书之部分或全部内容。
版权所有,侵权必究
举报电话:010-62752024　电子信箱:fd@pup.pku.edu.cn

丛书出版前言

作为一家综合性的大学出版社,北京大学出版社始终坚持为教学科研服务,为人才培养服务。呈现在您面前的这套《21世纪经济与管理规划教材》是由我国经济与管理领域颇具影响力和潜力的专家学者编写而成,力求结合中国实际,反映当前学科发展的前沿水平。

《21世纪经济与管理规划教材》面向各高等院校经济与管理专业的本科生,不仅涵盖了经济与管理类传统课程的教材,还包括根据学科发展不断开发的新兴课程教材;在注重系统性和综合性的同时,注重与研究生教育接轨、与国际接轨,培养学生的综合素质,帮助学生打下扎实的专业基础和掌握最新的学科前沿知识,以满足高等院校培养精英人才的需要。

针对目前国内本科层次教材质量参差不齐、国外教材适用性不强的问题,本系列教材在保持相对一致的风格和体例的基础上,力求吸收国内外同类教材的优点,增加支持先进教学手段和多元化教学方法的内容,如增加课堂讨论素材以适应启发式教学,增加本土化案例及相关知识链接,在增强教材可读性的同时给学生进一步学习提供指引。

为帮助教师取得更好的教学效果,本系列教材以精品课程建设标准严格要求各教材的编写,努力配备丰富、多元的教辅材料,如电子课件、习题答案、案例分析要点等。

为了使本系列教材具有持续的生命力,我们将积极与作者沟通,争取三年左右对教材不断进行修订。无论您是教师还是学生,您在使用本系列教材的过程中,如果发现任何问题或者有任何意见或者建议,欢迎及时与我们联系(发送邮件至 em@pup.cn)。我们会将您的宝贵意见或者建议及时反馈给作者,以便修订再版时进一步完善教材内容,更好地满足教师教学和学生学习的需要。

最后,感谢所有参与编写和为我们出谋划策提供帮助的专家学者,以及广大使用本系列教材的师生,希望本系列教材能够为我国高等院校经管专业教育贡献绵薄之力。

北京大学出版社
经济与管理图书事业部
2012年1月

前　言

真正的旅游活动是旅游者与所欣赏景观之间的沟通,是旅游者与风景之间的对话。然而,对话,不仅需要双方语言互通,还需要理解对方的语意。在旅游过程中,如果旅游者欣赏自然、人文景观时,却完全不懂他要欣赏的旅游景观的"语言",欣赏也就无从谈起。何为旅游景观的语言?这种语言即是有关旅游景观文化以及旅游景观美学方面的知识和素养。

《中外旅游文化赏析——与风景对话》作为一本通识教育书籍,目的即介绍旅游景观文化,阐释旅游审美知识,与读者一起与风景"对话"。一方面,尝试介绍不同类别的自然、人文景观的文化内涵、文化背景、构景规律、美学特色和欣赏要点,以丰富读者的人文素养;另一方面,希冀引领读者感受旅游景观的生命力和创造力,启发读者用自己的眼睛、耳朵去发现景观之美、生活之美,启迪读者用心灵与风景对话,并解读和创造风景的生命,最终在轻松的阅读中收获快乐的知识、美好的体验和思考的乐趣。

本书以国内外自然、人文景观的文化意蕴与美学特点为研究对象,因其内容之博大,很难做到面面俱到,因此,采取了专题的形式,结合典型景观的文化分析与审美欣赏实例,引导读者了解景观文化和景观审美的精髓所在,每个专题代表了旅游景观的不同类别与方向。

在内容选取上,设置了四个板块:

第1板块,是对旅游与旅游本质的整体介绍,主要是绪论部分,力图给读者一个对旅游与旅游审美、旅游文化的总体印象。

第2板块,是对旅游景观审美系统的具体介绍,包括旅游景观、旅游景观审美系统和培育主体的审美潜能。

第3板块,是对自然景观文化与自然景观审美的研究,包括自然景观的类型与自然美、自然景观赏析的基本方法等。

第4板块,是对人文景观文化意蕴与美学特征的剖析,包括建筑景观文化与审美、园林景观文化与审美、聚落景观文化与审美、宗教景观文化与审美、饮食文化与审美。

这四大板块力求紧密配合,环环相扣,从不同的角度为读者展现了景观文化和景观审美的博大精深。

本书的目的并不是要使读者都成为专家,只希望能给读者提供一些基本知识。如果读了本书以后,能够引发读者对景观文化赏析的兴趣,并对提高旅游过程中的文化鉴赏和美学赏析能力提供一点帮助,笔者就十分满意了。

本书由王素洁任主编。参加本书书稿撰写工作的有山东大学王素洁(绪论、第1—4章)、戴彦臻(第6章),厦门大学张进福(第5章)、济南大学程卫红(第7章),由王素洁负责最后的修改与定稿。

对于本书的编著,我们首先感谢山东大学的"通识教育核心课程通识立项"的资助。在书稿撰写中,许多前辈和同事给予了诸多指教和帮助,在此也向他们表示真诚的敬意和感谢。书稿中也凝结了编者家人无言的爱和默默的奉献,铭记并感恩于心。

鉴于我们的认识水平和能力,书中可能会存在很多不足之处,敬请读者和使用者批评指正。

编者
2012年10月

目　录

绪　论　培养旅游审美的眼睛 …… 1

第一章　旅游景观审美系统 …… 4
　第一节　审美视野下的旅游景观 …… 5
　第二节　景观审美关系中的主体认识 …… 12
　第三节　人景互动之境 …… 16

第二章　自然景观文化赏析 …… 20
　第一节　自然景观及其审美特征 …… 21
　第二节　自然景观的美学形式 …… 28
　第三节　自然景观探美 …… 32

第三章　建筑景观文化赏析 …… 40
　第一节　建筑景观文化 …… 41
　第二节　中西古典建筑景观的艺术特征及文化解读 …… 46
　第三节　建筑景观的美学赏析 …… 60
　第四节　经典建筑景观赏析 …… 67

第四章　园林景观文化赏析 …… 77
　第一节　园林景观概况 …… 78
　第二节　中国古典园林及鉴赏 …… 79
　第三节　西方园林文化及鉴赏 …… 94
　第四节　中西经典园林赏析 …… 101

第五章　聚落景观文化赏析 …… 106
　第一节　聚落景观 …… 107
　第二节　聚落景观文化审美 …… 111
　第三节　中外聚落精粹赏析 …… 117

第六章　宗教文化景观赏析 …… 133
　第一节　宗教文化 …… 134
　第二节　宗教文化景观 …… 144

第三节　经典宗教文化景观赏析…………………………………………… 158

第七章　饮食文化赏析…………………………………………………………… 170
　　第一节　亦食亦景食文化…………………………………………………… 171
　　第二节　清雅恬淡茶文化…………………………………………………… 183
　　第三节　似火如冰酒文化…………………………………………………… 198

附　　录　世界遗产景观名录………………………………………………………… 207
主要参考文献…………………………………………………………………………… 240
后　　记………………………………………………………………………………… 242

绪论　培养旅游审美的眼睛

旅行是人类生命存在的组成部分，是人类生命系统的开放和拓展。从这个意义上说，自从有了人类便有了旅行活动，只不过早期的消遣性旅游活动仅限于社会中的极少数人。第二次世界大战后，旅游在全球已发展为一种广泛而普及的大众活动。今后，随着经济的发展、人们闲暇时间的增多和受教育程度的不断提高，以及其他各种社会经济因素的有力促进，参加旅游活动的人群仍将会不断扩大。

旅游是文化传递的过程，是综合审美的过程，文化和审美是旅游活动的灵魂。只有洞晓旅游文化，了解旅游审美，才能在旅程中发现美、感觉到美，并解读风景乃至创造风景。

旅游是能够给人带来快乐的活动。如能了解旅游活动发展的来龙去脉，以及旅游活动的本质与特征，则可较为深入地参与旅游活动，并获得较为深刻的旅游体验。

一、旅游活动的产生与发展

对于旅游活动的具体起源时间，虽然尚无定论，但可以肯定的是，旅游是人类社会经济发展到一定程度的产物。一般认为，原始社会的中早期，由于社会经济条件的制约，当时只有出于谋生或逃避灾害为目的的迁徙活动。迁徙的人们一旦离开常住地便不再返回，此过程主客观上均非为了消遣娱乐，因此，还没有现代意义上的旅游活动。至原始社会末期，第三次社会大分工，商业从农业、畜牧业和手工业中分离出来。商人为了商品交换或经商的需要，产生了经常性的自愿外出旅行活动。旅行，是人们出于迁徙以外的任何目的，如差旅、经商、会议、休闲等，离开自己的常住地到异地作短暂停留并按原计划返回的行为。旅游活动是以消遣为目的的旅行活动，是旅行活动的子类。当时商人的旅行活动，是经商促发的一种经济活动，仍不属于以消遣为目的的旅游活动。所以，人类的旅游行为虽然孕育于人类的迁徙和旅行活动中，但迁徙和旅行都不是今天纯粹意义上的旅游活动。到奴隶社会，随着社会经济的繁荣，商旅旅行更加发达，而且在奴隶主阶级（有闲阶级）中出现了以消遣为目的的享乐旅行，也即今天意义上的旅游活动，但规模较小。

封建社会经济的繁荣为旅行活动的发展奠定了物质基础，非经济目的的旅行活动有所发展，但在规模上占主导地位的仍是商务旅行，消遣性旅游活动的参与者主要以统治阶级及其附庸阶层为主，旅游活动的开展没有普遍的社会意义。

19世纪产业革命的完成，除了为资本主义制度的建立奠定了物质基础之外，给人类社会带来了一系列的变化，从而也对当时的旅游活动的发展产生了巨大的促进性影响。一方面，它带来了社会经济的繁荣和交通运输手段的进步，从而使更多人有了外出旅游的经济基础；另一方面，人们赢得了某些传统节假日休假的权利。所有这些变化都为更多的人外出旅游提供了新的条件，参加旅游活动已经发展成为一种社会性的需要。英国人托马斯·库克（Thomas Cook，1808—1892）敏锐地观察和意识到了这一情况，并于1841年尝试以包租火车的方式组织了一次团体旅游活动,这次活动被普遍认为是世界上首例团体火车旅游,并被看做近代旅游业的开端。随着旅游业作为一个经济行业的产生,世界范围内的旅游活动进入了具有一定社会性基础的近代旅游时代。

第二次世界大战结束以后,尤其是20世纪60年代之后,世界局势相对稳定,各国经济迅速发展,有些西方国家开始进入富裕社会,人均国民收入增加,这对旅游活动的迅速发展和普及起到了极其重要的刺激作用。此外,带薪假期的增加和交通运输条件的改善等,都极大地推动了旅游活动在世界各地的迅速普及。旅游活动成为社会中众多普通公民生活的一部分,进入大众旅游时代。

因诸多因素的影响,中国大众性旅游活动的兴起较晚。20世纪80年代改革开放以后,真正意义上的大众旅游才在中华大地上姗姗起步,但自20世纪90年代中期以来,发展迅速而蓬勃。时至今日,旅游活动已成为众多中国国民休闲活动的重要选择。可以预见,随着社会经济的进一步蓬勃发展,外出旅游会成为更多民众日常文化生活的一个重要组成部分。与此相适应,旅游审美这个最大的社会美育课堂,将会引起越来越多旅游者的关注和兴趣。

二、旅游及其本质

旅游已成为一种具有普及性和社会性的活动或现象,许多人都有参与旅游活动的经历。然而,不同的旅游者在旅游中所得各异,有的仅带回一身的疲惫和曾经到某处一游的证明;有的则收获美好的感受和丰盈的心灵感动。这一切与人们在旅游活动中所体会到的旅游本质有关。那么,旅游的本质又是什么?在旅游过程中应关注什么?

旅游是一种主要以获得愉悦和美好为目的的审美过程,是一种自由的、潜移默化的文化交流活动。这个过程,实质上也是旅游者与风景对话,与文化对话,与自己对话的过程。

旅游,是旅游者与自然的对话,是旅游者倾听大自然生生不息的原始生气和精神的过程。如歌德所言,"大自然是举世无双的艺术家——她用最简单的材料造出了一个大千世界"。这个世界真正是巧夺天工、霓裳华羽、妙手天成。无际的天空、无边的大海、狂卷的风、缠绵的霏雨、高耸的山峦、低洼的山谷、春天的小草、秋天的落叶、清清的小溪、肥沃的土地、盛开的花朵、奔跑的动物……都有独属于自己的特点和魅力,皆有大美可观可听。因此,旅游的本质是在大自然中发现山光、水色之"妙"。如可得妙,则会美不胜收。

旅游,是在"人文山水"中阅读历史和人生。自然景观虽是宇宙的鬼斧神工所造,其上的人文烙印只是轻描淡写,但它却是自然精神和自然文化的体现,是自然科学的教科书,映射着人与自然物的契合。人文景观是长久以来历史与文化的积淀,是历史的见证和时代文明的象征,记录着人类社会文化的发展轨迹,是人与物审美关系中的一种物化形式。这些景观虽然默默无言,但只要观景者能体悟它们所蕴含的精神,它们封存久远的文化内涵就会"哗"的一声奔泻而出,与旅游者侃侃而谈。

旅游是一个过程,一次发现,是寻找自我的新径。旅游过程中会与他人的生活方式不期而遇,会让人们反思自己现有的生活方式,从中发现新的自我,找到旅游者在自己的惯常生活中并未发现的生命特质。真正的旅游也让旅游者看到外面的世界,在不确定的非熟悉环境中直面自我,看到自己在这个世界中的位置,并在旅途取回生命的真情、真爱、真知、真理乃至遗憾,为已有的生活带来一种扩容和拓展。

基于以上认识,我们认为所谓的"旅游"就是旅游者以超越功利的眼光,以散淡的胸怀前往异地,以寻求愉悦、审美,且有意识或无意识了解文化、认识自我的活动。善"游"者通过旅游,在精神上可进到一种自由的境域,获得一种美的享受。

三、如何观山观水皆得妙——旅游文化与旅游审美

既然旅游是旅游者与风景的对话,是旅游者与所欣赏景观彼此之间的沟通,这就不仅需要双方语言互通,还需要理解对方的语意。在旅游过程中,如果旅游者欣赏自然、人文景观时,却完全不懂他要欣赏的旅游景观的"语言",欣赏也就无从谈起。何为旅游景观的语言?这种语言即是有关旅游景观文化以及旅游审美方面的知识和素养。

旅游活动,作为一项综合性的审美活动,熔山水鸟兽、百花顽石、文物古迹、园林、建筑、宗教民俗、社会风情、美食佳酿等于一炉,集自然美、社会美、艺术美为一体,涵盖了阴柔、阳刚、秀美、崇高、绮丽、飘逸、壮美等一切审美形态。一片悠久的古建筑,就是历史的沉淀与沧桑;一方红色的土地,就是希望的源泉;一块奇特的顽石,就是一件精美的天然"雕塑"……凡此种种,在旅程中无处不在。旅游活动同时又是一项具有文化属性的活动,旅游者所面对的旅游景观文化琳琅满目,包罗万象,如自然景观文化、园林文化、建筑文化、宗教文化、人文景观文化等等,不一而足。每类文化都是一根拨动心灵的弦,都能给人带来一种诗意感受。然而,"如果你的心中找不到美,那么,你就没有地方可以发现美的踪迹"[①],如果旅游者胸中缺少文化的积淀,无知无识,即使人文美景毕陈于眼前,也会视而不见,无动于衷。心中有文化知识和美学修养,是找到美、发现美、与文化对话的重要因素。因此,对旅游者而言,只有培养审美的心胸和眼睛,增加文化的积淀和修养,才能得山水自然和人文历史景观的真趣、妙境,发现至真至美的景观,从而逐渐提升自己的人生境界,使自己具有一种光风霁月般的胸襟和气象。

此外,旅程中,旅游者要具有散淡从容的闲适心态。这是审美胸怀的基础,它能使旅游者与风景相近相投,相融相化,在旅程中,有心情与风景对话,有能力与风景细语轻言,从而在真正意义上领略景观之美,品赏景观文化之博大,享受旅游的乐趣。

本书基于旅游文化和旅游美学理论,希冀引领读者感受旅游景观的生命力和创造力,启发读者用自己的眼睛、耳朵去发现景观之美、生活之美,并尝试启迪他们用心灵与风景对话,解读和创造风景的生命,最终在轻松的阅读中收获快乐的知识、美好的体验和思考的乐趣。

---

① 宗白华:《美学散步》,上海人民出版社1981年版,第20页。

21世纪经济与管理规划教材

旅游管理系列

第一章

旅游景观审美系统

【学习目标】

了解旅游景观的特征,掌握旅游景观审美的系统性,明晰旅游景观审美的不同层次,学会培养旅游景观审美能力。

1. 了解旅游景观的含义、类型和特征。
2. 理解旅游景观审美的系统的特征,明确旅游景观场的构成。
3. 分析旅游景观审美的过程,学会培养景观审美心境的方法。
4. 明晰旅游景观审美的不同层次,掌握提高自身审美层次的方法。
5. 认识审美感知能力、审美理解能力和审美想象力的培养方法,全面提升景观审美能力。

漫步大地,与风景对话,用心灵同旅游景观交流、倾诉,无疑是一种美的享受。然而,与风景进行对话,需要了解旅游景观和有关景观审美的有关知识,培养正确的审美态度和高雅的审美情趣,丰富对旅游景观审美的想象能力,不断挖掘自己多方面的审美潜能。

旅游景观审美活动是一个系统,其中旅游者是审美主体,旅游景观是审美客体,而旅游者与景观相互作用,相融同化,形成景、情、形、神统一的氛围,即审美场。审美场创造出具有一定文化内涵的美学符号,又反作用于旅游者和旅游景观,进一步影响着审美效果(图1.1)。如果审美主体与景观能达到情景交融,审美心境与景观场契合,审美系统的功能就能得到很好的优化,旅游者的生理、心理世界与外部世界就实现了最大和谐,能获得极大美感。

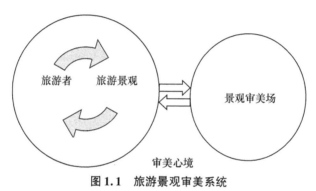

图1.1 旅游景观审美系统

第一节 审美视野下的旅游景观

生命对美的追求是虔敬而不懈的,审美活动的存在某种意义上推动着人类文明的前进。旅游审美是指,审美主体即旅游者逃离日常生活环境,转换生活空间后的一种审美活动。在这种从日常生活"逸出"的活动中,旅游者暂时摆脱了实用生活的某些约束,因此在旅游审美活动中,一些普通、平凡的、在常住地不曾或较少关注的景观或事项,均可能进入旅游者视野中,并既可"供耳目之娱"又可"养仁智之性"。

一、旅游景观的内涵与分类:自然杰作与文明的痕迹

人们每天都在行走,随时随地都在有意无意间欣赏着景观。那么什么是景观呢?

(一) 旅游景观的内涵

据考证,"景观"一词最早出现于希伯来文的《圣经》中,用于对圣城耶路撒冷总体美景(包括所罗门寺庙、城堡、宫殿在内)的描述。现代英语中景观(landscape)一词来源于荷兰语的 landskap,是描述自然景色的绘画术语。后来该词不再限于绘画,更多地用来指画家眼中由各种空间要素构成的风景。19世纪初,德国地理学家洪堡德(A. Von. Humboldt)将"景观"作为一个科学名词引入到地理学中,并将其解释为"一个区域的总体特征",并提出将景观作为地理学的中心问题。① 后来俄国地理学家贝尔格等沿着这一思想发展形成了景观地理学派。"景观"一词被引入地理学研究后,已不仅仅具有视觉美学方面的含义,而是具有地表可见景象的综合与某个限定性区域的双重含义。早期西方经典的地理学著作中,景观主要用来描述地质地貌属性,常等同于地形(landform)的概念。园林学、建筑学、生态学以及应用美学的研究中,也引入了"景观"这一概念,并赋予了它美的成分。在中文文献中何时何处最早出现"景观"一词,目前还没有被广泛认可的论断,但我国大型工具书《辞海》对"景观"的解释也是把"地表自然风景"的含义放在首位。由此看来,无论东方文化还是西方文化,"景观"最早的含义更多具有视觉美学方面的意义,即与"风景"(scenery)同义或近义。目前文学艺术界以及绝大多数研究园林风景的学者所理解的"景观"也主要是这一层含义。为此,我们可以对景观作如下理解,即景观是指地面及地面上的空间和物质所构成的综合体,它是复杂的自然过程和人类活动在大地上的烙印。

旅游景观,在本质上,与"景观"的内涵一脉相承。因为,旅游活动的实质就是一种审美活动。美学家叶朗说:"离开了审美,还谈什么旅游? 旅游涉及审美的一切领域,又涉及审美的一切形态,旅游活动就是审美活动。"② 既然如此,旅游景观就必须具有审美和愉悦价值,而且是令旅游者为之向往的自然存在、历史人文遗存或社会现象。与此同时,"景观"与"旅游景观"又有所差异,二者是包含与被包含的关系,"景观"必须是可见的自然生命或人类文明的痕迹,"旅游景观"是在非旅游者常住地,具有审美价值,并给旅游者带来愉悦的客观存在或文明结晶。它可以是有具体形态的物质单体或复合体,如一座因自然力量而崛起、因土壤和雨露滋养而生机勃勃的山峰,规模宏大、直指苍穹的科隆大教堂;也可以是不具有物质形态但存在于意识中的文化、民风民俗等,如丽江玉龙雪山"一米阳光"的传说、印第安部落的淳朴好客等。因此,景观无处不在,而不是仅仅存在于收取门票的景区中。然而,需要指出的是,旅游景观的范畴会随着人们审美意识和价值观的改变而变化,昨天不在人们审美视野下的对象,可能就是今天人们旅行中趋之若鹜的景观。

旅程中,旅游者丢开了"寻常看待事物的方法",往往可以从普通的事物中看到不平常的一面。因此,无华的景观,如贫瘠的土地上开出的一朵小花、崎岖小路边的一块顽石……陡然间都可以显出奇姿异彩,让人感受到自然的生命律动和文化的生生不息。

(二) 旅游景观的分类

旅游景观世界,林林总总,五彩斑斓,不可枚举。然而,从文明发生学的角度切入,按照系统结构分析法,仍可以将旅游景观分为两大类:自然演化结构中的自然旅游景观和文明演化结构中的人文旅游景观。

自然旅游景观,指的是自然存在的、非人工创造的、具有审美特征和旅游吸引力的物象形态。作为旅游者的审美对象,它呈现出千姿百态的形式,而其美学价值与审美精神则受旅游者的文化背景影响。自然景观可以分为无机的自然景观和有机的自然景观两部

---

① 肖笃宁,钟林生:《景观分类与评价的生态原则》,《应用生态学报》,1998年第9卷第2期,第217—221页。
② 叶朗:《旅游离不开美学》,《中国旅游报》,1988年1月20日。

分,前者包括地貌、水体、气象等旅游景观,后者主要包括植物、动物等旅游景观。每一亚类又可进一步细分。在景观体系中,自然景观占有格外重要的基础性地位。它不仅是人类文明的根基,某种意义上也是人类文明的归宿。当今社会的旅游活动中,人们回归自然,欣赏自然景观的动机日趋强烈,便是自然景观之美具有强大吸引力的证明。对欣赏者而言,自然景观赏析的方法较为一致,对各亚类自然景观的欣赏方法差异也相对较小,因此,在本书中,将自然景观审美归为一章。

人文一般指人类社会的各种文化现象,是人类创造的物质和精神财富的总和。人文旅游景观,又称文化旅游景观,是人类文明发展和历史演进过程中,受人类社会行为影响形成的、具有人类社会文化属性的、对旅游者具有吸引力,且能给旅游者带来愉悦或启示的事物。此类景观,镌刻着人类文明的痕迹,是整个人类生产、生活活动的艺术成果和文化结晶,而且深受自然环境的影响。它主要可分为社会景观、艺术景观两大类。人文景观与自然旅游景观不同,不仅呈现出多种形态,还蕴含着丰富的文化内涵,如同"无字的史书",诉说着特定历史时期的地域文化、意识形态等。世界文明悠久而灿烂,人文旅游景观种类多、数量大,内容特别丰富,鉴赏的方法差异也较大。故在本书中,择其主要类型分章论述。

二、旅游景观的特征

旅游景观有其自身的客观特征,但是作为一种被欣赏的综合体,它又有受动的特征。这就决定了旅游景观具有二元性的特征。

(一) 客观特征

1. 组合性

旅游景观不同于其他景观,有极强的组合性。孤立的具体构景要素不能形成旅游景观场,只有众多构景要素有序组合起来的综合体方能成为旅游景观场。一方奇石、一座木桥、一株小花、一片水面、一座雕塑都可成为旅游者观赏的对象,而由主景和背景等多方面要素组合而成的都市风光、田园风光、山水风光、小桥流水人家等则会形成旅游景观场。它是一幅内容丰富、多姿多彩的立体画,欣赏者可以进入其中,进行全方位、多角度的审美,每个人也会有不同的情感体验。正因为旅游景观组合性的特点,我们在鉴赏时,就需了解各种构景要素的一般特征,懂得组景的基本规律。只有这样,才能达到较高的鉴赏水平。

2. 时代性

不同的时代,因生产力水平、经济发展水平、政治社会观念、审美情趣、技术工艺水平等各不相同,创造和留下的旅游景观也会带有鲜明的时代烙印。自然旅游景观是大自然的造物。纯粹的自然景观时代性并不明显。然而,历史悠久的自然景观,随着人类实践活动的不断深化,自然景观"人化"日益清晰,人的本质力量,有形无形地凝固在物态化的自然景观上,自然景观也呈现出了一定的时代性。如修剪如艺术地毯的法式植被景观,是法国古典文化的体现;中国古典园林中,桀骜不驯、自由舒展的花木是中国传统文人遵循让自然"宛自天开"的文化暗示。而多数人文景观,则时代性很强。不同时代留下的建筑、雕塑、艺术等人文旅游景观的构景要素,都会烙印着特定时代的特点。如保留下来的魏晋和唐朝时代的人文景观中的雕塑,风格就有较大差异。魏晋时代形成了张扬个性、潇洒不羁的"魏晋风度",雕塑中的人物"秀骨清相",神采飘逸。唐代文化繁荣,社会安定,人们生活富足,就形成了雄浑壮伟的盛唐风格,雕塑中的人物丰满圆润,气势非凡。总而言之,主要由人工创造的物质要素构成的旅游景观的时代特色更鲜明。欧洲古镇的教堂、中国古代都城的宫殿、现代都市的摩天大楼,都是相应景观时代性的体现。

3. 地域性

旅游景观是一种环境综合体,总是分布于一定的地理空间,其形成既受特定区域的地理环境的影响,也受社会因素的制约,带有这一地域的鲜明特点。例如,在气候湿热的热带和亚热带,除了繁茂而绚丽多彩的动植物以外,还在地表形成了大量孤峰、石林、石芽等峰林地貌,在地下则形成了溶洞、石笋、石柱、钟乳石等。在气候寒冷的寒带和极地,主要是针叶林和冰原景观,给人以壮美之感。

为适应特定的地理环境,生活在这个区域的人们逐渐会形成与之相适应的文化,从而出现了带有鲜明地域特征的人文景观。如,结合各自地域特点,世界不同区域的民居景观各有千秋,欧洲北部气候寒冷,降雪频繁,为了避免积雪,当地建筑景观的屋顶大都是陡坡;中国西南地区地处亚热带,炎热、潮湿,民居景观多为"竹楼"等。而就中国人文景观的总体特征而言,大体说来是南秀北雄。北方地区自古以来绝大部分时间是我国的政治、经济、文化和人类活动的中心地区,统治阶级为了满足其统治、享受和显示威严权贵的需要,往往倾国家之力,修建工程浩大的建筑。诸如宫殿、陵墓、园林和各种礼制建筑等,气势雄伟壮观,而且用料讲究、艺术性高,极为富丽堂皇。而南方地区,这类建筑极少。但南方地区经济发达,富贾巨商较多,私家园林和宅院建筑一般较北方气派,无论建筑形式、建筑结构和用工用料都极为讲究。然而,这些建筑终因是私家民宅,其建筑式样、结构、色彩都受到诸多限制。故南方建筑虽具有秀丽淡雅、曲径通幽之趣,但富丽堂皇、雄伟壮观之感则显不足。

环境的不同,历史的不同,造成了不同地域的人的性格气质也不同,创造出的文化景观自然也带有地域的特点。

总之,不同地域的旅游景观特点不同,就是同一地域,不同地区的旅游景观也各具特色。正是这些差异,这些地域特色,才致使一地的旅游景观对异地的游客充满了吸引力。

4. 多样性

旅游景观的外延非常广阔、内涵极其丰富。从外延上看,凡是能对旅游者产生吸引力的任何事物都可构成旅游景观,既包括自然造物,也包含人文和社会结晶;既有历史遗存,也有当代之物;既有有形之景,也有无形之象。从内涵上看,旅游景观涉及内容的范畴极广,除了已被发现和享用的旅游景观之外,还有许多尚待发现和尚待创造的景观,不断扩充着旅游景观的内容。旅游景观的这种广泛性和多维性是客观世界的复杂性决定的。

(二) 受动特征

环境综合体成为旅游景观的前提是它必须成为审美对象,作为审美客体的景观是相对于审美主体而存在的。无人欣赏,也就无所谓美与不美。旅游景观总是受到游客感知阈限、心理状态、文化素养和审美经验等方面的影响,这样审美客体——旅游景观就具有了受动性。

1. 审美空间的局限性

旅游景观一般都有比较广阔的物理空间。在旅游过程中,旅游者主要是通过直觉感知旅游景观进行审美。而人们感觉器官的感知范围是有限的,也就是说,旅游者不可能看到整个旅游景观,只能看到景观的一部分,鉴赏的范围也只能以鉴赏者的视阈为限。即使在视阈范围之中,超出一定距离或观赏角度不佳,审美效果也会受到影响。只有在距离适中、观赏角度恰到好处的时候,才会看到最美的画面,有最佳的审美效果。另外,旅游审美的效果如何,不仅与旅游者看到的物理空间有关,还与旅游者的心理空间有直接关系。这种心理空间,与审美者的文化素养、审美经验、审美情趣紧密相连。文化素养高、审美经验丰富、审美情趣高雅的人,审美能力就强,在进行旅游景观审美时,心理空间就大,受到的限制就小,得到的审美体验就强烈。所以,作为客体的旅游景观,究竟能给人们提供多少美感,与审美主体密切相关,它的审美空间必然有一定的局限性。

2. 旅游审美感知的个体差异性

所谓旅游审美感知,是旅游景观的客观美在旅游者身上所引起的愉悦感受的心理活动和心理过程。旅游景观的美是客观存在的,但是旅游者的审美感知具有个体差异性。旅游景观审美,是对景观美的形式和文化信息的感知和体验,是旅游者对面前景观的欣赏和评价,而非对旅游景观的科学考察和学术研究。旅游景观所蕴含的文化内涵类型多样,内容丰富,表现千差万别,在同样的景观面前不同的旅游者往往会根据个人好恶各有侧重。此外,不同旅游者的文化艺术修养、审美能力、生活经验、知识结构、特定的心境、注意等主观条件也是有差异的,这样,不同的旅游者在欣赏旅游景观时,展开的联想、产生的共鸣、得到的情感体验也会大相径庭,产生的审美效果也是各异的。即使是同一旅游者,游览同一旅游景观,在不同的时间、不同的心境、不同的气候、不同的季节,其审美感受也一定会有明显变化。这种差异性的裨益之一,是它导致了景观鉴赏中审美创造的丰富性。

3. 审美画面组织的多样化

旅游景观是一幅立体山水、人文画,旅游者进入"画"的空间观赏时,不可能也难以将所有的构景要素纳入自己的视野,必须从众多画面中进行选择。有经验的旅游者总是在自己感知范围内,选择一个或几个构景要素作为主景,把其他构景要素作为背景形成画面来鉴赏。如到泰山旅游,行进在前往二天门的陡峭石梯上,把南面起伏连绵的群山、壁立高耸的石壁、漫山遍野的大小树木作为背景,选取著名的迎客松作为主景,组成画面开展审美。面对青岛"五四广场",把蔚蓝无边的大海、广场上盛开的鲜花、葱郁的树木作为背景,选择大型雕塑《五月的风》作为主景来欣赏,那肯定会得到不一般的美的享受。缺乏经验的旅游者,常常面对眼前应接不暇的美景,选不出最具美感的画面。当然由于每个人的爱好、情趣不同,选择的画面也会有所差异。在旅游过程中,随着观赏者的行进,景观画面不断展开,不同的观赏者视角不同,审美素养各异,他们在主景选择和画面的组织上是有明显差异的。

三、旅游景观的美学范畴:静穆的伟大与惊天泣地的崇高

审美形态是特定的社会文化环境中产生的某一类型审美意象的"大风格"。审美范畴是这种"大风格"(审美形态)的概括和结晶。虽然大千世界有旅游景观万千,但从美学

角度分析，其范畴主要可分为优美和崇高美两类。

优美，又称秀美，是景观美的最一般形态，这是一种优雅之美、柔媚之美，是古希腊文化所培育出来的文化形态。从根本上而言，优美景观的本质就在于景观欣赏者与眼前景观之间的和谐统一。这种和谐统一体现在内容与形式方面，也体现在理智与情感方面。从审美属性上看，优美的景观主要具有绮丽、典雅、含蓄、秀丽、纤柔、婉约等特点，是"高贵的单纯和静穆的伟大"的代表。优美引起的美感，是一种始终如一的单纯、平静的愉悦之情。在自然景观中，这种美体现为自然现象或事物以其光、色、形、音等要素规律的组合，呈现出明暗、浓淡、大小、高低、刚柔等等的和谐统一。如小溪流水，清风徐来，春暖花开，荷塘月色……皆为优美之景，欣赏者与景观直接处于一种和谐、协调及静态的关系之中。在人文景观中，优美表现为人文景观所展示的自然景物、社会人生、实践活动及其产品给予人直接的和谐与自由感。如园林小品、教堂前的圣徒雕像等典雅文静，与周围环境均衡、协调，显示出优美的格调。总之，优美景观一般体现的是优雅之美，安静之美，均衡之美。它在形态上表现出的一个突出特点，即和谐。现实世界的对立和抗争在这类景观中鲜有呈现，而集中表现出对立双方矛盾的解决。正是优美体现出事物发展中对立双方的均衡、协调，所以它才具有静态的、柔性的特点。

崇高美，又称壮美，是一种雄壮和阳刚的美，是希伯来文化和西方基督教文化所培育出来的审美形态。从审美属性上看，具有崇高美的景观主要具有宏伟、雄浑、壮阔、豪放、奇特等特点。崇高美的基本特征是突出了主体与客体、人与自然、感性与理性的对立冲突，其本质在于欣赏者的本质力量与景观之间处于尖锐的对立与严峻冲突。景观企图以巨大的气势和力量压倒欣赏者，欣赏者在严峻冲突中更加激发自身的本质力量与之抗争，最终战胜或征服欣赏者。景观崇高美的核心意蕴是追求无限和一种宏伟深远的空间感。这种空间感同时也是一种历史感，是对于命运、时间、生命的内在体验。[①] 自然景观的崇高美往往通过其体积的巨大，力量气势的强大，范围的广阔，形态的雄奇、险峻、瑰丽等特征，及其对人的震撼感、超拔感表现出来。"天门中断楚江开"、"鹰击长空"、"千里冰封，万里雪飘"、"大漠孤烟"、"长河落日"等自然景观在各种条件下都能引起人的崇高美感。这些奇特的美景，仿佛都是鬼斧神工的杰作，是一种自然界的崇高美。人文景观中，崇高美多表现为一种昂扬的激情和悲愤不平，表现得越是激烈，越加显得崇高。如科隆大教堂等哥特式教堂是崇高美的典型代表，教堂拔地而起，尖肋拱顶，奔腾向上，直插云霄，产生出强烈的飞腾升华、超脱尘世的审美效果，体现出了上帝的力量、气势和精神。当欣赏者立于其下，越发感觉自身的渺小、压抑和无助，教堂壮丽、惊天泣地的崇高美愈发明显。一般而言，具有崇高美的景观体积巨大，气势宏伟，迅疾、奔腾、趋于动态，常常有意突破或违背对称、均衡、节奏等形式美，对美的展现往往欲扬先抑，充满动荡与斗争。

在体现优美和崇高美的景观之中，有一种灵魂之美，它闪耀着高洁、神圣的精神光辉。景观之美的本质是一种大爱，是对生命和自然的尊重和敬畏。游人面对这种灵魂美，内心深处的神圣感油然而生，而这种神圣感对游人的心灵又是一种净化和升华。

---

① 叶朗：《美在意象》，《北京大学学报》，2009年第46卷第3期，第11—19页。

四、旅游景观美之根源：美在意象

修竹、怪石、古寺、新园等景观常常是人们旅程中的观赏对象，与此同时，它们也是客观存在，其存在不以游人的意志为转移。然而，它们美之源头何在？概而言之，它们之所以美，一方面"美不自美，因人而彰"，另一方面，"心不自心，因色故有"，只有情景交融，有象有心，创造意向，方才产生了美。①

1. 美不自美，因人而彰

首先，景观本身无所谓美与不美，景观的美，不能单靠景观本身，它离不开欣赏者的审美体验和审美创造。在旅游活动中，游人所面对的景观，如一枝盛开的牡丹，它的物质存在相对来说是不变的，但是在不同的游客眼中或同一游客的不同游览时间，"牡丹"之美却在变化。在黯然神伤的游人甲眼中，牡丹之美是红颜易逝的凄美，在志得意满的游人乙看来，牡丹之美是雍容华贵的尊崇之美。景观的客观存在是物质的，而游客对其感知形象则是知觉的结果，有精神的因素。当游人把自己的生命存在灌注到其中时，景观的客观存在就可能升华为非客观的形式。因此，游人的欣赏活动总是与他们的创造性紧密相连。景观只不过是原材料，经过游人的加工、赏析、创造，才能显现出它的特殊之美。例如广西的象鼻山，不过是漓江水面上的石灰岩山石，但在观景者的心中则是如同一只站在江边伸鼻豪饮漓江甘泉的巨象形象。是观景者的欣赏活动活化了山石与水，赋予山水灵魂，从而产生了不同的形象。因此，景观"美不自美"，因人而彰显。

其次，景观之美因人而异，同一景观在不同观赏者眼中展现的美不同。并非所有游人对风景之美的感受大体相同，固定不变，而往往随着欣赏者性格、情趣及心情的不同而变化。风景之美也是欣赏者性格和情趣的一面镜子。朱光潜在他的《诗论》中说道：

> 景是各人性格和情趣的反照。情趣不同则景象虽似而实不同。比如陶渊明在"悠然见南山"时，杜甫在见到"造化钟神秀，阴阳割昏晓"时，李白在觉得"相看两不厌，惟有敬亭山"时，辛弃疾在想到"我见青山多妩媚，料青山见我应如是"时，姜夔在见到"数峰清苦，商略黄昏雨"时，都见到山的美。在表面上意象（山）虽似都是山，在实际上却因所贯注的情趣不同，各是一种境界。我们可以说，每人所见到的世界都是他自己所创造的。物的意蕴深浅与人的性分情趣深浅成正比例，深人所见于物者亦深，浅人所见于物者亦浅。②

总之，不同文化背景、不同情趣的人，或同一人在不同心境下，欣赏同样的景观，所看到的景象、所体验到的意蕴是不同的。

2. 心不自心，因色故有

一方面，景观之美非完全客观，需"因人而彰"，另一方面，景观之美也非完全"主体化"，美的存在依托于景观的客观存在，"因色固有"，纯粹主观的"美"并不存在。景观美与否，是客体景观的本来面目在欣赏者心中的体现。雪中怒放的寒梅，之所以美丽而动

---

① 叶朗：《美是什么》，《社会科学战线》，2009年第10期，第226页。
② 朱光潜著：《诗论》，三联书店1984年第1版，第三章。

人,不仅是欣赏者的心灵之光照亮了梅花,也因为梅花所具有的物质客观属性——淡淡的幽香、特殊的色彩、一定的形状;圆明园的断壁残垣,之所以吸引游人,不仅是因欣赏者读懂它们之后,其内部封存久远的文化内涵奔泻而出,也因为这些建筑自身所体现出的材质、色彩和纹理等物质属性。

3. 美在意象

景观之美既然既非实体化的、外在于人的美,也非纯粹主观的美,那么景观之美源于何处呢？叶朗指出,景观之美,美在意象。① 审美活动就是要在景观物理世界之外构建一个情景交融的意象世界,即所谓"山苍树秀,水活石润,于天地之外,别构一种灵奇"(方士庶:《天慵庵随笔》上)。"意象"的本质是"情景交融","情"与"景"的统一乃是审美意象的基本结构。观景之"情"与"景"不是相互截然分离,而是相融相合、骨肉相连。离开主体的"情","景"就不能显现,就成了"虚景";离开客体的"景","情"就不能产生,也就成了"虚情"。只有"情""景"的统一,才能产生审美意象。审美意象是一个感性世界,它借助于人的视觉、听觉、嗅觉乃至味觉器官,引入欣赏者的情感,与人们的心灵进行碰撞,激起欣赏者的感动,使其陶醉。李白心中的"床前明月光"、"月色醉远客",张先眼中的"明月却多情,随人处处行"是情景交融的世界,龚自珍目中的"落红不是无情物",杜甫看到的"感时花溅泪"、"可爱深红爱浅红"、"无边落木萧萧下"也是情景交融的世界。自然万物与人的生存和命运息息相关,因此当意象世界在人的审美关照中映现出来时,必然含有人的情感或情趣。换言之,意象世界必然是带有情感性质的世界,景中生情,情中含景,人的感情在欣赏者和景观之间来回穿梭。

第二节　景观审美关系中的主体认识

景观审美是主体在自由时间开展的一种自由、动态、愉悦的精神活动,是主体与景观的心物感应。既然景观审美是一种主观心理活动过程,主体对景观美的感受会随着审美心境以及审美心理的变化而变化。不断调适审美心境,优化审美心理过程,最大限度地实现与景观场的契合,将会提高景观审美的质量,获得愉悦的审美感受。

旅游者在审美活动中的心理过程涉及多种要素,诸如审美感知、审美态度、审美心境等,它们交融互助,在自由和谐的彼此推移中产生了美感。

一、审美感知

在旅游审美过程中,感知因素通常起一种先导作用,是审美意识的门户。所谓旅游审美感知,泛指旅游景观刺激审美主体的感官而引起的各种感觉与知觉的综合活动。一般而言,感觉是知觉的基础,知觉是感觉的发展。

审美感觉关注的是景观的某些物质属性,是景观在人们头脑中的主观印象。人的五官和大脑神经系统专门组成了听、视、嗅、味、触的感觉分析器官,接受和传达外界的各种信息。然而,在丰富多彩的旅游审美实践中,感官的功能是相互有别的。根据传统美学思

---

① 叶朗:《美在意象》,《北京大学学报》,2009年第46卷第3期,第11—19页。

想,视觉和听觉往往被看做主要的或高级的审美器官,在审美功能和审美层次上,有比其他感觉更高的地位。与此同时,味觉、嗅觉以及触觉在旅游审美活动中起着积极作用。景观自身具有各种各样的感性状貌,如景观的色彩、形状、气味等,感觉就是通过人的感官对景观的这些个别属性的反映。远观科隆大教堂,首先映入眼帘的是向上升腾的直线和坚硬、冰冷的石材。天下第一泉"趵突泉",首先给人的感觉是清澈温润、浮珠累累、流水潺潺。初看盛开的牡丹,色泽艳丽,花型层层叠叠。海宁秋潮,或呈海天之间的一线白浪,或是气势滚滚,滔天巨澜。当景观世界这些林林总总的个别属性进入相应的感觉通道时,游人开始对景观之美产生最初的情绪反应。

审美知觉则将景观的个别属性连接组合成整体,从而完整地反映面前的景观。审美知觉的特点在于,它不仅是反映景观的个别特性,而且通过与主体大脑所储存的有关经验相结合,从而将感觉到的属性联合为完整的形象。审美知觉又表现为运用多种感觉的联合活动反映景观的多种多样的外观属性。如凝神草原骏马,马的形状、颜色、神态等个别感觉特征经过综合,就构成了有关马的视觉形象。再加之听觉的参与,观赏者感觉到马的长啸嘶鸣、蹄声阵阵。此时,有关马的知觉就更加完整了。知觉是欣赏者在感觉的基础上注入了对眼前之景的有关知识经验的解读。人们在彼时彼地的经验,在此时此地对景观的知觉综合的心理过程起着重要作用。

从其特点看,一般而言,审美感知主要表现为敏感性和丰富性等特点。首先,处于审美感知状态的游人,具有敏锐地觉察外界事物的细枝末节及其变化的特点。纷纷扰扰的惯常生活中,人们对花开花落、日出日落、细雨清泉等景致,常常视而不见,听而不闻,即使观察也常常不够仔细。而在旅游审美中,人们因暂时摆脱了原有日常俗务的束缚,故对身边美景有了更敏锐的感觉,即使不是诗人,也常常生出诗化的眼睛和耳朵。其次,审美知觉通常建立于充分调动五官感觉的基础之上。多种感官的共同参与,为感知的丰富性奠定了基础。而多层面、多角度的感知所欣赏景观,有助于欣赏者从整体上感受景观世界之美。最能体现审美感知丰富性的是通感。这是一种不同的感觉之间相互挪移流通的心理现象。一般而言,五官感觉并无直接、自动关联,但一定条件下,五官感觉可产生联系,形成通感。如闻到沁人的花香(嗅觉),因花香的层次错落,连连绵绵,联想到清脆悦耳的乐律之声(听觉)。

二、审美心境:主客融合、怡然恬淡的虚境

心境指的是人的情绪、心态或者说心理境况,是一种比较持久的情绪状态。审美心境则是指欣赏者面对景观,进行审美时的情绪状态和内在心理结构。它影响着人的审美知觉和审美感受,具有漫延性和扩散性的特点,不同的审美心境可使欣赏者为眼前景观染上不同的感情色彩,以致影响人们的审美知觉和审美感受。理想的审美心境应是,"虚静心境",即主体一发现景观的"美",感到胸中无一物,内心体验空且静。这是超越现实物质与功利欲念后的空灵平静心理空间,它不求真、不求用,其主要特征是:主客融合、怡然平静、物我相忘,是情绪平静、轻松、和谐的状态。[①]

---

① 葛启进:《试探审美虚静心境》,《西华师范大学学报(哲学社会科学版)》,2005年第2期,第80—84页。

审美虚静心境有如禅境,刹那顿生,悄然而来,飘然而去,是主体的"心的感悟",他人难以目见。概而言之,审美虚静心境主要具有以下特点:

(一) 主、客融合

主客融合指主、客体已不是对立关系,而是欣赏者就生活在审美对象之中,景观也仿佛从欣赏者那里得到了自由生命力的灌注,二者处于一种和谐统一的关系状态。处于和谐状态中的景观,因在认知层面被作了审美升华,而呈现出不同于其原来物质状态的美和一种自由生命力,显得美丽异常;而处于和谐状态中的主体,也因自我与景观的互动,自由生命力得到充分而强烈的感染,并投入渗透到景观观赏之中。欣赏者因在他所创造的对象世界中得到了充分的表达、沟通和肯定,从而产生强烈美感。此时,景观与欣赏者之间,没有了对立和对抗,呈现出稳定的和谐、融合状态。美和美感,便是这种如春风化雨般和谐状态的特殊效应。而这,也正是审美虚静心境的一个重要特征。

(二) 怡然恬淡

虚静心境中的观赏者,心中忘却了世间俗事及物欲的吸引,心平气和,全身心都陶醉于静谧清寂的美感享受中,心灵获得了真正的审美自由与解放。在这个特殊的心境世界中,它超越了时间和空间,进入了自由自在的"大美"状态。这是禅境的深处,也是审美与艺术得以自由创造的妙处。得此妙处,便享有了面对景观的迷人心境。而主体的怡然恬淡心境则是在审美中暂时放弃种种世俗欲念和功利追求后的升华。如果面对景观仍沉湎于世俗欲念与追求,难以放下心中俗事,则难以达成一份闲适心情,也不可能真正进入怡然恬淡的审美心境。

(三) 万象涌动,生气盎然

虚静心境并非主体心中"空无一物",反而是观赏者心中呈现出万象涌动的盎然生气。在欣赏者渐入佳境后,原来心中累积的世俗功利欲求暂时淡出,而具有审美特征的"物"——审美表象,乘虚而入,并五彩纷呈涌现于审美主体的整个心理空间。因为欣赏者心中暂时的"空"、"静",故而有足够的空间包容万千景象,并把握其运动规律。心中新出现的这些缤纷景象,因联想、情感等彩带的连接,已非物我的对立,而是"万物与我为一"、"天籁人籁合同而化"的"和谐"境界。小溪潺潺的流水声、鸟儿啾啾的鸣叫声等,都是观赏者的声音,大地的万紫千红、天空的清浅碧蓝,皆有自己的色彩,是人和景观共有的生命律动,把万千景象推涌到浩荡的心胸中和无限宽广的视野中。

审美过程中,旅游者需要不断组织、调整、创造虚静心境,以为审美活动的进行提供条件。

三、审美态度:忘象忘形,无物无我

如果欣赏景观时,不具有一个正确的审美态度,那么欣赏者的观赏将是随机、茫然的。正确认识审美态度,是探究欣赏者审美心理的必要前提,而每一个景观欣赏者审美态度的建立,都将意味着美感的获得与提升。无疑,这对于景观赏析至关重要。

(一) 审美态度的内涵

那么,什么是审美态度呢?这种态度,就是人们在旅游景观审美活动中所持的一种特殊心理态度,就是摆脱庸俗、狭隘的实用主义观念的羁绊,在对景观的凝神观照中,以感性的直觉形态获取美感的态度。这种态度既不同于实用态度,也不同于科学态度。[①] 它与实用态度不同表现在:它与直接的、实用的功利私欲没有关联,也不形成为获取某一功利所需要的动机行为。一旦把注意力转移到实用生活目的时,审美态度便不存在了。它与科学态度的区别在于:它与抽象的名词、概念、逻辑判断不相关,也非致力于论证某一理论问题。在面对旅游景观时,一旦开始有意地用概念去分解它、评判它,而非以审美直觉去感受它、领悟它,审美态度便不复存在了。这就是说,在欣赏某一旅游景观时,是审美的,就不会亦是实用的或科学的。例如,在旅程中,旅游者面对漫山遍野的迎春花,可能会有三种不同的态度。首先,看到迎春花,就想到它的名称,在植物分类学中的门、类、属,它的形状特征,它的生长需要哪些条件,经过哪些阶段,这里所取的是科学的态度。其次,看到迎春花,就想起它有什么功用,值多少钱,如果出售可带来多少经济收入,这里所采取的是实用的态度。再次,见到迎春花,把它和其他事物的关系一刀截断,把它的联想和意义一起忘去,使它只剩一个赤裸裸的孤立绝缘的形象存在那里,无所为而为地去关照它,赏玩它,这就是审美的态度。审美态度是审美前的一种心理准备,其指导作用和能动作用的影响会贯穿于整个审美心理过程的始终。要感受景观之美,就要善于运用审美态度,既不去考虑景观的实用价值,也不去对景观进行科学上的抽象分析思考,而是直接从对景观的感知中,去体味同生活相联系的某种情调、意味、精神境界等等。不论世间存在多少美景,如果欣赏者不能采取审美的态度去观赏,这美对其而言就是不存在的。

(二) 审美态度的心理流程

审美态度是贯穿于整个审美心理过程的,也就是说,审美心理过程是审美态度发生和发展的流程。根据在每个阶段审美态度所呈现出的特征,我们可以将其心理流程划分为初始、展开和效应三个阶段。

在初始阶段,实际上审美主体即欣赏者处于临美心理状态,具有前审美心理的性质。这一阶段的核心是完成由日常心理向审美心理的转化,也即由审美注意进入审美期待,进而产生审美态度。注意是人的一切心理活动的开端,是人们对情境中某些部分或方面有选择的关注,它贯穿于人的心理活动的全过程。从审美角度看,审美注意也是审美活动的开端,出现在审美心理过程的准备阶段,是审美态度进入到审美经验的中间环节,并贯穿于审美活动的全过程。在人们的游赏活动中,一旦有与欣赏者的审美意向相对应的对象出现时,欣赏者就会受到刺激,潜伏在心灵深处的审美意向就会释放出来,具体表现为欣赏者的审美注意会主动与眼前景观建立双向建构的关系,从而进入审美活动过程。例如,雪后初霁,到公园堆雪人的游人,无意间瞥见了墙角几只凌寒盛开、娇艳欲滴的寒梅,在洁白无瑕的雪花映衬下分外妖娆,于是将目光不由自主地在这几只梅花上多加停留,这便是一种最初的审美注意。但旋即堆雪人的初衷胜过了赏梅,笑闹、堆一堆惟妙惟肖的雪人成为关注的重点,对梅花只是惊鸿一瞥,并没有有意识地去看、去观察、去审视梅花,也即对梅花不会细加观赏,并品读其高洁的品质。就赏梅而言,这意味着当时的欣赏者还在审美

---

① 朱光潜:《文艺心理学》,安徽教育出版社1996年版,第13—14页。

注意与日常注意之间徘徊，日常注意占主导，审美注意仍处于从属地位。反之，如果审美注意占了主导，欣赏者则会长时间驻足梅花前，凝神静思，意识范围缩小到梅花之上，而对现实世界的意识范围则越来越小，以至于暂时忘却了后者。只有在这个时候，才标志着主体真正完成了由日常态度向审美态度的转换。但此时的审美主体只是获得了一种初步的直觉美感，他还会想进一步了解审美对象，这种继续探索的欲望促使着初始阶段的结束和展开阶段的到来。

审美态度在第一阶段完成了主客体双向建构任务，在第二阶段则主要完成主客体之间彼此对话的任务。在初始阶段，旅游景观欣赏者仅仅是发挥了自己的感知功能，到了展开阶段，则充分调动记忆、联想、想象、情感和理解等心理要素参与到审美活动中，并且与审美主体自身的经验结构进行认知比较、体察辨析，从中找出某种相似性的对应关系，从而萌发美感共鸣。例如，游人欣赏黄山"奇松"伊始，注意的只是其外部形象，对它的欣赏尚处于直觉性感知阶段。而当我们将看到的恶劣环境中百折不挠的奇松，与自己已有的文化积淀或审美经验联系起来，可能由此联系到陶渊明、文天祥、陈毅等人宁折不弯的高洁品质，想到他们在重压和恶劣环境之下，依旧坚持自己的崇高理想，并因此把青松与他们的品质联系在一起，进而在此基础上展开丰富的想象，欣赏者进一步领略到了眼前之景所蕴含的审美意味。此时，欣赏者调动了多种心理功能和心理活动，并将其投射到"青松"之上，而青松因"接纳"了审美主体对其的解读而更加充满魅力，最终欣赏者与青松经过对话交流而融为一体，体验到一种妙不可言的愉悦。至此，意味着审美态度心理流程的展开阶段结束，而进入第三个阶段。

审美态度的第三个阶段，是效应阶段，是审美心理过程的尾声，但却直接关系到审美能力的提高和审美素养的优化，审美经验的积累和沉淀不仅丰富了审美主体已有的经验，而且审美主体也从新的审美中获得了更多的审美经验，为下次景观审美奠定了基础。在这个阶段，欣赏者完成了意象形态的创造，同时意象成了欣赏者的对象化的自我，而景观通过主体的再创造，获得了更高意义的存在。欣赏者和景观共同获得了价值实现，欣赏者的心理也由于能量的释放获得了一种前所未有的平静，内心所荡漾的美感格外馥郁醇厚、意味隽永。这时赏景者所拥有的愉悦不同于展开阶段的感官愉悦，而是一种激情过后的空明和澄澈。正是经过三个阶段审美态度心理流程，欣赏者在心灵和审美能力方面有了螺旋式上升，体现了景观之美最终对人所产生的效应。至此，随着景观审美过程的结束，审美态度也重新恢复到了日常态度。但此时的欣赏者已在景观审美的过程中得到了潜移默化的提升。

人在旅途，很多情况下是抱着一种审美态度观察眼前世界。在这个过程中如果能通过创造性想象力的发挥，构筑各种意象形态，将在旅游者心中形成一个五彩缤纷、绮丽多姿的景观世界，所见皆可成风景，所行皆可如人生。

第三节　人景互动之境

主体面对客体时，可能产生多种关系，其中主要的是实用、探究和审美三种。在旅游活动中，旅游者是主体，旅游景观是客体，旅游活动审美与愉悦的本质决定了二者之间更多的是审美关系。当二者都有了审美潜能,即主体能感知审美信息,具有审美需求、美学素养和能力,有一定文化积淀和审美经验,客体在外观、自然属性、社会属性上具有审美价值时,主、客体在一定条件下相遇,相互激发对方的审美潜能,互为力场,产生多种力的关系,形成了特定的审美场。

一、旅游景观审美场的内涵

景观审美场的概念源于"场"的概念,"场"的概念主要来自于物理学和建筑学两个学科。

"场"在物理学中是描述电磁感应现象的一个术语,是指物质体系之间辐射与吸收的相互作用,以及它产生的某一中间粒子的集合及其波的效应的综合。它的本质特征是物体之间的相互作用力,包括斥力和吸引力。心理美学率先把这一物理学概念引入美学研究领域,以"力场理论"分析主体与客体的"力的结构"以及主客体"力的结构"的对应、同构关系,并指出没有一个地方不受到力场的影响。[1] 旅游审美活动中,存在着多种"力"的要素,如旅游景观的吸引力、旅游者的趋力、审美主客体的同化力、旅游景观与旅游者力的对立统一生成的整体张力与凝聚力等,因此,旅游审美活动本质上也是一种力场,旅游审美活动一旦发生,旅游景观审美场也就相伴而生。概而言之,旅游景观审美场就是由旅游者、旅游景观在特定的时空环境下,所形成的各种审美力关系的一种实体性表现形式。它既不是景观客体,也不是纯粹的主体情感的表现,而是一种旅游者与景观相融同化的审美现象与审美境界。这是旅游景观的派生物,是一种景与情、形与神相统一的,具有审美景观意象的氛围或意境。这种意境弥漫于整个景观空间,创造出具有一定文化内涵的美学符号,可激荡人心,进而产生舒适、愉悦感。具有一定审美修养的旅游者,更容易感悟甚至营造景观审美场,并获得高层次的审美享受。通常,景观审美场是一个立体、动态结构,系统中任意要素的变化都会导致其状态的改变。

二、旅游景观审美场的特点

旅游景观审美场作为力场的一种,具有力场的基本特点,除此之外,它还具有动态性、模糊性和吸引性等特点。[2]

首先,流动变化性是景观审美场的特性之一。景观审美场往往随审美关系的变化发展而转化演变,当审美关系即审美中的景观空间、旅游者心理空间、心理结构形式及其心理内容四者之间关系发生变化时,审美场必随之而发生变化。例如,在自然景观审美中,随着景观空间的不断变化,一个个独立的或相关的审美场会相继出现,如近看"两个黄鹂鸣翠柳"的审美场,随着空间的变换,远看则可能是"一行白鹭上青天"的另一审美场。随着视角的变化,景观空间的不同,审美场也相应发生变化。

其次,旅游景观审美场具有模糊性。其模糊性主要体现在两个方面。一方面,作为视

---

[1] 李启军:《一道不俗的美学景观:中国当代审美场研究》,《桂林市教育学院学报》,2000年第14卷第2期,第14—19页。
[2] 沙润:《旅游景观审美》,南京师范大学出版社2005年版,第5—14页。

域空间综合体的旅游景观审美场,因受观赏者自身感知半径的差异、大气能见度的影响和视觉阻挡,其边界和形式通常不清晰,使人难以清晰地界定旅游景观的结构形式和界限,如面对层峦叠嶂的山岳景观,雾气蒙蒙的天气所见边界与万里晴空所见必有所不同,因此,同一景观在不同情境下,其审美景观场的范围也必定有所差异。另一方面,旅游景观场是旅游景观向观赏者呈现出的难以言说的场景氛围,对场景氛围的体验与观赏者的自身条件相关,其形式必然是模糊的。因其模糊而富有很大的包容性和宽松性,这就给观赏者提供了巨大的想象空间和审美空间,使每个人都有不同的体验,创造出丰富的精神世界。

最后,旅游景观审美场具有吸引性。这种吸引性表现为一种心灵的震撼,其震撼程度既与景观的形式美和内涵美有关,也与欣赏者的文化背景、美学修养、审美能力、心境等有关。如仅就形式美的吸引力而言,低层次的形式美,缺少变化、灵性和个性,其吸引力比不上主次分明、渐变、柔和等中等层次的和谐,而高层次的形式美,最具有吸引力,它是一种动态平衡,富有新颖性、独特性、变化性,这些千变万化的形式能为欣赏者的多种情感找到归宿。此外,观赏者如在日常生活中,逐步积淀深厚的文化背景,积累审美经验,提高审美能力,也可为景观审美插上飞翔的翅膀,感受到审美景观场的强大吸引力。

三、旅游景观审美场的状态

在景观审美活动中,因审美活动深入程度的不同,景观审美场呈现出不同状态,总而言之,主要有"物境"、"情境"、"意境"三种。物境"得形似",情境"深得其情",意境"张之于意而思之于心,则得其真"。

(一)物境

面对纷至沓来的美景,在一定心境的影响下,旅游者与景观之间开始了不同形式的互动,其中首当其冲的便是感官与景观形式美的互动。旅游者在闲适的心态下,充分调动视觉、听觉、嗅觉、触觉等感官,对景观丰富、生动、奇特的形式美产生感官的感知,因悦耳悦目而产生感性的愉悦感,表现出轻松、舒适、幸福、喜悦等情绪,这就是物境。物境属于审美的初级状态,直接源于景观的外在形式,得景观"形似"之美。审美在物境状态,获得愉悦感的强弱,取决于主景的美学吸引力和主体的心境、审美注意和审美态度。

(二)情境

在物境状态下,旅游者的美感享受主要源于感官的快感,要获得精神上的美感,还应在原有基础上,赋予主景生命和相应的情感,将其人格化、艺术化,实现移情于景、亦景亦情,互相渗透,景语交织,景中含情,情中带景,情景交融,步入情境状态。情境是旅游者在审美体验中,将物境延伸和扩大,并伴随具象联想而产生的情、神、意的体味和感悟。当旅游者被景观场中的景物感染,进入自由心境,则会因景起情,主动调用心中已有相应情感体验,向观赏物"外射",去丰富景观显现的审美情景,进而获得心理层面的美感。情境追求景观"情"之美,要进入这一状态,常常需要具备两个条件:一是旅游者有审美认识定势的形成,了解景观的相关知识;二是能运用形象思维,插上想象的翅膀,进行艺术形式的再创造。如游走于圣彼得大教堂,观赏《圣殇》雕塑,欣赏者在注目雕塑的纹理、构图和材质时，想到圣母玛丽亚对爱子耶稣强大无边的母爱，则可能感觉到至坚至硬的大理石都会变得柔软，会在凄美中感受到心灵的震撼。面对一望无际的荷塘时，如不只是看到荷叶、荷花的形态、色彩，闻到阵阵荷香，而是在审美观照中联想到凌波而行的洛河女神、出污泥而不染的君子仁人，审美场则会充满了感情，愉悦自会从耳目走向内在的心灵。

情景景观场的形成，表明旅游者开始了与风景的对话，心理结构的审美场也步入了有序化，审美渐入佳境。

（三）意境

意境是旅游景观审美的最高状态，它已不再满足于景物对审美主体造成的美感。旅游者以整体景观作为体验对象，全身心地融入景观场带来的精神氛围，以炽热的情感为动力，经感知、思维、理解、想象等多种审美心理活动，获得精神上的完善、飞跃和超越。这时，主景已融入景观场之中，整体旅游景观对旅游者形成巨大的视觉冲击力，审美主体全方位地把握形象整体，进行审美想象，使审美活动通过感知直插心志层面，审美心理场与旅游景观场实现了契合共鸣。旅游者的心灵在审美场和谐有序的心理结构中显得神圣而安详，旅游景观则因受到审美主体的洗涤显得永恒而不朽。这是一种物我两忘的状态，如王国维所说的"不知何者为我，何者为物"；像庄子《蝴蝶梦》中描述的，不知是自己化为了蝴蝶还是蝴蝶变为了自己。在审美场的制约下，主体已不由自主，向景观场移出感情，寻找理想；单一的主景物象已汇入景观场，景观场以惊人的魅力冲击审美场，经多次碰撞，主观审美场和客观景观场同构共鸣，达到了生理世界、心理世界和外部世界的极大和谐。这是情绪激动后的平静，审美主体像插上了翅膀，超脱了一切，横跨无限宇宙，叩动古今人生。意境追求景观"真"之美，是悦志悦神的精神享受，是精神上的解放，视野上的扩大，心灵上的震撼，情感上的净化，道德上的升华。

以上三种景观审美场状态，是人景时空互动的结果，但是并不是旅游审美过程中必然经过的三个状态，也不是每一个旅游者都能进入的状态，不必也无法强求。在旅游活动中，获得自己的美感，不断积累审美经验，开发自己的审美潜能，旅游审美的能力就会不断提高。

❓ 思考与练习

1. 怎样理解旅游景观的含义？旅游景观有哪些类型？其特征是什么？
2. 怎样理解旅游景观美的根源？
3. 简述旅游景观审美场的构成。
4. 什么是审美心境？怎样的心境有利于旅游审美？
5. 简述审美景观场的内涵和特点。

第二章

自然景观文化赏析

【学习目标】

　　了解自然景观概况,分析自然景观的审美特征和审美价值,掌握自然景观的美学形态,学会自然景观观赏之道,不断提高自然景观审美层次,培养自然景观审美能力。

1. 介绍自然景观的概念及其主要类型。
2. 理解自然景观审美与其他景观审美的区别。
3. 学习自然景观美的美学形态。
4. 了解自然景观审美的层次和自然景观的审美方法。
5. 学会培养自然景观审美能力。

大自然集万物之灵气，钟秀毓然，是造物主赐予人类的美的源泉。因此，古往今来，许多优美的自然景观成为了旅行者欣赏、审美的对象。时至今日，随着旅游活动的深入，自然景观的审美活动在人们的精神文化生活中扮演着更加重要的角色。

山水花木，风雨雷电，是自然中的艺术家，它们为能与其对话的知己挥毫描绘着一幅幅天成的水墨丹青，它们为其欣赏者弹奏着一曲曲天籁般的交响乐。然而，在观赏自然景观过程中，要想获得水墨丹青和交响乐的效果，感受到景观美，其前提是欣赏者需要具有较高的审美能力，能够发现美，善于发现美。美的观赏是发现景观之美，是照亮景观并创造景观之美。故本章将以讨论自然景观的分类、自然景观的特征、自然景观的美学特征为基础，通过分析一些具体案例，引导欣赏者提高对自然景观的审美层次及审美能力。

第一节 自然景观及其审美特征

自然景观是指由具有一定美学、文化价值、科学价值并具有旅游吸引功能和游览观赏价值的自然旅游资源所构成的旅游吸引物，也就是指主要由大自然自身所形成的天然风景。然而，现实中的自然景观甚少纯粹的"自然造物"，而往往打上了人文的烙印。即使这样，我们仍然将以自然天成为主的景观称为自然景观。

一、自然景观的主要类型

大自然多姿多彩，自然景观种类繁多，林林总总。然而，总而言之，可将自然景观划分为地文景观、水域景观、生物景观及气象景观四种类型。其中地文景观如同其骨架，水域景观犹似其血脉，生物景观是其跳跃的灵魂，气象景观为其多变的情感，它们共同构成了气象万千的自然景观场。

（一）地文景观

地文景观是指地球内、外力综合作用于地球的岩石圈而形成的、能对旅游者产生吸引力的现象或事物的总称。[①] 地貌景观一般体量大，视觉敏感性高，不同的地貌类型所形成的旅游空间和景观构图，往往具有很强的视觉感染力。此外，独特的地貌景观不仅是许多自然景观形成的基础和前提，而且可体现风景的总体特征。它主要包括五小类。

1. 山岳景观

陆地表面高度大、坡度较陡的，且具有一定审美价值、科学价值和文化价值的高地称作"山岳景观"。山岳景观大多分布在地球内力作用强烈、引起地壳上升的地区。一座山从上到下可分为山顶、山坡和山麓等三部分：山顶是山的最高部分，形状有平顶、圆顶或尖顶；山麓是山的最下部，它往往和平原或谷地相连接，但两者之间一般都有明显的转折；山

---

① 因地貌景观是更为大众、更有吸引力的地文景观，且因篇幅所限，本章中的地文景观主要围绕地貌景观进行论述。

顶和山麓之间的斜坡就是山坡。它的形状有直形的、凹形的、凸形的和阶梯状的等。

按照海拔高度，山可分为高山、中山和低山。海拔高度超过3 500米为高山；海拔高度1 000—3 500米为中山；海拔高度500—1 000米为低山。

因风景瑰丽、山形奇特或承载了历史、人文底蕴而闻名于世的山岳景观都是颇有旅游吸引力的景观。欧洲的阿尔卑斯山、美国落基山、日本富士山、德国黑林山、希腊奥林匹斯山、非洲屋脊——乞力马扎罗山等等都是山景绝佳的去处。中国是一个多山地景观的国家，雄伟险峻、清秀奇特的山地遍布华夏大地。泰山、华山、恒山、嵩山、衡山、五台山、峨眉山、普陀山、武当山、青城山、崂山、庐山等吸引了络绎不绝的游客观赏徜徉。

2. 喀斯特地貌景观

喀斯特地貌景观是可溶性岩石在以地下水为主、地表水为辅，以化学过程为主、以机械过程为辅的破坏和改造作用下形成的，具有一定的审美愉悦价值，且对旅游者具有一定吸引力的地貌。世界上著名喀斯特地貌景观主要有："海上桂林"越南下龙湾、美国猛犸洞、马来西亚黑风洞、印尼加里曼丹岛石林等等。我国西南地区是世界上最大的喀斯特景观地区，主要分布于云南、广西、贵州等省区。广东肇庆七星岩有七座石灰岩山峰，形如北斗七星，山多洞穴，洞中多有暗河、各种奇特的溶洞堆积地貌。广西桂林山水和阳朔风光主要是以石芽、石林、峰林、天生桥等地表喀斯特景观著称于世。云南石林风景区地表峰林奇布，主要为高大巨型石芽群景观，大部分石灰岩山峰分布在河谷两侧，各种形态的石峰似人似物，形态逼真，栩栩如生。四川黄龙风景区钙化池、钙化坡、钙化穴等组成世界上最大而且最美的岩溶景观。浙江的瑶琳仙境，位于桐庐县，是浙江省规模恢弘、景观壮丽的岩溶洞穴旅游胜地，也是浙江迄今发现的最大洞穴，以"雄、奇、丽、深"闻名于世。此外，贵州、江苏等地的喀斯特景观也是奇石异柱，洞壑深邃，绮丽异常。

3. 风沙地貌景观

风沙地貌景观指风对地表松散堆积物的侵蚀、搬运和堆积过程所形成的具有审美价值和旅游吸引力的地貌。风沙地貌景观是大自然独具风格的杰作，包括风蚀地貌和风沙地貌。

风蚀地貌类型较多，如风蚀柱、风蚀蘑菇、风蚀垄槽、风蚀城堡等，新疆乌尔禾地区的白垩纪岩层构造上，该地层因含盐分较多，风化、盐化作用强，外部形成了一层疏松的风化壳。而这种疏松易受侵蚀的地层，又正位于准噶尔西部著名的大风口上，经常受到六七级以上大风的吹蚀。长期风化剥蚀，在暴雨侵蚀和大风吹蚀的作用下，地面形成了深浅不一的沟壑，而裸露的石层则被狂风雕琢的千奇百怪：似古堡、如怪兽、类亭台楼阁等，傲然挺立，气势磅礴，景色极为壮观。此外，罗布泊"雅丹"魔鬼城地貌、土耳其的卡帕多亚奇的红砂岩等也是典型的风蚀地貌景观。

风沙地貌景观指因风沙堆积作用形成的，具有审美、科学价值的沙丘、戈壁、沙漠、响沙等，如中国敦煌月牙泉的鸣沙山、宁夏中卫的沙坡头都有鸣沙现象。一些"新月形"沙丘、"金字塔形"沙丘等景色也很壮观，如我国塔克拉玛干沙漠和巴丹吉林沙漠均有大量"新月形"沙丘、"金字塔形"沙丘分布。非洲撒哈拉沙漠、美国"彩色沙漠"等等也是世界上著名的风沙地貌景观。

4. 海岸地貌景观

海岸地貌景观是海岸带的动力与陆地相互作用的结果,包括海蚀地貌和海积地貌。前者主要包括海蚀涯、海蚀台、海蚀柱等,后者则包括海滩、沙滩、连岛坝等。中国著名的海岸地貌景观丰富,如厦门鼓浪屿、大连金石滩、青岛海岸、河北昌黎黄金海岸、江苏连云港和浙江舟山、福建平潭岛、海南三亚天涯海角、台湾清水断崖、广西红树林海岸等都是中国较为著名的海岸景观资源。南非好望角、挪威西海岸的峡湾风光、泰国普吉岛、法国科西嘉岛、澳大利亚大堡礁等则是世界闻名的海岸景观。

5. 特异地貌景观

特异地貌景观主要指世界上较为罕见的、具有审美价值的地貌景观,如地缝裂谷、火山地貌、化石、怪石等。澳大利亚艾尔斯巨石,美国科罗拉多大峡谷,中国贵州以地缝、天坑、峰林三绝著称的马岭河地缝裂谷景观,黑龙江以石龙石海和火山口为特色的五大连池火山岩熔景观,福建鸳鸯溪白水洋水下石板广场,云南元谋土林等均为中外著名的特异地貌景观。

(二) 水域景观

各种形态的水体在地质地貌、气候、生物以及人类活动等因素的配合下,形成了不同类型的水域景观。凡能吸引旅游者进行观光游览、度假健身、参与体验等活动的各种水体资源,都可视为水域景观。

水域景观是自然景观的重要组成部分,它灵动而奔放,给大自然带来了勃勃生气和无限活力。江河、湖海、飞瀑流泉、冰山雪峰不仅独自成景,更能点缀周围景观,使得山依水而活,天得水而秀。水域风光动中有静、静中有动。它主要有下列几类:

1. 江河溪涧

河流,是陆地表面沿线性凹地运动的经常性或周期性的水流。规模较大者称为江或河,较小者称为涧或溪。江河溪涧性是潇洒不羁的画家,那些性格多变、清澈无邪、色彩纷呈者常受到游人的青睐。河流景观包括大江巨流、河川清流和山间溪流。例如,长江、雅鲁藏布江、多瑙河、恒河、莱茵河等即为闻名世界的大江巨流景观;漓江、新安江等是各具风流的河川清流;九曲溪、张家界的金鞭溪、福建鸳鸯溪、湖北神农溪等属于充满无限生机的山间溪流。

2. 湖泊水库

湖泊是陆地表面天然洼地中蓄积的水体。自然中的湖泊,或温婉恬静,或俏丽活泼,千湖千面,为自然景观增添了无限风采。水库,即人工湖泊。常见的湖泊有构造湖、冰川湖、风蚀湖、岩溶湖、河迹湖等。国内外享有盛誉的湖泊水库景观如洞庭湖、杭州西湖、新疆天山天池、长白山天池、青海湖、甘肃敦煌月牙泉、千岛湖、俄罗斯的贝加尔湖、瑞士日内瓦湖、英国尼斯湖等。

3. 飞瀑流泉

瀑布,指水流从陡坡或悬崖倾泻而下形成的水体景观,通常由水流、陡坎和深潭三个要素构成。瀑布完美地将山水融为一体,动感的形态、急促清脆的声音、变幻的色彩,令人神往,是水域景观中颇具吸引力的景观。中国著名的瀑布景观有:贵州黄果树瀑布(岩溶型瀑布)、黄河壶口瀑布(差别侵蚀型瀑布)、黑龙江吊水楼瀑布(火山熔岩瀑布)、庐山香炉瀑布(构造性瀑布)、四川九寨沟瀑布群、湖北神农架水帘洞等。非洲维多利亚瀑布、南美伊瓜苏瀑布、安赫尔瀑布和北美尼亚加拉瓜等瀑布举世闻名。

泉,是地下水涌出地表的天然露头。从观赏角度而言,那些拥有喷涌奇观的泉更有观赏价值。然而泉水的康体、文化作用也值得游人停下脚步。此外,泉水所在之处,往往流水潺潺,树木苍翠,环境清雅宜人,自古以来是人们游憩的好去处。如"天下第一泉"趵突泉、华清池、安宁温泉、五大连池、美国黄石公园温泉等都是风景优美的名泉。

4. 冰川景观

冰川,是固体类、具有特殊形态特征和地貌景观特征的水域景观,主要分布于高山和高纬度地区。中国的珠穆朗玛峰冰川、天山一号冰川、四川海螺沟冰川和雪宝鼎、嘉峪关祁连山七一冰川以及世界上著名的勃朗峰、乞力马扎罗山、富士山、北极冰川、南极冰川等都是冰川景观旅游的首选。

5. 滨海景观

滨海景观,主要是指大海与海岸、海岛等合为一体的复合景观。大海集优美与壮美于一身,平静的大海带着洁白的浪花,有节奏而悠扬地拍打着海岸,展示出一种和谐统一的优美感;愤怒的大海,波涛汹涌,海浪咆哮,充满力量和气势,呈现出一种令人敬畏的崇高美。海岸与海岛常常成为海景的延长线。"壮观天下无"的钱塘江大潮、海南三亚亚龙湾、"东方夏威夷"北戴河、美国夏威夷瓦湖岛威基基(Waikiki Beach)海滩、西班牙的"太阳海岸"、墨西哥的坎昆海滨等地都对钟爱大海的游客有着独特的吸引力。

(三) 生物景观

生物,是地球表面有生命物体的总称,按性质可分为植物、动物和微生物三类。生物景观是自然界最具活力的因素,它的存在使世界有了色彩,使地球变得生机盎然,是具有灵魂性质的自然景观。生物景观的色彩、形态、声音、活动、习性及某些生物中所蕴藏的精神和寓意,常为观赏者带来心旷神怡之美,使其娱情悦性。生物景观一般可分为以下五类:

1. 森林景观

森林景观指具有独特的美学价值和功能的野生、原生以及人工森林。森林景观可以开展探险、探奇、探幽、科学考察、疗养、健身、生态旅游。中国的森林景观主要分布在东北的大小兴安岭、长白山、西南的横断山区和藏东南,以及长江中下游的山地丘陵地区。其中湖南张家界国家森林公园、云南西双版纳原始森林景观、东北长白山原始森林、广东肇庆鼎湖山亚热带季风常绿阔叶林(北回归线上的绿宝石)、安徽省金寨县天堂寨国家森林公园(中华植物王国之最)、浙江"安吉竹海"、湖南"益阳竹海"等较具有代表性。世界主要森林景观如欧洲北部的"亚寒带针叶林"、南美洲亚马逊河流域和非洲刚果河流域的热带雨林、地中海沿岸的亚热带常绿林景观等。

2. 草原景观

草原景观主要指大面积的草原和牧场形成的且具有审美价值的植被景观。草原景观根据水热条件,可分为典型草原景观、荒漠草原景观和草甸草原景观。草原一般有明显的季节变化,因此,景色常常季季相异,既有艳丽夺目的繁华,也有"天苍苍,野茫茫"的苍凉,对城市游人尤其有着不可抗拒的吸引力。内蒙古锡林郭勒草原、新疆巴音布鲁克草原、澳大利亚中西部大草原、阿根廷潘帕斯大草原、非洲热带稀树草原等都是具有独特景观的草原。

3. 名木奇花景观

名花奇木景观主要指能给人带来审美愉悦的植被景观。此类景观种类繁多，形态、色彩不拘一格，有很高的欣赏价值。其观赏美、寓意美、嗅觉美既可启迪心灵，又能陶情怡性。不仅自然界中的古树、名木、奇花、异草或具有历史文化价值的植被会吸引观赏者的注意，只要有其独特之处，即使是无名的小草、无华的小苗也会成为观赏者的审美对象。如水杉、银杏、鹅掌楸、珙桐等因其或飘逸多姿，或苍劲古雅，或刚毅挺拔，广为人们喜爱。陕西黄帝陵的"轩辕柏"、山东孔庙两千多年树龄的"孔子桧"、泰山"五大夫松"等因其承载了历史的血脉，千百年来吸引着络绎不绝的游客。玫瑰、牡丹、梅花、兰花等因神、色、韵、姿、香俱佳，引无数游人竞折腰，而不起眼的狗尾巴草摇曳在风中也自有一番风情，也会引起游人的注意。

4. 珍禽异兽

动物，在自然界中最具活力。与植物相比，动物可自由运动，会发出悦耳的声音，有的甚至有些许人的灵性。不少动物的体态、色彩、姿态和声音都极具美学观赏价值，那些能为人们带来美感的动物历来就是世界各地游客喜爱的观赏对象。概而言之，根据动物的美学特质，可将其划分为观形动物、观色动物和听声动物。观形动物外形千奇百怪，多姿多彩，特别是一些外形奇异的动物，常常给人一种气质美感。如东北虎外形雄伟，极具王者风范；孔雀有美丽的尾巴、高昂的头颈，华贵而骄傲。世界上以斑斓色彩吸引旅游者的动物比比皆是，如雪白的北极熊、如乌金般的黑叶猴、如烈焰般的火烈鸟等，色彩极为美观。还有那五彩缤纷的昆虫世界和鸟儿王国更让人陶醉，不少动物发出的悦耳之声能激发人们的听觉美，如夜莺之鸣声，悠扬婉转，仿佛天籁；弹琴蛙，叫声如委婉动听的古琴声。四川卧龙自然保护区、四川九寨白河自然保护区、东北虎及栖息地长白山自然保护区、丹顶鹤及栖息地广东鼎湖山自然保护区、尼泊尔奇特孟加拉虎万皇家公园、非洲卡拉哈里羚羊国家公园等都是观赏动物的好去处。

(四) 天象景观

天象景观指天象和气象景观。气象是大气中的各种物理现象和过程。包围地球的大气圈每天都在发生着各种各样的物理现象，它通过风、雨、云、雪、霜、雾、电、光等形成千变万化的自然景观，并在特定的地域和时期，与其他构景因素相结合，形成独特的气象景观。天象是指天文现象，即日月星辰等天体在宇宙间的分布、运行的变化现象。奇特的天象景观是人们的极佳观赏对象。

1. 气象景观

气象景观主要包括雨景、云景、雾景、朝霞、晚霞、雾凇和雨凇景。

雨景指的是小强度降水所形成的景致。许多地方都有雨景胜迹，如蓬莱十景之一的"漏天银雨"、峨眉十景之一的"洪椿小雨"以及桂林的主要景观"漓江烟雨"。黄山的云海、苍山的玉带云、庐山的瀑布云、三清山的响云、泰山的云海玉盘等都是云雾奇景。雾凇又名树挂，是在冬季寒冷的雾天，雾或水汽在树枝或其他物体上直接凝华而成。中国雾凇出现最多的是吉林省。吉林省松花湖的滨江两岸，冬季常在树上结成洁白晶莹的雾凇，玉树琼枝,姿态各异,景致之美仿佛童话世界。雨凇是小雨滴在物体上冻结起来的透明或半透明的珠层。雨凇,裹嵌着草木,可结出美丽的冰凌花。挂于乔木,能织成长垂的珠帘,是难得见到的美景。峨眉山是常见雨凇的地方。

2. 天象奇观

天象奇观系指在特定的地理环境下由气象因素所表现出来的奇特的形、色等变化,它往往结合地形、沙漠、海浪等要素,形成独特、壮丽甚至神秘莫测的景观,是一种特殊且可遇不可求的景观。天象奇观主要有极光、佛光、海市蜃楼、奇特日月景观等。

极光,是太阳带电粒子从高纬度地区进入地球大气层,受磁场影响形成的色彩艳丽的发光现象,形状多样,千姿百态,在高空5千米—10千米亮度最强。美国阿拉斯加州北部、加拿大北部、冰岛南部、挪威北部和新地岛南部、中国的漠河和新疆阿尔泰地区等是观赏极光的好去处。

佛光,也叫"宝光"、"金光",在低纬度高山地区云海中,由于阳光斜照使大气中的水珠发生衍射而呈现的色彩华美的光环,光环会随观测者而动,观测者的投影会进入光环之中,给人一种神秘的"神佛显圣"之感。中国可以观测到佛光的地区有庐山、泰山、黄山、梵净山、峨眉山,其中以峨眉山"金顶佛光"最为壮观。在德国的哈尔滋山、瑞士的北鲁根山也会有佛光出现。

海市蜃楼,由于气温垂直方向上的变化以及相应的空气密度垂直分布发生分异,引起光线的折射和全反射现象,使远处地面景物出现在人们的视野中,形成神秘的景致。一般多出现在海湾、沙漠和山顶。中国最佳观测地点是山东蓬莱阁和浙江普陀山。另外连云港海州湾、渤海长岛、北戴河东联峰山、庐山五老峰和塔克拉玛干也都可观测蜃景。

日月景观主要有旭日东升、夕阳西下、日月并升以及夜间月景等。日出景象,气势磅礴,绚丽壮观;日落时分,晚霞绚烂多彩,景象万千,变幻莫测。因此,日出、日落景观都令人着迷。山峰、水边等是观赏日月景观的较佳观赏点,如黄山翠屏楼、泰山日观峰、华山东峰、峨眉山金顶、蓬莱丹崖山、秦皇岛海滨、浙江普陀山、杭州西湖等地。日月并升景观在中国有五个地方,最佳观测地点是浙江海盐县南北湖畔的云岫山鹰窠顶。夜间月景可以给人不同的心理感受,如"人有悲欢离合,月有阴晴圆缺"、"月到中秋分外明"等。明月与其他景致构成了著名的岳阳"洞庭秋月"、杭州"三潭印月"以及著名的"二泉映月"等景观。

二、自然景观的审美特征——我见青山多妩媚

自然景观之美,是指在审美活动中对鉴赏者具有特定审美价值的自然景观的品质特征,是自然景观区别于其他类型景观之美的独特属性。自然景观之美属于现实美,与典型的艺术美相较,稍显零散和粗糙,但更为生动和丰富。自然景观之美与人文景观之美虽然都属于现实美,但由于它们存在于不同的现实领域,自然、人文景观之美亦有别。自然景观的美学特征主要表现在三个方面:

(一) 自然属性

自然景观美的自然属性是指自然景观的美具有非人为的客观性。一方面,一切自然景色最明显的特征就是物质性,它构成了自然景观审美符号的基础。自然景观的美都是

其自身物质性的体现,如令人陶醉的流云、飞雾、绿水、奇峰、怪藤、苍松、劲竹、瑶草等景物之美皆源于其本性,是这些景物自然本真的体现,是大自然的造物。如果没有神奇、瑰丽的大自然,就没有峻岭的雄奇、水乡的明媚、落日的大美、戈壁的辽阔。即使由人所种植的各种观赏类花卉草木,也必须依赖于其自身的生长发展规律,如草长草灭、花开花谢等,并通过其自然属性来表现其美丽。另一方面,自然景观美具有非人际关系性。自然景观美在于景观的自然属性和形式之间的关系,与人文景观美相比较,它现实地存在于自然世界中,其本身并不构成人类社会关系。

（二）形式性

自然景观美的形式性,是指自然景观的形式因素在审美中具有主导作用。与人文景观美相比,自然景观美的内容朦胧、宽泛、缺乏确定性,它更侧重于形式,且其形式清晰而鲜明、具体而生动、复杂而多样。例如,"日出江花红似火,春来江水绿如蓝"的视觉美、泉水叮咚、"鸟鸣啾啾"的听觉美、"落霞与孤鹜齐飞"的动态美、"鸟宿池边树"的静态美、"日出而林霏开,云归而岩穴暝"的变化美、"江作青罗带,山如碧玉簪"的形象美、"岸映松色寒,石分浪花碎"的感受美、"大漠孤烟直,长河落日圆"的意境美……当然,自然景观美的形式并不是空洞的,而是充实着一些象征符号。如"大漠孤烟直,长河落日圆",美就美在它是一种有意味的形式,其意味来自于符号实践漫长的文化建构。这种蕴涵于形式之中的意味构成了自然景观符号的"气势"美。正因为自然景观的形式是激起人们强烈审美感受之所在,因此,人们在欣赏自然景观美时,常常因自然景观的形式美,而忽视其比较隐约的内容。如有些自然景观,虽然对人有益,但因其外形丑陋,人们都觉得它不美,而有些自然景观,尽管对人有害,但因其外形美丽,却可能得到游人的青睐。

（三）多样性与变易性

多样性是指自然景观美的形态具有多层次、多侧面、多角度的特征。同一自然景观从不同的角度、不同的距离去欣赏,往往会得到不同的美感。即所谓"横看成岭侧成峰,远近高低各不同"。自然景观美的多样性,还表现在许多自然景观常常是各种形态的美的综合体,如某些山峰常常集雄奇、诡谲、秀逸、幽深、险峻、妩媚、狂狷等多方面的美学特征于一身。

自然景观美的变易性,是指自然景观的美具有动态性。同一自然景观随着季节、时令、天气或空间的变化,而呈现出不同形态的美。自然景观的美往往与时间紧密地联系在一起,一年随四时更替,景观有季相之异,一日随朝暮之变,景观有晨夕之分。同样的山景,春天山花烂漫,夏天青翠欲滴,秋天层林尽染,冬天银装素裹,一年四季表现出不同的色彩美。所谓"一道残阳铺水中,半江瑟瑟半江红","日落红湖白,潮来天地青",都是因朝暮的转换而形成的多姿多彩的自然景观。而同一自然景观在同一时间,因所处空间的不同景色也会有差异。黄山耕云峰上的奇石,从不同角度看去,形象各不相同,如耕地的"犁头",像"双鞋",似松鼠。"人间四月芳菲尽,山寺桃花始盛开",即在春天里,庐山山下与山顶景色的不同演绎。总之,流动的时间与跳动的空间,共同交织成了万千美丽的自然景色。

可见,自然景观作为审美客体,形象丰富,有声有色,表现出不同于人文景观美和艺术美的特点。人们在游赏自然景观时,只有细心体悟,方可发现其大美所在。

三、自然景观的审美价值

欣赏自然景观是人类钟情的一种审美活动。当游人寄身山水,陶醉于湖光、山色、松风、鸣鹤所构成的审美景观中,躁动变得沉静,浮躁趋于安宁,浸润山水里的思想格外敏感和宁静,并能以一种闲适的心态品味世界、思考人生、追索生命的意义。因此,自然景观带给人的审美价值是不言而喻的。

第一,自然景观审美可以唤起人的生存及生命价值意识。自然景观的存在不仅使大地呈现出了生机盎然的迷人美景,还以草枯木荣、朝夕交替表现出生命新陈代谢的过程,展示出一切的神奇与美丽,如青山绿水、鸟语花香、花开花落……都有生命的韵律。游人在自然美景的浸润中,无意识地通过"依类象形"的方式体悟到人与自然景观生命韵律的类同性,从而唤起观赏者的生命意识,激励人们实现物我生命节律的共振。

第二,自然景观审美有利于增强人们对自然景观的保护意识。在人与自然景观构成的审美关系中,自然景观以其独特的魅力感染着欣赏者的耳目,陶冶着鉴赏者的身心,形成了一种和谐的审美价值。欣赏者有了这种体会和游览体验后,就会明白要保留这份美好,人们应顺应自然,多一份对自然景观的爱护之心,与自然和谐相处,让自然景观按规律发展,让万物自由生长,还自然一片"鸢飞鱼跃"的美好景象。

第三,自然景观审美可唤起人的社会文化意识,产生社会文化价值感。一次自然景观审美,对欣赏者心灵的刺激是暂时的,但无数次的自然景观游赏,则长期刺激着游人的感官,陶冶着欣赏者的情操,影响着审美心灵的造就,会使人们形成相对应的心理模式。个人审美意识在一定群体和文化圈中被接受,形成集体审美意识。集体审美意识被社会接受,进一步影响全社会,就形成了社会审美意识,并通过既有的文化遗存熏陶、影响着后人的感受方式。如中国欣赏者观竹则想到高洁的气节,赏瑞雪压青松则想到松柏的坚贞等等,就是中国人在社会审美意识的作用下,欣赏某一自然景观时产生的审美价值。总之,自然景观审美对人类集体意识的传承起着重要的作用,其产生的价值在一代代人的审美活动中发生作用而成为凝定的价值。

此外,面对自然景观,欣赏者基于不同的生活境遇、文化素养和心理素质等会产生新的审美意识成分,如新的情感体验、思想意志等,这些都是欣赏者未来艺术创作的灵感和创新源泉。

第二节　自然景观的美学形式

自然景观之美神奇多姿,形象美、色彩美、线条美、动态美、听觉美、嗅觉美……绚丽生动。这些美的形式通过在时间和空间上的有机组合、有序交替和运动变化,给人们带来享受不尽的自然美。正是这丰富多彩的自然景观美与人们审美心灵的契合,产生了无尽的精神文化火花,为人们的生活增添了一抹生机和亮丽。

一、形象美

自然景观都以某种形态而存在,包括体量、形状、色彩、线条、结构等,所以自然景观无不与形态有关。自然景观的形象美是指某些审美意识与自然景观总体形态和空间形式有机结合,所形成的美学概念。形象美大体概括起来,即为雄、奇、险、秀、幽、旷等。

多姿的风景在形象美的基础上,还交织着色彩美、音响美、线条美等因素。这些因素在时空上的耦合,构成了山水美的动听交响乐。

1. 雄伟之美

雄伟美是指高大壮丽、气势恢宏的自然景观所具有的审美属性。具有雄伟美特点的自然景观一般具有以下特点:一是体积厚重,有席卷一切之态,气吞山河之势。素有"五岳独尊"之称的泰山堪称雄伟美的典型。五岳之首泰山崛起于华北大平原之东缘,凌驾于齐鲁丘陵之上,绵亘数百平方公里,雄浑阔大,大有通天拔地之势,除了西北600公里的太行山可与之比高外,千里内外,无与伦比者。尤其南坡,因有东西向断层,泰山骤然上升,汶河流域下陷,山势陡峻,更有依天壁立之感,气势尤为雄伟。二是相对高度大,有巍峨之姿。如"雄秀西南"的峨嵋金顶"平畴突起三千米",近观远眺都十分雄伟。江南的某些小规模山水,如绍兴东湖,石壁苍古,潭水幽深,驾小舟游于岩下,也觉得它们雄伟美丽。三是坡度陡峭,有峻拔之态。如有"夔门天下雄"之称的夔门,两山对峙,坡陡如削,加之急流、云雾的烘托"高江急峡雷霆斗,古木苍藤日月昏",更显得雄伟壮丽。当然自然景观的高大雄伟,也包含着历代精神文化的渲染和人文景观的烘托。

雄伟的自然景观,高大壮阔,为崇高之境,是阳刚之美,在欣赏过程中,给人以奋发向上的激情,令人心生敬畏。

2. 秀美

秀即秀丽、秀美、优美、柔美等。一方面,秀美的自然景观一般体量较小、结构匀称而且线条柔美。外形轮廓逶迤多变,绵延起伏,翠绿欲滴,山清水秀,便勾画了典型的山景秀美容貌。如峨嵋山素以"天下秀"著称,远观其态,山体虽然高大,但山体线条流畅柔美,尤其是云雾弥漫时,两峨状如黛眉。另一方面,秀美的风景,有茂密的植被,色彩翠黛雅丽,终年不枯,呈现出一种生机盎然之势。我国南方多烟雨且植物繁茂,因此,南方风景的特点以"秀"著称。此外,秀美的山景常常有水有植被,山得水而活,得草木而灵。

秀景,为柔情之境。它给欣赏者带来亲切、平和之感,显示出勃勃生机和轻松愉悦氛围。秀美,如同一首抒情诗,好似一首钢琴曲,恰如一只轻舞,令人陶然自得。

3. 幽美

幽美是指景观景深而层次多,难以一览无余,给人深不可测之感。"幽"有"移步换形"之妙,同舒朗旷远成为对照。在视觉上,幽美景观一般都是以丛山深谷和伸展的山麓为地形条件,并辅以繁茂的乔木灌林,随着山谷的自然转曲,形成明暗阴影变化异常的景色。"山重水复疑无路,柳暗花明又一村",就是这种景色风格最好的写照。在听觉上,幽美指恬静幽雅的听觉环境。"蝉噪林愈静,鸟鸣山更幽"是幽深风景听觉特征的写真。所以,视听相互协同的欣赏是游览幽美风景的一大特点。青城山,是非常有代表性的幽深景致。"青城天下幽",是由青城山植被和地形所致。青城山体系由红色砾岩和砂岩构成,经构造上升、流水切割、冰川雕刻等作用，形成群峰耸立、洞壑幽深、状如城郭的地形，造成了许多隐蔽空间。山中古木繁茂葱郁，遮天蔽日，将宫观亭阁掩映于浓阴翠盖之间，通幽小径穿行于丛林深谷之中，处处幽深、处处清静。人行山中，瞻前顾后皆疑无路，竟难辨身处何地。其他如峨嵋山黑龙江栈道、雁荡山筋竹涧、武夷山桃源洞等处亦以"幽"取胜。

幽景，是超脱逸世之境。身入幽景，如至世外桃源，给人以安全和超然物外之感，隐逸之情感油然而生。

4. 奇特美

奇特美，相对于常见景观美而言，是指某些景观或因其数量稀少难觅，或因其特色突出、形态特异，或因某些要素的互相配合构成的出人意料而带来的美感。黄山风景"步步生奇"，其"奇特"之美，享誉古今。黄山奇在何处？主要是奇在构成黄山自然景观的基本要素上，即峰奇、石奇、松奇、云奇以及它们之间的有机结合。黄山素有"无峰非石，无石不松"之誉。山峰高峻宏大，石峰纤细挺拔，巨细对比，景观生动而富变化。石浑厚而简洁，松苍劲而洒脱，松得石而刚，石得松而灵，如"喜鹊登梅"，"鹊"为石，松为"梅"，相得成趣。黄山自然景观有着无穷无尽的审美价值。有时某些因素的巧妙配合更有出奇之妙。如泰山"仙人桥"，系三块巨石在跌落过程中偶然挤压在一起，形成凌空的"桥"。津巴布韦的"奇石公园"、美国的黄石公园等景观，虽然它们的形成原因各不相同，但都是世所罕见，具有令人心神俱爽的奇特美。

奇特美景观，是一种难以常见之景观，大有出人意料、激动人心之感。是一种探索之境，激化之景。它似乎启迪人们去思索，去探求，激励人们勇于创新和超越。

5. 旷美

旷，指辽阔开朗，视域宽广无边所带来的美感，即通常所谓的旷远、辽阔、敞旷、浩渺、空阔等。几乎所有能产生"旷"美的景观，欣赏者皆视无遮拦，极目天际。如浩渺的水面、苍茫的原野、居高而望群峰等容易带来旷美之感。旷景有平旷和高旷之分。平旷以平原、水面得景，高旷则以高山峰顶览胜。所谓高旷，就是登高望远，提高视点，扩大视域，增加观景信息。高旷之美，视域景观丰富，令人心胸开阔，心旷神怡。任何自然景观，都可获得高旷美的享受。泰山绝顶"会当凌绝顶，一览众山小"之美，华山落雁峰"只有天在上，更无山与齐"之美，衡山之巅"上观碧落星辰近，下视红尘世界遥"之美，皆为高旷之美；观赏者多从平视视角览胜，视野广阔，一览无余，易生平旷之美，从海洋到湖泊，从大江到原野，都各具平旷之美。"天苍苍，野茫茫，风吹草低见牛羊"是极目草原的平旷之美，"孤帆远影碧空尽，唯见长江天际流"为远眺长江的平旷之美。

旷景，壮阔之境，海阔天空，有雄浑、博大、深沉之势。观旷美之景，令人心胸坦荡，情思奔放，心旷神怡，进而领悟宇宙之大和自身的价值，开拓胸怀，激起雄心壮志。

6. 险峻美

险，能以特殊的夸张形式引起人们强烈的兴趣。险峻美常与危峰峻岭，悬崖峭壁，陡坡深谷共生。险峻的景观是艰险之境，令人惊心动魄，望而生畏。然而险峻之美在于其激化人们的探险心理，故智勇者上，懦怯者止。"无限风光在险峰"，说明了险与美的关系。许多名山甚至开辟险峰供人登览领悟。除了天下险的华山，庐山的"五老峰、仙人洞"、黄山的"天都峰"、九华山的"天台峰"、武夷山的"大王峰"等均以险峻而闻名。

上述形象美特征在自然景观中,往往是共生交错的,但是总是以其中一两个为主要特征。欣赏山水风景,既要注意山水的总体气势、总体风格,又要细心品评一些局部的风景特点,做到宏观与微观相结合,远望与近视相结合,较好地领略自然风景富有生气、变化无穷的美。

二、色彩美

自然景观不仅展示了种种形象美,而且具有五彩斑斓的色彩美。色彩既有色相、明度、纯度属性,又有色性差异,对人的生理、心理产生特定的刺激信息,具有情感属性,形成色彩美。自然景观的色彩美主要由树木花草、江河湖海、山石土壤、夕阳落日等自然光色构成。

自然景观中最引人瞩目的色彩,莫过于五彩缤纷的植物了。碧绿的荷叶、火红的玫瑰、洁白的玉兰、金黄的郁金香、紫红的月季、粉嫩的桃花、紫色的丁香……构成了一幅璀璨夺目、绚丽多彩的自然画作。一年四季的交替和阴、晴、雨、雪的天气现象则构成大自然色彩斑斓的宏观变化。春艳夏绿秋金冬银,是自然景观的季相变化。山岳景观最常见的是绿色,但一年四季总有一些花儿为山峦绿色的长袍绣上多彩的图案,偶有的淡云薄雾则给山岳抹上了一层调和色,使群山的色彩柔和、淡雅、协调。远近不同山岳色彩有异,近山绿而远山蓝,渐远渐淡,层次分明。阳光云霞也是点染山山水水的调色板,总能让山水在瞬间穿上彩虹般的霓裳。水是大自然的一面大镜子,它反映着天空和周围的景象。有的水体由于含有某种矿物质,水色晶莹艳丽。如九寨沟与黄龙寺前的五彩池之水,明净清澈,绚丽无比。

色彩在自然景观构景中也起着非常重要的作用,在某些情况下,自然景观的色彩美胜过了其形象效果,甚至在一定程度上改变了景观的形象,而赋予它特有的神韵。一棵黄栌从树形而言,可能难以给人带来丰富的形象美感,但当漫山黄栌一片火红的时候,则让人从整体上感受到了红色带来的生命的蓬勃活力。无名的野花野草的形象往往不能与仙苑奇葩媲美,然而当大地上呈现出花团锦簇景象时,其魅力绝非玩赏单独的一支名花可比。

自然景观的色彩可影响游人的情感,使人产生不同的感情和生理变化。大海深深浅浅的蓝色使人心境平和、宁静,森林的翠绿色令人感到快乐和充满希望,绚丽的花朵使人兴奋、开心……自然景观的不同的色彩美共同陶冶着人们的性情。

三、动态美

自然景观的动态美是指自然景观中"动"的因素所带来的美感,主要由流水、飞瀑、飘云浮烟、飞禽走兽、生命演替乃至大陆升降、岩石风化等因素而产生。奔流天外的大江时隐时现,发出惊天动地的吼声,清澈的泉水从美丽的岩石缓缓地流过,高大的瀑布飞流直下,气贯长虹,这是流水的动态美;春雨过后,云海变幻,时而如大海波涛,汹涌翻滚,时而悠然飘逸,丝丝缕缕,缠绵袅绕,置身其间,宛若"仙境",如作"云游",风起云动,云飘似山移,构成"山在虚无缥缈间"的意境,这也是自古以来山水审美中的动态美;日出瞬间,天幕由漆黑变为五颜六色,最后一团红彤彤的"火球"一跃而出,腾空而起,在瞬息间变幻出千万种多姿多彩的画面,这是日出的动态美……大自然是神奇的,静的景观也会因风而动,风起,云涌,柳枝摇拂,松涛激发……风是自然界产生动态美的一种重要动力。

需特别指出的是,有时相互间的空间位置并未改变,即一般所谓静止的景观,也能够产生动态美。例如由于地壳和岩浆运动造成倾斜的岩石"层理"(如武夷山的"五马奔朝")或岩柱,风化作用形成的"风动石",由岩石纹理与植物共同组成的某种形态(如桂林漓江沿岸的"九马画山"),某些建筑和雕塑(如哥特建筑的尖顶),都给人以动感。

动态美使人活泼、有朝气,激励人进取。

四、听觉美

形象、色彩、动态美,是大自然带给我们的视觉美,然而神奇的大自然除了为游人提供视觉上的饕餮大餐外,还为游人悉心调配了听觉天籁。浪花拍岸、雨打芭蕉、风舞山林、泉水叮咚、鸟语蝉鸣、空谷足音、竹林萧萧、鼓乐钟磬等声音,在自然景观中,都给人以天籁乐音般的享受。有的景区点建有"松涛亭"、"听泉亭"等,就是为游人提供欣赏自然界的"音乐"之便的。"流水无弦万古琴"就是欣赏"水的演奏"的。听觉美甚至有时就是某些景观的特色。如浙江普陀山潮音洞有声若雷鸣之异,四川阆中"音乐崖"有步移声异之奇,峨眉山万年寺弹琴蛙可一唱百和。

此外,自然景观中的鸟语、风声、雨声、水声,在特定的环境中,对景观起到一种对比、反衬、烘托的强化作用,取得"此时无声胜有声"的效果。所谓"鸟鸣山更幽"即声音美带来的景观美的体现。

自然景观中的不同声音,带给人们不同的感情共鸣。柔美的声音、徐缓的节奏,使人松弛、沉静,有助于沉思;激越的声音、跳跃的节奏,令人欢欣鼓舞。对于久居闹市、长期生活在噪声环境中的人来说,去名山大川欣赏天然交响乐,无疑是一种兴趣盎然的感受。

五、嗅觉美

嗅觉美是一种以生理快感为主要特征的审美享受,包括新鲜空气、海洋气息、木香、草香、花香、果香等给人带来的愉悦,其中最典型、最普遍者,是花香。一年四季,自然景观中的香气季季不同。春日,青草引领着百花散发出馥丽之香,夏日荷花泛出清雅之香,秋日桂花在空气中弥漫出蜜甜之香,冬日腊梅浮动出幽幽暗香。水果、稻菽、海风……大千世界给人以嗅觉之美者多多,就连泥土也有其芬芳,俗语常说的"清新的泥土气息"正属此。嗅觉美为自然景观起到了锦上添花的作用。

总之,游人在神奇而优美的自然景观中徜徉,所得到的美感形式多样而丰富,通过耳濡目染、鼻嗅等感官系统可有节奏地同时感受到景观的形象、色彩、声音、动态等自然之美,从而引起精神心理的极大愉悦,获得至美的享受。

第三节 自然景观探美

随着经济的发展,社会的进步,人们的精神文化生活日益丰富。尽管自然景观审美只是人们多彩的精神文化生活之一隅,但这种审美活动,是反映人类文明的高层次的审美活动,它将随着物质文明的提高而不断发展。所谓高层次审美活动,是人类社会发展到一定阶段才产生的,而一个人也只有在具有一定文化素养的条件下,才有需求。同时,自然景观审美能力不同,人们对美的感受、理解就会有差异。因此,培养自然景观审美能力,提高自然景观审美层次才能充分领略、欣赏和享受大自然赐予我们的自然景观美。

一、自然景观的审美层次

自然景观审美层次,是指欣赏者发现、感受、理解、评价和欣赏山水美的能力和深度。其中包括审美意识、审美经验、审美素养、审美感受以及一定的生理心理结构和想象能力等多种因素的结合。① 面对同样的山水、同样的花草,不同的人所获得的审美享受不尽相同,有的认为是人间至美,有的认为平淡无奇,甚至还有的感到索然无味。自然景观是客观存在的审美对象,审美主体之所以对美的感悟有种种差别,其主要原因就是审美主体的自然景观审美能力和深度,亦即审美层次的差异所造成的。这种差异,大体可以分成由浅入深相互关系的三个层次,即"悦形"、"悦情"和"畅神"。这三个层次呈现逐层递进的关系。自然景观审美活动过程,首先是游人通过观赏自然景观的形式美,如形象、色彩、声音、动态等形式,引起心理、生理上的愉悦感。进而基于欣赏者的审美个性、文化素养等,在欣赏者与风景间情景交融达到"悦心悦情"阶段。然后,经过感性和理性的融合统一,升华为"悦志悦神"的境界。

1. 悦形

悦形是指欣赏者通过感觉器官欣赏自然景观所引起的最初的情绪激动,是客体信息传递到主体感官系统所产生的直观反应。游人所体会到的这种美感感受,通常以直觉为特征,往往欣赏者在看到、听到自然景观后,无须过多思考,便可瞬间感受到景观之美,同时唤起感官的满足和喜悦。换言之,任何山水风景美,首先是以其特有的形式通过耳目等感觉器官感知,激起生理安逸舒适与情感愉悦的交融,进而产生心灵的美感愉悦。这也意味着,"悦形"是最普遍,也是最初级的审美感受层次,不能感受到这一层级的美,也就不会有更高层级的美感体验。人们看到山清水碧,鸟鸣花开,晚霞披彩,首先是自然景物的形、音、色的客观表象给人的直观感受,是其形式美令人耳目一新,愉悦之情油然而生。游人在山水之间审美,观山如卧佛、如象鼻,观水清澈,观云多变,观花艳丽,听泉如歌……情趣盎然,凡此种种,皆以形论美,得形而乐,谓之悦形。那些具有新、异形式美的自然景观,更会引起游人的新鲜感和愉悦感。然而,"悦形"的审美感受,主要仍是主体的直觉感受,没有想象和移情的介入,还没有形成主客体的交往,还有待于进一步的扩展和深化。

应该指出的是,欣赏山水过程中所体验到的"悦形"感受,并非是纯直觉和感性的,而是渗透着一定的理性和社会因素,是文化在自然中渗透的结果。

2. 悦情

所谓悦情,就是审美主体在悦形基础上,获得大量的风景信息,有了丰富的山水审美经验,经过对比、联想等心理思维活动,有时还赋予自然景观(客体)以某种人格和灵性,在主体处于超脱状况下,进行主客体之间的审美感情交流,从而达到"物我相亲,情景交融"的境界。

---

① 谢凝高:《山水审美层次初探》,《中国园林》,1993年第3期,第103页。

悦情作为一种审美认同体验,其发生往往需要欣赏者具有以下三种心理活动:一是把自己或他人类比于审美对象。如心情不佳的游人,看到飘落的黄叶,感于萧索之感,把自己类比于落叶。二是审美主体把审美对象类比于另一抽象的事物。如孔子将山和水的某些自然特征和规律性,比作贤达之士的优良品德,即把山水美与人的品德视为同一的美德,提出"仁者乐山,智者乐水"的比德说,认为人与山水可相互学习交流,相得益彰,通过这种交流达到主客体审美情感的融合。三是审美主体将自己的情感移入审美对象,把审美对象拟人化或神化,赋予山水景物以动人的灵性。如观赏石林、长江三峡神女峰的游人,如对石林阿诗玛的传说、长江三峡神女峰的故事耳熟能详,在欣赏时,则可能将眼前景观与爱情故事结合起来,令审美者浮想联翩,情景交融。总之,得到悦情感受的游人以各种方式,寄情于审美对象,赋予无知无觉的自然山水某种品格和感情,活化山水,与山水审美感情交流。

相比于悦形审美限于审美客体的形象结构,悦情审美则处于对自然景观的自由想象和理解状态,在欣赏者凝神山水的那一刻往往借助了想象的翅膀,"精骛八极,心游万仞",已经超过了自然景观的具体形象,而深得景观其中蕴含的深刻意味。尤其是欣赏者的已有经验与看到的景观感性形象吻合交融时,人们便会在审美中创造出"象外之象,景外之景",使审美感受能够更为丰富和深化。例如,既没有审美经验,也无一定知识积淀的游人,面对五岳之首泰山,所看到的是泰山的形式美,但如果了解泰山的历史,知晓与泰山有关的文章、诗词、游记、小说以及绘画等知识的欣赏者,登临泰山时则可能有一见如故之感,一种发自内心的愉悦感油然而生,仿佛进入了情景交融的美的境界。

然而,无论比德,人物品藻,神话传说,民间故事,或寄情山水,活化山水,都必须深入全面了解、认识自然美的特征和规律,了解吸收前人的审美经验,更广泛地学习文化知识。

3. 畅神

南宋山水画家宗炳,在《画山水序》中指出:"山水质有而趣灵……云林森渺……万趣融其神思……畅神而已",从而提出了山水"畅神"的美学观。畅神,是以人的精神自由为出发点,在摆脱功利欲求杂念的状态下,以超然的心境去观赏自然景观,并且在此过程中,欣赏者与自然内在水乳交融、心物交应所感受到的愉悦。它在悦形和悦情的基础上,登上了审美的最高层次,包含着一种把有限的自我融入无限的宇宙中的努力,进入了山水审美的自由王国。

从宗炳的审美体验来看,得到"畅神"审美体验的审美者一般要达到以下条件:

首先,审美者需性好山水,且具有高情远志,在欣赏自然景观时,可全身心地投入到自然山水的怀抱中,与山水融为一体,忘记世俗的功利与烦恼,沉浸于自然山水的大美之中。如宗炳之所以能够在欣赏自然景观时达到"畅神"的境界,开辟通向山水审美自由王国的新大道,与他学识渊博,善书画,好山水,"怀尚平之志"是分不开的。

其次,人与景之间应"澄怀味象,应会感神"。也就是说,欣赏者进行审美时要摒弃一切世俗所见和现实功利,将心沉静下来,形成虚静空明的心境,以纯净或无限自由的心境,全身心地投入到审美中,才可能与所观之物、所味之象的内在性灵相融通。白居易"仰观山,俯听泉,傍睨竹树云石。自辰及酉,应接不暇",之后他感到"外适内和,一宿体宁,再宿心恬,三宿后,颓然嗒然,不知其然而然"。可见他在自然景观审美中,心随景化,醉于自然山水美的王国之中。这是一种优柔和谐、至情至深的审美境界。这往往是审美者与秀丽、幽深之景化合而产生的审美境界。思接千载、视通万里的想象,则多与雄伟、畅旷景观融合而产生,如李白的"黄河之水天上来,奔流到海不复回"、"飞流直下三千尺,疑是银河落九天"等境界,都是通过奇、险景观形象的"应目会神",所产生的深层神思和联想。

最后,是物我同化,景中得理。山水审美的"物我同化",是指审美主体认识和把握客体自然美规律时,主体对客体的欣赏全身心的投入,从而出现了主体完全客体化——进入物化状态,主体的审美意识和思想行为与自然美规律产生共鸣融合时的审美境界。景中得理,是审美者通过深入的审美活动,把握景观的深层美和自然规律,领悟山水之灵魂,使山水审美境界提高到哲学高度,进入山水审美的自由王国。如苏轼在庐山玩赏时,感悟到"横看成岭侧成峰,远近高低各不同。不识庐山真面目,只缘身在此山中"。这不仅把握了庐山整体特征,而且赋予了山峰形态以哲理意义。因为庐山形同一座巨型笔架,故横看成岭,侧看成峰。只有绕庐山一周,全方位观察,才能发现其真面目。卞之琳游赏时发现"你在桥上看风景,看风景的人在楼上看你。明月装饰了你的窗子,你装饰了别人的梦",赋予了风景和"赏景人"新的意义,得出了"人观景,人即景"的感悟。

"畅神"审美结果彰显了一种摆脱"人为物役"的尘世功利束缚,追求精神的自由和超越,是一种回归自然的态势,这也是自然景观审美的最高境界,也是较难以到达的境界,在很多情况下,游人的审美体验可能仅仅停留在第一或前两个层次。要想得到"畅神"的审美感受,除了深入自然怀抱,观大势,察文理,目凝神飞,还需要了解更多的山水科学和文化知识,以利于得"山水之质"。总之,知识掌握越多,在山水审美中所激发的联想越多,想象越丰富,也就越有利于审美主体进入美的自由王国,看尽层出不穷的美景。

自然景观审美的三个层次处于一个动态变化的过程,随着欣赏者审美能力的增强,可从低层次逐渐向高层次转化。

二、自然景观的观赏之道

自然景观是一部动人心弦的交响乐,要得其中真味,需用审美的心灵、科学的方法,找到美的轨迹。概而言之,观赏自然景观的基本方法有以下几个方面:

(一) 观赏角度

许多自然景观在不同的观赏位置,因距离、角度、俯仰的变化造成了透视关系、纵深层次、视野范围的差异,因而所产生的美感不同。自然景观审美时最佳位置的选择是由距离和角度决定的。

自然景观是神奇的,不仅每一处自然景观独成风景,而且,不同的自然景观之间一起一伏,或高或下,形成有节奏的空间。因此,欣赏自然风景,一方面,欣赏者要"用心灵的眼,笼罩全景",从宏观上由近推远,由远及近,从整体观察审美客体与其所在景观场各个组成部分的有机联系,注意景观的上下及四面八方,以把握全景的阴阳开合、高低起伏的节奏。在中国山水画中有"三远"说,这同样也适用于赏景。所谓"三远","自山下而仰山顶,谓之高远。自山前而窥山后谓之深远。自近山而望远山,谓之平远"①。而欣赏者所处位置不同,景色有异,"高远之色清明,深远之色重晦,平远之色有明有晦。高远之势突兀,深远之意实际"。可见随着审美者的视线变化,所见之景起伏而流动。如北京颐和园旁的万寿山,如果在西边的玉泉山看,万寿山只不过是一个单调的小山头,无美可言。如果从东边看,万寿山林木苍翠,高峻雄伟,玉泉山和西山的群峰也成了颐和园的景物了。这样,远景朦胧,近景清晰,构成了一幅层次分明而完整的图画;另一方面,每个独立景观又是一个由不同部分构成的有机整体,宏观观赏全景固然重要,仔细欣赏景观中的局部空间同样精彩。这样的观赏可能让人们由近知远,由小观大。如山中的一木一花,一泉一石可能都承载了整座山峰的典型特征和灵气。

宏观欣赏和微观观察是相辅相成、辩证统一的,它是欣赏、把握自然景观美的规律和实质的自然景观审美观念和方法论。在自然景观欣赏过程中,既要俯仰宇宙以取山川之势,又要微观细察,以得景观之实。这样观赏的结果才会虚实相生,相得益彰。

(二) 把握最佳审美时机

一般而言,自然景观具有节律性,往往随时间、天气、季节的不同而呈现出不同特点,因此,在不同季节,不同时令,不同气候条件下,自然景观之美形态各异,甚至有的自然景观现象只出现在特定的时间,一旦错过时节,景象皆非。作为观赏者,学会选择最佳观赏期就显得尤为重要。如观赏梨花的娇羞,宜雨后天晴;观赏腊梅的孤芳自赏,宜雪后初霁;观赏庐山的变灭如虹,宜选春夏多雾时节;观赏钱塘怒潮,宜在初秋……总之,了解自然景观的运行规律和本质特征,才能把握住最佳审美时机,享受世间至美。

(三) 充分发挥审美想象

审美想象是通过对审美知识表象进行加工改造,形成新的艺术形象的过程。在自然审美的过程中,审美想象尤为重要,它如同一条彩带把自然景观和人文知识巧妙而协调地联系起来,从而使眼前的景观更加灵动而多情,对游人产生更大的感染力。如宋朝时期,文豪苏东坡在清明的雨后游览西湖,西湖婀娜多姿,风姿绰约,不管晴姿雨态还是花朝月夕,总是风情万种,这激发了诗人审美灵感的翅膀,他将西湖想象成为有同样美的风姿的西施;无论浓施粉黛还是淡描娥眉总是美的,并赞叹道"欲把西湖比西子,浓妆淡抹总相宜"。他用一个奇妙而又贴切的比喻,写出了西湖的神韵。这个比喻得到后世的公认,从此,"西子湖"就成了西湖的别称,西湖之美也因此诗句更加迷人。

欣赏者可通过三种类型的审美想象对自然景观进行欣赏:其一,感知想象。在此想象中,联想扮演着重要的角色。欣赏者要由眼前景物联想到其他物品,由实景推及虚景。联想又可分为接近联想、类似联想和对比联想。接近联想,是由景物与其他物体表象的接近所引起的联想,如看到小草,想到春天的脚步近了,观落叶想到秋天的即将到来;对比联想,是将眼前景观与其他物体表象之间的对比引起的联想,如看到脚下稳固的山峰和空中飘来飘去的白云,从而产生"万物皆有托,孤云独无依"的联想;类似联想,是感知自然景观与其他物体表象之间的类似而引起的联想,如范仲淹在风景秀丽的富春江,想到严子陵

---

① 本部分内容参考宋朝郭熙《林泉高致·山川训》。

的人品与山水之美相得益彰,赞颂其"先贤之风山高水长"。其二,再现想象。是看到眼前之景,通过记忆唤醒过去的某些感知表象,这类想象蕴涵着思想、凝聚着情感,需要欣赏者有一定的审美经验和广博的文化知识。如了解三峡的神女峰与楚襄王梦遇女神的爱情故事的游人,观三峡时如记起这些爱情故事并与眼前之景结合起来,则可能浮想联翩,情景交融。其三,创造想象。它是指欣赏者对所观赏的自然景观进行创造性的改造和变形,从而产生新的形象。如白居易四月时节,来到大林寺,山下已是芳菲落尽,但不期在高山古寺之中,又遇上了一片含苞待放的桃花。白居易腾飞起想象的翅膀,一方面,将春天看成与人捉迷藏的孩子,让春景有了一份童真,另一方面,"常恨春归无觅处,不知转入此中来"使美妙的春天延长了。真景、瞳景和幻景交织变幻,皆影映于心灵视野中,自由自在,超越了时间和空间的界限,而陶醉于这自然美的王国之中。

总之,要观畅神之景,获得更大的审美享受,欣赏者要充分发挥审美想象,以各种方式,寄情于审美对象,展开想象的翅膀,赋予本无知觉喜怒的自然景观以某种人情品格,给它们以形象的比喻和美好的附会,使这些普通的自然物表现出令人心醉的美。

三、自然景观审美能力培养

自然景观总是美的,然而"对于非音乐的耳朵,最美的音乐也没有意义",因此,对于对自然景观没有兴趣,也不具备一定的审美能力的人而言,奥妙无穷的自然景观不过是一堆冰冷的无情物。要想在自然景观中听到绿水弹奏的无弦琴音,看到青山描绘的千秋画作,培养审美主体的审美能力和美学素养是必需的。概而言之,自然景观审美能力的培养可从以下方面着手:

1. 培养山水之趣

随着社会经济的进步、城市化水平的提高,以及人与自然距离的渐行渐远,人们对自然山水的眷恋、对山水审美的渴望,将可能日趋强烈。人是自然之子,流连山水间乃"回归自然",对于抖落一身的疲劳,涤荡精神的萎靡,陶情冶性大有裨益。要培养对自然景观的观赏兴趣,一方面,要学会留心身边的自然景观,捕捉和发现身边的自然之美。每个人都生活在美丽的自然之中,只要放慢脚步,早上会听到鸟儿婉转的歌唱,中午会看到怒放的鲜花,傍晚会发现多彩的晚霞。当留心成了习惯,我们就会对大自然越来越兴趣盎然,并能敏锐地发现周围处处充满自然之美。另一方面,要尝试到大自然中旅行,欣赏自然之美。兴趣分为生而有之的本能兴趣和后天培养的习得兴趣。习得兴趣源于知晓和了解,不去观赏,不懂得自然风景,也缺少对风景的耳濡目染,对山水的兴趣自然寡味。然而,当迈出了自然景观旅行的第一步,或许在奇山秀水的刺激下,会与自然一见钟情,从而打开山水审美的心灵窗口,进而爱上自然审美,并使审美不断地深化和升华。

2. 读万卷书,储博学之识

自然景观审美离不开文化知识的积累。其一,自然乃万卷无字之书,常常集地理、历史、文学艺术、书法石刻、宗教信仰等于一体。观赏者如果没有一定的审美素养,就难以真正领略、理解、欣赏自然景观之美。其二,一定的知识积累,既有利于欣赏者认识纷繁的自然景观和各种构景要素的形式特征及其规律性,亦能丰富审美者想象力,使审美者思接万年,视通古今。

为山水审美而读书，需要读那些传统的山水文化，包括哲学、美学、山水诗词、游记、画论，以及园林志、地理志和名山志等有关山水审美的知识和理论，从中汲取有用的知识营养。山水审美知识和理论是不断积累的，那些符合山水美规律的山水文化、艺术是永恒的，不因时代的变化而变化。如莲花之美与"不蔓不枝，香远益清，亭亭净植"的诗意之美、杭州西湖之美与"欲把西湖比西子，淡妆浓抹总相宜"的诗境之美、富春江之美与黄公望《富春山居图卷》之美、会稽山之美与谢灵运山水诗之美、泰山之美与泰山封禅文化之美、五台山之美与佛教文化之美等等，都是永恒的。读书更应读现代许多与山水有关的科学文化书籍。山水审美，离不开山水科学，尤其山水美学是涉及许多学科的综合科学，要读些现代的地质、地理、植物、环境、生态、气候、水文、历史、建筑、园林、宗教、美学、绘画、文学、旅游等科学文化知识，了解这些知识对山水审美水平的提高大有裨益。

总之，自然景观审美能力的提高如同游山览景的登山道一样，虽然每登高一步，都需付出努力，但拜自然为师，多学多看，多积累直接或间接的审美经验，将可能到达最佳的境界，直通审美最高层次的巅峰。

四、自然景观赏析案例——黄山松石相争之美

在了解了自然景观美的形式和欣赏方法之后，下文将以我国久负盛名的美学家、文艺理论家王朝闻先生对自然景观的欣赏为例，学习如何欣赏、感受这些"天开图画"。

王朝闻对大自然充满着感情，黄山的一山、一石、一松，常常让他如醉如狂，引起很多的感想。在游黄山时，他敏锐地捕捉到了黄山松石的独特之美，并与唐宗良先生一起分享，令唐先生印象深刻。

下文为作家唐宗良先生及美学家王朝闻先生一起游览黄山时，唐先生记录下来的王先生赏析黄山松石的过程和美学分析。

> 黄山的松树，千姿百态，无奇不有。盘根错节的龙爪松，宛如苍龙巨爪，刚劲有力；粗壮结实的黑虎松，虎虎有生气，拔地而起；卷曲伏地的卧龙松，似一条正在栖息的小龙，稚气赖生，讨人喜欢。此外，还有迎客松、送客松等。除了松树，黄山的石头，也是各具特色，似是而非。正是这些松、石，还有云海、涣水、山脉等才构成了奇美的黄山。
>
> 但是，在一般画家的纸上，大都只有迎客松，其他松很少见。对此，王朝闻大为不平，他常对我说，每棵松树、每块石头都有它特殊的美的地方。迎客松美，但它终究替代不了其他松树能给人的美。老是画迎客松，好像黄山就只剩这一棵树了，这实在是太委屈了其他的松树了，不公平。
>
> 一天下午，我与他重游清凉台，路上偶尔发现了一棵不为人注意的松树，它长得特别怪，树身的下部是单干，往上伸展，分裂为两株，弯弯曲曲地从一块顽石底下钻出来。王朝闻站在这棵不知名的受人冷落的松树前，许久许久，他赞叹地对我说："这景致美，你瞧，这顽石有点霸道，硬要把松树挤掉，但松树也不示弱，在顽石的重压下，弯曲生长，也在使劲，想把顽石掀翻。是啊，自然界里本来充满着生存的竞争。"接着，他又考我了："你能联想出什么来？"说真的，此行黄山，是我平生第一次游山，只觉得新奇，很少去思索，尤其是美学上的一些问题，更不待言了。王朝闻见我不语，就说："我看，松与石像两个人，在互相争斗着。因为，社会生活中充满着美与丑、善与恶、真与假的斗争，双方互不相让，所以，我才能由这松、石联想到人。欣赏者心目中的自然

美,是能够联想到人和人的生活,尤其是体现了人们曾经历过,或者注意到了的那种生活现象。"①

从上文我们可以看到,王朝闻先生在欣赏黄山松石时,首先对它们的外形及形式美进行了观赏:黄山松树"千姿百态,无奇不有","树身的下部是单干,往上伸展,分裂为两株,弯弯曲曲地从一块顽石底下钻出来";黄山的石头,也是各具特色,似是而非。树形和石状,令王先生和唐先生耳目一新,激起心灵的审美愉悦,产生了"得形而悦"的第一个层次的审美感受。因王先生具有深厚的美学修养和审美经验,且对山水美的特征和规律了解深入,因此,他在悦形的基础上,内在的某些特殊感情因共鸣而被唤醒,并通过对比、联系等心理思维活动,赋予了黄山松、石以人的品格和灵性,如顽石"霸道",松树"不示弱,想把顽石掀翻"。并因此想到"社会生活中充满着美与丑,善与恶,真与假的斗争,双方互不相让",进而联想到"松与石像两个人,在互相争斗着"。王先生在此阶段实现了他与松石之间的审美情感交流,达到了"物我相亲,情景交融"的境界。

自然景观审美,是人们体验自然界生命律动和惊心动魄之美的过程,同时也是对自然美进行创造的过程。这松、石,作为客观自然物是静止的、无思维的,但它们却使王先生联想到了生活哲理,感受到了社会美与自然美的和谐之美。由此,可以这样说,人们如果要发现和把握自然美,首先要准确地把握人的美和社会生活的美。把握不住人的美也就很难把握自然的美。积累广博的自然科学和社会科学知识、深厚的美学素养,了解人生,然后,才有可能由自然景观的触发,思接千载,看到并得到独特的美的享受,才能如王先生那样去发现类似松、石相争的美。

总之,自然景观审美虽然是深不可测的学问,但只要善于观察,善于分析,反复思考,持之以恒,总能欣赏到险峰的"无限风光"。在这个过程中,要有一种精神,也就是松、石相争的精神,在任何困难条件下都不屈服的精神。

? 思考与练习

1. 什么是自然景观?其主要类型有哪些?
2. 自然景观美为人们的生活增添了一抹生机和亮丽,请问您认为自然景观美在何处?
3. 您欣赏过哪些秀美或幽美的自然景观?它们有哪些特点?带给了您怎样的心灵感受?
4. 自然景观审美由浅入深可分为几个层次?请对每个层次的情况作简要介绍。
5. 自然景观之美属于现实之美,与典型的艺术美相比较,其审美特征有哪些?
6. 观赏自然景观的基本方法有哪些?在您的旅行经历中,有过"畅神"体验吗?试对该过程进行阐述。
7. 自然景观审美能力的培养可以从哪些方面着手?

---

① 王文宾:《怎样欣赏风景》,浙江人民美术出版社,1986年版,第3—4页。本段文字中的着重点为本书编者所加。

第三章

建筑景观文化赏析

【学习目标】

　　了解建筑景观的内涵与特征,明确建筑景观的审美特征,掌握中国与西方古典建筑的风格演变与文化特征,分析中西方古典建筑景观的异同,理解建筑景观的艺术语言和审美功能,逐步培养建筑景观审美能力。

　　1. 了解建筑景观的含义和特征。
　　2. 理解建筑景观的审美特征。
　　3. 学习中国古典建筑的历史演变,认识中国古典建筑景观的主要特征。
　　4. 明晰西方古典建筑景观的风格变奏,掌握不同流派建筑景观的艺术特征与美学特点。
　　5. 掌握中西方古典建筑景观的异同及其体现的社会文化。
　　6. 认识建筑景观的审美功能,领会建筑景观的艺术语言,培养建筑景观审美能力。

旅途中,美丽的山水可以让旅行者畅心娱神,抖落一身的疲惫,而各种人文景观则可让旅行者与封存久远的文化对话,听到历史的真实步履,了解文明的来龙去脉。千姿百态、风格迥异的建筑景观,作为"凝固的音乐,石头的史书",不但记载着历史的沧桑,而且镌刻着无声的文化音符。游览观赏不同时代、不同风格、不同文化背景下的建筑景观,既能学到丰富的历史文化知识,又能受到美的熏陶和感染。因此,具有历史、文化价值和高度审美价值的建筑景观,就成了吸引广大旅行者游览、观赏的重要旅游吸引物。

本章将在介绍建筑景观的文化特征、审美特点、审美功能的基础上,重点分析与现代旅游活动关系密切的典型传统建筑景观的鉴赏。①

第一节　建筑景观文化

一、建筑和建筑景观

建筑是凝固的音乐,是民族心灵的物态化和结晶体,给人一种旋律般的审美感受;建筑是石头的史书,记载着历史的恢宏与文化的内蕴。人们无时无刻不在感受着建筑空间所营造的文化氛围,无时无刻不在感受着建筑景观的美。

（一）建筑——凝固的音乐

建筑,是人类用土、石、木、钢、玻璃、冰块等各种物质材料建造的具有一定视觉形象的围合实体和可供使用的空间。建筑有别于自然的空间,它给人类提供了身体和精神上的保护,其本质是保护人类自身的空间。它包括住宅、厂房、学校、楼、堂、馆、所、宫殿、桥梁、堤坝、碑、塔、亭、台、阁、榭、园林、陵墓等各类人工建造物。

建筑一出现就与实用结下了不解之缘。最早的建筑物,目的是遮风避雨,防寒御兽,形式极为粗糙、单调、原始,艺术价值相对较低,主要为了满足人们对善——即功利的生理需要,因此,实用性是建筑的首要功能。随着社会的进步和文明的发展,建筑物在实用的基础上,又增加了人们对审美价值的追求。到了近、现代,又出现了以审美观赏和精神享受为主要目的的园林、纪念塔、碑、亭、馆、堂等建筑物。如颐和园,泰姬陵,法国的凯旋门、埃菲尔铁塔,美国华盛顿纪念碑、自由女神像等。

建筑是物质和精神的统一。一方面,建筑都具有物质性的使用功能,要在物质条件的限制下利用一切可能的物质手段才能完成;另一方面,建筑又具有不同程度的精神性表现,如一般的形式美,使人产生美的愉悦,具有鲜明的精神性的指向性,以陶冶人的情绪,震撼人的心灵。建筑的这些精神性因素,也是吸引游客的内核之所在。

建筑作为艺术,具有一定的表现力,能够营造某种气氛、某种情绪、某种感觉和某种气

---

① 因园林景观和宗教建筑景观博大精深,在旅游吸引物方面扮演着重要角色,后面将专文进行介绍,在本章中不再赘述。

质。而不同的建筑类型通过建筑师的艺术思维,运用不同的几何形体,通过线、面、体各部分的均衡、对比、韵律、比例、色彩、质感等,运用多种多样的艺术手法产生出了五彩斑斓的艺术美的感染因素,使人感到崇高、伟大、庄严、神圣、雄壮、刚健、凝重、浑厚、神秘、豪迈、威武、粗犷、坚定、挺拔、恐怖或雅致、华丽、朴素、明朗、大方、沉静、生动、轻巧、活泼、宁静、含蓄、亲切等抽象的意念,诉诸人们的视觉,使人产生艺术共鸣。埃及的金字塔是那样崇高神秘,意大利圣彼得教堂是那么神圣、庄严,中国明清故宫是那么雄壮严谨,而民居又让人感觉温暖、亲切含蓄、雅致……这些都是建筑向我们传达的艺术意味。

(二)建筑景观及其种类

所谓建筑景观,是指具有较高的文化价值和审美价值,具有一定象征性和形式美,并能对旅游者产生吸引力的人工建筑物及其环境综合体。人们建造建筑物的初衷并非为旅游者开发旅游吸引物,但因某些建筑自身所蕴含的艺术价值,且随着时间的流逝,某些原来主要用于居住、生活之用的建筑慢慢成为人们旅行中观赏的对象,即建筑景观。

建筑景观种类丰富多彩,以其功能性特点为标准,可分为纪念性建筑景观、宫殿陵墓建筑景观、宗教建筑景观、住宅建筑景观、园林建筑景观、生产建筑景观等类型。每一类建筑又有许多不同的形式和风格,如欧洲建筑的希腊式、罗马式、哥特式、巴洛克式、罗可可式等艺术风格。每类建筑景观不仅仅是土木建造之事,同时也是美的创造,是意境的展现。

由于建筑景观的种类、风格、样式丰富多彩,因而,其审美价值以及给旅游者的审美感受也多种多样,如有的雄伟恢宏,有的小巧雅致,有的活泼轻巧,有的内敛凝重;有的厚重,有的空灵,有的华美,有的朴实,各自呈现出广阔和永恒的艺术魅力。

二、建筑景观的特征

在人文旅游景观构成中,建筑景观是极其重要的一类。它是一种实用性和审美性相结合的景观,具有特殊之属性。

(一)地域性与空间延续性

建筑是一个地区的产物,世界上没有抽象的建筑,只有具体的地域性建筑。建筑的地域性从广义上来讲,首先受地理、气候条件的影响,受具体的地形条件,自然条件,以及地形地貌的影响。如炎热地区跟严寒地区的建筑风格各异,热带地区日照时间长,高温、多雨、潮湿,四季常青,所以人们往往形成一种喜爱室外活动,崇尚自然,建筑处理着重通风、遮阳、隔热、防潮,于是这些地区的建筑大多轻巧通透、淡雅明快、朴实自然。而严寒地带,因寒风凛冽,干燥少雨,建筑处理着重保温保暖,建筑风格大多平缓严谨,粗壮质朴,内外空间界限分明。其次,建筑是有空间形态的文化,形与神、内与外都包含了地方的艺术情调、生活习俗、风土人情、社会伦理、审美观、地方材料、纹理色彩等多方面的因素,这些因素通过建筑师的提炼概括、升华与再创造,形成了为人们所肯定的有地方特征和符合地域特色的建筑特点。

建筑首先是一个空间环境。在室外欣赏建筑,在一个视点上只能看到它的两个面,如果是坡屋顶,也只能看到三个面;在室内则最多只能看到五个不完整的面。但一所最简单的建筑,从室内到室外,至少有十一个面,人们必须不断移动自己,才能陆续地把所有的面看完。也就是说,人们在任何一点欣赏建筑,感觉都是不完整的,必须从远到近,环绕四周,才能获得完整的感觉。如果这是一个建筑组群,那么要走的路线就更长,有时还可能走回头路,就是说要反复观赏,才能获得完整的印象。以北京一个简单的四合院为例,先要穿过胡同,进大门,绕影壁,过前院,再经垂花门,走过抄手游廊,才能进入正房,而正房又有明厅暗房,房中又有前罩后炕。这样一个欣赏过程,不是可有可无、可长可短,而是"强制性"完成的。这里就掺进了时间的因素。于是由空间而时间,由静态的三度实体到动态的四度感觉。在这个时空交替的过程中,人们获得了审美感受。所以优秀的建筑都十分重视空间的序列展开,尽量延长欣赏的时间流程,用时间来烘托空间。

(二) 文化性与时代性

建筑景观是人类文明长河中产生的具有地域文化特色的靓丽风景,是人类生活与自然环境不断作用的产物。它是民族心灵的物态化和结晶体,给人一种旋律般的审美感受,体现着一种恢宏的历史感,有着十分丰富的文化内蕴。"建筑是人类一切造型创造中最庞大、最复杂的,所以,它代表的民族思想和艺术更显著,更强烈,也更重要。"①法国作家雨果也曾经说过:"人类没有一种重要的思想不被建筑艺术写在石头上。……人类的全部思想,在这本大书和它的纪念碑上都有其光辉的一页。"②建筑景观具有一定的表现力,它能够营建某种气氛、某种情绪、某种感觉和某种气质,徜徉在建筑景观中,旅行者无时无刻不在感受着建筑空间所营造的文化氛围,无时无刻不在感受着建筑的美。

诺曼·福斯特指出:"无论何时,建筑都是社会价值和社会技术发展变化的反映。"③因为,任何建筑景观的造型和风格,都是特定时代和社会的造物和结晶。建筑景观在本质上和某一时代、社会群体文化心态有着直接密切的联系。由于建筑受产权所有者的制约和建筑功能性的制约,建筑师本人必须把自己的建筑理念融合在某一时代的社会群体的文化中。再加上建筑艺术创作的抽象性,使得建筑师主要不在于表现他本身的艺术个性,而在于更为本质、更为概括地反映特定时代的群体文化精神面貌,包括科技水平、审美情趣、价值观念、伦理思想、民族性格、宗教感情等。如金字塔、巴比伦神庙、罗马斗兽场、索菲亚大教堂、巴黎圣母院、理姆教堂和坎伯雷教堂等伟大建筑物都是每个文明的独特特征和巅峰性的艺术成就,而中国的长城和天安门、俄国的克里姆林宫、华盛顿国会大厦、巴黎埃菲尔铁塔等著名建筑则显示出了特定社会和民族的精神面貌,并且随着时代的变迁,不断地扩充着原有的意义。

(三) 纪念性

建筑景观一旦建成,除非地震、火灾和战争破坏,它就会长期保留下去,很难被人遗忘或丢失,事实上就成了一个时代、一个民族的纪念碑。希腊的神庙、罗马的广场、巴黎的铁塔、中国的万里长城、非洲的原始村落,还有数不清的古城市、古村镇、古地段,当初它们中的大多数并不是专门的纪念建筑,但是到了后来,却都成了纪念性很强的遗物了。人们欣

---

① 梁思成:《梁思成文集》(四),中国建筑工业出版社1986年版,第81页。
② 转引自顾孟潮、王明贤、李雄飞:《当代建筑文化与美学》,天津科学技术出版社1989年版,第1页。
③ 转引自渊上正幸:《世界建筑师的思想和作品》,中国建筑工业出版社2000年版,第66页。

赏它们,总能从中获得充实的历史感。比如,当我们走在一条街上,稍稍留心观察一下,就可以分辨出这是某某年代的房子,那是某某时期的广场,进而也就会联想起某某年代、某某时期的典型事件、典型人物和典型风尚。建筑的这种纪念性,使得文物建筑成为人类文明一份宝贵财富。当今世界各国都大力提倡保护古建筑、古城等,主要原因就是要发挥建筑景观的纪念作用。

(四) 艺术综合性与象征性

建筑艺术的感染力,主要来源于环境、序列和建筑本身的比例、尺度、韵律,同时还可以借助其他门类的艺术给予加强,有时还能起到画龙点睛的作用。雕塑、绘画(主要是壁画)、园艺、工艺美术,以至于音乐都能融合到建筑艺术中去。比如欧洲古典建筑中的雕刻、壁画,就是当时建筑艺术的主要组成部分,如果去掉了它们,这些建筑也就黯然失色。中国古代建筑以群体取胜,造成群体序列的性格和序列展开的效果,也往往要依靠这些附属的艺术,如华表、石狮、灯炉、屏障、碑碣等。中国古代建筑单座造型规格简单,为了突出建筑内容,也常用壁画、匾联、碑刻、雕塑来加以"说明"。戏剧、电影也是综合性艺术,但处理手法及审美效果和建筑是不相同的。

古典美学家直接把建筑作为象征型艺术的代表,主要原因是建筑的内容和形式相互适应的范围很大,而且形式的表现力很强。如果某种特定的形式和人们对某些事物内容的认识发生了对应联系,它的艺术感染力可以超过形式本身的感染力。比如中国的天坛、祈年殿就非常恰当地表现出古人对"天"的认识。天坛以圆形为基本构图形式,蓝色为基本色调,柏树林为基本背景,利用地形将主体建筑的基底抬高,又配以各种祭祀使用的灯、炉、台等小品,还使用了与天候有关的数字(十二月、四委、二十四节气等)和象征"天"的"阳"数(奇数),是一个象征性很强而造型也很美的艺术杰作。又如希腊人用比例修长、线条柔和的爱奥尼柱式象征女性,用比例粗壮、线条刚健的陶立克柱式象征男性,也是很富有表现力的。莫斯科红场上的列宁墓,体量低矮,轮廓简洁,呈阶梯形,类似一个巨大的柱子基础。这个形象能使人联想起列宁伟大而平凡的性格和奠定了革命基业的巨大力量。建筑的象征性是建筑景观艺术长期探索的一个课题,有很成功的范例,也有不少庸俗肤浅的手法。每个时代都有不少重大事物可以通过建筑艺术的象征功能表现出来,但这是一个难度很大的课题。

(五) 景观场性

建筑景观场指建筑景观及其周边环境所共同营造的氛围,是观赏者面对的总体。只有与环境协调的建筑才可真正成为"大地上长出的天然图画"。建筑的艺术形象将永远和它周围的环境融为一体,有许多还主要依靠环境才能构成完整的形象。与此同时,主体建筑是否与其周边的自然、文化或社会环境相协调而形成高品位的景观场,也就成为判断建筑景观质量高低的重要尺度。因此,在观赏建筑景观时,决不能只注重主体建筑,而忽略其所依存的宏观环境。忽略建筑所依托的环境,其原有的艺术价值将大大削弱。比如埃及的金字塔,必须是放置在广阔无垠的沙漠中,才有永恒的性格,如果搬到了中国的江南水乡,效果立刻改变;欧洲的哥特式教堂,必须是在中世纪狭窄曲折的街巷中,才能充分显示其飞腾向上的气势;峨嵋、九华、青城、武当等名山寺院,必须与山回峰转、青松翠竹的背景结合起来欣赏,才能把人带进幽雅清静的境界;北京的人民大会堂,孤立地看,几乎每个建筑构件都超出常见尺度,显得笨重不堪,但放在巨大的天安门广场边上,就很恰当,一点也不显大了。建筑的这种特性,决定了观赏建筑艺术必须从总体出发,审美评价标准必须是由全体至个别,由宏观至微观。

三、建筑景观的艺术之美

建筑是运用独特的艺术语言构建的艺术品,它可以营造某种氛围、某种意境甚或某种气质。不同的建筑运用多种多样的艺术手法,形成了多姿多彩的艺术美的感染因素,使欣赏者感到宏伟、崇高、神秘、优雅、华丽、活泼、亲切……具体而言,建筑景观的艺术美体现在其性格美、造型美、结构美①、环境美、风格美等方面。

1. 建筑的性格美

所谓建筑的性格,是指不同类型建筑的不同功能的外在表现。有性格的建筑,不仅能表现出采用的与它的基本功能要求相适应的形式,而且还能明显地告诉我们它的作用是什么。例如,美丽的民居建筑流露出浓郁的生活气息,让人觉得舒适、安逸;园林建筑体现出高雅、闲适、新颖别致的意境;办公建筑表现出庄重严谨、明快大方的感觉。当然,建筑性格的表现手法是多种多样的,其中常用的手法是形式服从功能。例如纽约环球航空公司候机楼,它的外形如大鹏展翅,形象地将候机楼的性质——旅客等待起飞的场所,展示在旅客眼前;德国著名的科隆大教堂,高大宏伟,直耸天际,伫立教堂脚下,越发令人感到神的崇高、人的渺小,符合宗教建筑神秘肃穆的性质,呈现出了鲜明的性格之美。

2. 建筑的造型美

建筑造型包括建筑体型、立面、色彩、细部等,它是建筑内外部空间的表现形式,是根据建筑的功能要求、物质技术等条件而设计的,是技术和艺术的统一。同时,建筑的造型还要考虑到形式美的一些原则,如比例、尺度、均衡、韵律、对比等。这些也都是判断建筑造型是否美观的重要标准。例如著名的澳大利亚悉尼歌剧院建于海面之上,剧院由3组大壳顶组成。每组又有4块巍峨的大贝壳组成,这些"贝壳"依次排列,前三个一个盖着一个,面向海湾依抱,最后一个则背向海湾侍立,看上去很像是两组打开盖倒放着的蚌。高低不一的尖顶壳,外表用白格子釉磁铺盖,在阳光照映下,远远望去,既像竖立着的贝壳,外形又像即将乘风出海的两艘巨型白色帆船,飘扬在蔚蓝色的海面上,其造型之美享誉全球。中国北京天坛祈年殿在造型上也具有很高的艺术水平。整个建筑无论是三重檐的圆形大殿,还是逐层收缩的三层台基,各部分之间的比例、线条十分优美。在色彩配置上,三重檐都铺以蓝色琉璃瓦,用以象征蓝天,顶上冠以巨大的鎏金宝顶,与下面的朱红色的木柱和门窗,以及白色的台基,形成鲜明的对比,使整个建筑的色彩显得分外灿烂夺目。

3. 建筑的环境美

任何建筑物都不是孤立地存在的,都处于一定的客观环境之中,因此,就存在一个建筑与环境的关系问题。中国古典园林遵循"虽由人做宛自天开"的原则,使得园林与周围环境相融相亲,犹如一体,呈现出了天人合一的环境美。美国现代著名建筑师赖特提出的

---

① 建筑景观的结构美请见本章第三节"建筑景观形式美的艺术语言"部分,此处不再赘述。

"有机建筑"的理论,也主张建筑应与大自然相和谐,就像从大自然里生长出来似的。他最著名的代表作流水别墅生动地说明了这一点。这座位于美国匹兹堡市郊区的私人别墅,坐落在一个具有山石、林木和溪流瀑布的优美环境之中。建筑的前部从浇铸在岩石上的钢筋混凝土支撑悬挑出来,上下两层宽大的阳台,一纵一横,好像从山洞中"长"出的两块巨石,后面高起的片石墙和前面挑出的部分取得平衡并形成水平与垂直的方向对比。这种自由灵活的组合,不仅与周围环境十分协调,而且可以使人们在不同的角度看到各种丰富多变的体形轮廓。

4. 建筑的风格美

建筑的风格是指建筑造型、功能布局和建筑装饰所具有的时代共性。古今中外历史上已形成了许多建筑风格。不同风格的建筑体现出不同的美。例如受宗教禁欲主义的影响,13—15世纪在欧洲形成了哥德式建筑风格。其整体风格高耸削瘦,以卓越的建筑技艺表现了神秘、哀婉、崇高的强烈情感,成为世界建筑史上一种流光溢彩的建筑风格。中国古代建筑以木结构为主,形成了迥异于与其他建筑体系的独特风格,其外部轮廓优美,基本姿态是横向展开,居于大地,稳重大方,温馨而不神秘,威严而不刻板,呈现出了不同于哥特式风格的另一种美。

总之,伴随人类文明的演进,人类一次又一次地基于寻找理想家园的理念,完善和建设着万万千千的建筑,在广袤的大地上开出了承载人类文明的景观之花。

第二节 中西古典建筑景观的艺术特征及文化解读

建筑是由大量物质堆砌、雕琢、组合而成的形体,是一种造型艺术,有多种艺术风格。萧默认为:"笼统而言,古代世界曾经有过大约七个主要的独立建筑体系,其中有的或早已中断,或流传不广,成就和影响也就相应有限,如古埃及、古代西亚、古代印度和古代美洲建筑等。只有中国建筑、欧洲建筑和伊斯兰建筑被认为是世界三大建筑体系。其中又以中国建筑和欧洲建筑延续时代最长,流域最广,成就也就最为辉煌。"①因此,下文将主要对中国建筑景观和欧洲建筑景观加以介绍。

对话,是人们彼此之间的沟通,不仅需要双方语言互通,还需要理解对方的语意。同样,欣赏建筑景观,如果观赏者完全不懂他要欣赏的建筑景观的"语言",欣赏也就无从谈起。这种语言就是对建筑文化的了解。

与其他景观相比,建筑景观大多意境较为隐晦,主题较为含蓄,欣赏者需有一定建筑文化素养和更多的主观参与,才能体悟其中真味,而一旦获得其中之美,它的境界也会更加得晶莹动人。

一、中国古典建筑景观的历史演变与主要特征

中国古代建筑,历史悠久,源远流长,取得过不同凡响的伟大成就,是中华文明之花中特别绚丽的一枝。了解中国古代建筑的发展脉络,对旅游观光过程中欣赏建筑景观,将大

---

① 萧默:《文化纪念碑的风采——建筑艺术的历史与审美》,中国人民大学出版社1999年版,第22—23页。

有裨益。

(一) 中国古典建筑景观的历史演变

中国建筑艺术在原始社会时期开始萌芽,伴随着中华文明的发展而演进,在封建社会时期取得辉煌成就。总而言之,可将其发展演变分为以下几个阶段:

其一,史前至春秋战国时期,是中国古代建筑的萌芽时期。

中国史前建筑诞生于距今约一万年的旧、新石器时代之交。到新石器时代晚期,木构架的形制已经出现,房屋平面形式也因造做与功用不同而有圆形、方形、吕字形等。这是中国古建筑的草创阶段。经过夏、商、周三代,到春秋、战国,在中国的大地上先后营建了许多都邑,夯土技术已广泛使用于筑墙造台,木构架已成为主要的结构方式,屋顶已开始使用陶瓦,而且木构架上饰用彩绘。这标志着中国古代建筑已经具备了雏形,这是中国古代建筑以后历代发展的基础。

其二,秦汉时期,是中国古代建筑的萌芽与成长阶段,即第一次高潮。

秦、汉五百年间,由于国家统一,国力富强,中国古建筑出现了第一次发展高潮。秦朝的建筑艺术显示出大一统之威势,规模宏大,气势雄伟。不仅秦始皇统一六国期间,连续建筑的宫殿台苑(最著名的是阿房宫)宏伟古拙,而且,秦朝所建的万里长城也气吞山河,气势逼人。

汉承秦制,并有了较大发展。中国的建筑体系与艺术风格在汉代已比较完备。其表现是:首先,注意建筑物与群体之间的有机统一,在平面布局上有均衡、对称与疏朗的处理;其次,房屋建筑的砖石木瓦结构之特点已基本形成,特别在木质梁柱结构的组合与应用形式上,形成了世界建筑中独树一帜的创造发明,成为东方建筑中最高范例;再次,屋顶结构和装饰在整个建筑物上所占分量极大,形式舒展而优美。其结构主体的木构架已趋于成熟,重要建筑物上普遍使用斗拱。屋顶形式多样化,庑殿、歇山、悬山、攒尖、囤顶等屋顶均已出现,有的被广泛采用。制砖及砖石结构和拱券结构有了新的发展。

其三,魏晋至唐宋时期,是我国古代建筑的成熟与高峰阶段,即第二次高潮。

魏晋南北朝的建筑艺术并未因战乱频仍而完全停滞,只是时毁时建更见其变化而已,宫室建筑的体制日趋健全、完备。这一时期,随着佛教日盛,佛寺建筑如雨后春笋,遍布大江南北,一些佛寺建筑精工华美的程度,已经可以和帝王的宫殿建筑相媲美。其中最有典型意义的是佛塔建筑。塔由印度传入中国,但在形制上较多地受到中国传统建筑亭台楼阁的深刻影响,也受到中国传统建筑尚奇观念(采用奇数)的影响。这一时期,中国建筑由于汲取了外来因素,艺术性得以提高,内容、形式得以丰富与多样化。

隋、唐时期的建筑,既继承了前代成就,又融合了外来影响,形成了一个独立而完整的建筑体系,把中国古代建筑推到了成熟阶段,并远播且影响于朝鲜、日本等东亚国家。在宫殿建筑方面,更加富丽堂皇、雄浑壮丽;佛寺和道观,规模宏大,精美威严。著名的有西安的大、小雁塔,即隋唐佛塔遗存。隋唐李春创建的赵州桥,是中国现存年代最早的石拱桥。桥孔是中间一大弧形石券,两肩各有两个小券。桥体本身弧线缓和,大小券之配合得体,再加上精美的栏板雕刻,显示出极为优美的艺术性,具备了丰富的审美价值,历代享誉,闻名中外。

隋唐的建筑艺术不论从其城市的布局上,还是在宫殿佛寺以及其他建筑上,都能看出其宏大、雄浑以及优美的风格来,反映了强大、统一等意志高昂的时代精神。

宋代,由于商业经济之发达、工艺技术以及材料之进步,建筑艺术进入一个转折点。在建筑艺术方面,自北宋起,就一变唐代宏大雄浑的气势,而向细腻、纤巧方面发展,建筑装饰也更加讲究。其殿堂楼阁建筑,较唐代建筑秀丽绚烂有过之而无不及。由于砖瓦之生产大增,特别是琉璃瓦之大量应用,更使建筑生色不少。例如,太原晋祠圣母殿,殿顶是重檐歇山造型,外观柔和优美,再加上彩色泥塑、石桥、铁狮子等,构成了一个既有雕塑性与建筑性,又有宗教性与世俗性的园林艺术整体。在佛寺建筑方面,北方正定的隆兴寺、南方浙江余姚的保国寺大雄宝殿,都是宋代此类建筑艺术的代表作。

元代由于喇嘛教的兴起,尼泊尔风格的喇嘛塔传入中国。位于今北京阜成门的妙应寺白塔是当时此类建筑最重要的遗物。白塔共有五层,塔高约51米,各部分的比例匀称,轮廓雄伟,气势磅礴,是喇嘛塔中的杰作。

其四,明至盛清时期,是中国古代建筑的充实与总结阶段,是发展的第三个高潮。

明清时期到达了中国传统建筑发展的第三个高潮。此时建筑较之于唐宋时代的建筑缺少创造力,趋向程式化和装饰化,呈现出形体简练、细节烦琐的特点。官式建筑由于斗拱比例缩小,出檐深度减少,柱比例细长,生起、侧脚,不再采用卷杀,梁枋比例沉重,屋顶柔和的线条消失,因而呈现出拘束但稳重严谨的风格,建筑形式符号性增强。然而,在建筑群体组合、空间氛围的创造上,明清两代却取得了显著的成就,城市规划、宫室建筑和园林建筑、建筑的地方特色和多种民族风格在这个时期得到充分的发展,是中国古代建筑艺术发展的高峰,是几千年建筑艺术成就的集大成者。

明清建筑的最大成就是在园林领域。明、清造园风气很盛,名园迭出。明代的江南私家园林如苏州拙政园、留园,清代的皇家园林如北京颐和园、承德避暑山庄都是最具艺术性的古代建筑群。其次,宫室建筑方面,中国历代都建有大量宫殿,但只有明清的宫殿——北京故宫、沈阳故宫得以保存至今,成为中华文化的无价之宝。现存的古城市和南北方民居也基本建于这一时期。最后,在城市规划方面,明清北京城、明南京城是明清城市最杰出的代表。实际上,明清建筑不仅在创造群体空间的艺术性上取得了突出成就,而且在建筑技术上也取得了进步。

总之,明清时期的建筑艺术是对中国古代建筑的充实和总结,它仿佛是即将消失在地平线上的夕阳,虽呈衰势,但依然光华四射。明清两代距今最近,许多建筑佳作得以保留至今,如北京的宫殿、坛庙、京郊的园林、江南的园林、遍及全国的佛教寺塔、道教宫观,及民间住居、城垣建筑等,都构成了中国古代建筑景观长卷中的霓裳华章。

(二)中国古代建筑的主要特征[①]

一代建筑大师梁思成,在中国人自己编写的第一部《中国建筑史》中指出,"中国建筑乃一独立之系统结构,历史悠久……直至最近半世纪,未受其他建筑之影响。……中国建筑之个性乃我民族之性格"[②],而其最主要的特征体现为:

[①] 本部分内容参考梁思成:《中国建筑史》(油印本),中华人民共和国高等教育部教材编审处,1955年。
[②] 本部分内容参考梁思成:《中国建筑史》(油印本),中华人民共和国高等教育部教材编审处,1955年,绪论。

1. 以木材作为主要的建筑材料

中国古代建筑始终以木材为主要建筑材料。以木构架结构为主的中国古代建筑,由立柱、横梁、顺檩等主要构件建造而成,各个构件之间的结点以榫卯相吻合,构成富有弹性的框架。

中国古代建筑的木构架主要有抬梁、穿斗、井干三种不同的结构方式。抬梁式是在立柱上架梁,梁上又抬梁,所以称为"抬梁式"。宫殿、坛庙、寺院等大型建筑物中常采用这种结构方式。穿斗式是用穿枋把一排排的柱子穿连起来成为排架,然后用枋、檩斗接而成,故称作"穿斗式",多用于民居和较小的建筑物。井干式是用木材交叉堆叠而成的,因其所围成的空间似井而得名。这种结构比较原始简单,使用较少。

木构架结构有很多优点:首先,木头是一种密度较小的建筑材料,施工周期短,通过梁、檩、椽之间的相互叠加,而将纵向的重力转向横向的延展,容易建造较大跨度的窗框和飞檐,宜于横向发展。从内部结构上看,木结构建筑大都宽敞、明亮、舒适。其次,木结构框架结构具有相当的弹性和一定程度的自我恢复能力,在抵抗地震冲击力时,以"以柔克刚"的思维,通过种种巧妙的措施,可将强大的自然破坏力消弭至最低程度。

2. 以斗拱作为建筑之关键

斗拱是中国木构架建筑中最特殊的构件,是古代建筑之关键。斗是斗形垫木块,拱是弓形短木(如图3.1所示),它们逐层纵横交错叠加成一组上大下小的托架,安置在柱头上用以承托梁架的荷载和向外挑出的屋檐,是大型建筑必不可缺之构件。如语言有文法和修辞,"斗拱"则是中国古建筑的语法之一。斗拱的结构与比例大小,随时代变迁而变化,如到了唐、宋,斗拱从简单的垫托和挑檐构件发展成为联系梁枋置于柱网之上的一圈"井"字格形复合梁。到了元、明、清,柱头间使用了额枋和随梁枋等,构架整体性加强,斗拱的形体变小,排列也较唐宋更为丛密,装饰性作用加强,形成显示等级差别的饰物。斗拱是对不同时代文化的注脚,也是鉴赏建筑景观所必备的基础知识。

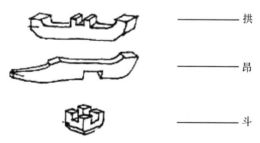

图3.1 斗拱构件

3. 别具一格的外部轮廓和单体造型

中国古代建筑的外部特征,迥异于与其他建筑体系,形成了自己的独特风格,其外部轮廓优美,基本姿态是横向展开,居于大地,并不过于追求绝对的高度,稳重而不轻灵,温馨而不神秘,威严而不刻板。

(1) 屋顶

屋顶作为古代建筑造型的主要部分,千变万化,瑰丽多姿。从形态上看,中国古代建筑的屋顶大都反宇飞檐,巍然高耸,檐部如翼轻展,屋角翘起飞扬。这样的建筑造型,因出檐较远,屋身的墙体、门窗等均可防止日晒雨淋,同时,利用斗拱等木构件构成的檐口和檐角,不仅为中国古建筑增加了不少神韵,而且使得室内明亮温暖。

从屋顶形式上看,主要有庑殿、歇山、攒尖、悬山和硬山等基本形式(如图3.2所示);根据建筑的功能和性质,不同建筑的屋顶又对这些基本形式进行了多种组合。一般而言,不同的屋顶形式,分别用于不同的场合。如庑殿顶格调恢宏,用于高级建筑中轴线上的主要殿堂和门屋;歇山顶性格华丽活泼,一般用于配殿;攒尖顶多用于亭、塔;悬山、硬山顶则多用于住宅。此外,对于屋顶的形制及其装饰都有许多等级化的规定。屋顶的形式、高度,脊饰的形象、尺寸、数目、颜色均须根据建筑的等级而定,不得超越。

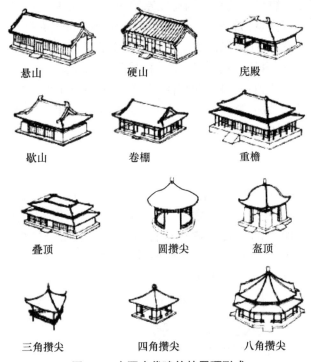

图3.2　中国古代建筑的屋顶形式

资料来源:http://www.rcxjw.cn:3333/snwh/kpzc/gdkj/jianzhu/0007/content0002.htm。

(2) 台基

台基是中国古典建筑三要素中的重要组成部分之一,犹如树根扎根大地,是其上建筑部分的承托者,也是建筑物形成稳固视觉形象的重要因素。中国古代建筑的台基主要分为两类,即普通台基和须弥座台基。普通台基为长方(或正方)体,外围砌以砖或石,台内夯土,是普通房屋建筑台基的通用形式。须弥座原为佛像的基座,后来与中国传统建筑形式相交融,成为是宫殿、坛庙等重要建筑的台基形式,是权力与身份的象征。

(3) 屋身

屋顶、台基以及玲珑的木质屋身构成了中国古代建筑立面的主体。不管中国古代建筑的外部轮廓如何雄伟恢宏,在正面都很少使用墙壁,而大都是并立的木质楹柱以及相间错落的窗户。但左右两面如果是山墙,则很少有开窗劈门的建筑格局。在厚厚的墙壁上开窗辟洞的建筑手法,除了在箭楼仓廒等建筑中使用外,在殿堂等建筑中鲜有使用。

(4)群落式院落布局

中国古代建筑多是以众多单体建筑组合而成的一组建筑群体,大到宫殿,小到宅院,莫不如此。主要的殿堂一定有其附属建筑物,在其四周环绕联通,如厢房、夹室、山门、前殿、角楼等。此外,除佛塔之外,单座建筑物很少将四周全部轮廓呈现给远观者。在短距离的庭院之中,人们只能看到单座房屋建筑的立面和庭院的一部分。观览中国建筑物,必须将其与整个院落一起观赏。进入院落,信步走来,如同打开一幅中国画的卷轴,景色随着卷轴的伸展而慢慢呈现。

4. 独特的用色

于建筑物上施彩绘是中国古代建筑的一个重要特征,是建筑物不可缺少的一项装饰艺术。它原是施之于梁、柱、门、窗等木构件之上用以防腐、防蛀的油漆,后来逐渐发展演化而为彩画。古代在建筑物上施用彩画,有严格的等级区分,庶民房舍不准绘彩画,就是在紫禁城内,不同性质的建筑物绘制彩画也有严格的区分。其中和玺彩画属最高的一级,内容以龙为主题,施用于外朝、内廷的主要殿堂,格调华贵。旋子彩画是图案化彩画,画面布局素雅灵活,富于变化,常用于次要宫殿及配殿、门庑等建筑上。此外,苏式彩画以山水、人物、草虫、花卉为内容,多用于园苑中的亭台楼阁之上。总之,中国建筑物用色虽名为多色,但颜色主要用于有节制的点缀,气象庄严,雍容华贵,因此,虽然有些建筑颜色看似较为繁缛,但也绝不俗气、平庸。

5. 绝对对称与绝对自由两种平面布局

以多座建筑组合而成的宫殿、官署、庙宇,乃至于民居住宅,通常都采用严谨的左右均衡、中轴对称的布局。庭院四周,众多建筑物环绕。庭院数目不定。比较重要的建筑都安置在纵轴线上,次要房屋安置在它左右两侧的横轴线上。反之,优游休闲场所如园林建筑,不仅不遵循对称的原则,反而力求避免对称,建筑布局讲求自由随意的变化。建筑布局取高低曲折之趣,间以池沼花木,清新秀雅,接近自然,而入诗画之境。中国古代建筑的这两种传统平面布局,在不觉中,蕴含着中华民族的精神追求和审美习惯,至为深刻。

二、西方古典建筑景观的风格变奏与文化特征

西方建筑主要指欧洲建筑,这是一种以石结构为主的建筑体系,滥觞于公元前两三千年的爱琴海地区和公元前一千年以来的古希腊,也融合了古埃及和古西亚建筑的某些传统。古埃及建筑以金字塔和神庙为主,古西亚建筑以王宫、神庙和观象台为主。从公元前2世纪罗马共和国盛期以后,欧洲建筑体系长期以意大利半岛为中心,流行于广大欧洲地区,以后又传到南北美洲。欧洲建筑以神庙和教堂为主,还有公共建筑、城堡、府邸、宫殿和园林。在长期发展过程中表现出变化多端的多样面貌,新潮迭起,风格屡迁,虽代代相因,仍表现出明显的断裂性,大致说来主要有古希腊、古罗马、哥特式、文艺复兴、巴洛克、古典主义和折中主义等许多风格的递相出现。[①]

---

① 萧默:《文化纪念碑的风采——建筑艺术的历史与审美》,中国人民大学出版社1999年版,第164—203页。

(一)古希腊、古罗马建筑风格

从公元前11世纪到公元前1世纪的古希腊文化不仅是欧洲文明的摇篮,也在北非、西亚、中亚等文化中烙下了印迹。古希腊文化与随后发展的古罗马文化一起,被称为欧洲古典文化。

1. 古希腊建筑风格

古希腊的建筑艺术,是欧洲建筑艺术的源泉与宝库。古希腊文化表现出一种人文主义精神,展现着人自身的力量,建筑承其血脉,呈现出和谐、端庄、典雅和充满理性秩序之美,被人誉为古典美"不可企及"的典范。古希腊建筑景观给人印象最深的是其"柱廊式"建筑,其中最负盛名的是雅典卫城和卫城中的帕提农神庙。这些建筑中的柱式不但追求严谨,符合逻辑的理性主义,还通过体现人体的美感,使每一块石头都充满生命的活力,使建筑物因有了性格而更为和谐。其中最有影响的有三种柱式,即多立克柱式、爱奥尼柱式和科林斯柱式(如图3.3所示)。多立克柱式的柱头是简单而刚挺的倒立圆锥台,柱身凹槽相交成锋利的棱角,没有柱础,雄壮的柱身从台面上拔地而起,一般柱高为底径的4—6倍,而柱子之间的距离,一般为柱子直径的1.2—1.5倍,十分协调,透着男性体态的刚劲雄健之美;爱奥尼柱,其外在形体修长,柱高约为底径的8倍,在柱头上用石头凿成左右下垂的卷发样式,尽显女性体态的窈窕多姿,如风韵十足的少妇。科林斯柱的柱身与爱奥尼柱相似,但柱头更为华丽,将柱头的卷发装饰成秀丽的花瓣,使其宛如少女头上的花冠,优美秀丽,如同天真烂漫的少女。

多里克柱　　　爱奥尼柱　　　科林斯柱

图3.3　古希腊建筑的主要柱式

资料来源:百度图片,http://image.baidu.com/i? ct = 5033164。

2. 古罗马建筑景观

古代罗马建筑继承了古希腊建筑文化,同时又对古希腊建筑进行了发展。古罗马建筑景观的特点是规模宏大,气势雄伟。罗马建筑大量使用和发展了拱券结构和穹隆顶,改变了希腊的梁柱式石建筑结构方式,为建筑的发展提供了极大的可能性。古罗马的建筑主要包括神庙、斗兽场和公共浴场。万神殿的穹隆顶象征着天宇,中央的圆洞象征着神的世界与人的世界的联系。庙内空间开朗阔大,圆形顶由几何形组成的墙面逐渐上升,气魄宏伟、和谐统一。圆顶中央圆洞中射来的光线弥漫在空阔的内部，柔和静谧，显示出一种宗教的气息。以神庙为主体建设的广场，四周分布着高大的柱廊，布局严谨对称，气氛庄严肃穆。

(二) 拜占庭建筑、罗马风建筑及中世纪的哥特式建筑

5 至 15 世纪，西方进入了"黑暗的中世纪"，基督教占领了当时社会文化的主阵地，并成为封建制度的强大精神支柱。与此相适应，教堂成为西方最重要的建筑。

1. 拜占庭和罗马风建筑

公元 4 世纪末，东欧的拜占庭建筑以东正教教堂为主，发展出了独特的拜占庭建筑艺术。首先，拜占庭建筑屋顶造型普遍使用高大的穹顶，由独立的支柱加帆拱构成，其突出之处是多用圆顶、拱形结构，体现出前所未有的壮丽；其次，整体造型中心突出，是一种平面十字形结构，既高又大的圆穹顶，往往成为整座建筑的构图中心；再次，它创造了把穹顶支撑在独立方柱上的结构方法和与之相应的集中式建筑形制，其典型做法是在方形平面的四边发券，在四个券之间砌筑以对角线为直径的穹顶，仿佛一个完整的穹顶在四边被发券切割而成，它的重量完全由四个券承担，从而使内部空间获得了极大的自由；最后，色彩灿烂夺目。君士坦丁堡的圣索菲亚大教堂、意大利腊文纳的圣维塔尔教堂是最有代表性的拜占庭建筑。

公元 9 至 12 世纪的西欧教堂辉煌了 400 年。它采用巴西利卡，发展出了前臂很长的十字形平面。但这个时期开始采用古罗马的半圆形拱券技术，形象略带着罗马建筑的味道，人们称之为"罗马风建筑"，也被称为中世纪"第一次国际性时代"的建筑风格。教堂建筑采用典型的罗马式拱券结构。在整体布局上，横厅宽阔，中殿纵深，在平面上构成竖长横短的十字形，象征着耶稣遇难的十字架。它的外形像封建领主的城堡，以坚固、沉重、敦厚、牢不可破的形象显示教会的权威。教堂的一侧或中间往往建有钟塔。屋顶上设一采光的高楼，从室内看，这是唯一能够射进光线的地方。教堂内光线幽暗，给人一种神秘宗教气氛和肃穆感及压迫感。教堂内部装饰主要使用壁画和雕塑，教堂外表的正面墙和内部柱头多用浮雕装饰，这些雕塑形象都与建筑结构浑然一体。罗马式时期的雕塑具有古代雕塑的气魄，较多运用变形夸张手法，但又不同于古代的写实风格，这是因为"蛮族"艺术掺入的影响。这些被变形的形象在浓厚的宗教气氛下产生一种阴郁和怪异感，具有解释教义的意义，体现中世纪人的世界观。罗马意大利的比萨大教堂、法国的普瓦蒂埃圣母堂、德国的沃姆斯大教堂、英国的达拉姆大教堂等都是罗马式教堂的典型代表。中国北京的东堂也是这种风格的代表。

2. 哥特式建筑

12 到 15 世纪的欧洲，进入了漫长的宗教长夜，被称为"黑暗时代"，文化艺术笼罩在宗教禁欲主义之中。但这个时期，在黑暗的夜空中仍然闪耀着一片耀眼的光芒，这就是"哥特式建筑"。它是欧洲整个中世纪最值得称道的艺术成就，既弥漫着宗教的迷狂，又寄托了市民阶层的一片世俗激情。"哥特"是文艺复兴时代人们对它的贬称，意为"野蛮"，带有贬义。

哥特式建筑首先从法国出现，逐渐遍及欧洲，是以教堂为主的建筑艺术。它的造型和结构具有强烈的艺术激情和宗教感染力。哥特式教堂建筑是从罗马式教堂基础上发展起来，它摆脱了罗马式教堂的沉重感而朝向轻巧、雅致甚至矫饰的方向发展。它基本采用拉丁十字巴西利卡平面。通常东端半圆形后堂部位小礼拜堂较多，布局复杂。西立面有一

对很高的钟塔。西立面典型形式是：一对塔夹着中厅的山墙，中央大门和上方栏之间是圆形的玫瑰窗。三座门洞都有周围的几层线脚，并刻着成串的圣像。其外部特征是高直、尖耸，充满升腾向上的动感和气势，表情冷峻，渲染着上帝的崇高和人性的渺小。在建筑设计上，为了使教堂体现出弃绝尘寰的宗教理想，较多利用尖肋拱顶、飞扶壁、修长的束柱，轻灵的垂直线条统治全身，并以明亮的彩色玻璃取代了罗马式的持重墙。扶壁、墙垣和塔都是越往上越细、越多装饰、越玲珑，而且顶上都有直刺苍穹的小尖顶，共同营造出一股强烈的向上动势，像是尘世中伸向苍穹的双手，请求"上帝"的拯救，呼吁圣灵重归人间，使人类得到精神上的复活。因所有的拱券都是尖形的，故整个教堂浑身充满着向上的升腾感，引导人们的心灵尽可能地摆脱一切现实的羁绊，向着精神的天国而去；其内部景观特征是神秘而虚幻，体现了一种强烈的宗教气氛。内部空间高而窄，结构全部裸露，成束的细柱在中厅拔地而起，直达尖尖的拱顶。高而尖的侧窗镶嵌着以红、蓝二色为主的花窗玻璃，细而长，垂直向上的尺度诉说着人们对天国的向往。在教堂内部装饰上，有许多布局和谐的圆柱，壁上、柱身都装饰有形象生动的浮雕和石刻，而从彩色玻璃照射进的阳光，进一步造就了教堂内部庄严、肃穆和神圣的氛围。因此，有人把耸入云霄的哥特式建筑称为一首屹立在空间的圣诗、一曲回荡在天际的音乐。

哥特式建筑以其高超的技术和艺术成就，在建筑史上占有重要地位。最负盛名的哥特式建筑为德国的科隆大教堂（为德国最大天主教堂，1248年兴建，1880年最后完工，其双尖塔高157米，如图3.4所示）、英国的威斯敏斯特教堂（1245年重建，1745年完成其最后部分两座钟楼）、法国的巴黎圣母院（始建于1163年，1320年完工，教堂本身尚保留有罗马式的一些特征，如崇大、厚实等）、兰斯大教堂、乌尔姆大教堂（其单尖塔高161米，为世界教堂高度之最）以及意大利的米兰大教堂等。

图3.4　德国科隆大教堂

资料来源：《科隆大科堂》，小巴不良的blog，http://blog.sina.com.cn/s/blog_5171a4b90100c40n.html。

(三) 文艺复兴建筑、巴洛克建筑及古典主义建筑风格

1. 文艺复兴建筑

文艺复兴建筑,是欧洲建筑史上继哥特式建筑之后出现的一种建筑风格。14世纪与15世纪之交,在欧洲兴起了一次轰轰烈烈的思想解放运动,它高举着古希腊、古罗马文化的旗帜,向以神为中心的封建意识形态展开了一场激烈战斗,从而使人和人性重新得到发现。文艺复兴文化在建筑风格上的反映则是,利用古代希腊、罗马等古典建筑风格,取代象征神权的哥特式建筑。由此,古希腊的直线立柱式和古罗马的圆弧风格,得到了重新认识和广泛运用。

从其景观特征来看,文艺复兴建筑首先推崇基本的几何体,如方形、三角形、立方体、球体、圆柱体等,进而由这些形体倍数关系的增减创造出理想的比例;其次,在建筑设计及建造中大量采用古罗马的建筑主题、高低拱券、壁柱、窗子、穹顶、塔楼等,不同高度使用不同的柱式;再次,建筑物底层多采用粗琢的石料,故意留下粗糙的砍凿痕迹。总之,它比哥特式建筑低矮了许多,但更加艺术化、人性化,它用壮美取代了崇高,使人们惊叹而不惊恐。正像当时的建筑师阿尔贝蒂所称颂的那样,它"弥漫着一股春天的苏醒气息"。

文艺复兴建筑的代表作有佛罗伦萨的圣玛丽亚大教堂、罗马的圣彼得大教堂(如图3.5所示)等,尤其是圣彼得教堂被称为文艺复兴最伟大的时代纪念碑,也是世界上最大的教堂。

图3.5 圣彼得大教堂

资料来源:《巴洛克的代表,圣彼得大教堂》,Suedido 的博客,http://space.yoka.com/blog/1282074/1566027.html,2008-12-03。

2. 巴洛克建筑

宗教改革后至17世纪,意大利文化已浸透了世俗精神,追求人间的荣华富贵和炫耀财富成了艺术的重要内容,这逐渐浸染出了建筑艺术中的一种反理性思潮。对建筑艺术而言,打破常规、标新立异已成为创作的同义词。在此风潮的影响之下,形成了一种新的建筑艺术,即巴洛克(Baroque)建筑艺术。巴洛克一词来源于葡萄牙语"Barocco",意指形

态不够圆或不完美的珍珠。巴洛克建筑的表现是打破常规,采用非理性的组合,大量采用曲线、曲面和涡卷,赋建筑以动态;或打破贵重材料与雕塑、绘画的界限,使它们相互渗透,共同营造一种柔美、华丽、明亮的氛围;有的则大量使用贵重材料和繁复的装饰,看起来富丽堂皇。如果说文艺复兴式建筑对哥特式建筑的取代是用壮美代替了崇高,那么巴洛克式建筑则进一步用优美取代了壮美。

在很大程度上,可以说巴洛克建筑是文艺复兴建筑的反动。

具体而言,其特点表现在:宽阔的或圆形的中殿取代了狭长的中殿;戏剧性地使用光线,强烈的光影对比,明暗对照效果(如威尔腾堡修道院教堂)显著,或依靠窗户实现均匀照明(如温加滕修道院教堂);大量使用装饰品(通常是镀金、石膏或粉饰灰泥、大理石或人造大理石);巨大尺度的天花板壁画;外部立面的显著特点是通常有戏剧性的中央突出部分,内部通常只是绘画与雕塑的框架(特别是后期巴洛克);错视画法般的虚幻效果,绘画与建筑的混合。

罗马圣卡罗教堂和圣彼得大教堂是巴洛克建筑的典范。

3. 古典主义建筑

在巴洛克建筑风格风行的同时,古典主义建筑风格在法国和英国得到了推崇。17世纪的路易十四时代,法国的君权主义已站稳脚跟,法国文化也散发出一种强烈的君权主义气息。因此,神的圣地——教堂不再是法国建筑的主流,而君王的居所——宫殿成为了法国建筑的主流,这为几千年以来一直以宗教建筑为主流的西方建筑史,增添了一段清新而灵动的插曲。

古典主义建筑崇尚的是意大利文艺复兴的理性美,强调基于严格数学计算的比例和数量关系的精确性。其建筑特色是外立面为标准的古典主义三段式处理,即将立面划分为三段,建筑左右对称,各部分之间有严格的数学关系,造型采用简单的几何图形,轮廓整齐、庄重雄伟。路易十四时代完成的卢浮宫立面的改造和凡尔赛园林(如图3.6所示)是古典主义建筑景观的典型例证。

图3.6 凡尔赛园林

资料来源:凡尔赛宫的奢华与园林之美,http://travel.tianhenet.com.cn/2011/0624/11039.shtml,2011-06-24。

(四) 现代建筑风格

现代建筑开始于19世纪中后期,是在欧洲近代建筑的基础上蓬勃发展起来的。19世纪以后,由于工业技术革命的进步和资本主义社会生活的需要,大规模的公共建筑和生产性建筑迅速兴起,随着建筑材料和结构技术的不断发现和应用,建筑的形制愈加纷繁多样,表现形式发生了很大的变化,方向趋向多元化,建筑开始了一场比历史上任何一场建筑变革意义更为深远的革命,世界建筑文化也开始了一场空前的大交流。反传统的趋势一时成为潮流,形成了一种被称为"国际风"的风格。从20世纪50年代开始,在现代建筑内部,又兴起了晚期现代的建筑思潮,它们对现代主义建筑过分重视物质因素而忽视精神因素提出了抗议和反叛,喊出了人性、人情的口号。在多元文化并存的今天,在百花齐放的同时,我们还是不难看出现代建筑艺术的新趋向、新特点。首先是求新、求异。在建筑形象上,既不重复历史,亦不复制他人,力求建立自己的个性。其次是适应现代人生活需要和审美需要,风格简洁明快。再次是更加注意建筑与外在环境的关系,使建筑与环境能够协调一致,从而使人感到温馨、融洽。

三、中西方古典建筑景观的差异

中西方古典建筑景观作为人类历史文化遗产,具有建筑景观共有的许多特点。然而,自然环境和文化的不同也导致中西方古典建筑存在诸多的差异。[①]

(一) 建筑景观材质的不同

传统的西方建筑长期以石头为主体,而传统的中国建筑则主要以木头为构架的。这种建筑材料的不同,为其各自的建筑艺术提供了不同的可能性。石头是一种密度很高的建筑材料。它的缺点是施工周期长,优点是使用寿命长,它的特点是足以承担巨大的压力,宜于向高空发展。与之刚好相反,木头是一种密度较小的建筑材料。它的缺点是使用寿命短,优点是施工周期短,它的特点是容易建造较大跨度的窗框和飞檐,宜于横向发展。以上差异可总结为表3.1。

表3.1 东西方古典建筑的主要材质及特点比较

	主要建筑材料	密度	工期	寿命	承压力	特点
西方	石头	高	长	长	大	宜于向高空发展
东方	木头	小	短	短	小	宜于向横向发展

(二) 建筑材料不同导致的建筑景观特征的不同

与石头的特点相关,西方古典建筑景观的基本姿态是拔地而起、指向苍穹的(如表3.2所示)。无论是拜占庭式、哥特式,还是文艺复兴式的建筑,都要在穹顶、尖顶或圆顶上做文章。从外部形态上看,这些建筑都容易呈现挺拔、伟岸的身躯。从内部结构上看,这些建筑又都有些阴冷、幽暗的特点。因为密度过高的石头自身的重量较大,因而不利于建造较宽的窗框,从而不利于采光。

与木头的特点相连,中国建筑的基本姿态则是横向展开、居于大地的(如表3.2所

[①] 陈炎:《东西方建筑的古代、现代、后现代特征》,《天津社会科学》,2003年第3期,第110—116页。

示)。古代的亭、台、楼、阁,并不过于追求绝对的高度,而是在飞檐上做文章。从外部形态上看,这些建筑常常显得稳重而不轻灵,温馨而不神秘,威严而不刻板。从内部结构上看,这些建筑又都有着宽敞、明亮、舒适的特点。因为密度较小的木头不仅可以制造跨度较宽的门窗,而且可以通过梁、檩、椽之间的相互叠加,而将纵向的重力转向横向的延展。以上差异可总结为表3.2。

表3.2 中西方古典建筑因材质不同而呈现的差异

	施工期	耐久性	基本姿态	内部结构
西方古典建筑	周期长	耐久	拔地而起,指向苍穹;挺拔、伟岸	阴冷、幽暗
中国古典建筑	几年或几十年	保存时间较短	横向展开,居于大地;稳重而不轻灵,温馨而不神秘,威严而不刻板	宽敞、明亮、舒适

鉴于石头的优点和缺点,西方的古典建筑往往具有几十年,甚至上百年的施工周期,可一旦落成又可经受千百年的考验。作为欧洲建筑史上早期哥特式教堂的典范,著名的巴黎圣母院始建于1163年,竣工于1345年,历时182年之久。然而时至今日,它还完好无损地屹立在巴黎市中心塞纳河的斯德岛上。比巴黎圣母院更晚、更高,也更具有哥特风味的科隆教堂的整个建筑时间跨越了近五个世纪,仅石料就用了16万吨。其垂直向上、高耸入云的双塔尖,凝结了德意志民族几代人的艰辛和努力。西班牙巴塞罗那的那座至今尚未完工,却已被写进建筑艺术史的圣家族教堂,由建筑艺术家高迪设计的造型奇异的庞然大物,从开始施工至今已经建造了一百多年,而按照预期的建设计划,还需要建造一百多年才能完工……欧洲的建筑史上,这样的例子不胜枚举。由于宗教信仰比世俗政权更加稳定而长久,所以这些建筑不会因世俗政权的更迭与替换而遭受毁灭之灾。不仅如此,在这种宗教建筑的典范作用下,西方人渐渐培养起一种对于古老建筑的尊崇与敬意。在西方,每座市中的"主教堂"不仅是规模巨大的,而且是历史悠久的。它不仅是一种信仰的体现,而且是一种历史、一种文化,是一代又一代人生命的延续。

鉴于木头的优点和缺点,中国的经典建筑则常只具有几年或几十年的施工周期,偌大的一个大兴城(即后来唐代的长安城)只用了九个月的时间就建造成了,北京紫禁城的施工周期也只用了十几年的时间,其建设速度不可谓不惊人。然而,由于这些宫殿和城池都是世俗政权的象征,因而它们在改朝换代的过程中很难幸免于难。迄今为止,我们所能看到的最为古老的木建筑,只有唐代的佛光寺和辽代的应县木塔了。

(三) 建筑景观艺术语言的不同

不同的建筑材料、不同的社会功用,使得中国与西方的古典建筑有着不同的"艺术语言"。

1. 西方古典建筑景观的艺术语言

西方的石制建筑一般是纵向发展、直指苍穹的。这样一来,能否将高密度的石制屋顶擎入云霄,便成为建筑艺术的关键所在,而执行这一任务的柱子也便成了关键中的关键。所以,西方建筑的"基本词汇"是柱子和屋顶。西方古典建筑主要有多利克柱式、爱奥尼柱式、科林斯柱式三种柱式。除了这三种柱式之外,希腊人还大胆地创造了"人像柱式",即干脆将石柱雕刻成人形的躯体,用其美妙的头部顶住房梁,支撑起屋宇的分量。在这些柱式的交互运用中,不同类型的建筑或同一建筑的不同部分显得或壮美,或优美,或阴柔,或阳刚,或庄严雄伟,或韵味十足。如果说柱子是西方建筑艺术的"基本词汇",那么屋顶则是其"主要句式"。屋顶的不同,导致了其风格类型上的差异。西方古典建筑景观的屋顶先后经过了长方形顶、穹顶、圆顶、修饰和完善圆顶、标新立异的圆顶等风格的变化。中世纪穹顶的使用使得教堂的高度上升到一种绝弃尘寰的地步,人神关系被异化,体现了一种崇高美;文艺复兴时期圆顶建筑的出现,纠正了深度异化了的人神关系,壮美成为主导风格;之后,巴洛克式建筑景观在修饰和完善这种圆顶的过程中进行了更加优美、更加人化的努力,生硬的直角被涡卷的装饰物所掩盖,内部变得更加柔美、明亮、华丽,进一步用优美取代了壮美;之后,洛可可式建筑将人性发展为世俗,将华丽发展为繁琐,装饰的技巧已经压倒了神性的庄严,艺术家几乎将全部的创造力都集中在细节的处理上,不惜使用奢华的金箔装饰和肉欲的女性裸体,走上了感官主义、唯美主义的道路。这个过程虽然流派纷呈、变化多端,但其核心的矛盾无非是要处理人与神之间的关系,即由古希腊的优美和谐,到中世纪的崇高对立,再一次回到文艺复兴以后的和谐状态。于是,尽管跪在神龛面前的人没有变,但人与神的关系却因其背后的教堂而发生了历史性的变化。而教堂作为神的化身,在人的心目中也便制造出不同类型的美感。

2. 中国古典建筑景观的艺术语言

与西方不同,中国古代的木制建筑不是纵向升腾的,而是横向展开的,这便决定了其基本的"语言单位"不是柱子,而是斗拱。

所谓"斗拱"(如图3.7所示),是由"斗"形的木块与肘形的曲木(拱)在柱头相互叠加而成的,它的功能是在梁柱与屋檐之间搭起有力的骨架,把木柱的纵向支撑力逐层往横向传递、扩展,以托起高大的飞檐(如图3.7所示)和厚重的屋顶,这是形成中国建筑的关键。与西方古代的柱子类型化的发展趋势不同,中国古代的斗拱则根据飞檐的需要或疏或密,或简或繁,它不仅创造着飞檐动人的曲线,其自身也有着类似爱奥尼或科林斯柱头式的装饰作用。如果说斗拱是中国古代建筑的"基本词汇",那么飞檐则是其"主要句式"。同西方建筑的屋顶一样,中国古代的飞檐也有许多类型,或低垂,或平直,或上挑。其不同的形式制造出不同的艺术效果,或轻灵,或朴实,或威严。不仅亭、台、楼、阁都要用飞檐来标明自己的身份,表达自己的情感,飞檐的高低、长短往往还会成为建筑设计的难点和要点。正所谓"增之一分则太长,减之一分则太短",飞檐的设计必须恰到好处才能显得轻灵而不轻佻、朴实而不机械、威严而不呆板。

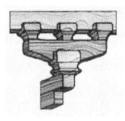
斗拱

飞檐

图3.7 中国古典建筑景观的艺术语言

如果说西方的建筑主要体现了人与神之间的关系,那么中国的建筑则主要体现了人与人、人与自然之间的关系。前者主要表现为家居式建筑,后者主要表现为园林式建筑。

第三节 建筑景观的美学赏析

建筑既是物质的,也是精神的,更是艺术中不可或缺的音符,蕴涵着深刻的美学思想。然而,欣赏美需要发现美的眼睛和诗性的心灵。因此,下面让我们从建筑景观的艺术语言、审美功能及建筑景观审美能力的培养角度选择其要点勾勒一二。

一、建筑景观形式美的艺术语言

建筑景观历来是旅游者重要的审美对象,而读懂建筑景观之美的关键在于了解她的艺术语言,即美的要素。建筑景观的形式美主要通过色彩、形状、线条等因素进行表达,具体而言其艺术语言包括优美的造型、建筑物各部分的比例与尺度、色彩与质感搭配、节奏与韵律、审美情趣及审美理想的和谐统一。

(一) 结构美

建筑结构是建筑的骨架又是建筑物的轮廓。所有具有审美价值的建筑景观,都有优美的形体。构成其形体的基础是点、线、面,而点、线、面是从客观事物的空间物象中抽象概括出来的形式美因素。线条分为直线、曲线和折线三种。直线给人的审美感受是力量、稳定和刚强;曲线,特别是蛇形线,给人的感受是优美、柔和、富有生气的运动感;折线形成的角度,会给人以上升、下降、前进、后退、转折、突变的方向感。著名美学家朱光潜就线条在建筑中的运用指出:"建造风格的变化,就是以线条为中心。希腊式建筑多用直线,罗马式建筑多用弧线,哥特式建筑则多用相交成角尖的斜线,这是最显著的例子。"由点、线、面构成的建筑形体,也有不同的审美感受。一般说来,圆形柔和,菱形锐利,方形刚正,正三角形产生稳定感,倒三角有倾危感。宽而平的梯形有稳定感。总之,几何造型不同,给人的审美感受也不一样。中外经典建筑景观的平面形状,大都以上述几种简单的几何图形作为构图的依据,以体现高度的完整统一性。如罗马万神殿的圆形平面、罗马圣彼得大教堂的方形平面。此外,建筑的结构与建筑的功能要求、建筑造型取得完全统一时,建筑结构也体现出一种独特的美。例如,著名的罗马小体育宫采用了一种新颖的建筑结构,并且有意识地将结构的某些部分,如在周围的一圈丫形支架完全暴露在外,混凝土表面也不加装饰,这些支架好似许多体育健儿伸展着粗实的手臂承托着体育宫的大圆顶,表现出体育所特有的技巧和力量。正是这种结构的美,使这一建筑具有独特的艺术魅力。

(二) 色彩与质感美

建筑之美,造型首当其冲,但造型其实应当包括形与色两个部分。建筑景观什么样的色彩才美?一般说来,美的建筑色彩必须在实现其实用性功能的前提下,尽可能体现民族的伦理观点、审美观念,体现时代特征,并且尽可能地符合形式美的规律、法则。比如居室内的色彩,一般以淡雅一些的为宜,这会使人感到舒适、安宁,如果用高纯度的色彩,如火红、金黄等,则易于让人兴奋、疲劳。建筑色彩,还具有许多伦理含义。北京天安门及故宫里的许多建筑,一律用黄色琉璃瓦做屋顶。"黄"取"皇"之谐音,从视觉效果上看,黄色也富丽堂皇,足以显示帝王气魄。我国江南民居一般为白墙灰瓦,之所以显得美,是因为这契合了生活于江南的汉民追求质朴、淡雅、清丽、含蓄的民族审美性格。又如,一般来说,热带地区的建筑色彩宜偏于冷色,寒带地区则宜偏于暖色,以求矫正温度感上的不平衡。建筑的色彩,还必须注意和环境的协调。北京的天安门,屋顶是黄色琉璃瓦,下面是朱漆的门窗和柱子,城墙的颜色也是红的,为了分别房屋与城墙,墙顶上设计为白中带灰的颜色,墙脚又是白石须弥座作结尾。这种绚丽的色调,在北京湛蓝的天空的衬托下,成为既对比强烈而又协调和谐的色彩关系。而江南一带建筑的素雅色调,则与这里气候湿润、天空为"鱼肚白"的环境显得十分和谐。

建筑景观的色彩,还被赋予了一种情感寄托或社会表达,从而使建筑的美学意义和品性得到了升华。如我国的皇室建筑以红色和黄色为主,朱红色的围墙,白色的台基,金黄色的琉璃瓦顶,大红色的柱子和门窗。这样的色彩使用不仅符合色彩搭配原则,同时也是皇室尊贵的象征。红黄呈现出一种喜庆、雍容华贵,营造着庄严的气氛,表达出兴旺发达的愿望。民居建筑是以朴素自然淡雅为主,如青灰瓦、白粉墙、棕色木柱和门窗,给人以非常明快开朗的感觉。在古希腊的建筑群中,几乎到处都能看到艳丽的色彩。帕特农神庙在纯白的柱石群雕上配有红、蓝原色的连续图案,还雕有金色银色花圈图样,色彩十分鲜艳美丽。这些色彩是他们宗教观的反映,红色象征火,青色象征大地,绿色象征水,紫色象征空气。

建筑景观的色彩在一定程度上会影响建筑形象的节奏、韵律。一个建筑景观色彩单一,"节奏"就显得平稳。如果其各个立面色彩丰富,但协调统一,则充满"节奏",丰富而有层次。赤、橙、黄、绿、青、蓝、紫,色彩由明到暗,由暖到冷,由硬到软,组成一系列整齐的色调。从浓黑到深灰的色调,有点像低音区的音符序列;从浅灰到最明亮的白色,相当于高音区的音符序列,这些色彩的变化,是与形成不同色相的数的变化密切相关的。

与建筑形式的色彩关系尤为密切的,是建筑景观材料所造成的建筑景观材质美。建筑材料不同,建筑物给人的质感也不会相同。石材建筑景观质感偏于生硬,给人以冷峻的审美感受;木质建筑景观感偏于熟软,给人以温和的审美感受。生硬者重理性,熟软者近人情;重理性者显其崇高,近人情者显其优美。西方古代以石材建筑为多见,古代中国盛行木结构砖瓦建筑。西方古代的"石材"与中国古代的"木材"给人的不同质感,恰好在一定程度上反映出古代东西方民族的传统审美心理和审美情趣。同样建造一座中国古典式的亭子,一用木材,一用石材,虽然都造得优美,但可以从这种优美之中显示其不同的审美个性,前者是"温情脉脉"(秀逸)之美,后者则是"冷美人"之美。

(三)均衡与变化美

均衡与变化是建筑景观形式美的最基本法则。对称、稳定、统一等均属于均衡范畴。均衡是构成建筑景观形式美的重要语汇。均衡的特点是两侧的形体不必等同,量上也只是大体相当。均衡较对称有变化,比较自由。著名的威尼斯圣马克广场是不对称的:大广场的一边是斜的,另一边的端部连着小广场,两个广场的交接处竖一个高高的钟塔。这两个广场在一起,形成一种不对称而均衡的构图。常见的均衡是重力均衡,好比天平两边盘子里等量等重砝码的摆法,一为竖列,一为横列。如果一座建筑景观由同等体量的两部分构成,一部分竖向序列,另一部分横向序列,那么整个建筑形式就达到了重力性均衡,其均衡中心必然在这两部分的连接之处。体量相同的两座建筑物,一为垂直发展显其高峻,一为水平发展显其横阔,遥相呼应,那么其均衡中心必在两者间距的中心处。当然,在观感上,这种重力均衡的先决条件是两座建筑物的色彩、质感、立面、平面及地理环境等因素都要相同。如果其色彩一为暖色,一为冷色,质感一为粗糙,一为细腻,并且立面墙体、门窗设置等等都不同,那么即使达到了体量的均衡,其均衡的中心也已不在原先的位置上了。一座建筑的两部分,较小部分外形单薄,体态轻盈,较大部分墙体屋顶厚实,门窗很小,那么它就显得不均衡。如果那较小部分处理得实一些,较大部分处理得虚一些,比如多设些门窗,色彩浅淡一些,则均衡的观赏效果较好。

对比、差异等均属变化范畴。所谓对比,是指把两种差别很大的建筑并列在一起。建筑景观中的对比,使人感到刺激强烈,令人振奋,如主与次、大与小、高与低、宽与窄、明与暗、繁与简、动与静、方与圆、收与放的对比,是群体建筑景观中经常看到的美学规则。

所谓多样性的统一,从哲学上看,就是对立面的统一状态。"多样"体现的是单体建筑的差别、对立与矛盾;"统一"体现的是各建筑景观之间的共性与整体联系,使整个建筑景观群形成既对立又统一的美感。

(四) 韵律与节奏美

节奏是指一些建筑元素的有条理的反复、交替或排列,使人在视觉上感受到建筑景观的动态连续性。节奏的要素一是时间,即一定的过程;二是变化,比如声音的长短、高低、轻重的变化。韵律是指建筑景观要素在节奏基础之上有秩序的变化,高低起伏,婉转悠扬,富于变化美与动态美,充满了情感色彩,表现出一种韵味和情趣。节奏富于理性,而韵律则富于感性。

音乐是具有节奏韵律的艺术,它必须经历一个过程,并通过乐音的长短、高低、轻重的变化来表达特定的情调。建筑是空间艺术,却被称为"凝固的音乐",其原因就在于精彩的建筑景观都具有节奏韵律之美,恰当地处理了建筑个体的各部分之间、个体与个体、个体与群体、群体与群体以及个体、群体同周围环境之间的比例尺度,高低错落、疏密聚散,都有其"凝固的音乐"般独具特色的节奏韵律。观赏者在欣赏过程中,随着观赏角度的改变带来的时间推移,便可能感受到那美妙的节奏韵律。如果把建筑空间系列与在时间中进行的交响乐相比较,从门廊到大厅,艺术处理就像音乐的序曲、扩张、渐强、高潮、渐弱、休止一样。譬如我们观赏北京故宫的大清门、天安门、端门、午门、太和门和太和殿,有前序,有渐强,有高潮,有尾声,很像一支交响曲。同样,当我们漫步在北京长安街时,两旁建筑的高低、疏密、大小、虚实、进退,都会使人感受到激动人心的美妙旋律,领略着一种交响乐的跌宕起伏、抑扬顿挫的韵律感。我国伟大的建筑学家梁思成先生说过,一柱一窗的连续反复,好像四分之二拍子的乐曲,而一柱二窗的立面节奏,则似四分之三拍子的华尔兹。①

---

① 梁思成:《中国建筑艺术二十讲》(第二讲),《人民日报》,1961年7月26日第7版。

建筑景观中,常见的主要有以下几种韵律形式:其一,连续的韵律美。由一种或几种要素连续、重复地排列而成,各要素之间保持着恒定的距离和关系,并可以无休止地延长。如人民大会堂四围墙面的圆柱柱廊,其柱高和柱径的比例,既考虑到西方古典格式的数学关系,又考虑到中国木结构格式的常规比例,创造了一种新的柱式比例(即柱高为柱径的十二点五倍),这些重复而连续排列的柱廊,显示出雄壮挺拔的韵律美,充满着一种欣欣向荣的生机和力量(见图3.8)。又如罗马大斗兽场共为四层,下面三层都是连续不断的八十个半圆券洞,券洞之间是壁柱,底层壁柱为多立克柱式,二层是爱奥尼柱式,三层是科林特柱式。这些叠柱一层比一层轻巧,连续不断地重复,排列的券洞给整个建筑以稳固坚定的韵律美。其二,渐变的韵律美。渐变的韵律即连续的要素在某一方面按一定的规律而变化,如渐次增长或缩短,变宽或变窄,增密或稀疏,递增或递减等等。美国纽约的古根海姆美术馆,是一座形状古怪而驰名遐迩的建筑,其主体部分陈列厅是一个螺旋式的圆筒。圆筒高三十米,从下到上,随着螺旋的上升,外圆直径不断递增,越来越大,底层外径三十米,到顶层外径有三十八点五米,沿着螺旋坡道的外墙上方设一排条形窗,整个陈列大厅简洁流畅,而外观螺旋而上、渐次增大,给人以一种强烈的流线型的新奇而明快的韵律感(见图3.9)。其三,起伏交错的韵律美。渐变韵律按一定规律时而增加,时而减少,起伏不平或是不规则的节奏感,即为起伏交错的韵律。巴西议会大厦(见图3.10)是著名的国际建筑景观,整座大厦由两部分组成:一部分是两片简洁高大的27层议会办公楼,其形状

图3.8 人民大会堂连续韵律美

图3.9 美国古根海姆美术馆渐变韵律之美

资料来源:http://tech.163.com/07/0330/14/3ARCKISE000924MD.html,2007-03-30。

图 3.10 巴西议会大厦起伏交错韵律之美

资料来源：http://www.gotoningbo.com/jqjd/gwlyjd/201001/t42007.htm，2012-09-16。

如并列的火柴盒子，中间用通道相连接；另一部分则是一个四层高的长二百四十米、宽八十米的平台式建筑，平台顶上有两个圆形的会议厅，一个像倒扣着的大铁锅，另一个像正放着的开口的铁锅。不规则的天际线，奇特的造型，由此而形成的韵律显然是起伏交错，简洁开敞而又联成一体，富有生机而又令人耳目一新。

可见，韵律是构成形式美的重要因素。不论是单体建筑景观或群体建筑景观，乃至细部装饰，几乎处处都有应用韵律美营造的节奏感，正因如此，人们将建筑称为"凝固的音乐"。

（五）比例和尺度美

比例是指建筑景观各部分的相对尺寸。合乎比例或优美的比例是建筑景观美的根本法则，在建筑景观中，无论是组合要素本身，各组合要素之间还是某一组合要素与整体之间，无不保持着某种确定的数的制约关系。这种制约关系中的任何一处，如果越出和谐所允许的限度，就会导致整体比例失调。至于什么样的比例关系能产生和谐并给人以美感，则众说纷纭。西方人认为黄金分割的比例最能引起人的美感。所谓黄金分割，即大小（长宽）之间的比例相当于大小二者的和与大者之间的比例。用 a 表示大段，用 b 表示小段，则公式为 $a:b=(a+b):a$。实际上两者的比值约为 1.618。如建筑墙体三面的高度之比符合或接近于"黄金分割"，那么看上去往往是比较悦目的。假若其高宽比值大大超过 1.618，或者大大低于 1.618，则其观感不是显得瘦长纤细，就是臃肿呆板。

尺度，是指建筑整体或局部给人的印象与其真实大小之间的关系。在观赏一座建筑时，尺度能够使建筑物呈现出某种恰当的或预期的尺寸感及其所造成的氛围。如观赏一座具有纪念意义的大型建筑，常常看到建筑巨大的尺寸与雄伟的场面，经过恰当处理的尺度可以将建筑物的巨大与恢宏恰当地烘托出来；而一座用于人们日常起居的住宅建筑景观，一般给观赏者较小的尺寸感，与较为亲切的环境氛围。

总之，建筑起源于实用，但是任何具有观赏价值的建筑，总是在具有实用性的同时，充满浓厚的艺术气息。它通过建筑艺术的语言——空间组合、体型、色彩、质感以及某些象征手法，构成一个丰富复杂如乐曲般的形体体系，体现一种造型的美，形成艺术形象，造成一定的意境，赋予建筑景观以生命，并引起人们的联想和共鸣，散发出迷人的气息。

二、建筑景观的审美功能

建筑景观不仅可以"悦目",而且可以"赏心",具有丰富的审美功能。

其一,它可以陶冶情操,愉悦心灵。

建筑景观,作为人们旅游观光的主要对象之一,具有满足人的情感需要的功能。比如,漫步于世界各地,所见建筑形态各异、姿态万千,或者高峻伟岸、气势磅礴;或者英姿临风、意象飘逸;或者庄重静穆、令人沉思遐想……不同的建筑以其不同的品格使人产生不同的审美感受,同时满足人们不同的审美需求。

建筑艺术往往讲究意境的营造和氛围的渲染。比如范仲淹登上岳阳楼的审美感受,"春和景明之时,心旷神怡,宠辱皆忘,淫雨霏霏之际,则有去国怀乡,忧谗畏讥之悲",道出了不同意境下的建筑——岳阳楼对人情绪的各种影响。

其二,它是石头的史书,是了解文化,认识历史的化石。

人类没有任何一种重要的思想不被建筑艺术写在石头上……人类的全部思想,在这本大书和它的纪念碑上都有其光辉的一页。不同时期的建筑体现出一定时代的物质生产水平和政治经济状况,而且还折射出特定时代、特定文化的审美意识。它们以鲜明的风格特征揭示出特定时代的文化氛围和审美意识。例如,古希腊建筑体现了奴隶主民主制度和追求比例协调的审美理想;罗马建筑表现了奴隶主阶级追求豪华和崇尚浮夸的审美情趣、观念;中世纪流行于欧洲的哥特式建筑反映出教会至高无上的权力和教徒执迷于天国的时代风貌;文艺复兴时期的建筑彰显了新兴资产阶级的人文主义美学原则;19世纪以来的现代建筑体现了现代人追求奔放明快、充满力度的新审美标准。

旅游者可以通过对这些镌刻着特定文化内涵的历史画卷的鉴赏,培养深厚的文化积淀和文化审美意识。

其三,它是培养艺术审美能力的免费园丁。

建筑艺术是一种空间造型艺术。建筑师在进行艺术创造时,使建筑物融进了独特的审美意蕴。人们在欣赏建筑艺术时,也要根据个人的知识、趣味和经验,通过对抽象的线条、色彩、几何造型的比例关系的直接感受,领会和把握建筑美的意蕴。在整个欣赏过程中,欣赏者的空间想象力始终起着重要作用。而建筑也正是通过其不同形式的抽象线条、不同结构的块面组合、不同形状的色彩搭配,以及不同向度的空间构成,启迪和拓展着人们的审美想象力,并最终使人们在抽象的空间想象中获得深层象征意蕴的情感体验。如故宫给人以庄严、威慑的崇高感;巴黎圣母院给人以宗教虔诚的神秘感和神圣感。这种审美感受和审美想象力的培养,正是建筑艺术启迪开拓的结果。

三、建筑景观审美能力的培养

建筑是一支乐曲,是一首诗,因此,对建筑景观的欣赏本质是一种艺术审美能力。日常生活中应该在以下几个方面多加培养。

第一,对形式美规律的了解与掌握。

美是有规律的,美的规律就是多样统一,或是有秩序的变化。美的规律在造型艺术上的具体体现就是所谓"形式美的法则"。建筑艺术属于造型艺术,同样遵循这些法则。比如建筑景观中对称、主从、均衡、节奏、韵律、对位、对比、比例、尺度、明暗、虚实、质感、色彩、光影等等的处理，都属于形式美侧重关注的问题。

要掌握形式美的法则，不但需要阅读一些基本的构图理论著作，更需要多观察、多分析，主动与建筑对话，而非匆匆而来，无心一瞥。观察多了，用心久了，就会锻炼出能够发现和欣赏形式美的敏感的眼睛和心灵。

形式美的法则对于所有造型艺术门类都具有普遍性，因此，掌握形式美也可以通过欣赏绘画、图案、雕塑、工艺美术品来体验，从而加深对建筑景观的理解。此外，文学、音乐中的美与建筑艺术中的形式美也有许多相通之处。如音乐的节奏、和声、韵律、对位，各乐章的对比和呼应，小说的主线、辅线，格律诗上下联的对称等，都可以提升我们对建筑景观的鉴赏能力。

第二，体会建筑艺术作品的情绪意境。

形式与内容完美结合的建筑，必然会在形式上体现出作品的内容，包括物质性内容也包括精神性内容。作为建筑艺术，它所传达的精神性内容就是它所经营的情绪氛围或意境。正如著名建筑学家梁思成所说，观赏优秀的建筑，就像欣赏一幅画、聆听一首诗，建筑最吸引人的地方是蕴藏其间的一系列的"意"。

体验建筑景观的情绪意境，需要透过建筑的形式美，寻找建筑景观整体形象及其内在意蕴与人的心灵的共鸣。如果说形式美作为一个客观的、具体的存在，需要旅游者能够读懂它的语言，了解它的语法，这还处于一个较低的审美层次；那么，情绪意境的体验，则是一个物我双方的交流，是走进建筑景观内部，了解其灵魂和精神的过程。这个过程需要旅游者更积极主动的参与和创造，并拥有一颗可以与建筑景观共鸣的心灵，从而达到一个更高的审美境界。由表及里，反心及物，我们才能进入一个更美丽的世界。

第三，发掘建筑景观的文化内涵。

这是建筑艺术审美的最高层次。面对一座或一组建筑我们已欣赏到了它显现在外的形式美，又寻到了形式与内容的完美结合，如果能进而开启自己的心灵，感受到它的情绪意境，进行相应的联想，形成相关情感活动，应该说这就基本上完成了对所观赏建筑景观的审美欣赏。

但由于建筑艺术的表现性和所传达情感的抽象性，它所创造的情绪意境也就会显得较为朦胧、深沉，不像一些再现性艺术表达的情感那么具体真切。但是，如果我们能站在更远处去统摄它，站在更高处去俯瞰它，或者说更深地再发掘一步，联系到建筑景观所处的时代的、民族的、地域的广域文化环境去认识它，就会发现这些朦胧的情感实际都有确凿的根据，它们都是所植根土壤的文化内涵的真切反映。这样，我们就进入了建筑艺术审美的最高层次。

这显然要求我们应该充实一些有关人类历史、文化史和建筑史的知识，实际上，一切有关整体文化环境的知识对于发掘建筑艺术的文化内涵都是有益的。同样的，关于建筑艺术文化内涵的发掘，对于我们加深对其他文化或艺术现象的理解也是有益的。其实，我们应该养成经常地这样比较学习和比较研究的习惯。

第四节　经典建筑景观赏析

在了解建筑景观背景知识和审美特点的基础上，本节将选取一些世界经典的建筑景观作为案例，对其进行鉴赏，以期对旅游者与建筑景观对话有所启发。

一、庭院深深深几许——民居建筑景观之北京四合院

建筑景观是沉默于天地宇宙间的恢宏化石，处处散发着迷人的光辉。住宅是历史上最早出现的建筑类型，也是最基本、最多的建筑景观类型。我国古代民居以其绚丽多彩的风姿和独特的民族风格，为世界建筑景观增添了一抹亮丽风景，具有很高的审美价值。许多远古民居建筑如今都不复存在了，而明清住宅中的北京四合院可堪民居建筑景观的代表。下文将以此为例，带领读者走近民居建筑景观。

在中国的古典诗词中，四合院庭院具备了多种诗境表达的条件，"深院"、"小院"、"垂门"、"闭门"、"回廊"、"轩窗"、"隔帘"，以及与这些相关的春夏秋冬、阴晴雨雪、午韵斜阳、树影苔痕等也构成了境界。因此，漫步北京四合院就像浏览一幅画，吟诵一首诗。

（一）北京四合院景观概况

四合院，是一种由四面房屋合起来而形成的一种内院式建筑。"四"是指东西南北四面，"合"是指合在一起，四面的房屋围合，形成一个"口"字形。自元代正式建都北京，大规模规划建设都城时起，四合院就与坊巷和胡同同时出现了。北京的四合院是华北地区明清住宅的典型。矮矮的房子、配着灰色的清水砖墙，黛色的瓦顶，首先给人以质朴、亲切的感受。

北京四合院一般大门向南，位于住宅东南。大门的形式有附门屋的，或没有屋的，一般大门辟于墙上，如附有门屋，常为一间，但依房主的地位也有三、五、七间的，七间的一般在亲王府第用。多间的大门形式也并非每间都有门，只有部分开启。门扇设在檐柱处一般叫做如意门，一般民居多用这种门。如意门门口场面多用砖雕装饰。门扇装在中柱缝的叫广亮大门，门扇上有门钉，上槛用门簪，抱框用石鼓门枕，还有适合主人地位的雕刻、绘画。无门屋的墙垣式门更低一级，也加有砖雕装饰。

大门正对的街侧设有影壁，如屏风一样独立，另外，大门两侧有的还有影壁（门墙）。进入大门，迎面仍然有影壁。影壁表面用清水砌水磨砖，加以线脚、雕花、福喜字、图案等装饰，影壁前有的还有石台、盆花装饰，尘嚣为之一扫。入门向左，就是前院。

前院与内院隔以院墙，前院外人可以到，而内院则没有主人相邀不能进入。前院一般比较浅，用作门房、客厅、客房；或者有墙角杂务小院。

中门常为垂花门形式，处于住宅中轴线上，形体比较华美精致，是全宅突出醒目的地方。所谓垂花门，指檐柱不落地，悬在中柱穿枋上，下端刻花瓣联珠等富丽木雕。

由垂花门入内，左右包绕庭院至正房的走廊称抄手廊，一般深一步或两步。简单的四合院仅分内外两院，内院由正房及耳房和两侧厢房组成，而其间数进深可大可小。大型的四合院则有多重院落。正房是长辈起居之处，厢房是晚辈起居之处。正房以北有时仍辟有小院，布置厨、贮藏、仆役住室等，称作后罩房。

无论多少进,主房(正房和厅)、垂花门必在中轴线上。大的住宅首先是纵深增加院落,再次横向发展,增加平行的几组纵轴和跨院,在厢房位置辟通道开门相通。跨院一般不对外开门。院落纵深可多至四、五进,垂花门位于第三进入口处。北京胡同南北相距只可容纳四、五进的纵深,大型宅第除进数多、跨院多之外,往往另辟地方种植花草,布置假山、池塘。四合院结构如图3.11所示。

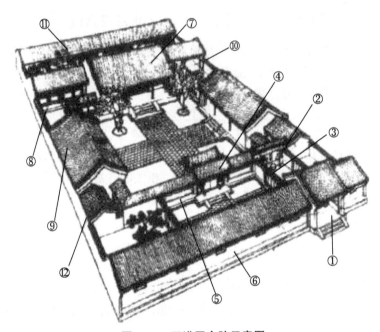

图 3.11　三进四合院示意图

① 大门　② 影壁　③ 屏门　④ 二门(垂花门)　⑤ 廊　⑥ 倒座房　⑦ 正房　⑧ 耳房　⑨ 厢房　⑩ 过厅　⑪ 后罩房　⑫ 盝顶(比厢房稍小一些)

资料来源:高巍:《四合院:砖瓦建成的北京文化》,学苑出版社,2003年版,第16页。

四合院都由房屋墙垣包围,环境是相对封闭的,面向内院,院内栽置花木或陈列盆景、鱼缸、鸟笼点缀其间,颇有诗情画意。

"众鸟欣有托,吾亦爱吾庐",人同此心,心同此理,在漂泊的人生之旅,四合院外面看不见里面,里面也看不见外面,与人无憾,与世无争,恬静而安详。

四合院的庭院面积一般较大,可以充分接受阳光。而且房屋是平房,各个房间通风日照较好。这种四合院防干扰、防噪音、防风沙,给人以宁静、安详的感觉。

在宁静的四合院中,美景四季常在。春天时弥漫着满院的春的气息,一树嫩红的花光闪烁在日影中,东西屋的廊子上因为院中较强的阳光照射,反而显得暗暗的;老槐荫屋,一院清凉,满耳蝉唱,这是四合院中最宜人的夏景;白云飘渺,红枣挂树,高入晴空,这是北京四合院中最寂寥的秋情;滴水成冰的冬季,四合院的小屋中炉火正红,家人好友,围炉夜话,冰冷的时光被细细碎碎的唠叨所温暖。

宁静的气氛,舒展的起居,宽敞的院落,从容的四时,大大小小的胡同……"雨中丛树万人家"、"斜阳却照深深院"的中国式的诗境,正是身居四合院的生活写照。

(二) 沉默的中国传统文化化石——四合院的文化品评

四合院作为时代文化的一种物质载体,已经成为一份宝贵的人类文化遗产。四合院的文化意象,无论在晨曦朝晖之中,还是在黄昏夕照之际,都让人神驰心撼。这美,千古长存,随着悠悠岁月而愈见其辉煌,而且总在不断地被创造出来,成为中华大地上的一种"歌吟"。

首先,四合院深刻体现了阴阳思想。其一,院子在形态上是由东西南北四方房舍相围合,外"实"内"虚"构成一对阴阳关系。其二,组合依据"门堂制度",在轴线主导下设计门屋和正堂,两侧再配两厢,"门堂"这一主一次又是一对阴阳关系,在等级上有严格讲求。东西厢的配置亦成第三对阴阳关系,以横轴线贯之。而在纵横轴线交织的院落关系之中,纵为主,横为次,形成第四对阴阳。四合院可说是单体简明、群体丰富、虚实并重的。实是建筑物,虚则是指组成建筑物的院,二者融为一体,反映出鲜明的中国文化特色。

其次,四合院产生于中国的封建时代,因此,镌刻着传统的中国文化精神和等级观念。院落四壁都有墙壁,外面的人看不到院里,院里的人也看不到外面,一家人的活动都在院墙之内,与外界相通的唯一渠道就是大门,而平时大门是紧闭的,因而四合院反映了中国古代传统的封闭式文化,即老子所说的"小国寡民,老死不相往来"。封闭式的住宅使四合院具有很强的私密性,关起门来自成天地;院内,四面房门都开向院落。

在前院设倒座,作为仆役住房、厨房和客房,后院则是堂屋和东西厢房。中轴线上的堂屋属最高等级,为长辈起居之处,供奉着"天、地、君、亲、师"的牌位。厢房则为晚辈住所,相互之间不可僭越,整个住宅具有严格的轴线对称格局,强调尊卑、父子、兄弟、男女、夫妇、长幼、内外有序,带有强烈的封建伦理色彩。四合院的建筑格局是中国传统文化的聚积和体现。

再次,四合院彰显着我国的民风、民俗和传统文化。院落中的门楼、门墩、照壁、花坊、房檐屋脊和门窗等处的装修、雕饰、彩绘也处处体现着民俗民风和传统文化,表现出人们对美好、幸福、吉祥的追求。如以蝙蝠、寿字组成的图案,寓意"福寿双全";以花瓶内安插月季花的图案寓意"四季平安";而嵌于门头上的吉祥语,附在抱柱上的楹联,以及悬挂在室内的书画佳作,更是集贤哲之古训,采古今之名句,或颂山川之美,或咏鸿鹄之志,风雅备至,充满浓郁的文化气息,犹如一座中国传统文化的殿堂。

总之,四合院建筑作为一种开在中华大地上的建筑奇葩,不仅蕴含着哲学的智慧与美学的沉思,其魅力更体现在文化的积淀上。

(三) 四合院的美学特征——斋廊依松经幢古,谁人能赋?

四合院不但以其历史和文化吸引着游人驻足欣赏,而且以其特有的形状、体态、质量和色彩,以及构成这些要素的无数点、线、面的有机组合,形成了独特的建筑之美,不留缺憾,富有灵气。

1. 统一与变化之美

传统的四合院,不是一座孤立的建筑,而是一组建筑。每个建筑群体与组成它的每个个体,以及个体与个体之间的局部关系当中,都充满了统一与变化的造型关系。就一座单体建筑——东厢房来说,它的南山墙是"介"字形,而后檐墙则多为长方形。这二者之间就存在着变化。但后檐墙再往北,又出现"介"字形的墙,它既与南面同样形状的山墙相统一，又与后檐墙长方形相区别，这种又统一又变化的墙体，构成了房屋的三个平面。再有像三进四合院建筑，倒座房院为长方形，正房院为正。后罩房院又是长方形，这种长、正、长的关系，与东厢房三面墙的关系一样，都体现了统一与变化的关系。变化，使建筑景观的形象丰富多彩，打破了沉闷、平淡的气氛；统一，舍去了一切不必要的变化，而使整体归于纯正，使四合院组群更加和谐、完美，这种变化与统一，体现了一种高标准、高境界。

2. 均衡美

一方面，四合院建筑带给人对称的均衡之美。受大一统观念的影响，北京四合院都有一条贯穿南北的中轴线。它的中心位置，为全院最高权力的象征。由于这条中轴线的存在，全院房屋均以此为中心，呈东西对称之势。比如，正房三间中以中间一间的中心部位为限，左右各一间，然后两侧再各一、两间耳房，东、西厢房……房屋的展开始终以左右对称的态势进行，体量轻重、形体构成方面也都一样，从而给人以均衡感。这种均衡带给人安宁、安全的感觉。另一方面，细细观赏就会发现，在四合院中也常常可以欣赏到不对称的均衡美。四合院通常在建筑整体与门、窗、柱廊等的细部、局部构件间通过虚实、比例关系等手段，在不对称中求得均衡。这种均衡使人获得松弛和愉快，感受到生动和自在的情趣。

3. 和谐之美

四合院环境的空间艺术，最妙之处就在于建筑与自然的和谐。这种美首先体现在院落之中。即使在小小的院落中，人们也要极力叠石成山，栽花种柳，并铺设小径，组织成大大小小、曲曲折折、错错落落、虚虚实实的自然空间，以形成"宛自天开"的自然环境，极尽亲近自然之事。人们在院落内，春来观花，夏来纳凉，秋来赏月，冬来踏雪，享四季之趣。此外，就建筑本身来说，其屋顶并不大张声势，它只是面对苍天，平面展开，引向现实的人世理想，不是去寻求一种强烈的刺激和崇拜，而是重在生活情调的熏陶和感染，从而无声地表白着自己平和的心态，谦逊地向大自然鞠着躬。

4. 韵律与节奏美

四合院的某些建筑常常有规律的重复或有节奏的变化，从而使四合院充满韵律之美。四合院的门窗、栏杆和檐部通过一种或几种建筑风格重复排列，产生连续的韵律美；在廊上的苏式彩画中，通过几何图案由深到浅形成"退晕"的渐变韵律美；在整座宅院中，一般分成不同的院落空间，房屋高高低低，正房由于其相对更大的比例形成建筑群体的中心。正房高于厢房，厢房高于耳房，宅门高于倒座，垂花门高于游廊，构成主次分明、尊卑有序的空间格局。无论从平面还是立面去考察，都会使人感受到一种高低参差、错落有致的节奏美感。此外，院落空间层次由阴到阳，由虚到实，也呈现出起伏的韵律之美。

此外，四合院的美还体现在色彩、比例、结构等方面。只要我们用心体会，慢慢品赏，就会感受到四合院音乐般的节奏美、诗一般的抒情美、画一般的意境美，从而为自己的心灵带来一场饕餮盛宴。

二、笼罩在基督光环下的华丽——德国科隆大教堂赏析

科隆大教堂位于德国科隆市中心，是德国最大的教堂，也是当时欧洲北部最大的教堂，与巴黎圣母院大教堂、罗马圣彼得大教堂并称为欧洲三大宗教建筑。它以轻盈、雅致

著称于世,是中世纪欧洲哥特式建筑的典范之作,堪称世界上最完美的哥特式教堂建筑之一。1996年被联合国教科文组织纳入《世界遗产名录》。

(一)修建源起

教堂是神的人间圣殿,因此,在基督教和基督教文化的笼罩之下,为取得圣地的尊荣,欧洲各国倾注了生命中极大的热情去营造他们灵魂的家园和信念的圣地。1164年,德意志帝国皇帝、科隆大主教莱纳德征战意大利米兰时,夺得一件珍贵的战利品——在耶稣诞生之际,赶到以色列伯利恒城的马圈,向基督献礼而闻名于世的东方三圣的遗骨。于是,科隆成为继西班牙的圣地亚图、意大利的罗马和德国的亚琛之后最有名的朝圣地。1238年,法国国王从拜占庭皇帝手中购得耶稣受难时戴的荆冠,于是巴黎成为科隆最强有力的竞争者。科隆主教不甘失去圣地的地位,于是,决定修建一座世界上最大、最完美的大教堂,来供奉这份遗骸。

阅读资料

科隆大教堂的背景文化

耶稣降生后,有几位博士从沙漠以东的远方来到耶路撒冷,说他们在东方见到了一颗异常明亮的新星,而这颗星代表新降生的犹太王,所以来朝拜,询问新生的犹太王在哪里。有人将消息报告了当时的犹太王希律。希律大吃一惊。因为有新王降生就意味着他的犹太王位的结束。于是希律把东方来的博士召来,询问他们发现新犹太王星的情况。然后打发他们到伯利恒去寻找新王,找到后向他报告以便去朝拜,实际是则想通过博士找到耶稣后除掉他。博士们离开了耶路撒冷,在那颗星的引导下来到耶稣出生的地方伯利恒。博士见到了耶稣和圣母,俯身拜见,并献上带来的黄金、乳香和没药三件礼物。在晚上天使托梦给博士,让他们不要回去报告希律。所以博士们绕道回东方,没有向希律报告。希律等了很长时间不见博士归来,发觉被骗。为了能杀掉新的犹太王,希律下令把伯利恒一带两岁以内的男孩全部杀光。幸运的是天使早就托梦给耶稣的父亲,指示耶稣和圣母逃到埃及,直到希律死去。基督教新教通用的《圣经》中称东方来朝拜耶稣的人为"博士",意思是有学问的聪明人。后来东方三博士有了专称"玛日"(Magi)。玛日原是波斯拜火教祭司的称呼,他们也研究天文星象等,有时也兼任部落的酋长或分封王。所以有些神学家把来朝拜耶稣的玛日称为王。《圣经》中未说从东方来朝圣的博士有几个人,神学家根据所献的礼物三件推断是三人,于是就有了"三王朝圣"的故事。公元8世纪,学者为三位博士起了名字,即加斯帕尔(Caspar)、默尔希敖(Melchior)、巴耳塔撒尔(Baltasar)。到了公元12世纪更有人将他们的"遗骸"从米兰迁到了科隆。因此就有了科隆大教堂。另外博士所献的三件礼品代表三个含义。黄金表示尊贵,承认耶稣为王。乳香表示圣洁,意耶稣为圣子。没药是止痛药,预示耶稣将受难。天主教将1月6日定为"三王朝圣节"。1248年当地的大主教决定为三王建大教堂。

（二）基督教文化的石头史书

科隆大教堂始建于1248年，1880年10月15日竣工，632年的时光造就了这座德国最大的教堂，也是当时世界上最高的建筑。它东西长144.55米，南北宽86.25米，建筑面积达7914平方米，大过一个足球场的面积。主体部分有135米高，大门两边的两座尖塔高达157.38米，与今天的钢筋水泥建成的40层高楼大厦相仿，像两把锋利的宝剑，直插云霄。在科隆老城的任何一个角落，都可以看到他那双峰插云般的身影。在月光中，蓝蓝的天空光洁如镜，只有两条细长的影子映在上面，如同人间与天堂之间仅有的通道，又似人类在祈祷的一双手臂。教堂的四周还有许多小尖塔。整座大教堂全部由磨光的石块建成，整个工程共用去40万吨石材，加工后的构件总重16万吨，并且每个构件都十分精确。建筑耗资6682万银塔勒，相当于125亿欧元。教堂的钟楼上装有5座吊钟，最重的圣彼得钟，重24吨。敲响巨钟，声音悠远而绵长，久久回荡在科隆上空，如同城市的魂魄。登上钟楼，可眺望莱茵河的美丽风光和整个科隆市容。

大教堂内分为5个礼拜堂，中央大礼拜堂穹顶高达43.35米，中厅跨度为15.5米，各堂排有整齐的木制席位，圣职人员的座位有104个。教堂内部装饰十分讲究。教堂四壁上方是狭长的玻璃窗，窗子用多种彩色玻璃镶嵌出不同的圣经故事，色彩绚丽，人物栩栩如生，面积约1万平方米，是教堂的一道独特的风景。教堂内有以圣母玛丽亚和耶稣的故事为题材的石刻浮雕，使厅堂分外肃穆。唱诗班回廊的宗教画，是15世纪早期科隆画派杰出画家斯蒂芬·洛赫纳的作品。教堂内的木雕《十字架上的基督》作为哥特艺术的先导对后世的雕刻产生了重大影响，木雕真实而感人，表现得不是一个庄严的神王，而是一个真正的受难者的形象：耶稣消瘦的面容表现出经过挣扎之后，他的生命濒于衰竭；胸肌和腹部下垂的沉重之感，更强调了悬钉在十字架上的难以忍受的痛苦。这一杰作也由于科隆大教堂的幸存而传世。

科隆大教堂里收藏着许多珍贵的艺术品和文物。其中包括成千上万张当时大教堂的设计图纸，成为研究中世纪建筑艺术和装饰艺术的宝贵资料。从东方前往伯利恒朝拜初生耶稣的"东方三圣王"的遗骸，保存一个巨大的金匣里，安放在圣坛上。这里还有最古的巨型圣经、比真人还大的耶稣受难十字架以及教堂内外无数的精美石雕。一些珍贵文物现保存在一个金神龛内，此金神龛被认为是中世纪金饰艺术代表作之一。

白天，科隆大教堂就像一个无处不在的君王，俯视着领地的一举一动。夜晚，它就像一盏巨大的玻璃灯笼，映照着莱茵河水呜咽西去。历经雪雨风霜，科隆大教堂的霸气不仅未因岁月的流逝而稍减，反而愈发风姿卓绝，充满力量，即便在世界末日般的第二次世界大战中，75万人的科隆仅仅剩下了4万人，90%的建筑被炮火化为一片瓦砾，而这座莱茵河边的通天之塔在被击中14发炮弹后依然屹立不倒。20世纪末泛酸的空气正无情地侵蚀每一块斑驳的石头，1999年起，大教堂拟进行新一轮的修葺，以保持大教堂的建筑特色，并对内部艺术陈设进行文物保护和管理，预算达1720万马克。作为信仰象征和新欧洲中部文化传统统一见证的科隆大教堂必能更好地被保存下来。

科隆大教堂如同一株上帝之树，它腾空而起……把上帝的光荣，向周围的人们述说，默默地传递着上帝的教诲，充分发挥着基督教的力量。

（三）科隆大教堂之美——笼罩在基督光环下的美丽

科隆大教堂是建筑与艺术水乳交融的结晶，是建筑景观中的一座不朽丰碑。它通过垂直上升的线条、具有图案美的立面、巨大的体量、石头的材质、狭长高耸的空间等建筑语言，无声地宣泄着震撼人心的教堂之美。

1. 教堂的形式美

科隆教堂作为哥特式建筑中的典范，在形式美方面取得了巨大的成就。首先，在外部造型上，最具代表性的便是它的尖肋拱顶、飞扶壁等以及其依附的雕塑。整座教堂被轻灵的垂直线贯穿着，线条简洁，立面多采用了相交成角尖的斜线，形成了尖拱、飞扶壁、尖肋拱顶等教堂骨架，如凌空的飞扶壁，全部都采用向上竖起线条的墩柱，并与尖塔相配合，使整个建筑如拔地而起的尖笋。在上述建筑形体基础之上，科隆教堂总体风格特点是空灵、纤瘦、高耸入云、尖峭，气势宏伟，具有强烈的向上的动势，有如冲破天罗地网的雄鹰。教堂高157米，需要仰头才能看清它的外表，就在仰头间，整个教堂肌理坚、硬、冷，又包裹着华丽、奢侈，是坚硬的华丽，铺展在眼前，给人很诡异、震撼、不由自主被吸引的强烈感觉。教堂外部的雕刻，鬼斧神工、繁复缠绵，个性鲜明。其次，在内部空间上，科隆教堂内部空间高而窄，中厅高达48米，结构全部裸露，成束的细柱在中厅拔地而起，直达尖尖的拱顶，内部的扶壁与尖拱，给人以轻盈、灵巧和宽敞的感觉，举目仰望，就会产生与建筑本身一起向上的腾空感。高而尖的侧窗，细而长，垂直向上的尺度引领人们直达天国的方向，给人以力量、稳定和刚强之感。

总之，科隆大教堂充满了壮丽之美，观赏它体验到的是一种神秘的超凡力量，观赏者心中不由充满敬畏甚至恐惧，愈加感觉到人性的渺小和神的伟大，对天国的向往愈益强烈。

2. 教堂的色彩美

科隆大教堂的色彩既有丰富的视觉效果，也具有鲜明的情感色彩，是观赏者视觉中最活跃的表现因素，给人以强烈的建筑景观的色彩美感。科隆大教堂外部以冷色——黑色为主调，内部则有上万平米的彩绘玻璃窗。花窗上面的圣经故事栩栩如生，颜色则主要是红、蓝等色彩缤纷的暖色。教堂内外色彩的这种强烈的冷暖对比，更深刻地体现出天堂的美好和人间的冷漠。在这样的环境里，一种积极向善、化解仇恨与痛苦的愿望在人们的心中油然而生。在阳光灿烂明媚的日子，光线具有强烈的色彩，在红、蓝色的主调中，光线从花窗不同方向涌进教堂，柔和地漫射着非尘世若隐若现的光辉，产生出动人的色彩效果，柔和而绚烂，斑斑驳驳，如同神启进入信徒的心灵，给人一种温暖、舒适又神秘的感觉。虔诚的信徒们往往会产生一种幻觉，仿佛整个身心都沐浴在天堂的神光之中。

此外，科隆大教堂准确地运用色彩的象征意义从而使教堂的内涵与形式高度和谐统一，给人很强的心理效应和情绪感染。如教堂花窗玻璃以红、蓝色调为主，红色象征着耶稣基督为拯救世人所流的宝血，蓝色象征着美好的天国。教堂外部的黑色则寓意教堂的神秘、庄重、严肃。这都是科隆大教堂色彩心理倾向与内容相和谐统一的重要表现。

3. 教堂的韵律美

科隆大教堂的各建筑形式要素常常是有秩序的变化，高低起伏，婉转悠扬，富于变化美与动态美，表现出强烈的建筑韵律美。这些美表现为连续韵律、渐变韵律、起伏韵律和交错韵律等多种形式。教堂外墙装饰中建立起许多爽朗、明确而持续的韵律,像墙面格间垂直线条的重复,以鲜明的休止所突出的塔尖和山墙边缘的卷叶浮雕装饰,形成连续韵律。教堂中央部分不断重复同一形式的尖拱拱肋结构,大厅用两列石柱一分为三,一主体加两回廊。两回廊,是形状相同的重复,亦是连续韵律。教堂立面1万余座精雕细刻的尖塔与拱券交错使用,层层叠叠而上,攀升到教堂最高处则是连砌在一起的高161米的双尖塔,按照这个层次和它们的高低错落,我们可以清晰地看到一出华丽的交错韵律乐章。而教堂立面万余座尖塔运用相似的形状,体量大小有规律的发生变化,形成渐变韵律,使观赏者感到既和谐统一又富于变化。总之,科隆大教堂表现出来的建造韵律美单从艺术角度上看是近乎完美的。

此外,科隆教堂的主立面的多样与统一的和谐之美、各建筑部分的比例与尺度美、建筑形象的对称与均衡美以及教堂与雕塑、彩色花窗形成的综合环境氛围美都带给观赏者赏心悦目、美轮美奂的感觉。然而,此过程需要观赏者放慢脚步,忘记世俗的羁绊,与大教堂说说话,才能听到大教堂的低吟浅唱。

三、方山之宅,溪流音乐——流水别墅赏析

流水别墅(falling water)是现代建筑景观的杰作之一,它位于美国宾夕法尼亚州匹兹堡市郊区的熊溪河畔,由美国设计师赖特(Frank Lloyd Wright)设计。别墅主人为匹兹堡百货公司老板、德国移民考夫曼,故又称考夫曼住宅。

(一)流水别墅建筑背景与概况

1934年,德裔富商考夫曼在匹兹堡市东南郊的熊跑溪买下一片地产。那里远离公路,高崖林立,草木繁盛,溪流潺潺。考夫曼把著名建筑师赖特请来考察,请他设计一座周末别墅。赖特凭借特有的职业敏感,知道自己最难得的机遇到来了。他说熊跑溪的基址给他留下了难忘的印象,尤其是那条涓涓溪水。他要把别墅与流水的音乐感结合起来,并急切地索要一份标有每一块大石头和直径6英寸以上树木的地形图。图纸第二年3月就送来了,但是直到8月,他仍在冥思苦想,赖特在耐心地等待灵感到来的那一瞬间。终于,在9月的一天,赖特急速地在地形图上勾画了第一张草图,别墅已经在赖特脑中孕育而出。他描述这个别墅是"在山溪旁的一个峭壁的延伸,生存空间靠着几层平台而凌空在溪水之上——一位珍爱着这个地方的人就在这平台上,他沉浸于瀑布的响声,享受着生活的乐趣。"故他将此别墅命名为"流水"。

别墅共三层,面积约380平方米,以二层(主入口层)的起居室为中心,其余房间向左右铺展开来,别墅外形强调块体组合,使建筑带有明显的雕塑感。两层巨大的平台高低错落,一层平台向左右延伸,二层平台向前方挑出,几片高耸的片状石墙交错着插在平台之间,很有力度。溪水由平台下怡然流出,建筑与溪水、山石、树木自然地结合在一起,如同由地下生长出来一般(如图3.12所示)。

(二)流水别墅之美

1963年,赖特去世后的第四年,埃德加·考夫曼决定将别墅献给当地政府,永远供人参观。交接仪式上,考夫曼的致辞是对赖特这一杰作的感人的总结。他说:"流水别墅的

图 3.12　流水别墅

资料来源:http://baike.baidu.com/view/14754.htm,2012-08-17。

美依然像它所配合的自然那样新鲜,它曾是一所绝妙的栖身之处,但又不仅如此,它是一件艺术品,超越了一般含义,住宅和基地在一起构成了一个人类所希望的与自然结合、对等和融合的形象。这是一件人类为自身所作的作品,不是一个人为另一个人所作的,由于这样一种强烈的含义,它是一笔公众的财富,而不是私人拥有的珍品。"它的美,来自天籁,来自艺术,来自心灵。

1. 形式与韵律之美

流水别墅背靠陡崖,生长在小瀑布之上的巨石之间,实现了"方山之宅"(house on the mesa)的梦想。流水别墅的外形采用了两层凌空悬挑的大平台。悬空的大平台以扁平的形体左出右进,宽窄厚薄长短各不相同,参差穿插着,前后掩映,高低错落。它们好像从别墅中争先恐后地跃出,悬浮在瀑布之上。而外观上不受拘束的一道道白色横墙挑石和几条竖向暗色而粗犷的石墙组成了一个纵横交错的格局,既给人一种灵活而稳重的动感,又与周围的山石结合在一起,那些错动欲飞的青黄色挑台,又因两片高耸的片石墙从后面向前挺伸着,而使人看过去像是那些挑台被紧紧地钉在山谷里峥嵘的岩石之上,密密地契合在一起。那些交叉、重叠像是风格派的几何平面。在最下面一层,也是最大和最令人心惊胆战的大阳台上有一个楼梯口,从这里拾级而下,正好接临在小瀑布的上方,溪水从挑台下面怡然跃出,"叮叮咚咚"奏着欢快的歌曲,与建筑物的静默形成了鲜明的对比,又恰恰使得整个建筑物与周围的大自然巧妙地结合在一起。平滑方正的大阳台与纵向的粗石砌成的厚墙穿插交错,宛如蒙德里安高度抽象的绘画作品,在复杂微妙的变化中达到一种诗意的视觉平衡。主要的一层几乎是一个完整的大房间,通过空间处理而形成相互流通的各种从属空间,并且有楼梯与下面的水池相连。正面在窗台与天棚之间,是一金属窗框的大玻璃,虚实对比十分强烈。整个构思是大胆的,成为无与伦比的世界最著名的现代建筑。室内也保持了天然野趣,一些被保留下来的岩石好像是从地面下破土而出,成为壁炉前的天然装饰,一览无余的带形窗使室内与四周浓密的树林相互交融。自然的音容从别墅的每一个角落渗透进来,那些悬挑的大阳台是别墅的高潮。别墅又好像是从溪流之上滋生出来的,这一戏剧化的奇妙构想是赖特的浪漫主义宣言。

2. 材质之美

在材料的使用上，流水别墅也是非常具有象征性的。所有的支柱，都是粗犷的岩石。岩石的水平性与支柱的直性，产生一种明的对抗。所有混凝土的水平构件，看来有如贯穿空间，飞腾跃起，赋予了建筑最高的动感与张力。例外的是地坪使用的岩石，似乎出奇的沉重，尤以悬挑的阳台为最。然而当你站在人工石面阳台上，而为自然石面的壁支柱所包围时，或许你会对内部空间有更深一层的体会。因为室内空间透过巨大的水平阳台而延伸，衔接了巨大的室外空间——崖隙。由起居室通到下方溪流的楼梯，将建筑、人、自然完美地连接在一起，关联着建筑与大地，是内、外部空间不可缺少的媒介，且总会使人们禁不住地一再流连其间。

3. 光影之美

流水别墅的建筑造型和内部空间达到了伟大艺术品的沉稳、坚定的效果，光影之美近乎完美。不同凡响的室内使人犹如进入一个梦境，通往巨大的起居室，必然先通一段狭小而昏暗的有顶盖的门廊，然后进入反方向上的主楼梯穿过那些粗犷而透孔的石壁。右手边是直交通的空间，而左手便可进入起居室的二层踏步。赖特对自然光线的巧妙掌握，使内部空间仿佛充满了盎然生机。光线流动于起居室的东、南、西三侧，最明亮的部分光线从天窗泻下，一直通往建筑物下方溪流崖隙的楼梯；东、西、北侧几呈围合状的侧室，则相形之下较为暗，岩石下的地板上隐约出现它们的倒影，流布在起居室空间之中；从北侧及山崖反射进来的光线和反射在楼梯的光线显得朦胧柔美。在心理上，这个起居室空间的气氛，随着光线的明度变化，而显现多样的风采。

4. 意境之美

流水别墅坐落于山石之间，背靠山石，底临瀑布，建筑掩映于山水之间，溪水自建筑下缓缓流过，建筑成为四周环境的四季流转的一部分，营造出一种悠远、含蓄的意境，表现出了极强的自然融合性。出挑的平台能使得观赏的人可以将四周景色尽纳眼底，似乎树木、山石都触手可及，居于流水别墅实现了真正意义上的"诗意的栖居"。

流水别墅与自然交融，与环境契合，与山水结合为"绝顶人造景物与幽雅天然景色的完美平衡"，是真正打动观者心灵的现代建筑景观。

思考与练习

1. 建筑美是如何产生的？
2. 建筑景观有哪些审美特性？结合具体建筑景观，谈谈你的理解。
3. 结合具体建筑景观，谈谈你对建筑艺术的语言的理解。
4. 举例说明中国古代建筑景观的主要特征。
5. 简要说明西方建筑风格的发展与艺术特征的变化。
6. 以中国的故宫和法国的凡尔赛宫为例，简要说明中西方古典建筑景观风格的不同。
7. 应怎样培养并提高建筑景观审美能力？

第四章

园林景观文化赏析

【学习目标】

了解世界古典园林的三大体系及其内涵,掌握中国古典园林的特点、分类、景致及美学表现与特征,明晰中国古典园林的游赏之道。学习西方古典园林的发展演变、主要流派及其特征,理解西方园林的艺术特色、文化内涵及其美学特征,提升园林景观赏析能力。

1. 了解园林景观的内涵和世界园林景观的三大体系。
2. 学习中国古典园林的类型与特征,明确中国古典园林的主要构景要素。
3. 理解中国古典园林的形式美、意境美及构景美。
4. 分析西方古典园林的主要流派的发展演变,及不同流派园林的风格特征。
5. 学会赏析西方古典园林,解释西方园林的艺术特色及其所蕴含的文化内涵。

园林是"人化的自然,自然的人化",蕴含着人对自然的理解和诠释,写满了世人对美的种种见解与领悟,蕴含着人对自然的理解和诠释,镌刻着特定时期、特定民族的社会、经济、文化和民族精神的印迹。东方园林追求"虽由人做,宛自天开"的天人合一的造园准则,以自然山水园为主。西方园林追求理性至上的造园原则,形成了几何式规则园林。如果说西方园林是一首明朗欢快的交响乐,东方园林则是一首委婉细腻的抒情曲,二者各有千秋,同为融多种艺术于一体的高品位旅游吸引物。

园林寄寓着造园家对自然和艺术的感受与理解,渗透着他们的智慧与情感。因此,欣赏这些风景艺术的精品,同样需要知识、修养,甚或灵感。否则,便无法体悟到景观中所蕴藏的匠心和智慧。因此,游览园林,要先知园,后游园,再品园。

第一节　园林景观概况

古今中外,园林的表现形式不同,文化内涵各异,形成了不同的园林体系,但是它们在本质上却又有许多相同之处。

一、园林景观的内涵

1. 园林的内涵

园林的性质、规模虽然不完全一样,但都具有一个共同的特点:即它是在一定的地域空间运用工程技术和艺术手段,通过改造地形,筑山、叠石、理水、种植树木花草、营造建筑和布置园路等途径创作而成的,富于情趣且包含艺术意境美的艺术实体和游憩境域。时至今日,园林的内涵更加丰富,除了一般意义上的古典园林,还包括现代城市公园、各类建筑庭院等,但从旅游观赏来看,古典园林仍是重点,故本章对园林的介绍亦偏重于此。

园林的结构主要由树木、山水和建筑三项要素构成。而且三个要素呈有机的组合状态,构成完整的缺一不可的空间艺术境界。

2. 园林的名称

园林,在中国古籍里根据不同的性质也称作囿、苑(皇家)、园、园亭(私人)、庭园、园池、山池、池馆、别业、山庄等,欧美等国家则称之为Garden、Park、Landscape Garden。它们的性质、规模虽不完全一样,但都具有一个共同的特点:在一定的地段范围内,利用并改造天然山水地貌或者人为地开辟山水地貌,结合植物的栽植和建筑的布置,从而构成一个供人们观赏、游憩、居住的环境。

园林景观是特定时期人们的审美观念、社会的科学技术水平等的产物,它更多地凝聚了当时当地人们对正在或未来生存空间的一种向往。在当代,园林选址已不拘泥于名山大川、深宅大府,而广泛建置于街头、交通枢纽、住宅区、工业区以及大型建筑的屋顶,使用的材料也从传统的建筑用材与植物扩展到了水体、灯光、音响等综合性的技术手段。然而,园林风格不管如何变化,都蕴含着人与自然交流的体验与智慧。

二、世界古典园林三大体系

基于不同的审美情趣、审美理想及对自然与人类关系的认识,18世纪以前,世界各国几乎都修建了风格多样的园林,主要形成了东方园林、西亚园林和欧洲园林三大体系。这三大园林体系有着各自的风格特色。

1. 东方园林——自然式园林

东方园林以中国为代表,对日本、韩国、朝鲜及东南亚地区影响深远。东方园林以自然式园林为主,以"虽有人作,宛自天开"为艺术原则,熔传统建筑、文学、书画、雕刻和工艺等艺术于一炉,在世界园林史上独树一帜。它以含蓄、内秀、淡泊、守拙为美,追求一种清静无为、天人合一的哲学意蕴,体现出一种和谐、融洽的天人关系。园林的布局形式以自由、变化、曲折为特点,要求景物源于自然,又高于自然,使人工美和自然美融为一体。总之,东方园林重在"意",求"言有尽而意无穷"。

2. 西亚园林——规则式园林

西亚园林以古巴比伦、埃及、波斯等为代表,其主要特色是花园与交通。西亚的造园活动是从古波斯(今伊朗)开始的,后来影响到所有伊斯兰教地区,也是西方园林的源头。西亚与北非气候干燥,干旱和沙漠的环境使人们只能在自己的庭园里经营一小块绿洲。在他们的心目中,清澈的流水和片片绿荫显得弥足珍贵,他们认为"天国乐园"(伊甸园)就是一个美丽的大花园,里面有潺潺流水,绿树鲜花,天籁般的音乐在伊甸园里流淌。因此阿拉伯人习惯用篱或墙围成方直平面的庭园,便于把自然和人为的界限划清。园内布置成"田"字形,用纵横轴线分作四区,并将轴线建为十字林荫路,交叉处设中心水池,以象征天堂。后来水的作用又得到不断的发挥,由单一的中心水池,演变为各种明渠暗沟与喷泉,并相互联系。这种水法的运用,后来又深刻地影响了欧洲各国的园林。

3. 欧洲园林——规则式园林

欧洲园林以波斯(西亚)园林为滥觞,以"人是自然的中心,大自然必须按照人的意志中的秩序、规则、条理、模式来排列"为设计理念。因此,欧洲园林中的建筑、草坪、树木无不讲究完整性和逻辑性,它们以几何形的组合达到数的和谐与完美。西方园林讲求的是一览无余,追求图案的美,人工的美,改造的美和征服的美,是一种供多数人享乐的"众乐园"。与东方园林的写意、感性相比,西方园林更多的是写实的、理性的。

在上述三种造园体系中,西亚园林的辉煌时间较短,对后世的影响较小,故存而不论。东方园林和欧洲园林对世界的影响较大,以下将着重对这两类园林景观进行探讨。

第二节　中国古典园林及鉴赏

中国古典园林有着悠久的历史,渊远而流长。几千年来,许多伟大的文学家、艺术家和能工巧匠在这块园地上耕耘,将中国的哲学、文学、艺术和建筑融汇为一体,创造了充满诗情画意的园林风格,对世界园林艺术影响深远,是世界公认的艺术瑰宝。

与其他景观相比,中国古典园林是一种综合艺术融合体,既有山水林泉的天然之趣,又荟萃了中国诗书画等传统文化,文化内涵深刻,意境优美,有着丰富的人文景观。人们在游赏风景园林时,既能得到身心的休憩和愉情悦性,更可获取文化和精神的食粮。可以说,观赏中国古典园林是一种高层次的生活与艺术享受。

因此,中国古典园林给人的审美感受也是多元的。欣赏中国古典园林,仿佛浏览一幅立体的画,好像触摸一类有形的诗……可以为欣赏者带来美感无限。中国古典园林洋溢着中华民族对自然的热爱和无限留恋,在中国近五千年的历史文明里,留下了它深深的履痕。

一、中国古典园林的起源和发展

中国古典园林,从孕育、形成到发展已有三千年的历史。在这个历史的长河中,中国园林伴随着时代的政治、经济、思想、文化脉搏而变化。中国园林孕育于社会动荡的先秦。由魏晋至盛唐,社会趋于稳定,中国园林初具特色,形成了中华民族独特的"中国山水园",盛唐之后,天下大乱,至宋,商业经济有了很大发展,社会造园之风大盛,从宋代至明清是中国园林发展时期,达到鼎盛。

1. 先秦萌芽期

在中国,造园史由来已久,早在商周时期就已经开始了造园活动。在先秦诸子,"大象无形"园林中除了人工建成的以资观景和游乐的"台"之外,并没有其他宫殿建筑。园多选在景色优美之处,并养殖野生草木鸟兽及可猎取的各种动物,供帝王和贵族们狩猎之用。此时,只有君王才具有拥有建园的权力。在甲骨文中出现的"园、囿、圃"等字,都是园林的雏形。

2. 秦汉形成期

秦始皇统一中国后,大兴土木,"离宫别馆,弥山跨谷",以上林苑最为著名。到西汉时,出现了新的园林形式——苑,宫殿建筑与苑囿组合成一体,称为宫苑。汉武帝修复了秦时的上林苑,以天堂神仙境界为基本格调,在苑中建造了太液池,池中堆蓬莱、方丈、瀛洲三座神山,植奇花异草,自然成趣,以模拟东海的神仙境界。这种"一池三山"的形式,成为后世宫苑中池山之筑的范例。在帝王大兴土木建筑园林的同时,王公贵族等也兴起了建造私家园林之风。

3. 魏晋南北朝发展、转折期

魏晋南北朝是中国园林发展过程中的重要转折阶段,自然美成为核心美学思想,园林由模拟山水发展到艺术的再现自然山水之美,园林功能基本转向游赏目的地,注重追求再现山水,犹若自然。

魏晋南北朝历三个世纪之久,战争频繁,社会动荡,而魏晋名士虽有"治国平天下"的鸿鹄之志,却无力改变社会事实。于是,他们高逸遁世,身居闹市却向往山野之趣,崇尚清谈。此外,佛教的传入,进一步推动了崇尚自然的观念,使园林转向了崇尚自然,自然美成为核心美学思想。此时的园林大都扬弃了秦汉时期以宫室建筑为中心的造园风气,转而艺术的再现自然山水之美,私家园林开始由写实向写意转变。此外,南北朝时期战乱频繁,思想活跃,为宗教的传播创造了条件。中国本土的道教及从印度传入的佛教,由于统治者的扶持,盛行一时,寺观园林应运而生,从"南朝四百八十寺,多少楼台烟雨中"的诗句即可窥寺观园林兴盛之势之一斑。

这一阶段基本奠定了中国古典园林三大类型并列发展的基础。

4. 唐宋成熟期

隋唐时期国家统一、国力强盛,为造园活动提供了雄厚的物质基础,而且山水诗、山水画的盛行给造园构思和技巧以有益启迪,写意性山水园林的发展进入了成熟时期。

隋唐时期,皇家园林不仅规模宏大,而且总体布局和局部设计也表现出"皇家气派":层次严整,在统一中求变化,展现恢弘气魄和灿烂光彩。著名的皇家园林有大明宫、兴庆宫、华清宫。华清宫是唐代皇家园林的代表,借骊山之势营造出"长安回望绣成堆,山顶千门次第开"的皇家气势。私家园林着意于刻画园林景物的典型性格以及局部的艺术处理,并且诗文、绘画、园林三个艺术门类已有互相渗透的迹象,艺术性较前一阶段有所升华。这一阶段造园之风更盛,名园别墅很多,例如王维建于蓝田的"辋川别业",白居易的"庐山草堂"等,都是在自然风景中选地而建、借四周景色稍作加工而成,是既富自然之趣、又有诗情画意的自然园林。佛教、道教在唐代普遍兴盛,寺观园林获得长足发展,形成了各自的特色。道观园林"山河扶绣户,日月近雕梁",寺庙园林"疏钟清月殿,幽梵静花台",园林艺术境界空灵、淡远,但又具有明净、流动和静谧的气韵。

宋代文化艺术颇为繁荣,在园林艺术追求上,不求形似,而着眼于写意传神,全面表现出中国园林艺术的风格特征,成为后世的典范,在叠山、理水、植物配置等方面取得很大成就,预示着鼎盛期的到来。两宋时期,皇家园林出现了接近私家园林的倾向,这反映出两宋政治和文化一定程度的开明与宽容。以宋徽宗所建"寿山艮岳"为代表的皇家园林,规模宏大,造型奇特,布局合理,叠石堆山的造园技巧达到了一个新的高度。南宋在临安的西湖及近郊一带,园林数以百计,在绿阴丛中到处隐现着数不清的楼、台、亭、榭,展示出"古今难画亦难诗"的园林艺术佳景,最富诗情画意的"西湖十景"从南宋流传至今。

宋代重文,重视绘画艺术,诗画艺术影响私家园林的总体规划和艺术创作,具有简远、疏朗、雅致、天然的特点。两宋佛教禅宗兴盛,禅宗与儒道结合,寺观园林更多地发挥了城市公共园林的职能。

5. 明清鼎盛期

明清时期,社会稳定,经济繁荣,中国古典美学理论逐渐成熟,为中国古典园林的总结作了准备。古典园林进入了全盛时期,皇家园林、私家园林和寺观园林达到了历史的巅峰。园林无论在数量、规模或类型方面都达到了空前的水平。

皇家园林在总体布局、园林建筑选址等方面,吸取历代之精华,兼收南北之所长,多与离宫相结合,规模巨大,景点丰富,建筑宏伟,色彩丰富,在立意、借景、建筑、叠山理水方面达到了令人叹服的地步,把中国园林艺术发展到一个登峰造极的阶段。被誉为"万园之园"的圆明园,不仅继承和集中了中国古典园林艺术的精华,还大胆地汲取了西方造园艺术的要素,成为融汇中西的辉煌典范之作。

明清时代,私家造园之风也极为兴盛,营造了大量富有山林趣味的私家园林,形成江南、北方、岭南三大地方风格鼎立的局面。扬州的个园,苏州的拙政园、留园、网师园、狮子园等园林托物言志,小中见大,充满诗情画意。

至清末,因外来侵略,社会动荡,经济衰败,中国古典园林由盛转衰。然而,中国的造园手法传到西方后,却引起了一股中国园林热。中国古典园林为世界文化遗产宝库增添了一颗璀璨夺目的东方文明之珠。

二、中国古典园林的分类

在中国园林发展过程中,因政治、经济、地理、文化、气候等因素的差异,形成了众多特色独具的园林。从地域上看,大致可分为北方园林、江南园林、岭南园林和巴蜀园林四类。根据权属关系,古典园林主要可以分为皇家园林、私家园林和寺观园林,风格互有不同。

皇家园林又名苑囿、宫苑,为皇家所建,是供帝王居住、活动和享乐的园林。现存者以北京一带最集中,如故宫御花园、颐和园、承德避暑山庄等。此类园林规模宏大,气势壮观;建筑形式多样,庄重华贵,富丽堂皇。建筑物色彩以红、黄为主,富丽、浓重。建筑厚重有余,空灵委婉不足;空间布局复杂、严整,构图严谨,立意鲜明。

私家园林,主要是王公贵族、官吏富商、文人学士,在府宅附近辟地建造供自家居住和享用的园林,分布以江南之地为多,尤其苏州、扬州、无锡一带更为集中。私家园林,规模较小,秀丽典雅,玲珑雅致,布局灵活,营造精巧,讲究细部处理和内部陈设;因私家园林的主人多为文人雅士,园林风格以清高风雅、淡素脱俗为最高追求,充溢着浓郁的书卷气和空灵玄远的格调;注重构图,山水为主,建筑点缀,色彩淡雅,黛瓦粉墙,与青山绿水相映成趣,营造出园林主人追求宁静的心态。

寺观园林,是在佛教寺庙、道教宫观等宗教场所附设的园林,是宗教建筑与园林相结合的产物。寺观园林布局取宁静清雅所在,层叠曲折,曲径通幽,意境淡雅悠远;寺观园林多建于深山,依山就势,构图独特,幽邃掩映;寺观园林多不饰色彩,朴实无华,与自然环境融为一体。

三、中国古典园林之景——浓妆淡抹总相宜

中国古典园林景色美不胜收,游园者满目花影烟树,碧水回环,峰秀耸翠,亭阁翼然,目不暇接。然而这些美丽的风景无外乎三类要素:山水、花木及建筑。它们各有自己的艺术特征和欣赏规则。

古典园林是自然美和艺术美的结合体,山水、花木、建筑堪称造园的三要素。这三要素并非各自孤立的存在于园林空间,而是融合为一体,彼此依托,相辅相成构成一种完美的园林艺术空间。同时,它们都有独特的个性,可作为独立的欣赏对象。

(一) 风情万种的山容水态

山水,包括园林中的假山、峰石及各种形式的溪流、小池、清泉、碧湖等。如明朝万历年间的文士邹迪光所言,任何园林无论园中亭台花树如何精巧美丽,但奠定一园之胜者,唯山、水二物。

山是园林的骨架,有了山才能"绿影一堆"。园林中的山景,有真山和人工堆叠之假山。极少数大型园林可纳真山入园,而多数园林还是靠堆叠假山来营造苍郁的山林气氛。园林中假山的堆叠,以大自然为师,是真山艺术性的再现。

园林造山,用土为堆,用石为叠,采用堆山叠石相结合的手法,灵活多样地进行园林空间布置。江南园林大都是堆山与叠石相结合,自然成趣。自然界的石头种类繁多,造园常用的有湖石、黄石、宣石、灵璧石、虎皮石等种类,尤以前两种为主。湖石的形体玲珑剔透,

观赏用它堆叠的假山,会令观者情思绵绵,遐想无限;黄石则棱角分明,质地浑厚刚毅,观赏用它堆叠的假山,嵯峨棱层,峰峦起伏,给人的感觉是朴实苍润。

假山大体上分为两大类型:一是写意假山,一是象形假山。写意假山,是取真山的山姿山容、气势风韵,经过艺术概括、提炼,再现在园林里,以小山之形传大山之神。观赏这类以某种真山的意境创作而成的山体,会给人一种亲切感,欣赏者要展开丰富想象,细细品味。如扬州个园的假山别出心裁:笋石配以翠竹,湖石假山用玉兰、梧桐掩映,黄石假山由松柏、枫树衬托,宣石假山用腊梅陪衬,构成春、夏、秋、冬四季景色。特别是秋山,坐落于园林的东北角,每当夕阳西照,景色格外迷人。象形假山,是模仿自然界生物的形体动作而堆叠起来的景观。如苏州留园的鹰犬斗假山(图4.1),仿佛一只机智的雄鹰,故意戏弄憨态可掬的小狗,活灵活现,趣意盎然。

图 4.1　留园鹰犬斗假山

资料来源:http://zzw83025482.blog.163.com/blog/static/13406121620112954647424/,2011-3-9。

"石为山之骨,泉为山之血。无骨则柔不能立,无血则枯不得生。"因而,可以说,水是中国园林景观的灵魂。园林中的水,一般分为动、静两种形态。多数园林水景以静态为主。观赏静态水,可体会寂静深远的意境。颐和园昆明湖的水面即为静态水。具有动态水的园林,静中有动,动中有静,欣赏者要兼顾水的声、形、色、音、影等综合艺术效果,如泉城济南的趵突泉、黑虎泉均是闻名遐迩的动态水,是园景生动的点睛之笔。

大多数园林中的水体,都与建筑、花木共同组景,构成不同景致。其一,观赏曲折的池岸被建筑和花草树木掩映的水体,欣赏者的视线局限就会被打破,可观赏到池水无边的视觉印象;其二,观赏与堤、架曲桥、步石相组合的水体,欣赏者看到的景深和空间层次增加,对水面会产生幽深之感;其三,当水面很小时,常常看到乱石为岸,怪石纵横,配以细竹野藤,水面呈现深邃山野风致。

"石令人古,水令人远。"园中有山有水,才显得愈发清新雅致。

(二) 生机勃勃的树木花草

宋代画家郭熙说:"山以草木为毛发……得草木而华。"不仅山如此,园林亦是如此,园林有了树木花草才会充满生机。一般造园家在完成地形改造后,即开始种植植被。

植物的种类繁多,古典园林大体有两大类型:一种是属于观赏性植物,以它的天然属性和形态而被赏识;另一种是绿化性植物,会使景物画面富有层次,充满生机。观赏者观赏这些植物不能错过的是它们的色美、形美、香美和声美。

古典园林的植物一律采取自然式种植,与园林风格保持一致。所谓自然式,就是它们的种植不用行列式,不用规范化,聚散不拘格式,如杭州西湖的某些植被(如图4.2所示)。一般的有单株、双株、多株、丛植几种形式。在规模大的园林里,都单独辟出院落或区域种植观赏性花卉,如梅花岭、芍药圃、牡丹院等。私家园林由于空间狭小,大多数是采用小品种单株、双株,或者小型丛植为主,再结合双品种、多品种的搭配。此外,也有专门孤植的植被,多是奇花异草。

图4.2 杭州西湖植被

高山栽松、岸边植柳、山中挂藤、水上放莲、修竹千竿、双桐相映等等,是在我国古典园林中常常看到的配植,饶有趣味。此外,观赏植物的季相变化和不同花期的特点所创造的园林时序景观,也是观赏园林的一大亮点。例如,春来观柳,夏日清荷迎风,秋天桂子飘香,冬季踏雪赏梅,都是树木花卉的生长规律呈现出的美景。

(三) 美轮美奂的建筑

建筑是山水花木与游人之间的一种过渡。古典园林内多古典式建筑,斗拱飞檐起翘,庄严雄伟、落落大方。它不只以形体美为游人所欣赏,还与山水林木相配合,共同形成古典园林风格。

园林建筑物常作景点处理,既是景观,又可以用作观景。楼台亭阁,轩馆斋树,把功能、结构、艺术统一于一体,成为古朴典雅的建筑艺术品。它的魅力,来自体量、外形、色彩、质感等因素,加之室内布置陈设的古色古香,外部环境的和谐统一,更加强了建筑美的艺术效果,美的建筑,美的陈设,美的环境,彼此依托而构成佳景。

园林建筑多采用小体量分散布置。特别是私家庭园里的建筑,更是形式活泼,装饰性强,因地制宜,因景而成。在总体布局上,往往是突破严格的中轴线格局,比较灵活,富有变化。通过对比、呼应、映衬、虚实等一系列艺术手法,造成充满节奏和韵律的园林空间,居中可观景,观之能入画。古典园林里通常都是一个主体建筑,附以一个或几个副体建筑,中间用廊连接,形成一个建筑组合体,以突出主体建筑,强化主建筑的艺术感染力,还有助于造成景观。

古代园林中的建筑种类繁多,如殿、阁、楼、厅、堂、馆、轩、斋等。然而,最重要也最常见的为亭、榭、廊。亭是一种开敞的小型建筑物,可设于山巅、林阴、花丛、水际等,为园林中使用数量最多、形式变化最丰富、空间选址最灵活的建筑,用于驻足观景、休憩、引导游览、点明主题等。其形态多样,常见的有方亭、圆亭、角亭、扇面亭、梅花亭,形象生动空灵,是园林中富有生机的点睛之笔。廊是中国园林中一种独特的带状建筑物,是虚实结合的建筑形式。形曲而空长,"随形而弯,依势而曲"。在具有遮风避雨、休憩功能的同时,可发挥引导游览和分割空间、组合景物、丰富景观等作用。最为壮观的是北京颐和园、北海公园等皇家园林里的廊。颐和园的彩绘长廊蜿蜒七百多米,将七座主要建筑联结到一起,是我国园林中最长的廊,以建筑精美、曲折多姿和丰富多彩的绘画装饰闻名于世。榭,是古典园林中最精美的建筑形式之一,多建于水边或花畔,为台上开敞的房屋,常伸向水中、花中,上悬下挑,将人带入景中。它起连接建筑物,连接空间,造成景观,引导游人循廊览胜的作用。

四、中国古典园林之美——园里四时如图画,言有尽而意无穷

中国古典园林是一种极为生动的文化载体。它既有可视可触的感性形式,又因承载着创造者和欣赏者的文化理念而富于精神意义,是形式美、意境美与构景美的融合体。

(一) 形式美

形式美是中国古典园林艺术美的重要元素,它诉诸游人的感官,引起人们的审美愉悦。具体表现在其色彩美、韵律美、声音美、布局美等方面。

1. 布局美

古典园林布局如同美术上的"构图",它按照园林多中心散点透视原则,把景区、景点、景物合理地进行区划,并且布置在适宜的地方,在整体上保持变化统一,表现出自然美,整体美。

中国古典园林具有中华民族审美的特点,景物布置简洁明快,幽静典雅,抒情性强。较大的园林,首先划分景区,每一个景区都有独立的内容和功能,这些景区如同一条项链中的珍珠,独立成颗,但是又保持着整体上的风格一致。在景区之间都有过渡且过渡的自然、合理、流畅,无人工造作的痕迹。水体、花培、林带、游廊、山体等都常被用作转换的手段。"山重水复疑无路,柳暗花明又一村",就是以山水为材料构成两个景区的中间转换。也有突转的,即所谓"豁然开朗","别有洞天"。

为了满足游览者游园方式,古典园林又有静观布局和动观布局。静观布局,主要是满足游人定点观赏要求,在总体上,形成一幅鸟瞰图,同时做好观赏点的对景处理。动态布局,也叫连续性布局,随着游人的行进,美丽的景色就像一幅国画长卷,在游人的面前慢慢展开,步移景换,本来呈静止状态的景物,也相对地动起来了,徐徐地一景接一景地展现在游人面前,让游人观赏、品鉴。古典园林的布局非但沿途有景,还能让游人体验到一种节奏和韵律。这也是游人应该着力领受的地方。

古典园林中还常用时序布局来营造布局之美。时序布局,也叫季相布局,主要是采用各种植物季节性演替或利用自然界的风、云、雨、雾来组织景观,呈现美景。如许多地方的园林里都建造"烟雨楼",就是利用雨雾所造成的虚幻飘渺的意境造景。

在古典园林中,布局之美还体现在以虚带实的布景手法,在景物之间留下足够的空白,营造疏朗有致、"无画处皆画"的意境。

总之,园林布局之美千变万化,富有百游千览而不厌的欣赏价值。

2. 色彩美

园林色彩,主要表现为植物色彩和建筑色彩两类。植物色彩斑斓缤纷,绿草如茵,桃花泛水,青枝绿叶,深红浅白,加上受到季相的影响,先后次第而变,越发丰富多彩。北方园林,色彩较为浓重,常常是青松朱廊衬以蓝天白云,显现出艳丽的色彩。江南园林的植物略显素雅。赏色常与观形密不可分,古典园林植物的形美常常使人美不胜收,如雍容华贵的牡丹、清秀的菊花、垂丝的海棠花、三秋桂子、十里荷花等都增强了园景的动人魅力。游园者从观赏植物的色彩中,欣赏着园林的自然美。

古典园林的建筑色彩,主要有两种风格:皇家园林色彩活泼,富丽堂皇,黄色琉璃瓦顶和朱红门墙,对比强烈并用金彩装饰。如颐和园以黄色琉璃瓦盖顶,配以雕梁画栋的长廊,色彩绚丽、雍容华贵。私家园林建筑,从形体到色彩均以古朴淡雅为主,用白色较多,白墙青砖灰瓦,只在门厅、廊柱上略施色彩,结合一些山墙屋脊雕饰获得艺术效果,整体质朴柔和。

此外,随着时序的变化、季节的更替,园林的色彩美又极富变化,使游人获得丰富的色彩美享受。

3. 韵律美

中国古典园林讲究"园韵",即强调园林的有序变化,具有抑扬顿挫的律动之美。园林景观的节奏美,主要是通过空间上的高低、远近、疏密、聚散;形质上的大小、粗细、软硬、轻重;色彩上的浓淡、深浅、明暗、冷暖等变化而表现出来的。此外,雨打芭蕉,风起松涛,水波拍岸,鸟鸣林梢,也会通过声音的强弱、快慢、长短,以及音色的变化给人以节奏美的享受。扬州的寄啸山庄,那精巧的楼廊小径,迂回曲折,层层叠叠,盘假山、抱池岸、连楼台、接亭阁,把东西两部分园景组织成一个整体,又划分成高下两个层次,转换成前后左右四个景面。循着楼廊径道观赏园景,如同按五线谱演奏乐章,同一个园景,由于角度、层次的转换,总给人以步移景异、耳目一新的感觉,从而使游人深切地感受到这座园林多样化的空间艺术组织形式所造成的节奏美。

4. 声音美

古典园林借助风吹松涛、雨打芭蕉、溪水淙淙、泉水叮咚、蝉唱虫鸣、莺歌燕舞、幽林鸟语等自然之音,通过一定的构景艺术,将声音美自觉地融入了景观营造过程中,在园林中谱写了一曲曲和谐美妙的轻音乐,给园林之美添上了生动的一笔。古典园林中往往在具有声音美之处设立听声的场所。如杭州满觉烟霞三洞中的水乐洞,即是主要欣赏声景。这里泉水丰富,山泉从石洞深处的石缝中涌出,随洞曲折流出,和谐悦耳,铮铮成韵。至洞口,有石几石凳,供游人驻足静听,旁有"天然琴音"、"听无弦音"等时刻启发游人对声音美的倾听与领悟。颐和园的"听鹂馆"即专门用来聆听黄鹂婉转的鸣叫之处,苏州拙政园的"听雨轩"即欣赏鱼声的佳处。总之,中国古典园林的声音美是中国古典园林独特的声音景观,呈现出情景交融、物我同一的声音之美。

（二）意境美

中国古典园林，不但景美，意境更美。所谓园林意境，就是造园家把自己的感情、理念熔铸于园林景物与构景中，从而引发鉴赏者类似的情感激动和理念联想。中国古典园林以中国山水画构图为蓝本，以山水诗的意境为内涵，融合了中国美学、哲学、书法、雕塑等文化艺术，充满诗的情味，富含画的意趣。

1. 画意美

中国画重在写意。中国古典园林深受中国画影响，园中自然之美充满写意画特点：园林景色自然而成，"虽由人做，宛自天开"；园中一山一水、一草一木并非单纯模仿自然，而是经过造园家艺术旨趣的熔铸，表现出绘画之美。换言之，古典园林如同一幅中国画，其中旷与幽、疏与密、朴与华的辩证关系得当，让人回味无穷。如扬州的小盘谷，坐落于扬州新城大树巷内，原是清代两江总督周馥家的私园。园分东西两部分，西部园内湖石假山峰峦起伏，洞室深幽，山下池岸曲折，石梁索带。亭台楼阁依山傍水而筑，布局十分紧凑。东部园内却只有游廊一道，厅室一区，空旷而有余地。游人从西园游至东园，会产生一种骤然从紧凑的山林转入空旷的大野的感觉，心胸为之一阔，审美意趣也为之一新。中国画讲究"气韵生动"，园林艺术也运用绘画的大写意手法，努力创造这种生动的气韵，以假山传真山的气势，以池水造湖海的神韵，以顽石品生命的灵气，以山水抒主人的性情。例如承德避暑山庄的万树园，康熙时期只是一片树林，没有安排建筑物。虽说绿树森森也富有生机，但远看那里的天际风景线，不免有些单调、呆板，缺乏灵动之气。乾隆时期在万树丛中造起一座13层的舍利塔，北倚蓝天，南控湖区，突破了万树园的横野平空，不仅使万树园的画面活跃起来，而且西与南山积雷亭，东与磐锤峰相辉映，使整个山庄的天际风景线也变得更加生动。画意美，美在含蓄。画家画石，园艺人叠石，都以透、瘦、皱、漏、清、丑、顽、拙为美。这就是追求蕴含其中的意味。透，有玲珑之态；瘦，有倔强风骨；皱，有绰约风姿；漏，有通透活力。而清者阴柔，顽者刚强，丑者奇突，拙者浑朴，无不表现出独特的审美意蕴。园林景致学习中国画的写意手法，叠石成像，不求形似，但求神似。初瞥之下，只是乱石一堆，但展开想象，慢慢观来，眼前的石头就会"活"起来，或如虎踞，或似鹤立，或像马奔，或若仙游。欣赏园林中的这种画意含蓄美、抽象美，妙趣横生。

2. 诗情美

中国古典园林与诗歌文学结下了不解之缘，园林讲究诗意，处处弥漫诗意。其一，园林整体的诗意美。陶渊明的山水诗，描绘的那种恬静闲适、自然和谐的山林生活，感染了历代的士大夫，于是以陶渊明的诗意造园，几乎成为一种时尚。陶渊明的山水诗对园林的发展影响深远，"其流风漾波，直至明、清时代"。如广东番禺的馀荫山房，是清代举人邹燕天的私家园林。这座园林的主题就是体现园主人所题的"余地三弓红雨足，荫天一角绿云深"的诗联意境。该园的中轴线处有一座长廊式画桥，把东西两半部景物连为一体，园中的楼、台、亭、树、桥、石等都掩映在绿树翠竹之中。园林小巧、幽邃、深密，生动地体现了主人的诗联意境。其二，园林细微处的诗情美。由于园艺家在造园过程中，除了遵照园主人的诗情来确立主题外，一山一木、一亭一阁以至一花一木的配置，都是按照美的规律来安排的。退思园荷池西南的"闹红一舸"，舫舟身不高，由湖石凌波托起，伸入池中，微风轻吹，犹如扁舟随波荡漾。盛夏季节，四周红荷嫣然摇曳，如舟行红云中，令人心醉。池东假山巅，有小亭隔水与舸相望，一山一水，一高一低，相映成趣。池南水湾处，紧邻假山有精致的鸳鸯式小轩,轩北贴水,夏秋间在此听秋雨打水草,令人顿生凉意。正是姜夔《念奴娇·闹红一舸》词意的生动、美妙的再现。

  闹红一舸,记来时、尝与鸳鸯为侣。三十六陂人未到,水佩风裳无数。翠叶吹凉,玉容消酒,更洒菰蒲雨。嫣然摇动,冷香飞上诗句。

  日暮,青盖亭亭,情人不见,争忍凌波去?只恐舞衣寒易落,愁入西风南浦。高柳垂阴,老鱼吹浪,留我花间住。田田多少,几回沙际归路。

——姜夔《念奴娇·闹红一舸》

3. 景名美

题写景名,在我国古代叫做"点景",是园林艺术意境美的点睛之笔。正如《红楼梦》中所说:"若干景致,若干亭榭,无字标题,任是花柳山水,也断不能生色。"的确,如果说山石泉溪和亭台楼阁是园林意境之行,诗词题对,则是园林意境之神,它们可能较为准确地概括出了园林的艺术构思和意境熔铸。所以,欣赏景名,可以获得丰富的意境美享受。园林景名题写一般有三种类型:其一,贴切地概括出意境主题,又婉转表达了园主人的性情和气质,充满诗画意境。例如拙政园的"远香堂",为夏日赏荷之处,但此处题名并没有直接和视觉发生联系,"远香"为嗅觉,别致而含蓄。同时,此题名又巧妙地与周敦颐《爱莲说》的"香远益清"之句相联系,既点出了此处的风景特色,又沟通了视觉与嗅觉之间的联系。此外,还让人联想到了荷花"出污泥而不染"品行的赞美,含蓄地表明了园主人洁身自好的清高气质。其二,题名既有实景又有虚意,以实带虚,虚实结合。这些景名既可突出景致精华,又能引发游赏者的情丝意蕴。如北京恭王府花园,尽管已残破衰败,但从园景题名还能体味出当日园中明晰又有韵味的意境美。如曲径通幽、吟香醉月、滴翠岩、绿天小隐、花月玲珑、送风水月、雨香岭、邀约台等,多虚实相济,诗意盎然。其三,题名含义隽永,蕴含深刻,直书园主胸臆,体现高雅的文学旨趣。如苏州城南的沧浪亭。四周有水面数十亩,傍有小山。高下曲折,与水相萦带,门前有石桥相通。北宋庆历五年(公元1045年),诗人苏舜钦丢官流寓苏州,买下这块地方,傍水筑亭,作为自己的私园。他给此园起名为沧浪亭,是有感于《孟子》中"沧浪之水清兮,可以濯我缨;沧浪之水浊兮,可以濯我足"的诗意。水清,喻政治清明,水浊,喻政治黑暗,缨为官的标志,足为在野的象征。此诗歌表达了中国文人"达则兼济天下,穷则独善其身"的处世哲学,与苏舜钦当时的处境和情绪不谋而合。因此,他将园林名题为"沧浪亭",自喻闲居园内,纵情山水,饮酒赋诗,以抒不平。各类园林题名对园林美妙意境的形成,功劳不可谓不大。

中国古典园林,它不是画,但有着国画般的风景;它不是诗,但有着古诗词一般迷人的意境。这种"诗情画意"的意境正是中国古典园林的精髓之所在。

(三)构景之美——隔窗云雾青衣生

如果说景色是一副壁画,是音乐中的主旋律,园林则是连续的壁画或音乐主旋律,如何根据构景的艺术,巧妙欣赏就变得非常重要。中国古典园林常用的构景手法有以下几种:

1. 借景

借景就是在园林设计中,将视力所及范围内各种形、声、色、香等能增添艺术情趣、丰富画面构图的外界因素,巧妙引入到园林构图空间中,是园林构景手法中最要者也。如果欣赏者能够了解这一手法，洞悉造园者的这一苦心，欣赏时则可能关注外借因素，左顾右盼、观形、观色、听声、闻香，打破视界、扩大观赏空间，增添观赏情趣，发现原来园林中"远山近水皆有情"。

借景主要有远借、邻借、因时而借、实借、虚借等。远借如颐和园，无论是前山还是东堤，景致的西面或北面都可影影绰绰地看到玉泉山和玉泉塔，虽然二者相距甚遥，但高大的植被取消了二者的界限阻隔，仿佛它们就是颐和园的组成部分，使园内景色更加丰富（如图4.3所示）。

图4.3　颐和园远借玉泉山

邻借亦称近借，将园林临近或周围景物纳入园中。例如苏州沧浪亭，园内缺乏水面，而园外却有小河，因此在小河沿水面处设假山驳岸，其上建复廊以及面水轩，透过复廊上的漏窗，使园内外景色融为一体。

因时而借，为观赏时兼顾因时间不同产生的景致，包括朝借旭日，晚借夕阳，夜借明月，春借桃柳，夏借塘荷，秋借丹枫，冬借飞雪，乃至山泉流水、燕语莺歌皆可借之。

2. 框景

框景是选择特定视点，将景色纳入景框之中，而景框可以是门、窗、古曲的枝条或两丛树木等，所选入框的画境必须美丽动人，可能是远景，如奇峰、宝塔、远山、重峦叠季；也可能是近景，如玲珑山石（如图4.4所示）、葱绿芭蕉、娇羞紫藤等。框中之景构图和谐，似一幅嵌于镜框中的立体画面，呈现出图画之美。而框景内外，往往有明显的差异形成对比，如明暗对比或境界对比，如苏州拙政园的"芙蓉榭"，在临水的门框上装了一个雕花长方形落地罩，前方河水蜿蜒曲折，两岸桃红柳绿，尽收框中，把游人引入到一种宁静安谧、淳朴自然的境界中。造园家设计框景是为了引起欣赏者的注意力。因此，遇到框景，欣赏者宜放慢脚步，用心体悟。

3. 对景

对景即在园林内主要观赏点和游览路线的行进方向或视野方向布置景物，在该类构景处，观赏者可以从一个空间观赏到另一个空间的某一景物。这样处理可以借远方的景物来吸引游人的注意力，产生悬念和期待，加强了园林内景物之间的呼应与联系。这一艺术手法在江南园林中应用甚广。例如苏州拙政园通过"晚翠"月洞门遥望对面池中山上的雪香云蔚亭以及周围山石树木，即古典园林对景的佳例。对景处理可对称严整，形成互对，表现出对景互补；也可自由活泼，形成飞对。游人为了欣赏对景，宜选择最佳位置，如

图 4.4　留园框景

坐卧在亭、阁、台、榭等建筑中,通过门或窗去欣赏外部的远山近水,或通过门窗领略宇宙中无限的风光。

4. 抑景

园林中凡是能抑制视线、引导视线方向转变的屏障性景物均构成抑景。抑景可以突出重点景观,可达到所谓"欲扬先抑,欲露先藏"的效果,丰富观赏层次,调节观赏节奏。还可分隔空间或扩展空间,使景物更加含蓄和富有情趣。

园林抑景的形成,经常使用假山、树丛、建筑、廊墙来遮挡视线,被称之为山抑、树抑、曲抑等。抑景使用最多的是园林的入口空间,如苏州留园入口到中部花园入口处的腰门(如图 4.5 所示),为多进小院和长约 50 米的狭长曲廊,明暗交替,方向多变,曲折封闭,使得游人的视野受到了极大的约束,但进入主空间后,是一处种了玉兰、桂花的院落(如图 4.6 所示),让人眼前顿觉由暗转明,由小及大,豁然开朗。

图 4.5　留园入口封闭、曲折、狭长的走道　　图 4.6　穿过留园狭长的走道后豁然开朗见到的小院

5. 漏景

漏景是指通过花墙、漏窗等形式,构建若隐若现,似见非见,含蓄雅致,模糊深远的景致,被称为"美人的眼睛"。漏景从框景发展而来。框景可观视野范围的全景,漏景若隐若现,含蓄雅致。漏窗形式多样,梅花形、蕉叶形、扇面形、半月形、菱形、琴棋书画形,如狮子林的书形漏窗(如图4.7所示)等不一而足,不仅本身有较高的欣赏价值,而且使墙面增添了无尽的生气和变幻感。透过漏窗观赏隔墙景色,窗内窗外之景互为借用,对面景色或隐约可见,或明朗入目,移步换景,画面朦胧多变,令欣赏者目不暇接,情趣盎然。

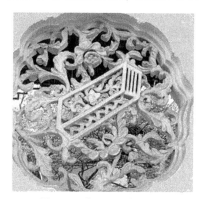

图4.7 狮子林"书"漏景

漏景一般在框景效果不甚明显时采用,不仅可从漏窗、花墙取景,还可通过漏屏风、漏隔扇、树枝、疏林、飘拂的柳丝中取景。游园要大处观景,小处寻趣,如能留意观赏漏景或其他空透效果处理,自然会获得更多的佳趣。

此外,中国古典园林还常常采用夹景、添景、隔景、分景等多种艺术手法,来表现自然,营造含蓄、淡泊、高雅的园林氛围。了解这些造景艺术,并将其作为观赏手段,将为游赏者提供一把打开"园林无限之美"的钥匙。

五、中国古典园林的游赏之道

园林赏景,处处皆美,观花木白墙弄影,听飞鸟低鸣,信步幽径赏绿肥红瘦,卧湖边,看鱼戏莲叶间……其美均可令人赞叹。然而,要体会到园林诗情画意、自然淡泊、含蓄优雅的意境,则要求游赏者能作园林美的创造者,"游亦有术矣"。这"术"就是游园赏景的基本方法。对园林赏景的普遍方法,园林理论家也有许多归纳和总结,如"游园先问、远望近观、动静结合、情景交融"十六个字。[①]

(一) 游园先问

游园先问即在游赏前要先收集一些园林方面的相关知识,大概了解拟游园林的风景。这不仅可以提高游兴,而且有助于游赏时更好地领悟园景的意境。"先问"之知识主要涉及两个方面:关于我国古典园林艺术的一般常识和具体园林的历史沿革和各景点特定的知识。

---

① 刘天华:《画境文心——中国古典园林之美》,三联书店1994年版,第275—285页。

关于园林具体知识的了解，其范围甚广，包含文学、绘画、建筑、雕塑、音乐等众多方面，重在平日知识的积累。我国古典园林，是多种艺术的融合体，有的还包含着曲折有趣的故事。游赏之前，对这些知识稍加掌握，对游园大有裨益。如苏州拙政园的"拙政"两字，是明朝御史王献臣官场失意回归故里，借用晋代潘岳《闲居赋》中"灌园鬻蔬，以供朝夕之膳，是亦拙者之为政也"的语意，为其园林进行的命名，表明他将归隐田园，独善其身。对这些知识的了解，将对欣赏整座园林的意境和特征起到画龙点睛的作用。

游园之前，还要多了解一些拟游园林的具体景色特征，如园林的布局、特色、有关诗词、游记和典故，以从文化层面欣赏园林，拉近园林与欣赏者之间的心理距离。例如游颐和园前，如提前知道该园大致可分成四个主要区域——以文物建筑为主的宫区，以自然和建筑为主的前山区，以水面和堤、桥为主的前湖区，幽静并富有野趣的后湖区，那么，游赏的时候，就可以选择自己偏爱的景色，慢慢欣赏。一般而言，古典园林园园有特色，处处有佳景，而抓住园林的主题景致，更可得园林美之精要。

(二) 远观近望

人们欣赏园林风景，得到的是真切的空间感受，眼前现出的是一幅幅近景、远景配合得很好的立体图画。要细品园林风景画面的美，就既要远望园林景观，把握整体美和气势美，也要近观，欣赏景致的形、色、纹理等细微之处。古人赏景的名句，"风带残云归远帕，树摇余滴乱斜阳"，就是经过远观近望欣赏到的美景。那远帕、残云，要放眼望去才能被组合到园景中来，而浓绿树叶上的雨珠，则是就近才能看到的小景，这远近景色的结合使游赏者产生了强烈的美感。

园林风景美的许多方面均包含于小巧而灵活的景物之中，如虫鸣鸟语、荷花游鱼、一湾溪流、叮咚甘泉等均是精巧而宜近观的小景。因此，在具体的游园赏景中，人们往往较多地将注意力集中在周围的小景上。然而，光近看细赏，忽略远观，可能得小失大，见石不见山，见树不见林，只有远近结合，才能既从整体上领略到园林风景明净、融洽、疏落或萧索等气势上的变化，又对园中山水林木留下鲜明生动的印象。园林赏景中，远望和近观是互相补充的，两者缺一不可。尤其是大型皇家园林，游赏起来，更要应用远望近观的方法。

(三) 动静结合

我国园林，景色多变，幽曲无尽。要全面领略园林的美，就要一步一步沿曲径，随游廊，游遍园林中的角角落落，所以动态观赏是游园赏景的主要方法。但是园林艺术十分强调意境，一些好的景致往往是含而不露，带有较深的意味，观赏它们又需要一定的时间来细心揣摩和觅寻，人们常常会在这些景之前停下步履来玩味品赏，为此静观也是欣赏园林所不可缺少的。实际上，人们游园，无论是大型的山水园林，还是宅旁屋后的私家小园，都是走走停停、动静结合的观赏，只不过各有侧重罢了。这种行止随意、动静交替的游赏方式，本身也形成了游园过程中的快慢节奏，提高了游览者赏景的情趣。

游园的动观，是指游赏者随兴的缓步游览，也可以说是"闲庭信步"式的动。从审美心理学上讲，自由、闲散、宽松的心理状态往往最能感受外界美的信息，因而悠闲的缓步游览能加深人们对美景的体会，容易为景物所感动而萌发情思，从而领悟风景空间的迷人意境。除了信步缓游之外，舟游也是一种动态游园的好方式。特别是游览某些水面较大或者有溪流弯曲联结几个景区的山水园林,舟游要比步游更有趣味。坐在船中随波荡漾地赏景,既省力又舒适,还可以听桡桨划水的声音,具有一种步游所没有的趣味。

静观是指动态欣赏过程中的暂时停顿,如坐石观水、倚栏远眺、亭中小憩、山巅瞭望等。园林游赏中的"静"是自由随意的,游人可以根据自己对风景的理解而决定。正如音乐中的休止、绘画的留白等,园景的静赏往往也包含着深层的审美意味。在园林创作中,对那些煞费苦心的精巧景致,造园家往往会做一些让人静观的暗示。人们游赏园林,在水池边或假山旁,凡筑有亭子、小轩之处,均应留意,多有精细含蓄的风景可赏,这些风景建筑便是让游人从动观变为静观的暗示。园林中的各式洞门、空窗、花窗等,往往也有很好的对景或借景,值得留心静赏。

动观和静观并不是绝对的。那些大型山水园林,空间序列比较复杂,景多景全,以动观为主,但它每一个局部景区,也有精巧风光可赏,同样包含着静观的内容。江南的文人小园,面积有限,环绕中心水池或假山,设有许多宜坐宜留之处,宜以静观为主,但也存在着动观的因素。"动"与"静"的游赏方式还常常和园中各种景物的动静状态互相交混。园林是充满活泼生气的艺术,其景色也动静多变,如山静泉流、水静鱼游、花静蝶飞、石静影移,都是静态中的运动。人们漫步曲径,泛舟池中,观看山石、林木、建筑等是以动观静;反之,如果坐石临流或槛前静赏,面对行云变幻、泉流徐徐、鸟飞蝶舞、柳枝摇动等,则是以静观动。园林风景欣赏中如此多样而又变化的动静结合,是格外应该注意的。

(四)情景交融

中国传统的赏景习惯,强调外在的景物和游赏者内心情感的交融。游览中国古典园林,仅是走马观花、蜻蜓点水、无动于衷,对园林的欣赏则只能浮于表面,难以有自己的体会和情感触动,只能停留在低层次的审美。要使人们的审美感受上升到一个较高的层次,必须加入一种催化剂,这就是"情感",要以情看景,以情悟物。

欣赏园林,要展开想象的翅膀,充分调动已掌握的背景知识,进行由此及彼的联想和想象,移情于景,赋自然之物以人性、人情,抒发各种感情。这样才可能在景象中品出深意,看出情趣,达到赏景审美的高潮。首先,由眼前之景,联想到人情、人性。计成在《园冶》中指出,只有以情感来领悟园林景色,才会觉得格外多致,这就是"触景生奇,含情多致"。因此,计成游园,赏微风吹拂的杨柳,会觉得是少女在翩翩起舞;观新绽出的荷花,会以红衣女子新浴出水来。造园家在园林景物的营造中,已经以景比德,如以松竹比高洁、以牡丹比富贵、以兰花比德馨等。游园时如对这些比附已有了解,则会因景生情而浮想联翩。其次,游古园,由眼前之景而追忆起古代的历史人文故事。如游杭州西湖断桥想起《白蛇传》中的许仙、白娘子,断桥则因感天动地的人妖之恋凭空而多了几分柔情。

赏景中联想的丰富、情感的抒发与游赏者本人的文化修养及经历有很大关系。我国古典名园,无论大小,一般都经过前代文人艺术家的评点题咏。那些建筑的题匾楹联、山石上的刻字等,常常是前人对景色的评价总结。它们既能引导游人正确体味眼前的风景意境,又能使人联想起古代艺术家的传闻轶事,是游赏风景时应该注意的。例如游苏州拙政园的"与谁同坐轩",不仅仅是一处水中小岛上供游人休憩的园林小筑,更是静赏山水的佳地。如果游人仔细体悟亭子的隶书题额"与谁同坐",则会品出景中真味。"与谁同坐?"一句反问,拨动了游客的心琴,使之与山水共响。答案在苏轼词中——"明月清风我"，园主人借苏词表达了只与明月清风为伍的清高气质。游人如能捕捉，聆听清风明月下的天籁之音，去咀嚼醇美的诗意，去眺望举目入画的景色，胸中的情思就会自然而然地流露出来，并会从肺腑中发出美的赞叹。

还须指出的是，情景交融的赏景方法是在游园先问、远望近观、动静结合的基础上的一个提高。游园先问可帮助游人了解园林的历史和有关名人故事，在游园时便于展开联想，激发感情必定是在远望近观，对整体风景有了比较完全的了解之后，动静结合的游赏，能使游人引用比兴联想，悟透景中精妙的"奥思"。因此，上面说的四种基本赏景方法，是互相关联、相辅相成的。

第三节　西方园林文化及鉴赏

西方园林与中国园林一样，有着悠久的历史和灿烂的文化，在世界园林艺术中颇负盛名。与中国古典园林"虽由人做，宛自天开"的园林风格不同，西方园林"强迫自然接受匀称的法则"，因此，倘徉在西方园林中，感受到是一种纯净、明朗、人工雕琢的盛装美。

一、西方园林的发展与演变

西方园林的萌芽可上溯至公元前16世纪的古埃及。自此，西方园林进入了以古埃及、古巴比伦、古希腊和古罗马为代表的古代时期，它们相互延续和传承，奠定了西方园林的基础。宗教中的天国是人们理想的生存环境，于是人们按照理想中天国的模式建立了此时的园林，因此，树木葱翠、河流潺潺、常绿植物、水体相得益彰成为古代时期西方园林的基本特点。

进入欧洲中世纪时期(公元5—15世纪)，封建领主的城堡和教会的修道院中建有庭园，并产生了作为西方园林精髓的规则式十字形园林。修道院中的园地同建筑功能相结合，如在教士住宅的柱廊环绕的方庭中种植花卉，在医院前辟设药圃，在厨房前辟设菜圃，此外还有果园、鱼池和游憩的园地等。

文艺复兴运动将欧洲的园林艺术带入了一个新的发展时期。14、15世纪，修建园林在意大利成为一种时尚，佛罗伦萨和意大利北部其他城市的郊外乡间遍布着贵族富商们的别墅庄园。这些花园别墅大都建造在景色秀丽的丘陵山坡上，花园顺地形分成几层台地，从而形成了独具特色的"台地园"。造在广阔的自然环境中的台地园，其空间向自然敞开、延伸，人工化的园林与其周围的自然景观相互渗透。这种自然环境中的人工园林，力求以园林来美化和丰富自然景观，并起到在自然环境中限定自然本身的作用，反映了自然美与人工美并行不悖的观点。

法国的古典主义园林使欧洲的规则式园林艺术达到了一个不可逾越的高峰。萌芽于高卢时期的法国园林，在16世纪初受到意大利文艺复兴园林的影响，加之法国地形平坦，因此它的规模更宏大而华丽。17世纪下半叶，法国成为欧洲的经济文化中心，路易十四将古典主义文化作为了当时的御用文化。体现古典美学原则的规则式园林在这样的社会土壤里，得到了空前的发展，形成了影响欧洲园林艺术长达一个世纪之久的法国勒诺特尔式园林。勒诺特尔设计的园林，以其恢宏的气势，开阔的视线，严谨均衡的构图，丰富的花坛、雕像、喷泉等装饰,体现出一种庄重典雅的风格,把规则式园林的人工美发挥到了极致。在勒诺特尔式园林中,极目所至,都是经过人工改造的自然之物,这种在自然环境中创造完全人工化的园林的设计方法,反映的是唯理主义者强调的人力能够改变自然、人工美高于自然美的哲学思想。

18世纪英国自然风景园的出现,改变了欧洲由规则式园林统治的长达千年的历史,是西方园林艺术领域一场深刻的革命。16—17世纪,英国资本主义的发展已取得很大成就,17世纪的英国资产阶级革命导致了资本主义制度的形成。随着封建社会向资本主义社会的过渡和启蒙运动(17—18世纪)的发展影响,18世纪欧洲文学艺术领域内兴起浪漫主义运动,英国的作家、艺术家崇尚自然之美,他们将规则式花园看作是对自然的歪曲,认为造园应以自然为目标。这些舆论为风景园的产生奠定了理论基础。同时,英国丘陵起伏的地形、大面积的牧场风光也为风景园的产生提供了理想的自然条件。此外,中国独特的园林风格,引起了一些英国造园者的兴趣,这对英国风景园的发展和它的艺术风格的形成产生了一定的影响。英国风景园以开阔的草地、自然式种植的树丛、蜿蜒的小径、自然弯曲的湖岸为特色,取消了园林与自然风景之间的界限,也不再考虑人工与自然之间的过渡,而是将自然作为主体,将自然引入到园林之中,并排除一切不自然之物,自然美成为园林美的最高境界。这反映出人工美应服从于自然美,造园应与自然相协调的观念。

自此之后,随着美国的崛起,现代园林的发展中心逐渐由欧洲转移到美国。

总之,综上所述,西方园林是人们躲避现实、要求变革与追求自由的思想产物,伴随着西方政治、历史文化、哲学思想、美学文化的脉动而变化,在不同历史时期有着不同的时代内涵和时代价值。

二、西方古典园林的主要流派及特征

西方古典园林主要以意大利、法国、英国的园林为代表。它们的园林景观在不同时期都十分显著地体现了各自独特的艺术魅力,并且有些艺术风格在几个世纪中都占统治地位,有些艺术手法一直沿用至今。

(一)意大利古典园林——人工美与自然美的完美结合

在欧洲古典园林中,意大利园林具有非常独特的艺术价值。不管是其丰富多变的园林空间塑造,还是其独具匠心的细部设计,都反映出耐人寻味的造园特质,而这种特质是其他欧洲国家的那些气宇轩昂、规模庞大的皇家贵族园林所无法比拟的。特别是意大利文艺复兴园林在世界园林史上的影响更为深远,在现在的欧洲园林设计中,依旧可以在许多地方找到意大利古典园林的痕迹。意大利古典园林的典范如"百泉宫"埃斯特别墅(图4.8)、帕多瓦植物园(图4.9)等。

概而言之,意大利古典园林的主要特点为:

(1)台地造园。意大利古典园林大多在山坡、丘陵上依山就势,开辟多层台地,进行造园,因此,意大利园林又称为台地式或露台式园林。在意大利古典园林内不仅可以俯瞰底层台地,而且可以远眺郊野风光,运用借景和俯视的手法,将自然风光和园林融为一体。

(2)以常绿树木为基调树。意大利园林常用常绿树作为基调树,而花卉植物使用较少。在常绿植物中,又穿插白色的建筑物雕塑以及水池等来展示明暗的对比,在视觉上也

图 4.8 "百泉宫"埃斯特别墅

资料来源:http://bbs.city.tianya.cn/tianyacity/content/5028/1/1941.shtml,2012-07-27。

图 4.9 帕多瓦植物园

资料来源:http://blog.sina.com.cn/s/blog_4c0b301b0100kjve.html,2010-08-26。

起到凉爽宜人的作用。植物常被修建成各种几何造型或建筑造型,如球形、圆锥形、拱门形、壁龛等,加姆伯雷亚庄园甚至将植物修剪成了一座绿荫剧场,令人叹为观止。

(3)造园要素丰富。意大利园林有着许多丰富的造园要素,如园门、凉亭、花架、水池、喷泉、雕塑、台阶、挡土墙、壁龛、洞府、花瓶等。对后世的造园有很大的借鉴意义,影响至今。

(4)水景丰富。意大利园林中的水景是重要题材。水景在这里不仅可以扩大空间,产生倒映,明暗变化,还可作为泉眼,增加山林气息。意大利园林中的水景,既有静水的水池,也有水阶梯、跌水、壁泉以及大瀑布等,更绝的是还利用水的流声效果,营造出水风琴水剧场的音响场所。在这里,水景的变化多种多样,活泼生动。

因此,意大利园林的美就在于它所有要素本身以及它们之间比例的协调,以及总构图的明晰和匀称。这与中国园林追求自然写意的风格有很大的差别。

(二)法国古典园林——驯服了的自然

法国的古典园林在世界园林景观中一直都占有非常重要的地位,也是西方园林重要的代表。17世纪60年代伊始,以庄严雄伟、典雅华美为特点的古典主义文化成为法国文化的主流。这种文化风格体现在园林中,就是利用建筑、道路、花圃、水池以及形状修剪得十分整齐的花草树木,如同刺绣一般编织出美丽的图案,形成极为有组织有秩序的古典主义风格园林。在这里大自然仿佛被完全驯服了,风景似乎变成了人工塑造的艺术品。凡尔赛园林是法国古典园林的典范。法国古典园林主要有以下几个特点:

1. 布局规则,气势磅礴

法国古典园林线条简练,布局规则,构图明快,规模宏大。园林的总体布局,体现出专制政体的等级制度。在贯穿全园的中轴线上,加以重点装饰,形成全园的视觉中心,最美的花坛、雕塑、泉池、建筑等都集中布置在中轴线上。在中轴线两侧,与宫殿等建筑的立面形式呼应,对称地布置次级轴线。远远看去主次分明,秩序严谨。各个节点上布置的装饰物,强调了几何形构图的节奏感。中央集权的政体得到合乎理性的体现。法国古典园林极少依山而建,一般皆为平地园。平坦的地势使得其占地面积和院内的建筑、装饰、植被面积广袤恢宏,如凡尔赛园园林占地110万平方米,中轴线长达3 000米,气魄宏大,显示了17世纪法国唯我独尊的文化优越心态。法国古典园林带给人的是平稳舒展之美,给人以开阔眼界和胸怀的震撼之感。

2. 丰富多彩的花坛和独特的植被造型

在植被种植方面,法国古典园林广泛采用丰富的阔叶乔木,显现出分明的季节变化。大片的林园只是边缘经过修剪,形成类似丛林的整齐外观。这种丛林的尺度,与雄伟的宫殿、花坛相协调,形成统一的效果。丛林内部又辟出许多丰富多彩的小型活动空间,于统一中求变化,又将变化融于统一之中。园林中的树木常呈现出建筑的特征,如被布置成高墙或铸成长廊,或种植为成排的立柱,总体上如同一座绿色的宫殿。

法国古典园林创造出以花卉为主的大型刺绣花坛,形式多样,富有装饰性,犹如图案精美的地毯(如图4.10所示)。而且这些花坛的设置,使广袤的园林大而不空,有丰富而美丽的地面内容。

图4.10 凡尔赛园林的几何形植被

资料来源:http://www.17u.com/blog/article/1292944.html,2012-07-17。

3. 多姿多彩的水景

法国古典园林十分重视园内水景的布置,园中常常运用湖泊、河流、水渠等形式,面积大,以气魄与宁静取胜,形成典雅、从容的风格。水面平静,形成平静如镜的水景效果。除了大量形形色色的喷泉外,动态水景较少,只有少数跌水水景。法国古典园林的喷泉景观蔚为壮观,主要布置在中轴线上或园路的交叉点上,是最能代表法国古典园林风格的景观要素之一。如凡尔赛园林有上千眼喷泉,以墨绿的林荫为背景,与洁白的大理石雕像相映衬,跳珠喷玉,蔚然成为水景大观。

4. 华丽的园林装饰

法国古典园林重装饰,追求华丽、庄重、典雅的效果,喷泉、雕塑和花坛等构景要素将园林打扮得美轮美奂。在园林中喷泉不仅数量众多,而且造型优美,如凡尔赛宫中的喷泉多达1400座,而每座造型各不相同。园林中的花坛,呈现出五彩缤纷的美,各种曲线展示了高超的形式美和构图美。雕塑也是法国古典式园林中必不可少的景观,雕塑内容通常取材于古希腊、罗马的神话故事,具有特定的寓意,充满了法国艺术文化的内涵。这些小品装饰犹如穿在法国园林主题线上的粒粒珍珠,虽无自然式园林中步移景换的效果,却也有着引人入胜的作用,令人目不暇接。

总之,法国古典园林的景观形态所体现的基本上是一种建筑美,主要诉诸简明、规则的几何图案,通过控制自然、征服自然来实现自然美。法国古典园林洋溢着雄浑的气度和雍容华贵的风格,令法国骄傲,为世界园林景观锦上添花。

(三) 英国古典园林——自然的风景画

受田园文学、浪漫主义、新美学观等的影响,18世纪英国出现了自然风景式园林。它的出现,改变了欧洲由规则式园林统治的长达千年的历史,对欧洲乃至世界园林景观发展起到了里程碑的作用。英国自然风景式园林的总体艺术特色是自然疏朗,色彩明快,富有浪漫情调。伦敦基尤皇家植物园(Royal Botanical Gardens, Kew,又名邱园)(如图4.11所示)是英国古典园林的典型代表。

图4.11 英国邱园

资料来源:Photographer: Andrea Jones, Break in the Clouds, Garden Views 2010. http://www.kew.org/news/garden-photographer-exhibition.htm, http://www.kew.org/visit-kew-gardens/whats-on/guided-walking-tour-worlds-within-kew-14may.htm。

1. 崇尚自然,尊重自然的造园风格

与法国古典的园林完全相反,英国古典园林否定了如绿色建筑般的植被、笔直的林荫道、方方正正的水池。它从新的角度审视人与自然之间的关系,扬弃了一切几何形状和对称均齐的布局,以自然山水为造园基础,修建自然曲折的道路、成片成丛自然生长的树木和草地、蜿蜒的河流,不仅摆脱了人工美的影子,而且将园内之景和与园外的自然环境相

融合，扩大了人们的审美视域。而园中的各种建筑小品和装饰，均服务于"美化自然"的宗旨，营造出各种不同的湖光山色、田园情趣。

2. 开放外向的园林形态和多情的情感表达

英国古典园林，对自然的表现是外向的，拒绝在园林周围修建围墙，一些兼具灌溉作用的沟渠成为看不见的空间界限。这种开放性和公共性使园林呈现出一种外向开朗的性格。如勃朗设计的斯道维花园或是钱伯斯设计的邱园，大片的草坡沿着自然的地形起伏，一片片树林外缘清晰，阳光照耀下呈浅绿色的草地，将树丛衬托得格外明显。但园林并没有围墙，使得内外风景融为一体。这里也有大片的水面，但水边没有驳岸，草坡很自然地以一个优美的角度伸入湖中。

英国古典园林非常重视情感的表达，有些园林甚至保存或制造废墟、荒坟、残垒、断碣等，以造成强烈的伤感气氛和时光流逝的悲剧性。如钱伯斯的写意式园林、中世纪的废墟在园林中广为出现，以表达一种怀旧的情愫。

3. 独特的构景要素配置

建筑小品是英国风景式园林的重要的构景要素，常用的建筑小品为神庙、亭阁、碑牌、游桥等。植物是英国园林的另一主角，是造景的重要材料和手段。首先，用大面积的草场营造田园诗般的浪漫氛围；其次，运用高大的乔木和低矮的灌木以构成园林的自然之态；再次，是花卉的运用。英国人对花卉的喜爱达到了如痴如醉的程度。园林中一般建有专门的花卉园，四周以灌木围合，在风景园的小径两侧也常用带状的花卉进行装饰，以期达到天然野趣的效果。如英国皇家植物园邱园收集了世界上最多种类的植物和植物标本。

英国自然风景式园林在与天然风致相结合，突出自然景观方面有其独特的成就，是世界园林景观中一颗熠熠闪光的明珠。

三、西方园林的艺术特色与文化内涵

西方哲学十分强调理性对实践的认识作用。公元前六世纪的毕达哥拉斯学派就试图从数量的关系上来寻找美的因素，这种美学思想一直顽强地统治了欧洲几千年之久。在这种"唯理"美学思想的影响下，西方园林诉诸"天人相胜"的理性的追求，它完全排斥自然，"强迫自然接受匀称的法则"，力求体现出严谨的理性，强调规整、秩序、均衡、对称，推崇圆、正方形、直线，几何规则式园林成为西方园林的主导。

意大利、法国、英国的古典园林是西方古典园林的典型代表，虽然它们风格不同，但同属西方园林艺术体系，具有许多共同的艺术特色特征。

西方园林的艺术特色突出体现在园林的布局构造上。体积巨大的建筑物是园林的统率，总是矗立于园林中十分突出的中轴线起点之上。整座园林以此建筑物为基准，构成整座园林的主轴。在园林的主轴线上，伸出几条副轴，布置宽阔的林荫道、花坛、河渠、水池、喷泉、雕塑等。在园林中开辟笔直的道路，在道路的纵横交叉点上形成小广场，呈点状分布水池、喷泉、雕塑或小建筑物。整个布局，体现严格的几何图案。园林花木，严格剪裁成锥体、球体、圆柱体形状，草坪、花圃则勾画成菱形、矩形和圆形等。总之，一丝不苟地按几何图形剪裁，绝不允许自然生长形状。水面被限制在规整的池塘之中，池子也往往砌成圆形、方形、长方形、椭圆形等几何形状，池中往往有人物雕塑和喷泉等，且追求整体对称性

和一览无余。

欧洲美学思想的奠基人亚里士多德认为："美要靠体积和安排"，他的这种美学时空观念在西方造园中得到充分的体现。西方园林中的建筑、水池、草坪和花园，无一不讲究整一性，一览而尽，以几何性的组合而达到数的和谐，追求形似与写实。欧洲文艺复兴时期艺术家达·芬奇指出，事物的美应"完全建立在各个部分之间神圣的比例关系上"，因此西方园林艺术在每个细节上都追求形似，以写实的风格再现一切。

综上所述，西方园林艺术提出"完整、和谐、鲜明"三要素，追求严谨的理性。欧洲人自古以来的思维习惯就倾向于探究事物的内在规律性，喜欢用明确的方式提出问题和解决问题，形成清晰的认识。这种思维习惯表现在审美上就是对称、均衡和秩序，而对称、均衡和秩序是可以用简单的数和几何关系来确定的，这就是西方园林艺术的最高审美标准。

四、西方古典园林之美学特征赏析

世界文化无优劣之分，只有不同之美。同样，中西方园林虽风格迥异，但同样令人赏心悦目。西方园林的美，源于其"唯理"的美学思想下所呈现出的理性美。

（一）人工美与形式美

西方美学认为自然是存在缺陷的，如果没有自觉的心灵灌注以及生命的主题，自然是不可能升华为艺术美的。园林作为人工创造物，理应按照人的意志加以改造。因此，西方园林展现出一种撼人的人工美。它不仅布局严谨、规则，而且将一切自然之物，包括花草树木都必须按照人的意念，刻意雕饰，修整成各种整齐有序的几何图案，呈现出逻辑、理性带来的人工美。

西方许多哲学家和美学家以"抽象形式的外在美"为命题，对韵律、均衡、对称、和谐等形式美的法则进行了抽象概括，于是形式美的法则在西方文化中成为一根无形的指挥棒。它不仅支配着建筑、绘画、雕刻等视觉艺术，甚至对音乐、诗歌等听觉艺术也有很大的影响。作为建筑中重要的一种类型，园林更是将它奉为造园的原则。西方园林的中轴对称、均衡的布局、精美的几何图案构图、强烈的韵律节奏感都明显地体现出对形式美的刻意追求。

（二）率直之美

西方文化推崇直率，感情外露，热情奔放，这种社会意识形态也深刻影响了园林的审美习惯和审美标准。西方园林在构图上主从分明，重点突出，各部分关系明确、肯定，边界和空间范围一目了然，空间序列段落分明，与中国古典园林"犹抱琵琶半遮面"的含蓄美相比，给人以秩序井然和率直明朗的美感。

（三）入世之美

《圣经》中的伊甸园是西方园林最早的蓝本，这是充满快乐和美好的天国，是人类对自己生存空间的美好憧憬，有一点出世的追求和幻想的成分。但随着历史的发展，西方园林逐渐摆脱了出世的氛围，一步一步贴近了现实，有了更多世俗的味道。西方古典园林，尤其是法国的古典园林，不是一个人的世外桃源，而是众人都可游、可赏、可居，兼具宾客宴请、舞会戏剧演出、行政办公等众多功能的场所，里面熙熙攘攘，热闹非凡，是"众乐乐"的露天广厦，演绎出一种入世的世俗之美。

总而言之,西方园林的美展示的是宇宙的物理秩序,是一种自然的情与理,具有鲜明的风格与特点,与东方园林之美互为补充,彼此平衡,共同成就着绘在地球上的图画之美。

第四节 中西经典园林赏析

园林如同散落在世界各地的一粒粒珍珠,虽然文化不同,各有风格,但都闪耀着熠熠光辉,彰显着不同地域的哲学、美学和思维方式的文化因子。本节将从众多精彩园林中采撷一二,进行赏析。

一、西方古典园林之凡尔赛园林——古典主义的贵胄气质

凡尔赛园林是17世纪专制王权的象征,是法国国王路易十四到路易十六的居所,经过数代建筑师、雕刻家、装饰家、园林建筑师的不断改进、润色,成为法国古典主义艺术最杰出的典范。1979年被列入《世界遗产目录》。

(一)凡尔赛园林修建源起

凡尔赛宫原本是为酷爱狩猎的法国国王路易十三的一座狩猎行宫。1660年,路易十四参观完财政大臣富凯的豪宅,妒忌万分,将富凯投入巴士底狱,并命令著名的造园家勒·诺特尔(Le Notre)和建筑师勒沃为其设计一座具有空前规模的皇家庭院。凡尔赛宫在1661年前后开始修建,到1665年初步完成了庭院的主体轮廓,以后陆续建成了镜池、喷泉、柱廊、橘园等部分,到1688年庭院基本完成。在以后的一百多年时间里,凡尔赛宫经历了四代王朝的不断增建,而逐渐演变成为今天所见的规模。1789年法国大革命爆发,路易十六被推上断头台斩首,凡尔赛园林遭到破坏。1833年,凡尔赛宫和凡尔赛园林被修复,改为博物馆。20世纪50年代戴高乐总统时期对凡尔赛宫和园林进行了整修。

(二)凡尔赛园林倩影一瞥

气势磅礴的凡尔赛园林,位于法国首都巴黎西南部18公里的凡尔赛镇,雍容华贵、富丽堂皇,是人类古典园林景观中一颗璀璨的明珠。凡尔赛园林总占地111万平方米,分为凡尔赛宫殿和凡尔赛花园两部分,其中宫殿占地11万平方米,园林面积100万平方米。

园林中的视觉焦点集中在中轴线上,在长达3 000米的中轴线排列着上千座大小雕像、喷泉、草坪、花坛以及柱廊等,其他景物则对称地布置在中轴线的两端(如图4.12所示)。庞大的园林以东西为轴,南北对称,象征着太阳的轨迹。园林紧靠宫殿是两座矩形水池和图案式的南北花园。南花园中有橘园,橘园之南为"瑞士人"大水池。北花园中有密林和奈普顿喷水池。在这些水池里及水池周围有大量青铜像。沿轴线西行是皇家林荫大道。大道东西两端分别是拉冬娜和阿波罗战车喷水池。林荫道两侧是被划分为12个独立景区的小园林,各有不同题材和风格。阿波罗战车水池西面是一条十字形水渠,四面是辽阔的大林园,气势壮观,东起于凡尔赛宫前平台上的矩形大水池,西尽于气势磅礴的十字形人工大运河。

尽管凡尔赛园林的设计完全符合严格的几何学原则,但这里的每一处景色并没有单调枯燥的味道,那些众多的花圃、林木、塑像,还有那些将水柱喷射向公园每一个角落的喷

图 4.12　凡尔赛园林的中轴线上的景观

资料来源：http://www.17u.com/blog/article/1292944.html,2012-07-17。

泉，都渲染出一个变化多彩的世界。

凡尔赛花园以水景作为整个庭院的灵魂，通过各种形式的喷泉、引水道、叠水等，将人的视线由近及远，由狭窄到开敞，由人工水景导向远处的自然水景，再配以极具雕塑感、层次感的植物景观及富有法国浓郁文化特色的雕塑、小品，使整个庭院充满了古典、浪漫、优雅的气质。

喷泉和雕塑是凡尔赛园林的一大特色，喷泉有上千之多，星星点点像珍珠般散落园中。因路易十四自喻为太阳王，因此，喷泉及雕塑大都与太阳神有关。其中，最为著名的雕塑喷泉为拉冬娜池及阿波罗池。拉冬娜池（如图 4.13 所示）由一个圆形和两个半月形的喷泉组成，生动地描绘了古希腊传说中阿波罗之母拉冬娜保护爱子的情形。美丽的女神拥着可爱的神婴站在圆形喷泉的中央，周围环绕着因心地凶恶而被变成人头蛙身的农夫。阿波罗池中阿波罗驾着四匹战马正狂奔挣嘶，随从有鱼人神和各种海中怪物，很是雄

图 4.13　凡尔赛园林的拉冬娜雕塑与喷泉

资料来源：http://hi.baidu.com/axiong2007/item/4318b9d2ce5681e7b2f7770f,2008-04-06。

伟壮观(如图 4.14 所示)。喷泉水池粼粼漾漾,清亮怡目,水珠都随着温馨的长风节奏盎然地轻舞翻动,使这一片磅礴而雕琢的园林有了一种袅娜的灵秀之气,添了一泓清雅柔美的神韵。

图 4.14　凡尔赛园林的阿波罗驾战车雕塑与喷泉

资料来源:http://hi.baidu.com/axiong2007/item/4318b9d2ce5681e7b2f7770f,2008-04-06。

园林中的植物种类相当丰富,除了当地本土温带植物以外,还有意大利及葡萄牙的橙树、柠檬树、棕树等,远远望去一片热带风光。树木花草栽种得匀称别致、气魄宏大,水池边是修剪得很规整的几何花坛,修剪成圆锥形的树木整齐地排列在四周。

(三) 凡尔赛园林的文化解读与美学赏析

17 世纪路易十四时代,法国君权主义已完全确立,法国文化笼罩着一种强烈的君权主义气息。此时的哲学,经过 16 世纪末的宗教改革的全面深刻反思,已把匍匐在地的人从神的脚下扶起,赋予思维与理性以至高无上的地位。从文化角度看,凡尔赛园林正是 17 世纪下半叶法国社会政治文化状况的产物,是绝对君主制度的产物,是理性主义的体现。在造园思想上,表现为大规模地改造自然现状,反映人对大自然的认识与征服。凡尔赛园林中大量使用几何式构图,透过严谨的几何图形形成一种层次严密和整体完备的结构体系,反映欧洲传统的理性主义至上的思维特征。

凡尔赛园林的布局在整体上是几何规则式,整个园林设置得规整一律、轴线分明、秩序清楚、形式简洁,呈现出一种开阔、明朗的构图美。凡尔赛宫的形状基本上是长方形,以凡尔赛宫为基准构造鲜明的主轴线,从宫殿起到大人工湖延伸了一千多米,而人工湖继续向前延伸,消失在地平线上,形成一个无际的深景。主要的道路有着严格对称的布局,在中心轴线两侧围有间断的行列式树丛,将两侧的园林、景物隐蔽起来,引导人的视线向中心轴线的深景方向发展。在单调的轴线几何构图中,主要的喷泉和雕像沿着纵深轴线不时地有所变化,而轴线大道的小园子也个个妙趣横生。

凡尔赛园林通过刺绣式花坛、喷泉、雕塑等造园要素的运用,为严谨的几何图案增添了动感与华丽,展示出一种形式美和视觉美。凡尔赛宫苑在园林布置中十分注重雕塑的应用,无论在秩序鲜明的主轴线范围内,还是在活泼随意的大小丛林园中,雕塑的运用都成为丰富景观的重要因素。如阿波罗浴场丛林园中,大理石的阿波罗与众仙女塑像坐落在仿自然的岩洞之中,与碧水绿树掩映生辉,既体现了人造自然的气势,又增添了人们观感上的和谐。

总之,凡尔赛园林自诞生之日起就目睹着法兰西民族的沧桑巨变。法国近代史上的几次重大政治事件如法国大革命路易十六王族被捕、法德和平条约的签订等都在这里发生。这座世界园林体系中的精品,如今政治地位已荡然无存,但作为人类园林景观中绚丽灿烂的明珠,它包含了超越时代的永恒精神,仍在继续散发着它的迷人光辉。

二、中国古典名园之网师园赏析——迂回不尽兼旷奥①

苏州网师园,被造园家们誉为"苏州园林之小国极则",推崇为"以少胜多"的典范。网师园原为南宋史万志的官宅,时称"万卷堂",带有花圃,号"渔隐",后渐疏废。清乾隆间宋鲁儒(宗之)购得其地,治别业为归老之计,借托原来渔隐之意,自称"网师",取名"网师园";亦有因宅园面临"王思巷",为与巷名相谐音的缘故。后来园又颓圮,为嘉靖间段远村买得。段氏"因其规模,别为结构,叠石种木,布置得宜,增建亭宇,易旧为新"。同治间又被李鸿裔所得,因其与"沧浪亭"相隔不远,曾称"苏邻小筑"。其后又几经兴衰,有所增补。1958年秋由苏州园林管理处接管,多次修整,起颓兴废,使这座久已散为民居的名园,终成游览胜地。

网师园是座宅园,东边是住宅,园子在住宅的西侧。由住宅大门而入,穿廊先至轿厅,轿厅之后,为大客厅,其前有一砖门楼,雕刻极为精致。内厅为楼,殿其后,厅悬"撷秀楼"匠额,系俞樾(曲园)先生所书。三进厅堂之间,庭院紧凑,屋宇高敞,装修雅洁,是明清官府宅第的代表作。

从宅院第二进的轿厅折西,有一个小园门,门楣上雕刻着"网师小筑"四个字,进此小门便是网师园了。入园是一段狭促的曲廊,曲廊与一座厅堂相接,这座厅堂题名"小山丛桂轩"。湖石耸立,叠石间树木扶疏,其间多桂树,点缀着丁香、梧桐、垂丝海棠等。丛丛花木与叠石,使原本不很大的院子显得曲折有致、宁静安适,尤其到了金秋时节,山幽桂馥,香藏不散,更是别有一种情趣。庾信《枯树赋》中有句:"小山则丛桂留人。"这正是小山丛桂轩的意境所在,还蕴含着迎接款留宾客之意。

轩西,循曲廊而行,景象突然开朗,豁阔水景扑面而来,纵目四顾,可见南有园主宜居的"踩和馆",北有"濯缨水阁",小阁临流,又与"看松读画轩"隔水相招。濯缨水阁,取"沧浪之水清兮,可以濯吾缨;沧浪之水浊兮,可以濯吾足"的诗意。登阁凭栏,俯视水池,只见池水明澈,满月清爽,临水亭廊,玲珑雅致,疏朗宜人。看松读画轩于池北稍离水面,轩前临水叠有题名"云岗"的黄石假山,给人有近山远水之感。

从濯缨水阁继续西北而行,为西侧围墙,曲折走廊缘墙而筑。随廊越坡,有亭翼然,虚架池上,名"月到风来"。这座八角小亭,造型娇小玲珑,突出于池水之中,不仅是园中四处皆可望到的一个对景,凭栏静观,隔着水面可观赏环池建筑景面,又是一个极好的赏景所在。中秋佳日,明波若镜,渔肌高下,云水变幻,骋怀游目。"卷卷流水细浸阶,凿个池儿招了月儿来,画栋频摇动,荷蕖尽倒开。"亭名正合此妙境。

---

① 本部分内容节选自高友德:《立体诗画——中国园林艺术鉴赏》,广西人民出版社1990年版,第68—70页。

月到风来亭的北部走廊,途经水池曲岸上的三折平板小桥,可通往临池的"竹外一枝轩"。此轩四面空透开敞,南面洞开,面倚池水,北面设墙而邻小院,隔墙上开几孔洞窗,一孔洞门,使池面、廊轩与小院空间贯通一气。轩花影移墙,峰峦当窗,宛然如画。

竹外一支轩在其北部的"集虚斋"的陪衬下,显得特别平易近人。依坐在这贴近池面的水轩之中,更使人感到清新。从中可见到网师园布局规划的手法,妙乎园不在大,泉不在响,而注重池水周围建筑空间的处理,使游人处处贯通,有行回不尽之致。

在看松读画轩和月到风来亭之间的廊墙以西,又有一个园中别院"殿春簃"。这里原有芍药园,芍药花在春末夏初开,因此取名"殿春",为园主人读书处。这座由于美国纽约大都会博物馆建造中国式庭院——"明轩",曾经以之作为范本而闻名于世的园中小院,果然有一种淡雅不凡的气质。小轩三间,拖一复室,竹、石、梅、蕉隐于窗后,微阳淡抹,浅画成因。逗留在院北屋中,不但毫无禁身之感,还可从东墙漏窗中,借到院东园林之景,幽雅自得。

殿春簃院的西南,原来有一口"根树井",埋在古柏根下。后来古柏枯死,井也被埋没了。1958年修园时,挖得一块镌有"涵碧泉"三字的湖石,并掘得泉井一泓,清澈醒人,与中部大池有脉可通,存"水贵有源"之意。在西边平直的墙面上增建一座依墙半亭,取名"冷泉亭"。

网师园的占地只有6 000平方米,但建筑密度达30%。但是,通过园林匠师对园中景区的划分,对空间抑、扬、收、放的处理,对建筑隐、显、虚、实的安排,使园池面积集中,建筑前后高矮富有层次和变化,并多处采用对比手法,在园林周围较小空间的陪衬下,使中部的池面空间比较开阔,各个景面之间的观赏距离也比较适中。尽管园中又被分隔成多个封闭或半封闭的小院,气氛各异,但它们并不分散,而且相互交触、流通,相互取作借景,主次分明,构图精巧。网师园称得上是,虽"地只数亩,而有迂回不尽之致……旷如奥如,殆兼得之矣"。

思考与练习

1. 什么是园林景观?世界园林景观有哪几大体系?
2. 中国古典园林可以分为几类?每类各具有什么特点?
3. 中国古典园林美在何处?
4. 举例说明,如何对中国古典园林进行鉴赏。
5. 西方古典园林有哪些主要流派?其特征表现在哪些方面?请举例说明。
6. 简析西方古典园林的美学特征及文化内涵。
7. 以中西古典园林为例,说明二者的艺术表现手法及文化特征的异同。

21世纪经济与管理规划教材

旅游管理系列

第五章

聚落景观文化赏析

【学习目标】

充分认识聚落景观及其文化,深入挖掘其美学要素,了解赏析聚落文化景观的一般方法,培养聚落景观审美能力,在旅行中,最大限度地体验聚落景观带给人们的审美享受。

1. 了解聚落景观的内涵与类型,对聚落景观有基本了解。
2. 明确聚落景观的发展演变脉络,理解其文化内涵。
3. 掌握聚落景观的美学特征,学会发现聚落景观之美。
4. 认识观赏聚落景观的基本原则,并学会运用这些原则欣赏聚落景观。
5. 培养和全面提升聚落景观的审美能力。

聚落景观，最接近于生活，多出自民众之手，且与当地气候及地形环境有机结合，因此，不管是竹篱茅舍点缀的乡村，还是霓虹大厦林立的都市，都充满生活气息，甚至具有诗情画意一般的意境。漫步聚落，人们不仅可以欣赏风格多样的各类景观，而且可以感受到浓郁的地域和历史文化特色，并找到自己的情感寄托。充分认识聚落景观，深入挖掘其美感要素，了解赏析聚落文化景观的一般方法，对于开展好聚落景观旅游，最大限度地体验这些景观带给我们的审美享受，有着非常重要的作用。

第一节 聚落景观

一、聚落与聚落景观

（一）聚落

1. 聚落的内涵

从严格意义上讲，"聚落"一词起源于佛经，原有"固定于土"的意思。后来，该词在中国古代典籍中多指村落，是以农耕为主要经济方式的人类聚居和生活的场所，如《史记·五帝本纪》记载："一年而所居成聚，二年成邑，三年成都。"《汉书·沟洫志》曰："或久无害，稍筑室宅，遂成聚落。"到近代，聚落虽然仍多指别于都邑的农村居民点，但范畴有所扩大，也包括了部分人们有意识开发、利用和改造自然而创造出来的生存环境。如今，人们对聚落的理解更为宽泛，扩展为满足人类生产、生活、休憩、娱乐、交往等多种功能而在一定面积的土地上建立起来的人类集中居住地。聚落千差万别，大小相差悬殊，大至拥有上千万人口的特大城市，小到只有三家五户的小村落。然而，不管大小，它们都是一定地域内发生的社会活动和社会关系，是由共同成员的人群所组成的相对独立的地域社会。

聚落的地点通常是固定的，只有极少数是游动性的。聚落由各种建筑物、构筑物、道路、绿地、水源地等物质要素组成，规模越大，物质要素构成越复杂。聚落的建筑外貌因居住方式不同而异。例如，婆罗洲伊班人的大型长屋，中国闽西地区的土圆楼，黄土高原的窑洞，中亚、北非等干燥区的地下或半地下住所，某些江河沿岸的水上住所，游牧地区的帐幕等，都是比较特殊的聚落外貌。

聚落具有不同的平面形态，它受经济、社会、历史、地理诸条件的制约。历史悠久的村落多呈团聚型，开发较晚的移民村落往往呈散漫型。城市型聚落也因各地条件不同而存在多种平面形态。聚落的主要经济活动方向决定着聚落的性质。乡村聚落经济活动的基本内容是农业。城市聚落经济活动内容繁多，各种经济活动变量间的关系反映出城市的功能特征和性质。

聚落是人们的生活场所，也是进行生产的场所。它是人类与自然和谐相处的结果，也是民族、国家历史文化发展的体现。它不只是一个空间系统，还是社会历史文化现象的载体。

2. 聚落的演变

聚落是一种复杂的经济、文化现象和发展过程,是特定的地理环境和社会经济背景中人类活动与自然相互作用的综合结果。它伴随着人类文明脉络的变化而逐步变化。在新石器时代初,随着生产力水平的提高,产生了人类历史上第一次社会大分工,即农业从畜牧业中分离出来,出现了专门从事农业生产的人群。他们在固定的区域进行生产、生活,从而产生人类社会最早的聚落形态——乡村。新石器时代晚期,随着生产力的进一步发展,产品有了剩余,于是部分人从土地上解脱出来,成为专门的手工业者,出现了人类历史上第二次社会大分工,即手工业从农业和畜牧业中分离出来。由此,产生了新型的聚落——专门从事商业、手工业的城镇。人类进入奴隶社会,因生产力的提高,出现了专门从事商品交换的商人,商业从农业、手工业中分离出来,人类历史上出现了第三次社会大分工。基于政治、军事、宗教等目的,人类开始在聚居区周围修筑城墙,并逐步演变成新的聚落——城市聚落。

(二) 聚落景观

不论哪一种聚落,总有一些环境优美,建筑独特,文化内涵深厚,富有一定美学或文化价值。我们将这些具备了欣赏价值而成为人们审美对象的聚落称为聚落景观。聚落景观不仅包括聚落建筑本身,还包含聚落的自然景观、经济景观与社会文化景观,它们共同组成了聚落景观体系。自然景观是聚落赖以存在的自然环境及人们对聚落自然环境的营造;聚落建筑是聚落人群因生活、生产、休闲修建的建筑;社会文化景观是指凝结于聚落建筑、经济空间和社会空间的有形和无形社会文化形式,包括文学、艺术、语言、服饰、民俗、民情、思想、价值观等。聚落景观体系中的各组成部分,形成了既相互联系、相互渗透,又相互区别的有机整体,表现出不同的旅游价值。

1. 自然景观

每一个聚落都有独一无二的地形地貌、气候植被,它们是聚落形成的基础。与此同时,人们在建立聚落后,世世代代又对聚落自然景观进行了美化与完善,进一步增强了聚落自然景观的吸引力。如罗马城的七座山丘,佛罗伦萨的阿尔诺河,巴黎的塞纳河,上海的外滩、黄浦江,重庆的丘陵、山地,济南的"四面荷花三面柳,一城春水半城湖",绍兴的小桥流水、湖泊星布,大寨的七沟八岭一面坡,陕北一些村落的黄土高坡,加上植被等其他构景元素,无不构成具有个性的自然景观,令人感到新奇。自然景观是旅游者抵达聚落后,最先关注的景观之一,是欣赏聚落景观的开始,所以是聚落最重要的构景要素之一。

2. 聚落建筑

聚落建筑有民居建筑、标志建筑和公共建筑,主体是民居建筑。它是居民为适应当地的自然环境和便于取得建筑材料而创造出来的,不仅有明显的时代特征,也有显著的地方色彩。例如,北极地区的因纽特人用当地便于取得的冰块构筑的小冰屋,墙体很厚,有利于保持室内的温度;我国黄土高原有堆积很厚的黄土层,那里的气候相对比较干燥,当地居民便就地取材,利用黄土层挖凿成窑洞;我国新疆地区气候干燥,风沙大,建成平顶房,其屋顶可以用来晒庄稼;我国及世界上的一些热带地区,因炎热多雨,比较潮湿,一般都建成双层木楼或竹楼,通风较好,人居住在楼上不仅比较凉爽,而且也相对比较干爽;我国东北地区因气候寒冷,一般都建成墙体较厚且有火墙火炕的居室。有的民居则是适应于当地居民的生活习俗而创造的,如我国福建客家人因聚族而居,创造出大土楼的特色建筑。这些建筑,地域不同,风格、造型绝不雷同,极具审美价值,很受欣赏者青睐。至于标志建筑,更是因代表了当时的最高建筑水平,凸显了当地文化,受到旅游者的重视。

3. 风情民俗

俗话说,十里不同风,五里不同俗。不同的聚落,特别是有旅游价值的聚落,都有自己的乡土、民俗文化。它们有的具有很强的观赏性,有的具有很好的参与性,能引起旅游者极高的兴趣。如山东省潍坊市的杨家埠,是全国三大年画之一的发源地和生产地,大多数住户参与年画的制作。他们的雕版、印刷,都使人觉得新鲜、有趣,大开眼界。那些年画题材广泛,人物造型生动传神,色彩艳丽,立意符合中国人追求吉祥如意的心态,观赏价值极高。观赏这里乡土文化的载体——年画,往往是来这里的旅游者最喜欢的活动。有些地方诸如婚庆、祭祀、节庆等民俗活动,包含了深刻的文化内涵,除观赏外还可以了解地方文化,增长知识,获得精神的愉悦。至于像傣族的泼水节,游客可以直接参与进去,相互泼水祝福,感受傣族文化,体验不一样的民族风情。少数民族的对歌、跳舞,游客若有兴趣,也可以与他们一起对唱、舞蹈,尽情地享受难得的喜悦。

二、聚落景观的类型

按照不同的标准,可将聚落分为不同的类型。依其性质的不同,可分为乡村聚落和城市聚落;依照生产力发展水平的差异,可分为传统聚落和现代聚落。如再细分,又有传统村落、现代村镇、历史古城、现代城市。因此,根据主要经济形态,那些有美学价值、能够成为欣赏对象的聚落景观也可相应划分为乡村景观、城镇景观和城市景观。其中,传统村落景观和现代城市景观是最具吸引力的旅游热点。

(一) 传统村落景观

传统村落通常是固定的、以农业这种经济活动为主要形式的聚落,是人类社会中最早出现的聚居形式,也是几千年农业社会的见证。村落是实实在在的、自然生成的——由群众动手建造,并经年累月逐步形成的,更为朴素地保留着自然真迹。它和人们的生活保持着最直接紧密的联系,而不同地区的人由于气候、地形、环境、生活习俗、民族文化传统、宗教信仰等不同,也都在其乡村聚落和住房形式中有所反映,因而具有浓郁的乡土气息,常常被看做最有代表性的聚落景观之一。

传统村落是在传统社会自给自足、小富即安的小农经济的基础上发展起来的,它代表的是农耕社会的生活模式。那里的村民勤劳、单纯、好客,性格淳朴,最大的社会特点是清净平和、与世少争、民风淳朴。长期生活在喧闹紧张、竞争激烈的大城市的人们来到这里,能有一种安全感、回归感,使心灵得到净化。另外,那里远离闹市的秀美的自然风光、紧凑而贴近生活的空间尺度与丰富的构景要素,共同创造出一种使人产生亲切感的环境,具有极大的审美价值。

当然,随着我国经济的快速发展,有些传统村落逐步走向了现代化,展现了大量人类文明的最新成果,让游客真切地感受到了新农村的新气象。但作为聚落构景主体的传统建筑被大量拆除,取而代之的是缺少特色而又过于刻板的新民居。而有些追风的所谓标志性建筑又过于粗糙,美感层次不高。从欣赏聚落文化景观的角度来看,这种村落将会逐渐受到冷落。

安徽是我国古村落最为集中、最具特色的省份之一，其古村落主要分布于南部山区，被誉为皖南古村落，如宏村、西递、南屏等都是典型的徽州古村落。此外，如江西、浙江、云南、山西、山东等省也有许多闻名天下的古村落。世界范围内被列入世界文化遗产的古村落有日本的白川乡、捷克的霍拉肖维采历史村落、匈牙利的霍洛克村、美国的印第安村等。

（二）城镇景观

镇是以非农业活动为主的人口聚居区，其规模小于城市而大于农村，是介于城市和乡村之间的过渡性聚落。城镇的出现是社会分工发展的结果，其文化形成以商贸为核心。

古老的历史，优美的风景，营造了古镇浓郁的文化氛围。古镇常由民居、街道、店铺、城池等众多要素组成，是手工业文化的缩影和人类文明的结晶。江苏省是中国名镇最为集中的省份之一，如周庄、同里、甪直古镇，清零、淡雅、秀气，吸引着众多游人。此外浙江的西塘、乌镇、南浔也别有风味。被列入世界文化遗产的国外历史古镇如法国中世纪贸易集镇普罗旺斯、肯尼亚的拉姆古镇、越南的会安古城、西班牙的卡塞雷斯古镇等。

（三）城市聚落景观

城市是一国或一地区政治、经济、文化的中心，是物质财富、精神财富最为集中之地，在人类文明发展史上占有十分重要的地位。城市是烙印着深厚人类文化内涵的聚落景观。国民经济的高速发展、工业化的快速推进，使不少城市脱去了传统的外衣，成为现代化城市。这些城市变化迅速，充满活力，景观内容丰富，成为聚落景观的主体。

在现代化城市里，风格各异的建筑鳞次栉比，几十层甚至上百层的摩天大厦矗立其间。标志性建筑，各具风采；宽阔整洁的柏油马路上，车水马龙；人行道上，熙熙攘攘；现代化的广场，开阔通透；巨大的广告，创意无限；各种各样的霓虹灯，令人眼花缭乱；立体的绿化，充满勃勃生机。整个城市构成了一幅色彩绚丽、动静结合、节奏和谐、构图均衡的城市景观图画，给旅游者带来巨大的美的视觉冲击力。来自乡村和小城镇的游客会因新奇倍感兴趣，来自城市的游客也会因相同的文化语境在欣赏过程中产生强烈共鸣。

在加速建设现代化城市建设的进程中，有些城市注意尽量保护那些能够反映历史文化的老城区、古建筑、古名木、古遗迹和文物古迹，使之成为现代化城市景观特色的组成部分，更增加了对游客的吸引力。各国首都、省会和历史文化名城都是值得逗留、徜徉的城市聚落景观。

三、聚落景观的特点

（一）独特的地域性和景观场

所谓地域性就是地方特色。由于聚落所处的地域地形、气候、水文、植被等自然因素不同，经济发展、文化传统、风俗习惯、社会组织等人文因素也各不相同，受其影响，每个聚落景观必然有不同的地方特色。这种鲜明的地方特色和风俗文化的差异，使它成为不同于其他的"这一个"，让人倍感新鲜，从而吸引游客源源不断地到来。

聚落景观独特的地域性，造就了聚落景观场的独特风格。它通过建筑的体量、立面及所围合的空间体现出总风格，通过构景要素的多样化体现出聚落历史的延续和连接。个性化的景观实体与虚体要素物化为聚落的历史、文化、风俗和传统,使其具有无穷的魅力。如石壁草顶的房屋、围以柴门石墙的一个个宅院,参差错落地分布在半山腰上,袅袅的炊烟从房顶的烟筒上升起,若隐若现的犬吠鸡鸣从村中传来。这样的山村聚落景观,肯定会给人不同一般的感受。

(二) 突出的综合性

聚落是当地居民居住、生活及进行生产活动的场所,势必具有复杂的功能。为了更好地发挥这些功能,聚落往往划分出若干个相对应的功能区,以适应居民和旅游者的各种需要。这样,聚落就成了一个多种功能相结合的空间综合体。聚落景观构成不仅包括自然环境、民间建筑、生活设施、娱乐场所等硬件设施,而且包括人的活动,像祭祖、节庆等日常的生活片段,具有鲜明的综合性。这种综合性,还反映在聚落文化多代重叠及多元性上。历史悠久的聚落,经历了若干朝代发展之后,或多或少地会留下不同时代的印迹。这在聚落的老城区尤为明显,如曲阜的孔庙、孔府、孔林以及大量儒家文化的遗迹。此外,随着开放的扩大,文化交流的增加,各种外来文化与当地文化相融合,也对聚落文化形象产生明显的影响。这种多代文化的重叠及多元文化的交融,最终形成了既有鲜明个性又有共性、内容丰富的聚落文化景观,使其更具观赏性。

(三) 虚实相间的魅力空间

聚落景观通常是以景观空间这一虚体景观作为欣赏重点的。聚落内"虚"的景观空间是由"实"的景观要素围合而成的,但从审美的角度看正因为有了这些"虚"的空间,围合它的实体要素才能成为真正意义上的审美对象。在聚落旅游景观的构成中,虚与实是互相依存、不可分割的。虚中有实,实中有虚,虚实相生,内外交融。

从欣赏的角度,虽然我们看到的是形式多样的景观实体,但真正给我们留下深刻印象的却是这些要素围合而成的如街巷空间、广场空间、边缘空间等具有魅力的景观空间。虽然很少有人能直接感受到这些虚无空间的存在,但它却支配着人们的活动,给人们带来安宁和喜悦,并使人们产生对空间的印象和情感。当然,空间尺度与社会尺度协调才能产生强烈的视觉冲击并给人激动的感觉。空间同周围构筑物缺乏对话和联系,尺寸失度不会构成魅力空间。景观空间是聚落的精华,也是聚落景观欣赏的重点。

第二节 聚落景观文化审美

聚落之所以能具备一定的艺术性,给人以美感,主要还是在于它和人们生活的联系。[①] 走入聚落,映入旅游者眼帘的视觉形象,如建筑、屋宇和自然环境等物质环境固然可以激发人们的美感,但超越于这种形象之外,它可以使人们联想到居住在这种环境中的人以及他们的各种生活形态。"美是生活",能令人联想到生活的聚落自是美的。当然,聚落令人联想到的生活越多,其美的价值越多。下文将从聚落景观构成要素、美学特征、审美原则等方面加以论述。

---

① 彭一刚:《传统村镇聚落景观分析》,中国建筑工业出版社1990年版,第47页。

一、聚落景观的构成要素

聚落景观由硬质景观要素与软质景观要素构成。所谓硬质景观主要是指聚落中的建筑物、构筑物、雕塑和建筑小品。软质景观是指聚落及周边的植被、水体等景观要素。

(一)硬质景观要素

硬质景观要素中,最有代表性的是建筑物。正是由于建筑物的不断集中,才形成了形态各异、大小不一的各种类型的聚落。也正是因为不同类型、不同特色的建筑物的存在,不同的聚落才呈现出各自特定的形象,成为人们旅游审美的对象。

1. 民居建筑

民居建筑是聚落中数量最多、分布最广的硬质景观要素。一般说来,民居建筑,多是顺应自然,适应环境,就地取材建起来的房舍。不同地域、不同民族的聚落民居建筑风格不同。就是同一地域、同一民族,由于环境、气候、习惯不同,民居的建筑风格也各有特色。正是这种千差万别,才使其成为重要的聚落硬质景观。

2. 标志性建筑

标志性建筑是聚落中最吸引人的实体景观之一,可分为传统标志建筑、现代标志建筑和其他标志建筑。

(1) 传统标志建筑。主要有宗祠、庙宇、牌坊等。宗祠是聚落专门用来祭祀祖先、处理宗族事务、举行各种重大活动的场所。这种建筑一般严格按照礼制规定建造,十分注重"向心"和"取正",结构形式聚力远大于张力,给人以庄严肃穆的感觉。它常常成为整个聚落精神的象征和心灵的寄托,它的周围也是重要的公共活动中心。庙宇是古代人们专门用来祭祀鬼神,保佑平安的场所。各聚落的庙宇,不仅数量多,类型也较多,如文庙、武庙、龙王庙、土地庙、妈祖庙、娘娘庙,不一而足。这些庙宇从宗教信仰的角度维护着聚落的稳定,促进着聚落的发展。不同地域的庙宇往往代表着当时当地的建筑文化的最高水平,而受到游客的喜爱。牌坊是一种十分特殊的标志性建筑,常常以独特的艺术风格和不凡的文化个性成为聚落景观中的重要景观要素。它一般放置在一组建筑物的最前面,充当聚落或建筑群外部空间序列的开端,起着划分、界定及控制空间的作用,增添建筑群体艺术的表现力,丰富景观的层次和内容。

(2) 现代标志建筑。主要有大体量建筑物与特色建筑物。如阿拉伯酋长国160层、828米高的迪拜大厦,法国的埃菲尔铁塔,上海的金茂大厦、东方明珠。这些高耸入云的建筑物丰富了城市的天际线,让人们对人类自身的创造力感到自豪和骄傲,同时还满足了各种实际需要。还有那些有丰富文化内涵、具有纪念性、经典性的公用建筑,如华盛顿的国会大厦,悉尼歌剧院、北京的人民大会堂、人民英雄纪念碑等。它们往往成为某一城市的标志,而对旅游者产生着足够的吸引力。

(3) 其他标志建筑。有桥梁、塔和少数民族标志建筑等。桥不仅可以使天堑变通途,而且是一种装饰性很强的独特景观。原是佛教建筑的塔,不但有一些实用功能,而且能以其雄健挺拔的姿态对整个聚落景观及周围自然环境起到一个锦上添花的作用。现代城市中的电视塔、瞭望塔,更是以它们大尺度的体量和高度在旅游中发挥着观光等不同的作用。我国是一个多民族的国家,不同民族的聚落中也常常存有一些地位重要的标志性建筑,如傣族的干栏式竹楼、侗族的鼓楼等,它们也都有着重要的地位和独特的作用。

3. 公共建筑

在乡村聚落中,公共建筑主要有社区活动中心、小商店、小医疗诊所、邮局、学校等生活服务和文化设施。现代城市中公共建筑主要有金融工商建筑、休闲娱乐建筑、交通通讯建筑、教育科学建筑等不同类型。随着城市的发展,这些建筑在城市景观中的作用越来越大,文化品位也会越来越高。

4. 景观雕塑与小品

景观雕塑也叫"公共雕塑",包括广场、公园、绿地、街道间、建筑物前的各种雕塑、纪念碑雕塑和建筑群雕塑。它既能体现时代精神和地域文化,又能装饰、美化人们的生活空间,丰富人们的精神生活,甚至成为一个城市、一个地方的标志。这些雕塑一般形象都比较鲜明生动,能立体地再现生活中的人物和事件。它们已同周围的环境融为一体,成为环境的构成要素。欣赏者只要一瞥,就能留下深刻的印象。

建筑小品主要是指分布在城市的广场、街道、公园及公共活动空间的为市民和外来人员提供便利的各类设施,如候车亭、电话亭、坐椅、栏杆、花坛、指示牌、垃圾箱、照明灯、广告牌等。它们体量虽小,却常以多种多样的造型、新奇的形式点缀着现代城市景观,为人们提供着方便,让人倍感亲切。它们还常常同其他景观实体搭配组合形成各种小型空间及新的景观元素,影响到城市空间及周围环境的景观效果。

(二) 软质景观要素

植被和水体是最具代表性的软质景观要素。植被凭借着生机勃勃的面貌与色彩,在聚落景观中占有重要地位。水不仅能构成各种水体景观,还能给聚落带来生机。有了丰富的水体,聚落才有灵性。

1. 植被

植被主要由乔木、灌木、花卉、草坪等构成,它不但以千姿百态的外形、缤纷灿烂的色彩和盎然的生机带给人们美的享受,更重要的是它能改善气候、净化空气、保持水土、蓄水防洪、防风固沙、降低噪音、吸烟滞尘,造成适于人类居住的最佳环境。聚落内的绿地覆盖率和人均占有绿地面积,是衡量聚落旅游景观优劣的重要指标。

聚落内那些古树名木(如南方一树成林的大榕树、北方的老槐树、银杏树)虽历经几百年甚至近千年,但仍铁干虬枝、花繁叶茂、冠盖巨大,不但绿化美化环境,为人们提供了休闲娱乐的绿荫,而且有的还见证了聚落的形成和发展,记录了聚落人民生活、斗争的历史,寄托着几代人的情感。还有的由这些古树衍生出一些动人的神话故事和民间传说,增加了一些神秘色彩。高大的古树名木下,因其环境的独特,也往往成为聚落的"广场"、"活动中心"。低矮的灌木,其作用也不容忽视,它不仅填补了乔木下的空间,形成立体绿化,而且常常被作为道路的隔离带发挥着界定空间的功能。它那五颜六色的花还把聚落装扮得更加漂亮,成为诱人的景观。聚落内那成片的草坪,碧绿一色;点缀其间的花卉,争奇斗艳;它们共同构成了色彩斑斓的画卷,给人带来美的享受。草坪由于紧贴地面,不至于把人与土地完全隔离开来,既避免了地面的裸露和扬尘的出现,又可以作为亲近土地的媒介、人们活动的空间。

2. 水体

水体是聚落景观中最富生机和活力的要素,它不但可以满足人们生产生活的需要,而且是人类审美的重要对象。在各种聚落中,常可以看到大到湖海江河、小到沟渠泉流的水体,它们为开展水上活动和各类亲水空间的营造提供了条件。利用水体,通过波、光、影等手法,还能创造出如梦如幻、令人振奋的意境,成为最吸引人的聚落景观。

山区聚落一般依山傍水而建,河流或溪水弯弯曲曲地流过村庄四周及内部。有些民居临水而建,高低、大小不等的建筑倒影水中。如果越过水体向远处眺望,水边各种各样的物体与水中倒影,就组成了一幅层次丰富、趣味盎然的优美图画,成为最迷人的景观。现代城市中,水体的数量更多、规模更大,并且包括了一些如喷泉、人工瀑布、人工湖一类的人工水体。城市利用多种科技手段,创造出形态各异的人工水体景观,极大地丰富了城市景观空间,具有极大的视觉冲击力,能引起人们联翩的浮想。

二、聚落景观的美学特征

聚落景观千差万别,很难提炼出共同的美学特征。但作为个体的具体聚落,却往往具有自己的美学特征。而这些特征在传统村落和历史文化名城中表现得尤为明显。

(一) 生产、生态和形式美的统一性

这一特征在传统村落中表现得格外明显。传统村落大多以农耕为主,农业收入是当地居民生存、繁衍、发展的主要物质基础。其生态环境、土地形式、劳作方式都必须为农业生产服务,有利于居民的生活。这就要求生产、生态和形式美必须统一,而具有旅游价值的聚落也基本能达到这三者的统一。哈尼族的聚落景观就是这三者高度统一的典范。

哈尼族聚落在云南南部哀牢山和无量山海拔1 500米左右的山腰上,以农耕为主要生产生活方式。哈尼族聚落景观主要由梯田、民居和山顶大片茂密的森林构成。村寨的两侧是重重叠叠,包裹住座座大山,几百、上千层,直插云霄的梯田。冬末春初,哈尼梯田注满了水,满山波光粼粼,在云雾缭绕下时隐时现,水面的光与田埂线条的不同组合好似完美的现代抽象派艺术品;夏季,成百上千台梯田披上了绿装,油油的绿色使人心旷神怡;初秋,稻谷成熟,放眼望去,一片金黄。生产依赖于梯田,梯田能产出足够食用的稻谷,梯田景观能给人以强烈的形式美,达到了生产、形式美的最大统一。山顶绝对禁止砍伐的神树林枝繁叶茂,苍翠欲滴,在云雾的环绕之中,给人一种神秘的气息。这些森林和水田,形成了良好的生态环境,保证了水的循环,为梯田水稻的种植提供了源源不断的水源和哈尼人的生活用水,实现了生态、生产和形式美的统一。寨中的民居是用土坯和稻草建成的不怕风雨的蘑菇房,排列紧凑,高低错落,在树林和周围梯田的环绕中分外醒目。梯田带给人们色彩、线条、质地和条理的愉悦;神树林给人们的蓬勃生机和神秘感;蘑菇房展现给人们节奏感。聚落景观呈现给人们的是一幅立体的画卷。伫立其中,这种整体和谐的形式美给人的生理和心理以美的享受。

(二) 美学风格的一致性

聚落一般要经过相当长的时间才能形成,在漫长的形成与发展过程中,受多种因素的影响,往往会形成自己的生活情趣和审美情趣。这种情趣,在继承中发展,在发展中继承,

始终影响着聚落的方方面面。这样，不同的聚落景观就有了不同的美学风格，或优美，或壮美，或古朴，或现代，或粗犷，或细腻。但具体到一个聚落，包括一些软质文化景观在内的文化景观，其美学风格却往往是一致的。如果优美、壮美无规则地混杂，现代、古代穿插，粗犷、细腻集于一身，给人的整体感觉就会不伦不类，极不舒服，好似上穿西服，头戴斗笠，脚穿草鞋。一般说来，传统古城古朴，新兴城市现代；南方城市优美，北方城市壮美；江南水乡细腻，黄土高原的聚落粗犷。当然，这并不是说，传统的古城就没有现代化的建筑，优美的城市就没有壮观的大楼。不过，聚落的管理者与建设者都懂得相关的美学知识，他们会在设计与建筑时做一些变通，以便保持与周边美学风格的一致性。如在一些古城，修建现代化的高层建筑时，门窗设计为仿古的形式，屋顶采用一些仿古的材料，增加一些仿古装饰，不至于在周边太刺眼。杭州是我国著名的旅游城市，是历史古城，又是江南水城，以古朴优美而著称。其美学风格要保持，但城市又不能不发展，为此相关部门采取了很多措施。在古城区外，划出一些区域修建雄伟壮观的现代化建筑，在老城区则有很多限制、保护措施。西湖是历史悠久的名胜风景区，是杭州的名片，苏轼称其为"淡妆浓抹总相宜"的西子。杭州市政府之所以不在西湖附近修建任何形式的建筑设施，严格限制建筑的高度和层数，就是为了保持其美学风格，即使修建了某些建筑，也是按要求进行的修建，在设计上也要符合西湖风景区的总体风格。属于软质景观的绿化，也大量选用颜色嫩绿、枝叶柔和、树形优美、散发着淡淡香味的香樟树和桂花树，保持了优美的风格。

（三）表现形式的丰富性

一个聚落景观的总体美学风格是一致的，但呈现这种风格的表现形式却是丰富多彩的。它不只表现在聚落的标志性建筑、民居建筑、公共建筑、庙宇殿堂等硬质景观，而且表现在文学、艺术和民俗习惯等方方面面。如江南古朴优美的聚落中，其建筑的形体使用曲线较多，庭院中常用圆门，墙也不像北方的那样平直，而是起伏的曲线。建筑中的装饰，无论是石雕、砖雕和木雕，还是绘画，刀法、笔法都是圆润的，图案以花卉和抽象变形了的花卉为主，处处给人以阴柔之美。小桥、流水中的桥，也多是拱形桥。这里的戏剧，绝没有北方戏剧的铿锵嘶哑，都是像越剧、昆曲一类缠绵婉转的调子。像苏州的评弹，演员常常是穿着尽显曲线线条的旗袍，抱着琵琶，操着吴侬软语，以悠扬的曲调，不紧不慢地唱着青年男女的爱情故事。即使是战乱年代的古代诗歌，都很少有金戈铁马的铿锵、"长河落日圆"的苍凉。同是南北朝的爱情诗歌，这里的大多含蓄缠绵，绝不会像北朝民歌直白地喊出"上邪，我欲与君相知，长命无绝衰。山无陵，江水为竭，冬雷阵阵夏雨雪，天地合，才敢与君绝"。至于民俗活动，也是以各种方式表现它的优美斯文。苏杭的居民，绝做不出北方居民赛马、摔跤的举动，他们进行的最剧烈的活动，恐怕也就是赛龙舟了，这里同样透着阴柔。总之，聚落的风格，会在各个方面，运用丰富的手法表现出来。其实这也不难理解，如果一个聚落的风格，只在一个方面，使用一种手法加以表现，不就太单调乏味了吗？谁还会到那里旅游呢？

三、聚落景观的审美原则

聚落文化景观，不同于一般的山水、建筑、雕塑、绘画等单一景观，它具有整体性、综合性。游览聚落文化景观，欣赏分析的方法与其他景观也应有所不同。当然，聚落景观各有特色,欣赏的方法不可能千篇一律,但有些基本原则在审美时可作参考。

(一) 把握景观的整体性

聚落景观的一个突出特点就是具有综合性,所以欣赏它时必须有一种整体观念,也就是把握景观的整体性。在欣赏聚落景观时,不可能一下子就把握聚落的全貌,街巷要一条一条地走,景观要一个一个地看。但我们不能只重视单个的景观,要把它放到聚落整体中,把它作为聚落景观的构成要素,充分考虑它在聚落景观中的作用和地位。尤其是聚落意境的体悟,绝不是仅靠单体建筑本身所能发生的,甚至也不能全靠建筑群体的组合,而必须联系到包括自然山川在内的整体空间环境。所以从美学的角度来看聚落景观,若不着眼于整体空间环境,若不联系到人的生活情趣,那就等于舍本逐末,没有把握住问题的核心。只有把聚落景观作为一个整体,才能真正理解各种景观构成要素所包含的复杂信息和意义。有些城市在醒目的位置设置了雕塑,如果我们把雕塑当做独立的艺术品来欣赏,也会得到不少美的享受,但对它的理解却是简单的、肤浅的。只有把它放在整个城市中思考,才有可能懂得它的全部意义。而乡村更是如此,往往仅仅乡村所处环境的渲染就足以使人陶醉于一片诗情画意的田园风光之中。

青岛"五四广场"的大型标志性雕塑《五月的风》,单独看来像一个巨大的海螺,又像一个熊熊燃烧的火炬,我们感到既壮观又优美,想到可能是用海螺寓青岛是海滨城市,另外就看不出更深的含义。但把它作为青岛的构景要素,结合青岛的历史,面对巨大的雕塑,就会有更深的理解。雕塑是以青岛为"五四运动"导火索这一主题,充分展示岛城的历史足迹,深含着催人向上的浓厚意蕴。雕塑取材于钢板,并辅以火红色的外层喷涂,其造型采用螺旋向上的结构,组合为旋转腾升的"风"之造型,以洗练的手法、简洁的线条和厚重的质感,表现出腾空而起的"劲风"形象,给人以"力"的震撼,充分体现了"五四运动"反帝反封建的爱国主义基调和张扬腾升的民族力量。雕塑整体与浩瀚的大海和典雅的园林融为一体,形成园区蔚为壮观的景色,成为"五四广场"的灵魂和青岛的标志。

(二) 体验聚落的景观场

这里说的景观场,主要指聚落整体空间的氛围。聚落内构景要素围合而成的各类景观空间是最能打动人、令人产生共鸣的重要景观。欣赏聚落景观,一定要认真体验这一景观氛围。各种景观场给人带来的体验是不同的,有的令人感到亲切温馨,有的令人感到严肃压抑,有的令人感到心烦意乱。当我们置身于某一景观空间时,要透过围合这一景观空间的建筑物的形状、色彩及文化内涵等信息去体验,以获得景观场所蕴含的情感形式。如穿行在传统村落的小巷中,看到脚下已被磨得坑坑洼洼的石板路、两边斑驳陆离的高墙、窄窄一线的天空,让人感到难以言状的压抑,仿佛置身于历史的隧道,感受到历史的沧桑和人事的无常。这也就把握了一般传统村落景观场的特点。

(三) 领略聚落景观的特色

不同地域、不同类型聚落景观的特色正是聚落旅游的吸引人之处,到聚落旅游必须把握这一特点。这些景观中,除了硬质景观外,聚落中居民的生活习俗、劳作方式、精神风貌,都是我们要关注的内容。同样是看小孩,北方人一般是抱在怀里,专心呵护;南方有些地方却总把孩子背在身后。背的方法也不同,有的用布兜,有的用背篓,有的还背着孩子劳作。同样是吃饭，多数地方是一家人在家里围着桌子慢慢地吃，而北方有的聚落男人们常常端着大碗到街上围在一起，边吃边侃大山。另外，不同聚落的人性情也大不相同。有些地方的人大多豪放、粗犷、勤劳、憨厚；有的地方细腻、精明、热情、好客；有的地方还精明有余，淳朴不足。诸如此类，不一而足。这都是特色。

还有些聚落，特别是现代化了的历史文化名城，同一城市中，不同区域功能不同，风格各异。老城区保持了古城风貌，洋溢着传统文化的韵味。新城区则功能齐全，居住区、商业区、文化教育区、金融贸易区、现代工业园应有尽有。它们并存于一个城市之中，游览其中，我们可以一步跨越上千年，从古代步入现代，感受截然不同的文化景观。

第三节　中外聚落精粹赏析

在历史的发展过程中，包括中国在内的世界各地，形成了千千万万特色鲜明、风光旖旎而又文化底蕴深厚的大小不等的聚落。因其具有极强的观赏性和极高的审美价值，这些聚落越来越受到人们的喜爱和重视。聚落景观游已成为旅游的重要方面和休闲的首选。下文将从不同类型的聚落中选取几个精粹加以赏析。

一、城市聚落景观赏析——无心而设、妙手天成的丽江

仁者乐山，智者乐水。丽江古城是一座依山傍水、天人合一的山水古城。依山而建，顺水而居，依的是天时地利，顺的是自然自由，无心而设又妙手天成。街道傍水，民居临水，古桥跨水，绿树映水，构成了一幅幅意境优美的古城水乡的画卷。如果把狮子山、金虹山比作丽江古城的骨架，那么流遍全城的水系就构成了古城的经脉。清澈明净的玉泉水，走街过巷，色彩斑斓的五花石铺筑而成的大街小巷与水相行，与民居相连；随处可见的桥梁或卧或搭，与水相亲相依，把街巷与民居串连成片。水草在水里摇曳，鱼儿在水草间嬉戏，小桥、巷道、人家、绿树倒映水中，构成了一幅态浓意远的古城山水画，这一切都是令人流连忘返、魂牵梦萦的古城的魅力所在。

依着古城的山，顺着古城的水，沿着古城的大街小巷，人们尽情地品味着古城的山水之韵。

（一）丽江古城概况

丽江位于云南西北部，其东部和东北部与四川省凉山彝族自治州接壤，因境内的金沙江古称"丽水"而得名"丽江"，纳西语称丽江为"依古芝"，意为"金沙江江湾中的集镇"，或称"巩本知"，意为"仓库集镇"。丽江市是云南省16个地区级单位之一，辖一区四县，即古城区和玉龙、永胜、华坪、宁蒗四个县，常住人口120万。

丽江古城由大研、白沙和束河三个古镇构成。丽江古城主要指大研镇，大研镇形成于南宋后期，地处云贵高原，海拔2 400余米，全城面积达3.8平方公里，自古就是远近闻名的集市和重镇。古城现有居民6 200多户，25 000余人。其中，纳西族占总人口绝大多数，有30%的居民仍在从事以铜银器制作、皮毛皮革、纺织、酿造业为主的传统手工业和商业活动。它是我国保存最为完整、最具纳西风格的古代城镇。它是中国历史文化名城中唯一没有城墙的古城，据说是因为丽江世袭统治者姓木，筑城势必如木字加框而成"困"字

之故。丽江古城的纳西名称叫"巩本知","巩本"为仓廪,"知"即集市,可知丽江古城曾是仓廪集散之地。

丽江古城历史悠久,古朴自然(如图5.1所示)。城市布局错落有致,既具有山城风貌,又富于水乡韵味。丽江民居既融合了汉、白、彝、藏各民族精华,又有纳西族的独特风采,是研究中国建筑史、文化史不可多得的重要遗产。丽江古城包容着丰富的民族传统文化,集中体现了纳西民族的兴旺与发展,是研究人类文化发展的重要史料。古城丽江把经济和战略重地与崎岖的地势巧妙地融合在一起,真实、完美地保存和再现了古朴的风貌。古城的建筑历经无数朝代的洗礼,饱经沧桑,它融汇了各个民族的文化特色而声名远扬。丽江还拥有古老的供水系统,这一系统纵横交错、精巧独特,至今仍在有效地发挥着作用。丽江古城于1986年被国务院列为国家历史文化名城,1997年12月4日被联合国教科文组织世界遗产委员会列为"世界文化遗产"。丽江具有丰富的旅游资源和灿烂的历史文化,玉龙雪山风景区被列为全国5A级旅游区和国家重点风景名胜区。

图5.1 丽江古城全貌

"大研"的名称来源有两种说法:一说为当时居住在这里的古纳西族"束、叶、何、梅"四大支系中的"叶"支系发展壮大,占据了头领的地位,于是为了突出地位的尊贵就称其为"大叶",居住地得名"大叶场",后由于"叶"与"研"读音相近而演化成了"大研";另一说是丽江古城被群山环抱(北依象山、金虹山,西为狮子山,东、南连平坝),整个地貌形如一方砚台,古时"砚"与"研"互相通用,故得名"大研"。丽江古城始建于宋元,盛于明清,因为集中了纳西文化的精华,并完整地保留了宋元以来形成的历史风貌而被评为文化遗产。

(二)古城的建筑

1. 街巷深深深几许——古城的街道

古城以山为骨,路为脉,水为魂。那么,什么是丽江古城的心脏呢?可能大家都会不约而同地想到,古城的心脏应该是四方街。四方街,顾名思义,本身是连通古城四方的中心地带。古城街道以此为中心,向四方发散,四方街是各条街道的起点;同时所有街道都向四方街聚合,四方街又成了各条街道的终点。以四方街为中心,连结了新华街、新义街、五一街、光义街、七一街五条主要街道(如图5.2所示),同时,又从其中分出上百条的纵横巷道,构成了古城的经脉。

图 5.2　丽江古城的街道

从空间角度来看,街道和广场是一个连续的统一体,但又各具不同的特性:无论尺度如何,街道是"一条线",广场是"一个面";街道是"行进",广场是"停顿";街道是"动态"的,广场是"静态"的。或者可以说,在古城这部凝固的宏大交响乐章中,栉比鳞次、高低错落的民居建筑群构成了它的音符,这些音符又通过街道的贯通组成了进行曲,其中的"广场"则是恰到好处的休止符,中间音。

2. 古城的心脏——四方街

相传木氏土司仿其府印之状来建造四方街,四方街之名也暗含了"权震四方"之意。但就其功能而言,更多的是一方与民众日常生活息息相关的生活空间,是一个方便四方客商生意往来的商贸中心。四方街是洋溢着浓郁的人间烟火的生活空间。在云南方言中,"街"是集市的意思,"街子天"就是赶集的日子。四方街也是一个天天可以赶集的集市,几乎集中了人们吃穿住行用所需的各种商品,是名副其实的商品贸易中心。

四方街不仅是古城的商贸中心,也形成了一个文化中心,来自不同地方、不同行业、不同阶层的人流都在这里汇合、交流,由此也体现了它的包容性、公共性、开放性、多义性的文化特征。平民性、世俗性与静态美、历史感是古城历史环境给人突出的印象。这从古城的主要几条街道上也可一一领略得到。街道全部用五花石铺就,雨季不会泥泞,旱季也不会飞灰,石上花纹图案自然雅致,与整个城市环境相得益彰。

3. 沟通与交流——古城的桥

纳西先民在很早的历史时期就掌握了造桥技术。有河就有桥,桥是应沟通联结丽江古城水系和街道系统的需要而出现的。在古城的水系网上,修建有桥梁354座,其密度为平均每平方公里93座。这三百多座形态各异的古石桥与河水、绿树、古巷、古屋相依相映,散发着丽江古城生长出来的诗情画意。这意境,犹如卞之琳的《窗》,你在桥上看风景,别人又把你当作了风景,人在景中,景在画中,画在心中,情景交融,物我为一。

古城的桥因时、因地而异,或卧、或搭、或拱、或连,有的是精心建造的石拱桥,有的是雕梁画栋的风雨桥,更多的是因需而设的栗木桥。玉龙锁脉桥位于下八河村,桥形如同一把锁。相传万咸燕在丽江主持教育时,看到丽江风水极佳,担心冲了龙脉,就对丽江风水进行了破坏。后其母亲莫名失明。他以为自己在丽江所作所为触犯了丽江的土地神,为了偿还宿债,最后修了此桥,桥边也修了锁脉寺。意为丽江的风水之脉由此锁住,不再流到外地。

与古代风水学相对应,古城石桥设计也有"七星卦八斗"之说。"七星卦八斗"指的是中河沿下共有双石桥(双孔)、大石桥(双孔)、万子桥(一孔)、南门桥(一孔)、玉龙锁脉桥(一孔),共计七个孔,每个桥旁都设有焚纸炉,炉数与桥孔相等,加上雪山书院内也设一炉,共计8个,称"七星卦八斗"。

4. 妙手天成,多元壮丽——古城的民居

丽江古城的民居别具特色(如图5.3所示)。

图5.3 古城民居

尊重自然、亲和自然是古城民居的特色之一。纳西先民认为人与自然是同父异母的兄弟,所以尊重自然、亲和自然是深入到纳西民众的心灵世界的人生观,这在古城民居建筑中也得到了充分体现。① 依山傍水,户户垂杨,家家流水;街随水走,屋随水建,没有汉式传统的中轴线建筑及官民不同等级的建筑风格,它尊崇的是不拘一格又自成一体,无意为之又妙手天成,蕴含着天人合一的理想追求。

在纳西民众生态伦理观念中,认为不能随意破坏山脉、地脉、水脉,甚至每一棵树木都有神灵依附,不能任意砍伐。这种朴素的唯物主义是纳西先民从漫长的生存经验中提炼加工而成,渗透到整个民众的心灵世界之中,继而也影响到了具体的建筑风格。

多元民族文化的融合与深沉的历史沉淀,是古城民居的特色之二。各民族文化有一个互相融合、互相影响的过程。这种融合与影响表现于文化的诸多方面,在建筑艺术上也有所体现。纳西族民居建筑吸收了汉族、白族、藏族的建筑特色。如在古城民居建筑中,大多以木构架为主体,建筑材料以木材为主;以斗拱为结构的关键并作为度量的单位;在外部轮廓中,有高大的台基,屋顶式样繁多,有庑殿、歇山、悬山、固顶、攒尖顶、单坡、十字脊、丁字脊、拱券顶、盔顶、圆顶等以及由这些屋顶组合而成的各种复杂的形体,并相对有各种脊吻、檐边、转角等各种曲线,柔和而壮丽;院落的组织上,除主要建筑殿堂外,附属建筑多用配厢、夹室、廊庑、前殿、围墙等,并为沿中轴线左右对称的布局;以及建筑色彩的使用……这些都明显借鉴了汉族建筑艺术。白族对纳西族建筑的影响主要是在门窗、墙壁、

---

① 和爱东:《论丽江古城民居建筑特色》,《大众文艺》,2011年第5期。

装饰绘画等方面。丽江一带的蛮楼的建筑风格及式样承袭了藏族传统建筑风格。如古城所用的见尺收寸的筑墙技术与藏族的碉楼建筑有相似之处,民居中的蛮楼式建筑也有藏式建筑的风格。白族的照壁、木雕、墙基,汉族的福禄寿禧、庭院布局、四季博古等等,这些不同的民族风格都融合到纳西民居建筑中,与纳西风格和谐统一,相得益彰。

每个民族都有自己独特的文化,建筑就是其文化的重要组成部分,它反映着这个民族的审美观念、社会观念以及地域性。因此,不同的民族对于建筑地点和形式的选择、房间的朝向、房间内部的布局都不尽相同。纳西族受汉文化影响较深,这在建筑民俗中也可以看出。如受汉文化影响的建筑民俗有:解放以前丽江纳西族的正屋的堂屋及厢房不设地板,因为民间有"土生土长,易生易长"之说,认为一个人少了地气就易夭折,易患病;大门忌立中,偏左为吉,以应"左青龙"之说;大门正脊中间最后盖的那块瓦下,放入主人家中一本书、一支笔,以喻此门中会走出识字知书的大人物;建新房民俗也是汉文化的变种。

平民化、世俗化、自然化是古城民居的特色之三。纳西族民居建筑从整体特色上来看,讲究布局的均衡对称,过渡、衔接得自然又富于变化。首先是从一栋房屋的结构来看,房屋的结构讲究楼上与楼下、前后左右的均衡对称。纳西族民间房屋间数以单数为主,绝少有双数的,这样以中间为轴,两边为平衡点,显得稳重大方。这种对称均衡也体现在村落布局上,以河道、道路或以两家中间墙壁为中轴线,相互对着中轴而居。当然,这种均衡是相对的,如夹河或夹路而对居的民居是随着河道、道路的改变而改变的,随山顺水错落有致而结庐。正房、偏房、墙壁之间也有高矮起落,突出了美观性。

虽有"宫室之丽,拟于王者"的木府坐落于古城中,但它是淹没在整个古城的民居建筑中,共享一条街道、一条河流、一个市场,不带有传统的官民井然有别的封建等级建筑色彩。同时,古城民居透露出的不炫耀、尚质朴、崇自然风格正是营造了其特有的一种平民的亲和力,加上市井中的生意往来、邻里往来、城乡往来,构成了一幅生动活泼的古城生活画卷。大户人家有花厅,小户人家也喜欢在庭院内种植花草,人与自然在这方天地中得以和谐共处。一方天井,几棵绿树,数丛鲜花,一尊石笋,一种可亲、可爱而又自然、自在的家居环境浮现于现实之中,不是天堂,胜似天堂。

建筑是凝固的艺术,是刻写在建筑上的历史与文化,也是一个民族的心灵史的活化石。从玉龙雪山到狮子山,从丽江的第一座本土宗教建筑北岳庙到古城里第一座道教建筑三清殿,在尘世与天国之间,灵魂之花一路开放,从中人们不仅感受到了一个民族的上下求索的心路历程,也感悟了生命的美丽和庄严。

5. 缩小的紫禁城与建筑珍宝——古城木府与五凤楼

古城内的木府原为丽江世袭土司木氏的衙署,始建于元代(公元1271—1368年),1996年地震后有损毁,1998年重建。木府占地46亩,中轴线长369米,整个建筑群坐西朝东,"迎旭日而得大气"。木牌坊上大书"天雨流芳"四字,乃纳西语"读书去"之谐音,体现纳西民族推崇知识的灵心慧性;石牌坊通体皆石,结构三层,是国内石建筑的精品;议事厅端庄宽敞,气势恢弘,是土司议政之殿;万卷楼集两千年文化遗产之精粹,千卷东巴经、百卷大藏经、众多名士书画,皆是翰林珍奇、学苑瑰宝;护法殿又称后议事厅,是土司议家事之殿;光碧楼乃后花园门楼,史称其建筑"称甲滇西";玉音楼是接圣旨之所和歌舞宴乐之地;三清殿是木氏土司推崇道家精神的产物;而狮子山古柏深处,还有木氏土司祭祀天、祖、大自然的场所。木府充分体现了纳西民族广纳多元文化的开放精神，充分反映了明带中原建筑的风采，同时保留了唐宋时期中原建筑中古朴粗犷的流风余韵，而其坐西朝东、府内玉沟纵横、活水长流的布局，则又见纳西传统文化之精神。它也被称为缩小的紫禁城。

位于城内福国寺的五凤楼始建于明代万历二十九年（公元1601年），楼高20米。因其建筑形制酷似五只飞来的彩凤，故名"五凤楼"。这些恢弘的建筑被称为纳西人心中的纳西净地，还专门有歌手以此为灵感撰写了一张专辑叫《纳西净地》。五凤楼融合了汉、藏、纳西等民族的建筑艺术风格，是中国古代建筑中的稀世珍宝和典型范例。

（三）古城的水

丽江古城的一大奇观是古城建设者巧妙地调用了玉泉水。当发源于城北象山脚下的玉泉河水悠悠流至玉龙桥下时，人们将泉水在此分成西河、中河、东河三岔主流，然后再分为无数股支流，穿流在古城的街街巷巷，流遍全城的家家户户。

1. 古城水系

水是古城的灵魂，古城里的水来自三里远的黑龙潭。黑龙潭方圆一里多。盈盈一水间，倒映着玉龙雪山上的白雪和白云，给人一种静美的意境。

从黑龙潭下来的玉泉，带着雪山上的云影雪光，流至古城入口处的玉龙桥处，分别分成东河、中河、西河三股支流。这三股支流再分成更小的分支，穿街过巷，遍流全城，形成一个经络相连的树状水系。

2. 古城三眼井

如果说三条河水构成了古城的血脉、气脉、经络，是古城的灵气，那么散落在古城内的泉眼、井水就是构成了古城的经穴，成了镶嵌在这座古城之上的宝石。古城的井最有名的是三眼井，体现了古城人的聪明才智，也是纳西先民尊重自然、顺应自然、亲和自然的典范之作。三眼井因有三个水塘，塘为圆形，近似眼睛而名。三个水塘互为相连相通，一池水满则溢流到下面一池。最上边的井是出水井，最为神圣，主要用于家庭饮水；第二眼井水为洗菜之用；第三眼井是供洗衣之用。古城中的三眼井有六口：白马龙潭三眼井、半月泉三眼井（狮乳泉）、七一街的三个三眼井、文林"甘泽泉"三眼井。

3. 古城水文化

水是古城的灵魂，也是古城的生命线。古城居民与水相依为命，共荣共生，由此积淀生成了一整套用水制度和水文化：水里不能乱扔垃圾，不能砍水源地的树木，不能捕捞河里的鱼虾；同时规定了生活用水的时间制度：早上挑饮用水，白天洗菜，晚上洗衣服等；不同居民社区的用水、分水、浇灌田地也有明确的乡规民约。同时也传承下来一些民俗，大年初一清晨要到河边、井口点香，向水神、龙神磕头谢恩，挑水之前把钱币投入水中，以示向水神买水。大年初一的用水必须在前一天挑满，否则水神会不高兴，以为向它索取过多。

4. 古城水韵

古城因有水而有韵味，有气质，有意境，有灵魂（如图5.4所示）。水是流动的，民居、街道是静止的，这里呈现的是动静结合之美；水是柔软的，河岸街道的五花石是坚硬的，这里呈现的是软硬对比之美；河水每天都是新鲜的，是即时的，民居、街道是古老的，是历史的，这里又呈现出古今融合的历史之美；水有声，人流有声，街无声，桥无声，有无之间，自有意境；水走街过巷，或隐或现，有时平静，有时喧哗，像个调皮的小女孩，而古老的民居、街道，像个沧桑的老人,诉说着悠悠往事。

图5.4 古城水韵

岁月如流水般流逝,沉淀下来的是这方水土的记忆与生活。记忆里清楚的感觉是模糊的,古城之美也在于此,只能由每个人细细地品味、升华。

（四）纳西文化

纳西族最具代表性的文化被形象地归纳为"三个活化石"。所谓"三个活化石",即文字活化石——纳西象形文字、音乐活化石——纳西古乐、人类社会活化石——摩梭人母系大家庭。纳西象形文字东巴文是一种兼备表意和表音成分的图画象形文字,它只有1400多个单字,但词语异常丰富,能充分表达细腻的情感,也能记叙说明复杂的万事万物,还能写诗作文章,是目前世界上唯一"活着的象形文字"。丽江古城到处都可以看到东巴文的影子,民居大门的楹联、店铺的招牌常常用东巴文书写。纳西古乐是唐宋以来的一些词牌和曲牌音乐,主要包括"白沙细乐"和"洞经音乐"两部分。前者为丽江本土音乐,后者由宫廷和道教音乐组成。在洪武年间(公元1368年)以后,这种音乐就陆续地传到了丽江。这种音乐在中原地区早已成为绝音,但自传至丽江后被广泛地传播开来,在乡村小镇随处都能听到这美妙的声音。纳西古乐保存至今,还有22个曲目,其中有的融入了纳西族自己的思想感情和演奏风格。纳西古乐被中外学者和广大音乐爱好者称为"音乐活化石"、"和平之音"、"仙乐天音"。聆听纳西古乐使人真正感受到"此曲只应天上有,人间能有几回闻"的意境。泸沽湖畔摩梭人,至今仍保持着母系大家庭和不娶不嫁的阿夏走婚形态,为世所罕见。

总之,纳西文化独特璀璨,博大精深,令游人陶醉久久,回味悠长。

（五）丽江古城观赏方法

丽江古城,虽处处皆景,景景怡人,然若能遵循如下观赏方法,更能得其妙。

（1）登高凭胜,可看古城之势。古城巧妙地利用了地形,西有狮子山,北有象山、金虹山,背西北而向东南,避开了雪山寒气,接引东南暖风,藏风聚气,占尽地利之便。

（2）临河就水,可观古城水情。古城充分利用泉水之便,使玉河水在城中一分为三,三分成九，再分成无数条水渠。主街傍河、小巷临渠，使古城清净而充满生机。

（3）走街入院，可欣赏古城建筑。古城建筑全为古朴的院落民居，房屋构造简朴、粗犷，而庭院布置和房屋细部装饰则丰富而细腻，居民喜植四时花木，形成人与自然的美好和谐。

（4）入市过桥，可一览古城布局。古城布局自由灵活，不拘一格，民居、集市、道路、水系组织聚散合理，配置得当，再加上石、石桥、木桥、花鸟虫鱼、琴棋书画、民风民俗，生发出无穷意趣，使古城独具魅力。

二、乡村聚落赏析——画里宏村

宏村位于安徽省南部的黄山脚下，在黟县东北部，是一座有着大量明清时期历史建筑的古村落。它距西递18公里，距黟县县城仅11公里。该村庄始建于南宋，已有800多年历史，为徽州第一大姓汪氏子孙聚族而居的地方。村里人给这处"枕高岗，面流水"的地方取了个很美好的名字"弘村"，取扩大、光大、思弘祖业之意。到了清乾隆年间，因村名犯了与弘历皇帝重名之讳，于是改为"宏村"，并沿用至今。2000年，包括宏村在内的皖南古村落被列为世界文化遗产。2001年，宏村古建筑群被我国确定为第五批全国重点文物保护单位之一。2003年，宏村被授予"中国历史文化名村"称号。

走进宏村，就走进了一座中国画长廊……

1. 布局之美与环境之美

宏村为徽州民居的典型代表，堪称古代村落建筑艺术一绝。该村的一大特色是它的平面采用仿生学的"牛"形布局。村子北部的雷岗山是"牛头"，山上高耸的参天古树是"牛角"，月沼为"牛心"，蜿蜒的水圳为"牛肠"，从一家一户的门前流过，牛肠流入村中的"月沼"，被称为"牛胃"。"牛肠"流入"牛胃"后，经过过滤，复又绕屋穿户流向被称为"牛肚"的南湖。盘桓在南湖边的长堤是"牛尾"，整个村落里鳞次栉比的民居建筑就组成了"牛身"。四座古桥为"牛脚"。村庄形状惟妙惟肖，称作"山为牛头树为角，桥为四蹄屋为身"。如此布局，体现了宏村先人遵循"天人合一"及"物我为一"的思想观念，对自然的敬畏和尊重，刻意追求一种与大自然和谐一致的境界。

宏村背靠雷岗山，山峰起伏的轮廓线，成为村庄天际的框架。村内湖光山色、水街古道、建筑精美，共同构成了一幅在游人面前徐徐展开的长轴画卷。尤其是宏村南面的南湖美丽异常。湖成大弓形，湖堤分上下层，上层宽4米。下层古树参天，苍翠欲滴，禽鸟鸣唱，还有垂柳，枝叶婀娜，像临镜梳妆的少女，低首偷窥着水中的丽影。上层是通往村里的路，湖面绿荷摇曳，鸭群戏水，另有一番景致。整个湖面倒影浮光，水天一色，远峰近宅，跌落湖中，加之树荫、水面和日光的相互作用，明暗协调，动静相宜，显得幽深、雅静、清新、明丽。

2. 水街之美

宏村因得天独厚的自然条件，整个村庄依水而建，形成了颇有特色的水街。水街夹于民居高墙之间，其宽度与民居外墙高度之比多在1∶5—1∶10之间①，弯曲狭长，意境幽深。水街狭长、封闭，呈带状空间，幽深而宁静。街道设有供洗衣、浣纱、汲水之用的石阶，使街道形成了虚实、凹凸的对比和变化，从而赋予古村以生活情趣。水街的情趣不仅限于其物

---

① 黄成林：《徽州文化景观初步研究》，《地理研究》，2000年第3期。

质空间环境本身,而且还体现于人们的联想与意念之中,不论是细雨霏霏,或是月色朦胧,每听到潺潺的流水声,或看到几盏灯火,都会激起人们的情思,使宏村清新隽永的水乡景色萦绕于诗情画意的情怀之中。

3. 古桥之美

宏村有四座古桥,为"牛形"村庄的四蹄,上可行人,下可通舟。这些古桥不仅可作观景之用,其本身也是美丽的观赏对象(如图5.5所示)。宏村的街道较为狭窄,游走其中,视野常被束缚。登上古桥,因桥呈"拱"状,桥面中间部分大大高出地面,在过桥时,眼前豁然,心中顿生兴奋之感。这些桥也是村中迷人的景观。观赏它们的理想角度,是从侧面观赏它的整体轮廓和立面。水中泛舟观桥,面前桥的整体轮廓完整、明确而清晰。随着船的划行,视点由远而近,桥的轮廓逐渐增大。之后,作为局部的桥洞将充满整个画面。此时,桥的拱券起到了框景的作用,形成优美画面。进入桥洞后,空间由开阔转入封闭,光线由亮转暗。过桥之后,一切又豁然开朗。从不同的桥间相互观赏又是另一番景色,优雅的民居、嬉戏的流水、碧蓝的苍穹成为桥的陪衬,桥成为如画风景的中心。漫步河岸观桥,随着视点的移动,桥的透视度不断改变,从而使画面构图具有生动活泼的变化。

图 5.5　宏村古桥

4. 民居之美

宏村的建筑主要是住宅和私家园林,也有书院和祠堂等公共设施,建筑组群比较完整。村内街巷大都傍水而建,民居也都围绕着月沼布局。住宅多为二进院落,有些人家还将水引入宅内,形成水院,开辟了鱼池。民居都是黛瓦粉墙,颜色淡雅。屋顶与马头墙相互穿插,交相辉映,赋予村镇浓郁的乡土特色。村内民居马头墙多呈跌落的台阶形式,外轮廓线横平竖直,脊背多不起跷,装饰和色彩也比较简洁淡雅,给人以清新和朴素无华的感觉(如图5.6所示)。因着马头墙的装饰,村内建筑立体轮廓线富于变化,具有强烈的韵律和节奏感。沿瓦檐下部常常有砖雕、石雕等,给人以细腻精美之感,具有极高的艺术价值。

村落中,汪氏宗祠祠堂耸然高出民居,是聚落中最重要、最显著、最高大、最辉煌之公共性建筑,装饰精美,集建筑与徽州雕刻于一身,是全族精神空间和村落内部空间布局的中心,主要功能是祭祖、处理本族大事及唱戏看戏。

承志堂建于清末咸丰五年(1855年),是大盐商汪定贵的住宅。它占地约2 100平方

图 5.6　宏村民居马头墙

米,内部有房屋 60 余间,围绕着九个天井分别布置。它精雕细镂、飞金重彩,被誉为"民间故宫"。承志堂气度恢宏,正厅和后厅均为三间回廊式建筑,两侧是家塾厅和鱼塘厅,后院是一座花园。南湖书院位于南湖的北畔,是宏村的文脉,是一座别致的园林。原是明末兴建的六座私塾,称"倚湖六院",清嘉庆十九年(1814 年)合并重建为"以文家塾"。此外东贤堂、三立堂等建筑同样华丽精美。它们同平滑似镜的月沼和碧波荡漾的南湖、幽深的古巷,以及青藤石木、百年牡丹,构成一个完美的艺术整体,真可谓是步步入景,处处堪画。这些雅致的建筑,使宏村的淡雅中增加了些许富丽。

村内建筑常用木雕、砖雕和石雕装饰(如图 5.7 所示)。木雕风姿华美,砖雕清新淡雅,石雕浑厚潇洒,淋漓尽致地渲染出徽州文化的深厚积淀及徽商的富庶。木雕主要装饰梁架、梁托、斗拱、雀替、柱拱、窗扇、栏杆等,砖雕主要装饰民居大门口、门楼或门罩及祠庙大门两侧八字墙等,石雕多用于住宅和祠堂基座、柱础栏板或漏窗及牌坊形体。三雕图案取材多样,飞禽走兽、花鸟虫鱼、历史典故及民间传说居多,具有特殊的寓意。

5. 色彩与意境之美

宏村的民居色彩主要表现在粉墙黛瓦的强烈对比之间。黑与白虽然并非艳丽之色,但明暗对比异常强烈。此外,自然环境中又很少见到这两种颜色,因而显得格外突出。此外,洁白的墙面与青灰色的屋顶相互衬托对比,又能给人以清新淡雅之感。尤其是,每当杏花春雨季节,霏霏细雨淋湿的屋顶显得格外深沉,黑白相间的民居建筑掩映于鹅黄淡绿的枝叶丛中,别有一番江南水乡所独有的诗情画意。

宏村背山临水,具有丰富的空间层次变化。起伏的山峦,凹凸有致,漂亮的起伏山势成为宏村的背景和外轮廓线,在人们的视野中成为远景,朦胧、清浅;村内建筑起伏变化,充满节奏与韵律,形成中景;游人面前之景,成为近景。当薄雾笼罩,袅袅炊烟升起,宏村就仿若成为陶渊明笔下的世外桃源。

总之,宏村清幽美丽,为青山绿水环抱,流水清澈,花木秀丽,整个村庄犹如一座园林,无论是山景、水景、街景、园景,景景怡人。人、古建筑与大自然融为一体,好似一幅徐徐展开的山水画卷。它默默诉说着徽州的历史,讲述着山水间产生的徽州文化。

图 5.7　宏村木雕、砖雕

三、城镇聚落景观赏析——第一水乡聚落周庄

悠久的历史,优美的风景,古镇满载着往日岁月的留影,也蕴含着城市里少有的宁静。古镇作为一种聚落形式,雅俗共赏。中国的周庄囊水乡风韵之极致。

周庄建镇已有 900 多年的历史,是中国首批历史文化名镇。它位于江苏省苏州城东南的昆山市境内 38 公里处,环抱于南湖、白蚬湖、淀山湖之间,被人誉为"中国第一水乡"。错落有致的民宅背水面街,半数以上是明清之际的建筑。周庄有百余幢古宅,60 余座砖雕门楼。窄直的河道上横卧着 24 座石桥,其中元至清古桥 10 余座。著名古画家吴冠中称其"集中国水乡之美",著名建筑学家罗哲文盛赞周庄"是国家的一个宝"。

（一）历史演变

周庄地域在春秋时期至汉代有"摇城"之说,相传吴王少子摇和汉越摇君封于此。周庄镇旧名贞丰里。据史书记载,北宋元祐年间（公元 1086 年）,周迪功郎信奉佛教,将庄田 200 亩捐赠给全福寺作为庙产,百姓感其恩德,将这片田地命名为"周庄"。但那时的贞丰里只是集镇的雏形,与村落相差无几。1127 年,金二十相公跟随宋高宗南渡,迁居于此,人烟逐渐稠密。元朝中叶,颇有传奇色彩的江南富豪沈万三之父沈佑,由湖州南浔迁徙至周庄东面的东宅村,元末又迁至银子浜附近。周庄由原来的小集迅速发展为商业大镇,与沈万三的发迹有直接关系。沈万三利用白蚬江西接京杭大运河、东北接浏河的优势,出海贸易,将周庄变成了一个粮食、丝绸及多种手工业品的集散地和交易中心,周庄的手工业和商业得到了迅猛的发展,最重要的产品有丝绸、刺绣、竹器、脚炉、白酒等。至此,贞丰里出现了繁荣景象,形成了南北市河两岸以富安桥为中心的旧集镇。到了明代,镇廓扩大,向西发展至后港街福洪桥和中市街普庆桥一带,并迁肆于后港街。清代,居民更加稠密,西栅一带渐成列肆,商业中心又从后港街迁至中市街。这时已衍为江南大镇,但仍叫贞丰里,直到康熙初年才正式更名为周庄镇。

(二) 水乡风光之美

昆山是著名的江南水乡,河道密布,湖泊众多。吴淞江、娄江横穿东西。大的湖泊就有淀山湖、阳澄湖、澄湖、傀儡湖。位于昆山的周庄镇自古为泽国,南北市河、后港河、油车漾河、中市河形成井字形。镇内小河纵横交错,呈井字状,临河形成街市,咫尺往来,皆须舟楫。桥街相连,深宅大院,重脊高檐,河埠廊坊,过街骑楼,穿竹石栏,临河水阁,一派古朴、明净、幽静,是江南典型的小桥流水人家。灵秀的水上风光,是周庄最突出的特色。

乘上画舫,从白蚬湖出发,经东垞港、抵南湖码头,可以尽情欣赏沿途数公里的田园风光、历史文化、水乡美景。凭窗远眺,宽阔的急水港蜿蜒而去,融入碧波荡漾的白蚬江中。被誉为周庄胜景的"急水扬帆"、"蚬江渔唱",景色怡人。急水港西连白蚬江,东达淀山湖,江面宽阔,水流湍急。白帆片片,百舸争流,充满诗情画意,人称此景为"急水扬帆"。白蚬江长十余里,横亘于周庄镇西侧。每当下午,渔船满载而归,抛锚泊船,晾网卖鱼,港湾沸腾。傍晚时分,三五成群的渔民,纷纷在船头饮酒作乐。待明月初升,酒酣兴浓,扣弦高歌,互相应答,此起彼伏,一派粗犷淳厚的情趣,人称"蚬江渔唱"。悠然地静坐在船内,沏上一杯清茶,修葺的是一份久违的闲情雅致。沿江东去,两岸田园、湖岸美景渐进渐靓,觅得几处茂林修竹成荫,几处田地阡陌连片,接着农庄。别于古镇的小桥、流水、人家,草亭、风车点缀于村头的岸边,有老农牵着牛在忙碌,渔夫的船悠然划过……一副美丽的江南水乡景致画卷。急水港航道古谓东江,600年前富贾沈万三从此出海,通番经商。据记载,这里当年终日舟楫往,船队宛若长龙,十分壮观。今日,船队依旧,热闹繁忙。南湖景美,湖光水色,清幽透明。远眺位于湖心的全福寺,寺内梵宫重叠,楼阁峥嵘,如同水上的一朵莲花。张翰、刘禹锡、陆龟蒙曾相继寓居垂钓于此。

游完一周,再穿行于水巷之中,更是别有一番风味。水巷弯弯曲曲,成若干S形,两边建筑围合而成的线状空间,高远又悠长。加上两边古老的房屋和一些长满青苔的墙壁,给人以厚重感和沧桑感。穿行于水巷的船很多,总是给游人平添几分匆匆,让人更增加了对前面景色的好奇心。其实,这匆匆的游船就是周庄里最有韵味的美景。通常,这些船都搭着一块深蓝色的布棚,这也许就是乌篷船吧。那摆动的大橹仍然还沿着古老的轨迹,优美地重复着过去的韵律,吟唱着古老的船歌。船工行列中,最引人注意的是那群勤劳的妇女。她们熟练地摇着橹,用吴侬软语开心地唱着歌曲。那悠扬的旋律和独特的腔调,都似乎向天空和水面散发着浓郁的水乡韵味。这些妇女被称呼为"船娘",她们总是熟练地驾着船,不经意的动作之间显示着熟练的技巧,流露着生活的自信。

船在狭窄的河道里慢悠悠地移动着,船娘们努力保持着客船漂动的速度,避免撞到两侧的石墙。船娘已经融入了那里的水、那里的水道。她们乐在其中,河道上不断飘来她们的笑声和悠扬的歌声。听着船娘吴歌小唱,饱览古镇风光,在波光粼粼的水面上随船飘荡,优哉游哉,几多潇洒,几多风流。

回到岸上,沿河的建筑默默地展现着它的魅力。几乎所有的建筑都古朴优美,虽历经900多年沧桑,仍完整地保存着原来的水乡集镇的建筑风貌。全镇百分之六十以上的民居仍为明清建筑,仅有0.47平方公里的古镇有近百座古典宅院和60多个砖雕门楼。周庄民居,古风犹存,最有代表性的当数沈厅、张厅。过双桥,不远就是著名的张厅,前后六进,为明代建筑,精巧别致、古雅朴实。罕见的是玉燕堂粗大庭柱下的柱脚——木鼓墩。虽油漆驳落,但仍坚实如初,实为明代住宅遗风。经过富安桥,来到最为著名的沈厅,相传是明朝富商沈万三的故居。最与众不同的是沈厅五个精雕细琢的门楼中的朝正堂的砖雕门楼,高达6米,正中有匾额"积厚流光",四周为"红梅迎春"浮雕,所雕人物、走兽及亭台楼阁、戏文故事等,栩栩如生,非常传神。

同时,周庄还保存了14座各具特色的古桥,其中富安桥、双桥最为著名。富安桥位于中市街东端,横跨南北市河,为单孔拱桥,是江南仅存的立体形桥楼合璧建筑。元至正十五年(公元1355年)里人杨钟建,后经多次重修。富安桥刻有浮雕图案,桥身四角有桥楼,临波拔起,遥遥相对。据说沈万三的弟弟沈万四,因不愿重蹈其哥哥与朱元璋作对最终被发配充军的覆辙,主动捐钱为乡里做好事,曾捐钱修建过富安桥。富安桥的名字,表达的是富了以后祈求安康的心愿。双桥是指位于周庄中心位置的世德和永安两桥,建于明代。桥面一横一竖,桥洞一方一圆,样子很像是古时候人们使用的钥匙,当地人便称之为"钥匙桥"。双桥最能体现古镇的神韵。全镇桥街相连,小船轻摇,绿影婆娑,唐风孑遗,宋水依依,其灵秀的水乡风貌令人陶醉。

(三) 民俗乡土之美

周庄历史悠久,地处古吴越,物阜民殷,吴越文化丰厚,孕育了多姿多彩、饶有情趣的民间习俗和乡土文化。他们用自己创造的方式,表达着对美好生活的向往和内心的祈愿。

1. 打田财

周庄打田财习俗可能来源于宋代的驱傩活动,后发生变化,成为带有道教文化色彩的祈求五谷丰登、国泰民安的民俗活动。每年元宵节,在东诧村牛郎庙的广场上,人们竖立起一根桅杆,杆上横一根小竹竿,两端悬挂串串彩灯。桅杆顶端缚一圈圈稻草,内藏鞭炮,敷以易燃物品,再糊上一层黄色的纸张,呈元宝状,这就是"田财"。到了夜晚,人们扶老携幼从四面八方携带鞭炮、爆竹和各色焰花火筒,来到广场上。当桅杆上彩灯内的蜡烛燃尽时,人们立即鸣放鞭炮、爆竹,点燃焰花火筒,用月炮、九龙抢珠、"五百鞭"、"一千鞭"对着杆上悬挂的金黄色"田财"轮番射击。霎时,爆竹呼啸,焰火缤纷绚丽,围观者欢声雷动,广场上喜气洋洋。"田财"从桅杆顶上落地,熊熊燃烧。农家争先恐后地拿着束束稻草到燃烧的"田财"上去点火。然后,一边当空挥舞,一边去田角落焚烧。广袤的田野,火光似流星,祈祷声高亢悠长:"炭炭(烧烧)田角落,牵砻三石六……"

2. 摇快船

周庄的摇快船始于清初。顺治年间,江南各地纷纷起兵反清。邻镇陈墓(今锦溪)的秀才陆兆鱼仗义响应,组织抗清水军,日夜操练于周庄、陈墓毗邻的澄湖和明镜荡。顺治二年(公元1645年)六月,陆兆鱼率师进军苏州,千舟竞发,摇着快船以迅雷不及掩耳之势,一举攻占南门,直捣巡抚衙门。凯旋时遭清军伏击,陆兆鱼只身得脱,隐居为僧。事后,乡亲们为了纪念他,周庄等地每年在农历三月廿八日、七月十五日举行庙会,在水上进行摇快船比赛。经过数百年沿袭,摇快船已成为民间良辰佳节,也是喜庆丰收、婚嫁迎亲时群众的大型娱乐活动。农民自备船只、服装、道具、锣鼓,自娱自乐,具有浓郁的水乡风情。周庄的快船堪为奇景。比赛前,先由手巧艺高的工匠在船上搭起花棚,称为"花快"。花棚分头棚、舱棚和艄棚,棚上披挂绸缎幢幔,装饰华丽。头棚上悬挂彩灯,插上彩旗。舱棚上流苏飘挂，舱中坐上锣鼓乐队，艄棚供橹手们遮阳。每船备头篙、大橹、小橹各一置于船体左右两侧。大橹旁搁跳板于舷外，伸出水面。每船配有十五六名身强力壮的橹手，身穿紧身衫衣，脚蹬绣花布草鞋，颇显威风。每逢节讯，周庄南湖或急水江等地锣鼓喧天，人声鼎沸，宁静的水乡变得亢奋了。来自周庄及附近农村的数十条花快船云集在碧波荡漾的水面上，帆樯如林。岸上人头攒动，摩肩接踵，观者沉浸在一片喜气洋洋的氛围之中。比赛开始，船与船比，村与村比，龙腾虎跃的橹手各司其职，出跳、扯绷、把槽，配合默契。出跳的气宇轩昂地站立在跳板上猛力拉绷，时而人体如飞燕掠过水面；扯绷的踩脚吆喝，奋力推拉绷绳，时而猫着腰，时而挺着胸，两三个回合，后排橹手马上接力；把橹的尽力推艄、扳艄；撑篙的屹立在船头，使尽拿手绝招，点篙调向，指挥自如。这时，参赛的快船在铿锵的锣鼓声中似飞箭出弦，奋勇争先。船上锣鼓响彻云霄，岸上人山人海，呐喊助威，场面蔚为壮观。如今为了抒发水乡人民的壮志豪情，周庄将摇快船列为民俗风情旅游活动项目，特制了五彩缤纷的花快船，组建了橹手队伍。水乡健儿释放出奇伟磅礴的能量，使情浓意浓的古老民俗风情充满了青春的力量，为古镇旅游增色生辉。

3. 演唱宣卷、昆曲

宣卷是周庄特有的一种民间曲艺形式，近似于堂名，亦有说唱、评弹之风。按艺人众寡、表演繁简，分为丝弦宣卷与木鱼宣卷两种。前者一般由六人组成宣卷班子，操二胡、三弦、笛子、木鱼、铜磬等乐器，以传统昆曲唱腔、民间小曲《四季调》掺和申曲、锡剧等地方戏调，进行演唱。宣卷主角长衫广袖，手执折扇、惊堂，又说又唱，神采飞扬。所演剧目常有《梁山伯与祝英台》、《秦香莲》、《顾鼎臣》、《白罗山》等。后者常由二人搭档，其一人敲着木鱼，边唱边白；另一人和击佛磬，口念佛号以和卷，形式简单。所演剧目多为因果报应、劝人为善之类的简短剧目，如《目莲救母》、《观音得道》等。宣卷曲艺已有200年历史，它源于周庄，后流行至锦溪、角直、同里、青浦等地。民国时期，蟠龙村张慕堂、龙停村徐士英、祁浜村郭兆良等宣卷高手，名扬四乡。每逢过节、农闲，被邀上演，深受百姓喜爱。现在，随着周庄旅游事业的发展，宣卷等民间艺术正在被逐步挖掘、弘扬。每逢重大喜庆、纪念活动，宣卷艺人便前来演出助兴。

被誉为"百戏之祖"的昆剧源于昆山，周庄就是昆山之地。明代嘉靖年间（公元1522—1566年）昆山人魏良辅将戈阳、海盐故调改为昆腔，同邑人梁辰鱼填"浣纱记"传奇，一词一曲，开创了昆剧历史。因文辞清丽、唱腔瑰雅而风靡全国，周庄人民自然也倍加喜爱。深谷幽兰的昆剧于2001年5月18日被列入世界"人类口述非物质遗产"名录。为弘扬传统文化，恢复重建了周庄古戏台，常年演出昆曲，让游客领略昆剧的风采，享受这一高雅艺术。主要剧目有《长生殿》、《牡丹亭》、《白兔记》、《窦娥冤》等。

4. 水乡服饰

周庄地处昆山、吴江、青浦三市交界，当地农村妇女的传统服饰具有浓郁的水乡风采。上街、走亲、下田等等，妇女都喜欢系上一块花毛巾或蓝布包头，身穿大襟褂，腰着百褶小围裙，背后垂下两条及膝的彩带，带头上还缀有红绿流苏，裙下一条上青布裤，脚穿绣花滚边圆口布鞋。这就是地道的周庄农村妇女的打扮。年轻姑娘的穿着既文雅又娇俏：头上系一条色彩呈红的毛巾包头，后面的两边收起。两侧露出扎着红绒头绳的乌黑发亮的两根辫子，身穿小花头的大襟短袄，花布滚边，小琵琶扣，腰间一抹士林蓝布百褶小围裙，腰兜板(俗称着腰板)绣有各种精美图案,蓝色的彩带头上还缀有红绿流苏,裙下一条上青布裤,脚穿绣花滚边布鞋,整个打扮呈现一种俏丽之美。穿着浆洗得干净笔挺的士林蓝布大襟短袄,浅湖色的滚边和琵琶扣,腰间系着蓝布百褶围裙,围裙外还系着同样颜色的小围裙(俗称二官裙),脚上素色布鞋,这就是中年妇女的服饰。她们的头饰也同姑娘不一样,包头用的毛巾是素色的,有的用蓝布包头,头上梳的是扎着彩绳的发髻,发髻上竖插银荷花板,横的是一根银簪子,装饰朴素大方,呈现一种清雅之美。老年妇女的服饰一般都用深色的,发髻上还罩上黑色的网巾,布裙大多也是黑色的,给人一种古朴、庄重之美。包头、腰兜板、彩带、花布鞋,都是妇女们亲手绣成的。年轻的姑娘爱绣牡丹,意为幸福富贵。年长的求平安,则爱绣莲花,倾注了她们炽热的感情和丰富的想象。目前,随着农村生活城市化,上述这种服饰穿戴的人越来越少了,但中老年妇女中还保留着这一服饰传统。

❓ 思考与练习

1. 什么是聚落景观?它可细分为哪些类型?
2. 以熟悉的聚落景观为例,分析该聚落景观的特点。
3. 聚落景观主要有哪些构景要素?
4. 结合具体案例,说明聚落景观的美学特征。
5. 一般而言,欣赏聚落景观应掌握哪些审美原则?
6. 阅读下面有关普罗旺斯的资料,分析普罗旺斯的美学特征。

阅读资料

风情万种的法国古代城镇聚落——普罗旺斯

普罗旺斯(Provence)是能为旅游者提供世界级感官盛宴的城镇聚落景观。它有阳光、海滩、艺术、美食、历史和风景,它什么都不缺,唯独缺与此相匹配的闲适心情。普罗旺斯毫无疑问是城镇聚落景观中的千里马,但在彼得·梅尔发现它之前,它还只是时隐时现的背景音乐。如今的普罗旺斯已经揭开了它神秘的面纱,露出绝世的容颜,引得世界各地旅游者络绎而来。

普罗旺斯为法国东南部的一个地区,毗邻地中海,和意大利接壤。从阿尔卑斯山经里昂南流的隆河(Rhone),在普罗旺斯附近分为两大支流,然后注入地中海。历史上的普罗旺斯地域范围变化很大,古罗马时期普罗旺斯行省北至阿尔卑斯山,南抵比利牛斯山脉,包括整个法国南部。18世纪末法国大革命时,普罗旺斯成为5个行政省份之一。到了20世纪60年代,法国被重新划分为22个大区,普罗旺斯属于普罗旺斯-阿尔卑斯-蓝色海岸大区。

整个普罗旺斯地区因极富变化而拥有不同寻常的魅力——天气阴晴不定,暖风和煦,冷风狂野;地势跌宕起伏,平原广阔,峰岭险峻;寂寞的峡谷、苍凉的古堡、蜿蜒的山脉和活泼的天气……全都在这片南法国的大地上演绎着万种风情。此地区物产丰饶、阳光明媚、风景优美,从古希腊、古罗马时代起就吸引着无数游人。

造物主馈赠了普罗旺斯丰富的自然景观，其中尤以熏衣草闻名。熏衣草，花语为"等待爱情"，盛开紫色小花，不知迷倒了多少旅游者，而普罗旺斯是它的故乡。熏衣草在普罗旺斯田一年四季都有着截然不同的景观。春天一到，绿叶冒出，呈现无限生机。6月，随着夏天的艳阳愈来愈热，熏衣草渐渐地转变成迷人的深紫色。7—8月间的熏衣草迎风招展，纯粹的紫色在高高低低的翠绿田园里绽开，在夏日的风中打开浪漫的符号，像那种最沉静的思念，温暖而忧伤。到9月底，所有的花田都已采收完成。熏衣草花田才得以喘息，吸收大自然的精华，为明年夏天的再一次绽放紫色花朵而做准备。冬天，在收成切割后，只剩下短而整齐的枯茎，覆盖着白雪。

　　普罗旺斯最令人心旷神怡的是，它的空气中总是充满了熏衣草、百里香、松树等的香气。这种独特的自然香气是在其他地方所无法轻易体验到的。其中又以熏衣草最为得天独厚且受到喜爱。由于充足灿烂的阳光最适宜熏衣草的生长，再加上当地居民对熏衣草香气以及疗效的钟爱，因此，在普罗旺斯不仅可以看到遍地熏衣草紫色花海翻腾的迷人画面，而且在住家也常见挂着各式各样熏衣草香包、香袋，商店也摆满由熏衣草制成的各种制品，像熏衣草香精油、香水、香皂、蜡烛等，在药房与市集中贩卖着分袋包装好的熏衣草花草茶。

　　波城古堡是指位于亚耳附近地区的波城·普罗旺斯(Les Baux de Provence)的古城塞遗迹。波城曾经是被诗人米斯特拉称为"鹫族"的英勇的波城一族驻守的城塞，后来经历了无数次战争硝烟的洗礼，波城古堡于路易13世在位期间毁于战火，现在保留的是当年的古堡废墟，可供游人参观。

　　如果有人说普罗旺斯是彻底的浪漫，大概也不过分，因为这里除了流传很久的浪漫爱情传奇，有因《基督山伯爵》而为众人皆知的依夫岛，还有儒雅的大学城艾克斯和阿维尼翁，回味久远的中世纪山庄，街边舒适的小咖啡馆……令人沉醉。这股自由、浪漫的色彩蛊惑着艺术家创作的灵感，包括塞尚、凡·高、莫奈、毕加索、夏卡尔等人均在普罗旺斯展开艺术生命的新阶段，蔚蓝海岸的享乐主义风气，也吸引了美国作家费兹杰罗、英国作家劳伦斯、法国作家赫胥黎、尼采等人前来朝圣，当然，还囊括将普罗旺斯推向巅峰的彼得·梅尔。普罗旺斯浪漫的色彩、永无止境的艺术也吸引着全球旅游者闻风而来。

　　普罗旺斯的艺术氛围也体现在此地令人目不暇接的各类文化节日。从年初2月的蒙顿柠檬节到7—8月的亚维农艺术节，从欧洪吉的歌剧节到8月普罗旺斯山区的熏衣草节，四时呼应着山城无拘无束的岁月。

　　普罗旺斯的自由氛围使得它成为裸居者的世外桃源。20世纪30年代，裸体行为倡导者们来到法国普罗旺斯地区一个美丽的岛屿生活，这里可称得上裸体倡导者的世外桃源，一切都是那么自然和质朴，尽管许多年这里未通电，人们只得度过没有灯光的夜晚。但是，这种返璞归真的生活，使裸体主义者们在此生活了数十年，这个小岛成为世界上历史最悠久的裸体主义者的世外桃源。

　　"普罗旺斯"已不再是一个单纯的地域名称，更代表了一种简单无忧、轻松慵懒的生活方式，一种宠辱不惊，看庭前花开花落，去留无意，望天上云卷云舒的闲适意境。如果旅行是为了摆脱生活的桎梏，普罗旺斯会让你忘掉一切。

　　资料来源:http://baike.baidu.com/view/16831.htm。

第六章

宗教文化景观赏析

【学习目标】

　　了解世界三大宗教及道教的核心文化理念,明确宗教文化景观的内涵与特征,掌握宗教建筑景观与宗教雕塑与绘画的艺术风格与美学特征,学会宗教文化景观赏析的基本原则,提高宗教文化景观审美能力。

　　1. 了解佛教、道教、基督教、伊斯兰教等世界主要宗教的核心文化理念、经典、主要宗教活动、宗教节日等。

　　2. 学习宗教文化景观的内涵和特征。

　　3. 掌握主要宗教建筑景观的艺术风格和美学特征,学会培养宗教建筑景观审美的方法。

　　4. 认识主要宗教雕塑与绘画的艺术风格与美学特征,提高宗教绘画与雕塑的鉴赏能力。

　　5. 学会宗教文化景观赏析的基本方法,以经典宗教文化景观为例,全面提升宗教文化景观审美能力。

宗教是人类灵魂深处对自我本源的一种追索,是一种文化精神。它浸隐于人们的社会生活、政治体制、文化传统,乃至自然山水之中,影响着自然、社会的诸多方面。因此,在世间灿若星河的景观中,总是或隐或现地有宗教文化的踪迹,甚至宗教文化本身即是吸引人们观赏的景观。如一座宗教名山、一处宗教圣地、一座教堂、一尊圣徒雕像、一幅西方名画,都可能成为吸引旅游者的吸引物。而吸引旅游者的不仅仅是它们的外在形式,更深的可能是隐藏在这些景观背后的宗教文化与历史渊源。

本章将对宗教文化、宗教文化景观的美学特征及其鉴赏方法等方面进行介绍,以便使旅游者更好地欣赏宗教文化景观,获得更多的美学享受。

第一节 宗教文化

宗教是人类历史上一种古老而又深奥的社会文化现象。从某种意义上说,它几乎涵盖了人类社会运行的大部分因素。它和哲学、美术、建筑、文学、雕塑等因素相融合,从而形成了璀璨而又神秘的宗教文化。

一、宗教

宗教是历史悠久、源远流长的社会文化现象,是支配人们的自然力量和社会力量,是以超自然、超人间的形式在人们头脑中的虚幻反映。它是一种人生的终极关怀,它包括基本的宗教观念、信教者的宗教体验、程式化的祭仪活动、宗教组织及制度等基本内容。它与特定时代相联系,具有多种表现形式和丰富的内涵。说通俗些,宗教就是人类认识神佛、信仰神佛、崇拜神佛、追随神佛的一种精神、心理活动和社会活动。宗教是一种意识形态,能凝聚人们的力量,起到稳固社会的作用;是一种情感体验和心理寄托,能够增强教徒抵抗风险、挫折等险途逆境的心理承受能力,有助于人们保持心理平衡和情绪安定;是一种实实在在的社会活动,如烧香拜佛、做弥撒、做功课、朝圣、布道、诵经、受戒等;是一种有组织的社会力量,宗教有教徒、规范的教义和严格的等级制度,在此基础上又形成了强大的宗教组织体系和力量。就此而言,宗教具有两重性。积极的一面是,相同的宗教信仰能使教徒形成一个统一的、不可分割的整体,能对民族、对国家的和谐与稳定打下牢固的基础。那些信仰同一宗教的民族,能形成维护民族国家生存和统一的强大力量。当然它也有消极的一面,有的宗教对于人的心灵也有负面影响。如果宗教被反动势力利用,那更是可怕的。总之,它对社会的各个方面都有着广泛而深入的影响。宗教如同一张纵横交错的大网,影响着时代,也跨越着历史。

宗教文化的传播,离不开文化载体。建筑、音乐、绘画、雕塑、文学等几乎所有的文化形式,都成为宗教文化的载体。这样,宗教文化就具备了审美价值,成为一种旅游资源。它作为一种文化,为了更好地传播,更容易被当地人民接受,必然要与民族的传统文化、风俗民情相融合。从各地的民俗、节日、传统艺术中,都可以看出宗教的内容和影子。这样,宗教就具有民族性和较为广泛的群众性,更为我们所喜闻乐见。

二、佛教

佛教创始于公元前6世纪至公元前5世纪的印度,是世界各大宗教中创立最早的宗教。创始人为古印度迦毗罗卫国净饭王之子乔达摩·悉达多。他放弃了王子的高贵地位出家苦修六年后,在菩提伽耶著名的菩提树下苦思冥想,战胜烦恼魔障,彻底觉悟,创立了佛教,成了佛陀,并开始了长达45年的传教活动。由于他是释迦族人,人民称他为释迦牟尼,意思是释迦族的圣人。佛教在演化过程中,又分为大乘和小乘。大乘提倡普度众生,小乘看重自己解脱。佛教大约在西汉末或东汉初佛教传入中国,至今已有两千多年的历史。经过长期的传播发展、起起落落,佛教已与中国文化相结合,具有中国文化的印记。

(一)佛教经典与佛教文化的主要理念

佛教的经典为《三藏经》,包括经藏、律藏与论藏。经藏是释迦牟尼说法的言论汇集,律藏是佛教戒律等汇集,论藏是对经文的解释。佛教理论主要对人生提供解脱之道,提倡普度众生,主要文化理念有缘起、因果、平等、慈悲解脱。

1. 缘起

缘起是佛教最基本的观念,即一切事物和现象的发生都有互存的关系和条件。缘起是佛教对宇宙与人生、存在与生命的根本看法,它的具体理念和说教都是缘起思想的展开。它认为,缘起是一个过程,缘集则成,缘去则灭。宇宙万事万物都是缘起,都有生、住、异、灭四相。缘起思想包含了运动、变化、发展的思想,有别于无因论、神造论和宿命论,这是区别于其他宗教的特色。

2. 因果

佛教认为,有因必有果,有果必有因。根据这一理论,佛教极力宣传因果报应思想。它认为,众生的身心活动给自己的生命带来果报,也为生命的生存空间、环境带来果报。一个人前世作恶,今世就受苦受难;今世享受荣华富贵者,前世一定行善积德。它以因果理论来解释现实世界中一些不公平和不公正的现象,以此劝导教徒积极向善,追求善果。

3. 平等

佛教主张人与人之间平等,众生(有生命的存在,指从菩萨到地狱九界)平等,众生与佛平等,众生与无情(无感情意识、无精神活动的山川、树木、花草)平等,众生与飞禽野兽平等,强调关爱、珍惜、尊重宇宙间一切生命。佛教是提倡平等的宗教。

4. 解脱

佛教认为,人世是痛苦的,毫无幸福可言。人生、老、病、死无所不苦,还有108种烦恼。佛教以解除人间的痛苦,使人得到解脱为终极思想。解脱就是从生死流转和烦恼痛苦中的束缚中走出来,获得自由超脱,进入佛国净土的理想境界。净土是净化众生、远离污染、秽垢与恶道的世界,是佛、菩萨和弟子居住的地方,是人终生追求的理想世界。人只有长期修行,涅槃后才能进入"大自在"的境界。涅槃,也叫圆寂,它不是一般意义上的死亡,而是苦果消灭、智慧福德圆满后成就的永恒寂静的安乐世界。佛教是要普度众生的。

5. 四大皆空

四大皆空不是说一切都是空的。"四大"指的是地、水、火、风,与阴阳五行中的金、木、水、火、土有些类似。佛教认为,包括人的身体在内的宇宙万物,都是由地、水、火、风这四大物组成的。"四大"的作用分别是:地持(保持)、水摄(摄集)、火热(成熟)、风长(生长);属性分别是:地坚、水湿、火暖、风动。世间一切现象皆由缘而生,都是"刹那间生,刹那间灭","诸行无常,诸法无我",也就是说,世间没有质的规定性不变的独立实体,所以称为"空"。这里实际上强调的是万事万物无时无刻不在发展变化,没有永恒的东西。

(二)佛教三宝

1. 佛宝

佛是佛陀的简称,由梵文(Buddha)音译而来,意思是"觉者"或"智者"。"觉"有三种境界:正觉(对一切法的相状,无增无减的如实的觉了)、等觉或遍觉(不仅自己觉悟,而且能平等普遍地使别人觉悟)、圆觉或无上觉(自觉、他觉的智慧和功行都已达到最高的圆满的境界)。佛是达到最高境界的"觉者",他能让大众止恶行善、离苦得乐,极可尊贵,所以称之为佛宝。

2. 法宝

法是佛的言教的简称,一般称为佛法(Buddha Dharma)。佛教教义的基本内容为"四谛","谛"即真理。这"四谛"是"苦谛、集谛、灭谛、道谛"。"苦谛"是把社会人生判定为苦的,毫无快乐可言。"集谛"是推究致苦的原因的,大体可概括为"五阴聚合说"、"十二因缘说"、"业根轮回说"。"灭谛"是要灭掉造成痛苦和烦恼的原因,达到熄灭一切烦恼,超越时空,超越生死轮回的境界。"道谛"是达到涅槃的方法,是解脱之路。具体是戒学、定学、慧学。"戒"就是戒律,是约束佛教徒日常生活的纪律,有五戒(不杀生、不偷盗、不邪淫、不妄语、不饮酒)、十戒和足戒三级。"定",即禅定,是修持者思虑集中、感悟佛理、灭除欲望烦恼的一种平和心理状态。"慧",是增长智慧的修习活动,能使修习者解除烦恼,达到解脱。

佛教的教义是贯穿于佛教经典中的,其主要经典有:《经藏》(释迦牟尼说法的言论集)、《律藏》(佛教戒律和规章制度的汇编)、《论藏》(释迦牟尼后来的大弟子对教理、思想的阐述和研究的汇集),统称"三藏"。

3. 僧宝

僧是僧迦(Sangha)的简称,僧迦为梵语的音译,指佛的出家弟子的团体。和尚、喇嘛的意思都是"师",喇嘛是藏语,原指有一定资格堪为人师的出家人。后来所有的出家人,无论男女都可以称僧。出家人受十戒的男士称沙弥,女士称沙弥尼;受足戒的男人称比丘,女士称比丘尼。把僧、尼作为出家男女的区别是不正确的,"尼"是沙弥尼、比丘尼的词尾,是汉族对出家女的简称,俗称尼姑。

(三)供奉的神灵

1. 佛(Buddha)

佛有无数个,但一切佛的形象都以释迦牟尼的形象为基础,所以佛像的容貌、身体特征,除了"手印"略有差别外,均大同小异。

(1) 三身佛。法身佛,也叫毗卢遮那佛(佛教真理凝聚所成的佛身)。报身佛,也叫卢舍那佛(以法身为因,经修习得到佛果,享有净土之身)。应身佛,指为普度众生,来到众生之中,随缘应机而呈现的各种化身的佛,这里特指释迦牟尼。虽说是三身,其实都是释迦牟尼,是佛法、佛的智慧和为教化众生而显示的身像。

(2) 三方佛。正中为婆娑世界教主释迦牟尼,其左胁侍为文殊菩萨,右胁侍为普贤菩萨,合称释迦三尊或华严三圣。释迦三尊左侧,供奉东方琉璃世界教主药师佛中尊,其左胁侍为日光菩萨,右胁侍为月光菩萨,合称东方三圣或药师三尊。释迦三尊右侧,中间供奉西方极乐世界教主阿弥陀佛,其左胁侍为观世音菩萨,右胁侍为大势至菩萨,合称西方三圣或弥陀三尊。

(3) 三世佛。中间为现世佛,即释迦牟尼。左侧为过去世佛,有的寺庙供奉燃灯佛,有的供奉迦叶佛。右侧为未来世佛,即弥勒佛,造像形式有佛像、菩萨像(天冠弥勒)和化身像(大肚弥勒)三种。

2. 菩萨

菩萨已彻底觉悟,抱定要将自己和众生从烦恼、愚痴中解脱出来的宏大志向,地位仅次于佛。早期的菩萨像面部有蝌蚪形小髭。后来中国的菩萨像多为古印度贵族和中国古代贵族妇女想象的结合,一般头戴宝冠或发髻高耸,双目修长,樱桃小口,面容丰满健美,肤色润泽莹洁。唐以后菩萨像趋向于女性化,宋以后的观音则完全变为中国古代侍女像。一般寺院中常供奉的菩萨有普贤菩萨、文殊菩萨、观音菩萨和地藏菩萨。

3. 罗汉

罗汉,全称为阿罗汉,是佛的得道弟子,也是小乘佛教修行能达到的最高境界。罗汉不入涅槃,常驻人间,弘扬佛法。罗汉像均为光头僧形。因无经典形象遵循,随古代艺术家创作,无固定形象。寺院中有十六罗汉、十八罗汉、五百罗汉,不尽相同。

4. 护法天神

(1) 四大天王。传说世界中心须弥山腰一座叫犍陀罗山的四峰上,各有一个天王,每人各护一方天下,故称四大天王,也称四大金刚。

(2) 韦驮。相传是南方增长天王手下的一员神将,居四大天王、三十二大将之首,主要职责是护持佛法,保护众僧。

(3) 哼哈二将。释迦牟尼五百执金刚卫队的卫队长,原为密迹金刚,后汉化成形象威猛、专护寺院山门的金刚力士。

(4) 珈蓝关羽。古印度珈蓝神有十八位,是护卫寺院的护法神,相对于寺院的土地神,大多安置在珈蓝殿左右两侧。关羽是汉化了的珈蓝神。

(四) 主要宗教活动

佛教的主要佛事活动主要有:

(1) 水陆法会。水陆法会也称水陆道场,是佛教寺院举行的非常隆重的大规模佛事活动。因为它是超度水陆一切鬼魂,普度六道四生的,故称水陆法会。时间少则7天,多则49天。内容为诵经设斋、礼佛忏拜、追奠亡灵。

(2) 焰口施食。焰口施食也叫放焰口。焰口是饿鬼道中鬼的名字,此饿鬼骨瘦如柴,咽细如针不能纳食,须由法师变化法食方得吃饱满。该活动就是佛陀召请饿鬼们来饱餐一顿后,再为他们宣讲佛法,使他们皈依三宝而永远脱离鬼道的苦恼。焰口施食一般在重大法会圆满之日或丧事期中举行,而且是在黄昏进行。

(3) 打七。打七是佛门中进行修行的一种仪规,随着修行方法的差异,而有不同的名称与内涵。若于七日中专修念佛法门者,称为打佛七,略称佛七;专修禅宗法门者,称为打禅七,略称禅七。此外,亦有专念观世音圣号的观音七。期间,要敲着木鱼钟磬念佛号。

(五) 主要节日

佛教的主要节日有:

(1) 佛诞节。也叫佛浴日,是纪念佛诞生的节日。这日除供花卉、诵经庆祝外,还要举行"浴佛法会"。就是在大殿用一水盆供奉太子像(即释迦牟尼佛诞生像)。全寺僧侣以及信徒要以香汤沐浴太子像,作为佛陀诞生的纪念。中国习惯把四月初八当做佛诞日。

(2) 自恣日。众僧在每年农历四月十六日至七月十五日,定居在某一寺中,专心修道三个月,称作安居或坐夏。在安居日满,即七月十五日,众僧举行检举忏悔集会,任凭别人尽情揭发自己违反戒律之事,自己进行忏悔,这就叫"自恣"。经过"自恣",受戒的年龄就算增长了一岁。

(3) 盂兰盆节。佛教超度祖先的一种仪式。每年七月十五日,人们都要上坟祭祖,寺院举行诵经法会,并做水陆道场,进行焰口施食等活动。

三、道教

道教是中国主要宗教之一,是土生土长的宗教。古代先民认为万物有灵,进而形成了自然崇拜、图腾崇拜、鬼神崇拜等"泛灵观念"。战国时期直至秦朝,神仙方士学又盛行一时。道教就是在这种"泛灵观念"、神仙方士学和老庄哲学的基础上,不断从儒家、阴阳家、五行家、佛教以及各种术数形式中吸收理论和仪式逐渐形成的宗教。东汉顺帝时,张道陵倡导五斗米道,其徒尊称他为天师,因而也叫天师道。他的孙子张鲁继续弘扬其道,并奉老子为教祖,称其为"太上老君",把《老子五千文》作为经典。这可以看做是道教定型化之始。因以"道"为最高信仰,故称道教。南北朝时,道教以《道德经》、《正一经》和《太平洞经》为主要经典,奉玉皇大帝为最高神,宗教形式逐渐完备。后来继续发展,从民间走向官方正统,成为与佛教、儒家鼎立的主要宗教。唐宋时发展到最高峰,一度成为国教。传至清朝,开始衰败。经过历代的发展,道教正式分为正一、全真两大教派。全真道主张儒、释、道三教合一。道徒为出家道士,蓄发留须,头顶挽髻,不娶妻室,不食荤腥,一般多居宫观之内,以清修炼养为主要宗教生活内容。正一道派道徒一般为在家道士,可有家室,不忌荤,可不蓄发,主要从事斋醮仪式活动,也叫"做道场"。无论正一派还是全真派都是重在个人修炼,通过修炼脱离尘世,成为生命永恒、能力无限的神仙。道教信奉的经典主要有《道德经》和《道藏》,道藏是道教经籍的总集。道教经书很多,但一般道士只念诵《玉皇经》、《清静经》、《三官经》等。具有较高文化素养的道士才奉习《道德经》、《南华经》、《黄庭经》以及《悟真篇》、《坐忘论》、《参同契》等。

(一) 道教的基本教义

1. "道"

道教汲取了汉族历史形成的感情、信仰和思辨的传统成果,具有明显的东方宗教文化的色彩。道教最根本的信仰是"道"。一切教理教义都是由此衍化而生。道教认为,"道"是宇宙的根本和主宰、超时空的永恒存在。它无所不包,无所不在,是一切的开始。与"道"并提的是"德",即道之在我者就是德。道教认为信徒要"修道养德",并认为"修道"可以使人返本还原,长生久安,生活康乐。道教是一种以生为乐、重生恶死的宗教,因此长生久安就是道教的基本教义和信仰。

2. 得道成仙,长生不老

得道成仙是道教的理想。道教的经典基本上是以肉体成仙为核心,阐扬延年养生之理,宣扬"金丹黄白"是延年大药,"内修外炼"是神仙要道。道教主张修炼要形神并重,性(精神)命(肉体)双修。修炼的方法包括辟谷、服饵、调息、引导、房中五个方面。

3. 天道承负,因果报应

前人有过失,由后人来承受其过。所以,只有修真道,行善事,积善成仁,子孙才能幸福,不受因果报应之苦。这种信念成为道教信仰中最普遍、最深入人心的宗教德性行为教义。

4. 积功德,不犯戒

这是道教伦理思想的主要体现。道教把功德作为长生、成仙的必经途径。这里的德就是儒家的忠孝之德。因此,做忠臣、孝子、烈女、节妇等成了道教劝善的标本。

(二) 道教的标志

道教的标志是八卦太极图(如图6.1所示)。八卦为乾卦、坤卦、震卦、巽卦、坎卦、离卦、艮卦、兑卦,分别代表天、地、雷、风、水、火、山、泽的自然界八种现象。太极图在八卦中间,白色为阳,黑色为阴,阴阳左右盘绕。

图6.1 太极图

资料来源:百度百科,《太极图》,http://baike.baidu.com/view/48746.htm,2012-11-04。

(三) 道教五术

1. 山

所谓"山"就是通过食饵、筑基、玄典、拳法、符咒等方法来修炼肉体与精神的一种学问。具体说,就是通过打坐、修炼、武学、食疗等各种方法以培养完满的人格。

2. 医

利用方剂、针灸、灵疗(利用掌握人的心灵以治疗疾病的方术)等方式,以保持健康、治疗疾病的一种方法。

3. 命

通过推理命运的方式来了解人生,以穷达自然法则,改善人的命运的一种学问。其方式是以阴阳五行为理论基础,根据人出生的时间推定人的命运,以便趋吉避凶。

4. 相

包括印相、名相、人相、家相、墓相(风水)等五种。印相,就是观看人的印章,以取定命运的方法。名相,就是以人的姓名或店铺的名称判断吉凶和发展的方法。家相,是看阳宅的风水,以观察其格局,进行分析推断居所吉凶的方法。墓相,是以选定安葬先祖墓地,达到对后代子孙荫庇的一种方法。总之,"相"就是通过对眼睛所看到的物体进行观察、分析,以趋吉避凶的方法。

5. 卜

卜包括占卜、选吉、测局三种,其目的在于预测及处理事情。其中占卜又分为"易断"即"六壬神课"。占卜是以《易经》为理论依据,结合天、人、地三界互相制约而推断吉凶的方法。选吉的主要依据是《奇门遁甲》,以布局、布斗、符咒相结合,处理事务发展不吉的因素,主要用于古代军事。测局主要依据《太乙神术》,通过十二运卦象之术,推断国家命运和政治命运等。

(四)道教供奉的神灵

1. 尊神

(1)"三清"天尊。玉清微天元始天尊、上清境禹饶天灵宝天尊、太清境大赤天道德天尊。

(2)"四御"、"三元"等。"四御"是仅次于"三尊"的四位天帝,即玉皇大帝(总执天道之神)、勾陈上官天皇之帝(主宰兵戈之神)、中天紫微北极大帝(统御诸星和四时气候之神)、后土皇地祇(掌握阴阳生育、万物之美与大地山河之秀的女神)。"三元"也叫"三官",即天官、地官、水官。道教称天官赐福,地官赦罪,水官解厄,所以各地遍供"三官"。

2. 神仙

仙有天仙、地仙、水仙、神仙、人仙、鬼仙之分,常见的有真武大帝、文昌帝君、魁星、八仙、天妃等。其中八仙在民间影响最大,他们是吕洞宾、铁拐李、钟离权、曹国舅、蓝采和、张果老、韩湘子、何仙姑。

3. 护法神将

护法神将主要有关圣帝君和王灵官等。

(五)主要宗教活动

道教的宗教活动不外乎两大类:阳事和阴事。阳事是为现世人的,其主要目的是祛病延年、祈晴祷雨、祈福谢恩、广求子嗣、神像开光等太平法事。阴事主要有招摄亡灵、阴府指路、破狱点灯、超度来生等。斋醮名目繁多,但只有一个目的,即通过神职人员与神沟通,传达人世间民众的愿望祈求,得到神灵天尊的保佑,消灾度厄赐福。

道教的主要宗教活动就是斋醮。斋醮也称道场、法事,即设坛祭祷,供斋醮神,是道教特有的仪式。斋,是祭祀前的准备行为。祭祀前要沐浴洁身、吃素食、更换衣帽、不听音乐、心不苟虑、手足不乱动,并准备好洁净的花果贡品,以此表示对神的尊重,取悦于神,以达到祭祀的目的。斋醮时,道士要穿上绣有仙鹤或灵龟、麒麟、双龙、八卦、符箓图案的华丽的衣服登坛作法,沟通神灵,以让神满足自己提出的要求。

四、基督教

基督教是世界上传播最广、影响最大的世界性宗教,最早出现于公元1世纪的巴勒斯坦地区,创始人是耶稣。基督教信仰人类有原罪,相信耶稣为神子。耶稣是为洗清人类原罪、拯救人类被钉十字架的,他是唯一的神。基督教以《圣经》为经典,以十字架为标记。最早期的基督教只有一个教会,但在历史进程中分化为许多派别,主要有天主教、东正教、新教(基督教)。基督教自唐代传入中国,但直到清朝中叶对我国一直影响甚微。直到19世纪西方大量传教士进入中国,基督教在中国才得以广泛传播。

(一) 基督教的基本教义

各派的教义侧重点各异,但基本的信条有以下内容:

(1) 上帝是有三个"位格"的独一真神,这是最基本信条。上帝是唯一的,但有三个"位格",即圣父(天地万物的创造者和主宰)、圣子(耶稣基督,上帝之子,受上帝之遣,通过童贞女玛利亚降生为人,并"受死"、"复活"、"升天",为全人类作了救赎)、圣灵(上帝圣灵)。三者是一个本体。

(2) 上帝是创世主。天地、山川、草木、飞禽、走兽、虫鱼、人类等一切有形无形之万物,都是上帝创造和保存的。

(3) 相信原罪、救赎。这是基督教伦理道德观的基础,认为人类的祖先亚当和夏娃因偷食禁果而将犯的罪传给了后代子孙,成为人类一切罪恶的根源。人生来就有这种原罪,此外还有违背上帝意志而犯的种种"本罪"。人不能自我拯救,要靠上帝派遣其独生子耶稣基督降世为人做牺牲,成为"赎价",作了人类偿还上帝的债项,从而拯救了全人类。

(4) 上帝视人为最宝贵的,要拯救他们,赦免他们的罪孽,让他们做他的儿女。所有的人都是兄弟姐妹,要互相关爱,互相救助。

(5) 相信天国和永生。人的生命是有限的,但人可以凭着信仰在上帝面前成为义人,而灵魂重生,得上帝的拯救而获永生,在上帝的天国里得永福。

(6) 相信末世和地狱。相信在世界末日之时,人类包括死去的人都将在上帝面前接受最后的审判,无罪的人将进入天堂,有罪的人下地狱。人若不信上帝或不思悔改,就会受到上帝的永罚,要在地狱里受煎熬。

(7) 十诫。除了上帝以外不可相信有别的神;不可为自己雕刻和敬拜偶像;不可妄称耶和华上帝的名;当守安息日为圣日;当孝敬父母;不可杀人;不可奸淫;不可偷盗;不可作假证陷害人;不可贪恋别人的妻子和财物。

(二) 主要宗教活动

1. 礼拜

教徒日常主要宗教活动多在星期日由牧师在教堂主持,内容有祈祷、读经、唱诗、讲道等。

2. 弥撒

弥撒是纪念耶稣牺牲的宗教仪式,象征重演耶稣为救赎人类在十字架上对上帝的祭献。包括重温耶稣遗训、分饼等一整套复杂的礼仪。做弥撒是一项隆重的宗教活动,只有神父和主教有权主持。现在多数新教教派已不再举行弥撒,只保留不同形式的圣餐仪式。

3. 过圣诞节

圣诞节是纪念耶稣诞生的节日,基督教会规定每年12月25日为圣诞节,要举行盛大的庆祝活动。近、现代以来,宗教色彩日渐淡薄,更多的是人们互相祝福,在家里植圣诞树、扮圣诞老人,给儿童送圣诞礼物等。

4. 过复活节

复活节是纪念耶稣"复活"的节日,《新约全书》记载耶稣被钉死在十字架后的第三日复活。复活节日期各教派不一,天主教和基督教在每年3月21日和4月25日之间,东正教及其他一些东方教会要晚于这个时间。节日期间各教堂灯火辉煌,乐声悠扬,教徒齐做弥撒。晚上,教徒各家守节聚餐,向上帝做祈祷。

5. 过受难节

受难节是纪念耶稣在十字架上受难的节日。基督教会规定,复活节前的星期五为受难节。所以,西方人很多忌讳星期五。

五、伊斯兰教

伊斯兰教创立于7世纪的阿拉伯半岛,创始人是麦加城的穆罕默德。伊斯兰教大约于唐代永徽二年传入中国,但一直影响甚微。到了元朝伊斯兰教开始在中国传播,成为中国灿烂文化的一部分。清朝,统治者又残酷镇压伊斯兰教徒,穆斯林活动消沉下去。新中国成立之后,伊斯兰教得到了迅速发展,成为中国四大宗教之一。他们信奉真主阿拉,主要经典是《古兰经》、《圣训》等,主要传统节日是开斋节、古尔邦节等。伊斯兰教的标志是新月。

(一) 主要教义

基本信条为"万物非主,唯有真主;穆罕默德是主的使者"。在我国穆斯林中视其为"清真言",是伊斯兰教信仰的核心内容。具体而言又有五大信仰:

1. 信安拉

伊斯兰教信仰一神论,除安拉之外别无神灵,安拉是宇宙间至高无上的主宰。《古兰经》第112章称:"安拉是真主,是独一的主,他没生产,也没被生产;没有任何物可以做他的正敌。"他是永生永存、无所不知、无所不在、创造一切、主宰所有人命运的无上权威。

2. 信使者

真主有许多位使者,其中有阿丹、努海、易卜拉欣、穆萨、尔撒(即《圣经》中的亚当、诺亚、亚伯拉罕、摩西、耶稣)。使者中最后一位是穆罕默德,他也是最伟大的先知,是至圣的使者,他是安拉"封印"的使者,负有传布"安拉之道"的重大使命,信安拉的人应服从他。

3. 信天使

认为天使是安拉用"光"创造的无形妙体,受安拉的差遣管理天国和地狱,并向人间传达安拉的旨意,记录人间的功过。《古兰经》中有四大天使:哲布勒伊来(Jibra'il)、米卡伊来(Mikal)、阿兹拉伊来(Azral)及伊斯拉非来(Israfil),分别负责传达安拉命令及降示经典、掌管世俗时事、司死亡和吹末日审判的号角。

4. 信经典

认为《古兰经》是安拉启示的一部天经,教徒必须信仰和遵奉,不得诋毁和篡改。伊斯兰教也承认《古兰经》之前安拉曾降示的经典(如《圣经》),但《古兰经》降世之后,信徒即应依它而行事。

5. 信末日审判和死后复活

认为在今世和后世之间有一个世界末日,世界末日来临之际,现世界要毁灭,真主将作"末日审判"。届时,所有的死人都要复活接受审判,罪人将下地狱,而义人将升入天堂。

6. 信仰"前定"

认为世间的一切都是由安拉预先安排好的,任何人都不能变更,唯有顺从和忍耐才符合真主的意愿。而"前定"非"宿命",真主可以更改。只有通过虔诚地向安拉祈祷和努力,真主才会使其结果发生变化。

(二) 五项宗教功课

1. 念功

念功即信仰的确认。即念清真言:"万物非主,唯有真主,穆罕默德是主的使者。"这是信仰的表白,当众表白一次,名义上就是一名穆斯林了。

2. 礼功

信仰的支柱。每日五次礼拜,每周一次聚礼拜(即主麻拜),一年两次会礼拜(即古尔邦节和开斋节的礼拜)。礼功是督促穆斯林坚守正道,对自己过错加以反省,避免犯罪,给社会减少不安定因素,为人类和平共处提供条件的功课。

3. 斋功

寡欲清心,以近真主。即成年的穆斯林在伊斯兰教历的莱麦丹月"回历九月",做到白昼戒饮、食和房事一个月。黎明前而食,日落后方开。但封斋有困难者,如病人、年老体弱者和出门旅行者、孕妇和哺乳者可以暂免,或过时再补,或纳一定的济品施舍。

4. 课功

课以洁物,也称天课,是伊斯兰教对占有一定财力的穆斯林规定的一种功修。伊斯兰教认为,财富是真主所赐,富裕者有义务从自己所拥有的财富中,拿出一定份额,用于济贫和慈善事业。"营运生息"的金银或货币每年抽百分之二点五,农产品抽十分之一,各类放牧的牲畜各有不同的比例。天课的用途,《古兰经》有明确的规定,但是随着社会经济的变化,其用途在各国或各地区不完全相同。

5. 朝功

复命归真。是指穆斯林在规定的时间内,前往麦加履行的一系列功课活动的总称。教历每年的12月8—10日为法定的朝觐日期(即正朝)。凡身体健康、有足够财力的穆斯林在路途平安的情况下,要到麦加朝圣。

一些伊斯兰教学者认为应在五功之外再加一项"圣战"(为安拉之道而战),成为"六功",但是并不为大多数伊斯兰教学者所认同。

第二节 宗教文化景观

宗教文化景观是宗教文化的载体,它体现着宗教的教义、习俗和文化理念。旅游活动中,许多宗教景观具有较高的文化价值、艺术价值和审美价值,成为受许多游客青睐的审美对象。这些宗教文化景观用其艺术语言和宗教语言表达着独有的美丽和魅力。

一、宗教文化景观

宗教作为人类文明的一部分,千百年来深刻地影响着人类文化的各个方面。尤其是,为了促进宗教发展,宗教界竭尽全力把博大精深的文化与艺术技巧运用到神圣的宗教中,使神圣的灵光增添艺术的光辉。如用雕塑、绘画再现宗教形象或内容,为教徒提供顶礼膜拜的对象;通过高超的建筑技艺,为心目中的神灵提供一个在人世栖居的寓所,以为教徒的膜拜和与神的沟通提供场所;将对神的膜拜与感情注入音乐、舞蹈和诗歌中,以强化人们的宗教心理和宗教感情等。凡此种种,经过漫长历史长河的积淀,宗教文化在建筑、雕塑、绘画等方面表现出独特的风格。我们将那些表现宗教内容或主要为宗教服务,且具有较高审美价值和文化价值的景观,称为宗教文化景观。概而言之,宗教文化景观主要涵盖建筑景观、雕塑景观、绘画景观等类型。

宗教文化与宗教文化景观是相互作用、相互影响的。宗教影响着不同区域宗教文化景观的形成、演变,在不同宗教影响下形成的文化景观所具有的特殊宗教气氛也使得宗教更加有吸引力、神秘感,从而促进了宗教的发展。

二、宗教建筑文化景观

宗教建筑是教徒们进行宗教活动的场所,也是宗教景观的骨架。佛教、道教、基督教、伊斯兰教因宗教内容的不同,其建筑风格各异。

(一)佛教建筑景观

1. 佛寺

(1)建筑格局

佛教传入中国之初,佛寺建筑一般参照印度佛寺模式,以塔为中心,四周建有殿堂。晋唐以后,殿堂逐渐成为主要建筑,形成了以大雄宝殿为中心的佛寺结构。唐代以后,塔被移于寺外,佛塔多建寺前、寺后或另建塔院。寺院坐北朝南,主要殿堂依次分布在中轴线上,层次分明,布局严谨。宋代时,禅宗兴盛,形成了"伽蓝七堂"制度,七堂指佛殿、法堂、僧堂、库房、山门、西净、浴室。规模较大的寺院还有讲堂、禅堂、经堂、塔、钟楼等。建于山上的佛寺也依此而建。明、清佛寺的布局,一般都是主房、配房等组成的严格对称的多进院落形式。在主轴的最前方是山门——整个寺院的入口。因许多寺院都在深山密林中,所以第一道门便称"山门",而三、山音近,故此一般山门又由三道门组成,象征佛教的空门、无相门、无作门的"三解脱门"。山门内左右两侧分设钟、鼓楼。中央正对山门的是天王殿,常做成三间穿堂形式的殿堂。天王殿内,两旁为四大天王,中为袒胸露腹的大肚弥勒佛。弥勒佛身后为韦驮将军,韦驮背对弥勒佛,面向大雄宝殿,降魔伏鬼,保护佛法。穿过天王殿,进入第二个院落,坐落在正中主轴上的是正殿"大雄宝殿",殿内供奉佛祖释迦牟尼。大雄宝殿是整个佛寺建筑群体的中心,它在建筑体积和质量上,都在其他单体建筑之上。正殿左右配殿或作二层楼阁形式。正殿后一进院落,常建筑二层"藏经楼"。另外,多在主轴院落两侧布置僧房、禅堂、斋堂等僧人居住的房屋。北京的大型佛寺,如西四牌楼的广济寺等即属于这种类型。小型的寺庙,一般只有一进院落——进山门迎面就是大殿,两厢为僧房。佛寺建筑群中常布置一系列附属建筑,如山门前的牌坊、狮子雕刻、塔、幢、碑等。

佛寺按照南北纵深轴线来组织空间,对称稳重且整饬严谨。前后建筑起承转合,宛若一曲前呼后应、气韵生动的乐章。俗话说:"天下名山僧占多。"中国寺庙的建筑之美就在群山、松柏、流水、殿落与亭廊的相互呼应之间,含蓄温蕴,展示出组合变幻所赋予的和谐、宁静及韵味。此外,园林式建筑格局的佛寺在中国也较普遍。这两种艺术格局使中国寺院既有典雅庄重的庙堂气氛,又极富自然情趣,且意境深远。

(2)佛寺的美学特征

中国的佛寺建筑样式与宫殿相似,融汇了中国宫殿建筑的美学特征。在时间进程和空间的形式上都具有共同的特征:屋顶的形状和装饰占重要地位,屋顶的曲线和微翘的飞檐呈现着向上、向外的张力。配以宽厚的正身、廓大的台基,主次分明,升降有致,加上严谨对称的结构布局使整个建筑群显得庄严浑厚,行观其间,不难体验到强烈的节奏感和鲜明的流动美。基座分为普通基座与高级基座,以显示建筑寺庙的等级和风格。普通基座一般用在天王殿,随着院落的进深,基座逐渐升高。大雄宝殿的基座,人们常称为须弥座,须弥是佛教中"位于世界中心的最高之山",把大雄宝殿置于须弥座上,借助于台基高隆的地势、周围建筑群体的烘托,以显示佛殿的宏伟庄严。平面组合中的佛寺院落大多数开间都是单数,这也是中国古代以单数为吉祥的表现。开间越多,等级越高,如大雄宝殿用九、五开间,以象征"帝王之尊"。其余大殿一般为三间。间的纵深为进深,开间与进深形成一定的比例关系,使整体建筑取得和谐统一的效果。寺院屋顶,体型都显得庞大笨拙,利用木结构的特点把屋顶做成曲面形。造型有庑殿顶、歇山顶、悬山顶、硬山顶、攒尖顶等,庑殿、歇山屋顶又有单檐和重檐两种。

飞檐使屋顶上独具风韵,那弯曲的屋面、向外和向上探伸起翘的屋角,使十分庞大高耸的屋顶显得格外生动而轻巧。除了屋面是凹曲外,屋檐、屋角和屋顶的飞脊都是弯曲的,彼此相形相映,构成中国古典别具一格的屋顶造型。琉璃瓦饰,建筑屋顶的正脊、垂脊、檐角上置有多种琉璃瓦饰,如正脊与垂脊相交处的大吻,因它有张牙舞爪欲将正脊吞下之势,故又称"吞脊兽"。大吻产生于汉代,称鸱尾。最早的鸱尾呈鱼尾形,鸱是大海中的鲸,佛经上说它是雨神的座物,能灭火,故造鱼形以厌胜。檐角上常排列一队有趣的小兽,小兽的大小多少视寺庙宫殿的等级而定。最高等级共有十个,其顺序是:由一个骑凤的仙人领头,后为龙凤、狮子、天马、海马、狻猊、押鱼、獬豸、斗牛、行什。这些排列的小兽,或象征吉祥安定,能灭火消灾,或是正义公道的化身,能破除邪恶。如梁思成先生所言,这些造型精美、神态各异的小兽,使本来平淡无奇的部分成为整个佛寺建筑美丽的冠冕。

2. 佛塔

塔起源于印度,梵文"Stoup",音译"窣堵坡",原意为坟冢,是佛教教徒存放佛陀舍利的建筑。东汉佛教传入中国以后,塔这一建筑类型传入中国。中国佛塔是印度佛塔与中国传统建筑样式及民族文化观念、审美情趣相融合的产物。在佛教发展的历史长河中,各种各样的佛塔不断涌现,成为古代信仰佛教的各民族建筑艺术中的一朵奇葩。

根据建筑形式,佛塔大致可分楼阁式塔、密檐塔、覆钵式、亭阁式、单层塔、花塔、金刚宝座式塔、过街塔和塔门等类型。因种类的不同,佛塔的建筑风格也多有变化。①

(1) 楼阁式塔。这种佛塔在中国佛塔中的历史最悠久、体形最高大、保存数量最多,是汉民族所特有的佛塔建筑样式。早期为木结构,隋唐以后多为砖石仿木结构,主要是方形或八角形。这种塔的每层间距比较大,就像一座高层的楼阁。塔内一般都设有砖石或木制的楼梯,可以供人们攀登、远眺。塔身的层数与塔内的楼层一致,在有的塔外还有意制作出仿木结构的门窗与柱子。著名的有西安的大雁塔、苏州虎丘云岩寺等。

(2) 密檐式塔。它是由楼阁式的木塔向砖石结构发展时演变而来的。这种塔的第一层很高大,而第一层以上各层之间的距离则特别短,各层的塔檐紧密重叠着。塔身的内部一般是空筒式的,不能登临眺览。有的密檐式塔在制作时就是实心的,使在塔内设有楼梯可以攀登,而内部实际的楼层数也要远远少于外表所表现出的塔檐层数。富丽的仿木结构建筑装饰大部分集中在塔身的第一层。著名的有河南登封嵩岳寺塔、西安小雁塔、南京栖霞寺舍利塔等。

(3) 覆钵式塔。又称喇嘛塔,是印度古老的传统佛塔形制,为藏传佛教所常用,主要流行于元代以后。它的塔身部分是一个平面圆形的覆钵体,上面安置着高大的塔刹,下面有须弥座承托着。这种塔多作为寺的主塔或僧人的墓塔。因为它的形状很像一个瓶子,还被人们俗称为"宝瓶式塔"。最著名的是北京妙应寺白塔,是元大都的标志,也是我国现存的建筑年代最早、规模最大的一座藏式佛塔。

(4) 亭阁式塔。是印度的覆钵式塔与中国古代传统的亭阁建筑相结合的一种古塔形式,也具有悠久的历史。塔身的外表就像一座亭子,都是单层的,有的还在顶上加建一个小阁。在塔身的内部一般设立佛龛,安置佛像。由于这种塔的结构简单、易于修造,曾经被作为许多高僧的墓塔。

(5) 花塔。花塔有单层的,也有多层的。它的主要特征是在塔身的上半部装饰繁复的花饰,看上去就好像一个巨大的花束,可能是从装饰亭阁式塔的顶部和楼阁式、密檐式塔的塔身发展而来,用来表现佛教中的莲花藏世界。它的数量虽然不多,但造型却独具一格。

(6) 金刚宝座式塔。它是模仿印度佛陀伽耶大塔而建的,具有浓郁的印度风格,但在造型和细部上全用中国样式。它的基本特征是,下面有一个高大的基座,座上建有五塔,位于中间的一塔比较高大,而位于四角的四塔相对比较矮小。基座上五塔的形制并没有一定的规定,有的是密檐式的,有的则是覆钵式的。这种塔在中国流行于明朝以后,保存下来的较少,现仅存六座,北京正觉寺金刚宝座塔我国同类塔中年代最早、雕刻最精美的

---

① 尹晶:《浅谈佛塔与中原文化发展和变迁》,《鸡西大学学报》,2010 年第 5 期,第 30—32 页。

一座。

（7）过街塔和塔门。过街塔是修建在街道中或大路上的塔,下有门洞,车马行人可以通过。这两种塔是在元朝开始出现的,门洞上所建的塔一般都是覆钵式的,有的是一塔,有的则是三塔并列或五塔并列式。门洞上的塔就是佛祖的象征,那么凡是从塔下门洞经过的人,就算是向佛进行了一次顶礼膜拜。这就是建造过街塔和塔门的意义所在。

除了以上列举的七类古塔之外,在中国古代还有不少并不常见的古塔形制,如在亭阁式塔顶上分建九座小塔的九顶塔;类似于汉民族传统门阙建筑形式的阙式塔;形似圆筒状的圆筒塔;以及钟形塔、球形塔、经幢式塔等等,一般多见于埋葬高僧遗骨的墓塔。还有一种藏传佛教寺院中流行的高台式列塔,即在一座长方形的高台之上建有五座或八座大小相等的覆钵式塔。另外,还有一些将两种或三种塔形组合在一起的形制,如把楼阁式塔安置在覆钵塔的上面,或者把覆钵式塔与密檐式、楼阁式组合为一体,这样一来使古塔的形式更加丰富多彩、变化多样了。总之,佛塔不仅以其造型的英姿雄貌吸引着游人,而且还以源远流长、技艺精湛的传统装饰,向人们展示着宗教建筑景观的魅力。

(二) 道教建筑

道教建筑是道教用以祀神、修道、传教以及举行斋醮等祝祷祈禳仪式的建筑物,汉称"治",至晋或称"庐",或称"治";南北朝时,南朝称"馆",北朝称"观"(个别称寺);唐始皆以"观"名之,唐宋以后规模较大者称"宫"或"观",部分主祀民俗神之建筑或称"庙"。

道教初创时,山居修道者多栖深山茅舍或洞穴,建筑简陋。南北朝时,道教建筑随着仪礼的规范化,已具备相当规模,且趋于定型。唐宋两代,道教兴盛,各地广设宫观。其建筑规模宏大,工艺设计愈见完善。明中叶以后,随着道教的衰微,官方对道教建筑的资助锐减,民间集资兴修者仍较多。

1. 建筑格局

道教建筑常由神殿、膳堂、宿舍、园林四部分组成,其总体布局基本上采取中国传统之院落式。神殿是宗教活动的主要场所,常处于建筑群之主要轴线上,为整个建筑群之主体。大型宫观大多为一串纵向布置,院落随地平面逐渐升高。殿堂内设置神灵塑像或画像。膳堂建筑物包括客堂、斋堂、厨房及附属仓房。一般布置于建筑群主要轴线侧面。宿舍为道士、信徒及游人住宿用房,其布置较为灵活,常于建筑群之僻静处单独设院。有的还利用建筑群附近名胜古迹和奇异地形地物,建置楼、阁、台、榭、亭、坊等,形成建筑群内以自然景观为主之园林。道教建筑之总体布局、体量、装饰以及用色等,均体现其建筑思想乃承袭中国古代阴阳五行说。在道教建筑中,四者分区明确,配置适宜,联系方便,给人以庄严肃穆、清新舒适之感。

2. 建筑美学特征

注重意境、超脱凡尘的气氛是道教建筑的最大特点,也是其精髓所在。同时还注意布局巧用自然,蕴含深刻的道家哲理;注意把人的心理需求和艺术效果融入建筑之中。

（1）选址重视心理要求

道教乐生、贵生,而不是以生为苦。它追求今生的长生不老、得道成仙,而不是寄希望于来世的幸福或死后的灵魂升天。要实现这一理想,就需修炼。这种修炼以老、庄学派"清静无为,息心去欲,恬淡自然,养气安神"等心理要求为指导。所以,道教建筑的选址就非常倾向于人烟稀少的崇山峻岭,以利于在大自然中修身养道。例如,选在著名的四川青城山、湖北武当山、甘肃崆峒山建道观,就是这种追求的表现。

(2) 建筑特征险峻或飘渺

注重意境、超脱凡尘的气氛始终是道教建筑的一大主题,也是其精髓所在。例如陕西陇县景福山上的道观建在一块高达40米、宛如刀削的陡直石壁上。凿洞架空、脱颖而出3座殿阁,垂直排列,悬挂在绝壁之下,好像一根枯藤上吊下来3只葫芦。再看结构,龛洞飞檐,全用斗拱架起,那些立柱一头支撑着庞大的双层殿楼,一头陷进挺拔如削的青石中,但它们自身只不过碗口粗。然而就是这一根根立木,在支撑着庞大的殿堂。这种险奇绝伦的景象,象征着道教暗示的仙界。再如山东的蓬莱阁,三清殿、吕祖殿、天后宫皆排列于三面环海的岬角上,北望天海茫茫,长山列岛漂浮在碧波之中;南望山峦起伏,翠色尽抹;东边水色无垠,有时还闪现海市蜃楼。这动与静的交融,变幻莫测的玄奥,恰好衬托出一股"东方云海空复空,群仙月明中"的虚无缥缈。

(3) 建筑布局巧用自然

道教建筑讲究布局,在地形和山势的选择上有严格的规矩。一般来说,它要求宫、观背依山体,面向北斗,就实而避虚,这是取其"常有观其徼,常无观其妙"的经意。而建筑群的四邻,又要求具备较典型的一些地貌地物,能够去映现"四象",即青龙、白虎、朱雀、玄武。在建筑之间的关系上,则要求烘托主体,附属建筑从不同角度、不同层次去簇拥主体建筑,犹如众星拱月,这体现了道教的哲学思想和宇宙观。道教建筑还常用自然地貌的跌宕起落、急转变化造成一种藏露结合、相得益彰的氛围。江西三清山的道教建筑是这一特征的代表。三清宫建筑中的精华叫"众妙之门",其设计的寓意就是让人们在沿着崎岖山路攀登举步维艰的时候,蓦然眼前一亮,一道山门呈现在眼前,道路又忽然转为平坦,身体顿感轻松。这种设计应了道教哲学中的"难易相依"的第一妙。由山门继续前行,忽而又面临万丈深渊,唯见云雾茫茫,欲进无路。眺望四周,峭壁参天,五座高峰像九天翠屏挡在眼前,使人顿生"欲登青云苦无路"之感,这又应了道教思想"有无相依"的第二妙。当人们急欲觅路登山时,却发现山道拐角尚有一径,贴着峭壁垂直延伸,途中又有五座天门,至此又应了道家"险处逢生"的第三妙。

(4) 组景协调,追求艺术效果

道教建筑十分重视艺术效果。其方法如下:一是借山势取雄。道教建筑常常依靠山地的高差,从而壮大自身的形象。二是据险而筑。为了加强险峻感,又常用挤占崖边、虚挑悬空突出高壮险极。三是藏而不露。"景愈藏境界愈大"。四是奇上加奇。在孤峰等特殊地貌背景上,把建筑物布局成"骑"或"卧"的姿态,亦是道教建筑的情趣之作。五是占坡叠置、据水而旷。在山地布局时,多由高到低安排鲜明的层次,造成优美轮廓。

(5) 注重藻饰,突出教义

道教建筑特别注意藻饰,以反映道教追求吉祥如意、长生久视、羽化登仙等思想。如描绘日、月、星、云、山、水、岩石等,寓意光明普照,坚固永生,山海年长;扇、鱼、水仙、蝙蝠、鹿等乃分别为善、裕、仙、福、禄之表征;而莺、松柏、灵芝、龟、鹤、竹、狮、麒麟、龙、凤等又分别象征友情、长生、不老、君子、辟邪、祥瑞等;有时以福、禄、寿、喜、吉、天、丰、乐等字化作种种式样,作为建筑物上的装饰。将寿写成百种不同之字形,名为"百寿图",福字则巧妙变幻,用于各种窗棂,以表吉祥如意,福寿康宁,乐天超凡,长生不老。此外,"八仙庆寿"、"八仙过海"等神话故事亦常为道教建筑的装饰题材。此外,它还将壁画、雕塑、书画、联额、题词、诗文、碑刻、园林等多种艺术形式与建筑物综合统一,因地制宜,巧作安排,具有较高的文化水准和多彩的艺术形象,从而也增强了艺术感染力。

（三）基督教建筑

基督教建筑主要是教堂,西方国家的教堂建筑历史悠久,建筑精美,具有很高的美学价值和文化价值。其建筑风格主要有拜占庭式、哥特式和罗马式等,因西方古典及经典建筑常常以教堂为代表,因此,西方古典建筑的风格与美学特征与基督教教堂的风格基本相似,此处不再赘述,详见第三章第二节。

（四）伊斯兰建筑

伊斯兰教建筑主要有清真寺、穆斯林经学院、隐修院和陵墓,在我国主要是清真寺。

1. 建筑风格

中国伊斯兰教清真寺建筑分为两大体系:一是以木结构为主,体现中国传统建筑风格的清真寺;二是以阿拉伯建筑风格为主、融以中国民族特色的清真寺。但不论什么风格,礼拜大殿都严格遵循伊斯兰教基本原则:坐西向东。每座清真寺的顶端上方都饰有象征伊斯兰世界的一串"宝瓶",高擎着一弯淡淡"新月"。

（1）阿拉伯风格清真寺

这类清真寺,在中国多分布在新疆维吾尔等民族地区。古今这类清真寺建筑的特点大致有如下几个方面①:

第一,从工程用料上看,多为砖石结构。大门及大殿石墙的砌法很独特,系长石条及正方形丁头交替使用法,使石墙外观每隔一层即是一方块形物,殿面极富装饰趣味。这种砌石法常见于伊朗一带,中国国内则极为少见。如广州怀圣寺光塔,不仅塔身上下全用砖石砌成,塔内盘旋而上的两条蹬道也皆为砖砌。

第二,从平面布置看,多非左右对称式,不甚注意中轴线。邦克楼或望月楼一般都建在寺前右隅。如泉州的清净寺在寺南墙东侧,进门有甬道,沿着甬道向左转弯即为礼拜大殿。这种大门与大殿密集的平面布置,与中国传统的寺殿制度明显不同,是西方清真寺的制度。

第三,从外观造型上看,基本是阿拉伯情调。如广州怀圣寺光塔,其型制与中国佛塔显然不同。塔平面圆形,底径约9米,露出地面部分约高35米。整座建筑恰如一支兀立苍穹的巨大蜡烛,两层,下层如烛身,上层如烛心。塔为双层砖壁筒式结构,内壁之中用土填实,成为塔心柱。双壁间砌蹬道两条,相对盘旋而上,从底至顶各为154级砖阶。每上数阶,即设一窗口以采光线。塔身内外均墁白灰,故外表光洁古朴,"望之如银笔"。塔顶旧有一金鸡,可随风转,以测风向;后被人盗去一足,又为飓风所坠,塔顶改装葫芦,今为葫芦形宝顶。

第四,从细部处理上看,早期清真寺也是阿拉伯风格。如泉州清净寺大门平面为一窄

---

① 冯今源:《中国清真寺建筑风格赏析》,《回族研究》,1991年第2期,第81—91页。

而深的长方形,分为内外两部分:外部是敞开式门厅,内部为封闭式门厅。两个门厅由四道尖拱券状门组成。第一道拱门高10米,宽3.8米,拱顶甚尖。拱门用辉绿岩石装饰,图案华丽。门内作穹隆顶,上有密肋8条,状似藻井,饰以龟斑纹,象征宇宙的无穷威力。在此穹隆顶下,即为第二道拱门。此门高6.7米,较外门略小,也以辉绿岩石为饰,层层叠叠,象征安拉的无尚崇高。顶下为一门洞,安有普通大小双扇门板。第三道和第四道拱门,高度分别为4.3米和4.06米。在这两门之间的甬道上,罩一完整的砖砌圆顶盖,即"拱北"。拱北涂垩洁白,毫无装饰,古朴大方。这种门外有门的门楼建筑、尖拱大门的发券做法、蜂巢状的小尖拱雕饰,气势雄伟壮丽,正是阿拉伯地区伊斯兰教建筑特色之一。

第五,中国早期清真寺建筑中也揉进一些中国传统的民族风格和地方特色。比如金鸡,作为吉祥的象征,是中国古建筑装饰中喜用的题材;而伊斯兰教认为雕塑和绘制任何人物、动物形象都属非义行为,绝不用于清真寺建筑。广州怀圣寺光塔上原用金鸡为饰,显然为这座阿拉伯式伊斯兰教建筑增添了一点中国风采。

(2) 中国传统风格清真寺

这类建筑多是元代以后,特别是明清以来创建或重建的。明代清真寺在建筑的整体布局、建筑类型、建筑装饰、庭院处理等各方面,都已具有鲜明的中国特点。概而言之,中国传统建筑风格的清真寺,大致具有以下特点①:

首先,大多按照中国传统四合院布局。其特点是沿一条中轴线有次序、有节奏地布置若干进四合院,形成一组完整的空间序列;每一进院落都有自己独具的功能要求和艺术特色,而又循序渐进,层层引深,共同表达着一个完整的建筑艺术风格。例如西安化觉巷清真寺,总平面为一东西狭长的长方形,分四进院落,每进院落均为四合院模式,设厅、殿、门楼,前后贯通。东端院墙正中的照壁,是全寺中轴线的起点,在这条中轴线上依次排列着木牌楼、"五间房"(二门)、石牌坊、敕修殿(三门)、省心楼(邦克楼)、连三门(四门)、凤凰亭、月台、礼拜大殿等主要建筑物。中轴线的两侧,建有各式碑楼、石坊、南北对厅和厢房、门楼等各种附属建筑,左右对称,排列井然。庭院宽敞,与建筑物空间比例良好,整座寺院构成和谐一体的色调,犹如一幅宋卷轴画的意境。

其次,大门、邦克楼和礼拜大殿等重要建筑具有中国特色。大门一般是大木结构,五开间,屋顶为歇山造,用绿琉璃、黄剪边,有跑龙脊。有的还在大门上起楼,多为三数层木塔式建筑。大门前时常利用前檐柱作为木牌坊三门,带八字墙及斗拱等。这种大门既是出入口,又是清真寺的标志。

邦克楼是中国传统楼阁式,其特点是宏伟高大,木柱梁枋用料壮实,斗拱形体多很朴拙,与周围建筑对比鲜明,在全寺建筑群体构图中起着丰富轮廓的作用。

礼拜大殿及主要配殿,通常都是大木起脊式建筑,用斗拱。大殿一般由前卷棚、大殿殿身、后窑殿三部分组成。这三部分各有起脊的屋顶,上面用勾连搭的形式连在一起,形成一座完整统一而又起伏灵活的大殿建筑。大殿的平面型制多样化,有矩形、十字形、凸字形、工字形等。后窑殿一般不采用砖砌圆拱的早期做法,而是亦木亦砖,搭配使用。后窑殿的式样更是百花齐放,有单檐、重檐、三重檐的十字脊或各种亭式脊,变化甚多,不胜

---

① 冯今源:《中国清真寺建筑风格赏析》,《回族研究》,1991年第2期,第81—91页。

枚举。山东济宁清真西大寺的大殿,是全国起脊式清真寺大殿中最大的一个,规模宏伟,仅次于北京故宫太和殿,装饰也极为豪华。全殿分卷棚、前殿、中殿、后殿四部分。卷棚三大间,矗立在全殿最前方。前殿建于清顺治十一年(1654年),5间11檩,斗栱单檐庑殿顶。中殿建于康熙二十年(1681年),7间11檩,斗栱重檐歇山顶,其面阔、重檐与前殿明显不同,说明其重要性大于前殿。后殿建于乾隆年间,面阔5间,三面围廊,重檐歇山顶。因其地面高于中殿,重檐高度也高于中殿,再加上系三面围廊式,从而又比中殿显得更为重要。全殿成窄而深的平面,屋顶用勾连搭结构,使整座大殿建筑成一整体而又富于变化,有主次轻重之分,是一种极成功的处理手法。

2. 装饰风格

中国不少清真寺都成功地将伊斯兰装饰风格与中国传统建筑装饰手法融会贯通,以取得富有中国味的伊斯兰教装饰效果。很多著名的清真寺都以其精美的彩绘艺术见长。一般而言,华北地区多用青绿彩画,西南地区多为五彩遍装,西北地区喜用蓝绿点金。而这些彩画的共同之处又在于,不用动物图文,全用花卉、几何图案或阿拉伯文字为饰。这是中国伊斯兰教装饰艺术的一个显著特色。西安化觉巷清真寺大殿,就是中国内地清真寺彩绘装饰艺术的代表作。殿内吊顶全部做成井形天花,天花支条为绿地红边,井内为绿地红花,沥粉贴金。全殿天花彩绘六百余幅,岔角、圆光皆为阿拉伯文组成的图案,一幅一文各有千秋,充分表现了中国清真寺古建筑彩画的独特手法。后窑殿的制作尤为精丽。壁龛前一对圆柱,柱身全部为红地沥粉贴金的阿拉伯文图案,柱上的枋木及门罩、垂柱等均施彩画,犹如圣龛前挂上一层华丽的垂幔。壁龛呈尖拱状,龛内为阿拉伯文和几何纹装饰;围绕这一壁龛,向左右及上方做层层扩大的木雕装饰,直至将整个壁龛墙面做满。在以伊斯兰教传统装饰纹样为基调的情况下,壁盒多处组织了中国传统的宝瓶、牡丹等图案,使这个伊斯兰教壁龛呈现出一定的中国风味。特别是壁龛左右的另外两个开间,雕饰均以荷花和菊花为题材,配制均匀齐整、大小比例各不相同的图案结构,对称中有变化,变化中有统一,形质动荡,气韵飘然,线条流畅而准确,层次丰富而含蓄,纯然为中国传统的装饰风格。壁龛与其左右开间的不同气质和不同风韵,和谐地统一在一起,构成一片完整的红地金花墙面,使后窑殿满室生辉。

也有许多清真寺,殿堂不施彩画,朴素简洁,高雅明快,别具风韵。这一类寺的装饰,多以雕刻精美的小木作和砖作见长。也有的清真寺,殿内不仅有精美生动的雕刻,而且殿内金柱上常悬挂着一对对木雕金地阿拉伯堆体经文的对联,使深沉的殿堂金光闪烁,显现出尊严华贵的气氛。

伊斯兰教建筑装饰的一个基本原则是不用动物形纹,最常使用的花纹是卷草花卉等物,即使是正脊、大吻等,也全部以植物叶茎形式塑成,然后进行烧制。彩绘、木雕、砖雕、石雕一般也均如此。这种装饰手法,突破了中国古建筑使用龙凤及各种走兽的制度,丰富了古建筑装饰内容。但是,中国传统装饰已经根深蒂固,所以在装饰中不可避免地出现了一些兽形题材的装饰,如北京东四清真寺门前抱鼓石的狮子、济宁清真东大寺的跑龙脊、石柱上的蟠龙照壁上的二龙戏珠和麒麟等。尽管总的数量不多,但显现出了浓郁的中国风格,与伊斯兰教一般不用动物作装饰的风格已略有差异。

三、宗教雕塑与绘画

宗教雕塑、绘画是用艺术手段表现教义的,由于其形象性、艺术性而成为宗教文化景观中引人注目的内容。在宗教雕塑与绘画中,有一部分是高水平的艺术品,值得认真品味,细细赏析。

(一)佛教的雕塑与绘画

中国的佛教雕塑与绘画,是印度雕塑与绘画艺术同中国传统雕塑与绘画艺术相融合创造出的各种佛、菩萨、罗汉、护法天王和弟子的形象。晋朝以前的极少,南北朝时期开始大量出现。在北朝的北魏时期和唐朝都很盛行,且艺术水平高。明清时期,雕塑与绘画虽然数量不少,但大多缺乏艺术生命力。佛教雕塑与绘画在中国的发展过程是不断民族化的过程。最早造像都为印度犍陀罗面孔,服饰也是印度的;到了北魏开始穿上了汉族服装,但面孔还是印度的;到了唐代,无论面孔还是服饰都按中国人的传统审美理想和审美情趣进行了改造。此外,无论是佛还是菩萨都逐步趋向女性化。印度的佛、菩萨传入中国时,都是男性,到了中国就逐步女性化了。唐宋时期,佛、菩萨的造像女性化已非常明显了,并越来越世俗化。

1. 雕塑与绘画的风格

两晋与南北朝时期,许多大画家把中国的造像艺术与印度的佛教艺术相结合,绘画理论与表现手法都取得了划时代的成就。受其影响,佛教塑像与绘画快速发展,并出现了一些艺术性很高的作品。这一时期的佛像,大多面目清秀,神采飘逸,形成了"秀骨清相"的风格,迎合了南朝士大夫生活思想和审美情趣。北朝的北魏时期,佛教受到朝廷的大力扶持,国家主持开凿了著名的大同云冈石窟和洛阳龙门石窟,雕凿了大量佛像。其造像既有犍陀罗风格的某些特点,又有北魏统治者的民族风格,甚至有帝王的某些特征,规模巨大,显示了力量、威严和非同凡响的气势。

隋唐时期的佛像摆脱了以前呆滞、平板的表情,出现了丰满瑞丽、生动柔和的风格。尤其是菩萨像,多有唐朝宫廷贵妇服饰,薄衣贴身,线条流畅而又有节奏,体现出"曹衣出水"的风格。这一风格是北齐画家曹仲达创制的样式,其特征是服饰紧贴身体,像掉进水中刚被拉出来一样。龙门石窟中的唐代石窟、太原天龙山石窟及敦煌壁画中的唐代画像都是这种风格。另外,唐代还有吴道子所创的样式——吴带当风,造像服饰线条粗细变化,衣纹飘举,如同受风吹拂而飞扬。

五代和宋以后,观音像和罗汉像增多,这些造像受仪轨约束少,更加贴近生活,已完全融入了中国文化。

明清造像绘画虽不少,但艺术价值不高。

2. 雕塑与绘画仪规

(1)形象和服饰。佛陀头发螺旋,头顶上有圆圆凸出的"肉髻",眉如新月,眉间有两根白毫,眼睛广长,耳轮垂长,面颊丰满,两肩宽圆,上衣内穿从左肩至腰的"覆肩衣",外为通肩或偏袒右肩的大衣,下穿裙衣。

菩萨以释迦牟尼未出家前的王子形象为基础,一般头戴各种宝冠,身着薄而轻柔的天衣,颈下胸前有璎珞,双手饰有臂钏和腕钏,下穿罗裙。

各种护法天王、金刚力士多为古代武将装饰,形体魁梧,肌肉发达,威武而有力量。罗汉是佛的出家弟子,其形象是光头僧服的比丘相。

(2)体态。大致有坐、立、卧三种。坐像分为结跏趺坐、半跏趺坐、倚坐等。结跏趺坐是佛陀常见的姿势,是左右两脚的脚背置于右左两腿的腿肚之上,足心朝天。相传释迦牟尼在菩提树下修悟正道,采用的就是这种姿势。坐禅修行者也采用这种姿势。半跏趺坐以一足置于另一腿肚之上。佛教一般以全跏趺坐为如来坐,以半跏趺坐为菩萨坐。卧像为释迦牟尼涅槃像,多为枕右手侧身卧。

(3)"手印"。"手印"指佛像的双手与手指所结的各种姿势(如图6.2所示)。各印相含义不同。以拇指与中指(或食指、无名指)相捻,叫说法印,象征佛陀说法;屈臂上齐肩,掌心向外,叫无畏印,表示众生心安而无所畏惧;以手自然下伸,指端下垂,掌心向外,叫与愿印,表示佛菩萨能给予众生愿望满足,使众生所祈求之愿都能实现之意,此印相具有慈悲之意,所以往往和施无畏印配合;以右手置于右膝外,用手指触地,叫触地印或降魔印,表示降伏众魔;双手置于胸前,右手叠在左手上,拇指尖对接,叫定印或禅定印,表示内心安定进入禅思。

说法印　　　　　　　无畏印　　　　　　　与愿印

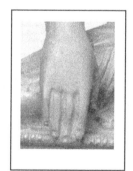 

降魔印　　　　　　　禅定印

图6.2　佛教手印

资料来源:《佛教中常见的七种手印及功能》,百度贴吧,http://tieba.baidu.com/p/1618121318,2012-09-10。

(4)持物。多数佛不持物,只有药师佛有时托药钵,阿弥陀佛有时托莲台。但菩萨、护法天神、罗汉所持器物种类较多,如莲花、杨柳枝;兵器类的有刀、剑、杵等;法器类的有宝瓶、法轮、如意等。

3. 佛教雕塑与绘画的艺术特征

艺术家们用虔诚的向佛之心及高深的智慧，创作了众多佛教雕塑和绘画，展现着无穷的神奇魅力，凝聚成一道永恒而亮丽的风景线。总而言之，中国佛教雕塑与绘画融合了印度的装饰性风格与中国的写意性特征，形成了自己的特有风格。①

（1）注意雕塑空间感的处理。在众多的石窟造像中，几乎每一洞窟内的雕绘都组成一个相互呼应、相互关联的完整世界。塑像是石窟的主角，一般本尊佛像呈现为圆雕形式。其背光与身光的圆形或莲瓣形光环绘于或浮雕于身后龛壁上。本尊佛两旁的弟子、菩萨等形象多以类似的圆雕形式表现出来，而供养人的形象则多被绘在墙壁之上，龛楣绘有装饰性的花朵或飞天，窟内整个墙壁绘着佛教故事的情节、场面，形成有主有从、有衬托、有照应、有节奏起伏、有微妙变化的统一的艺术世界。在这里，多种造型方法共同发挥着作用，表现出整体性的浑然气势和广阔的空间感。独立的圆雕毕竟在表现空间体量方面有着一定的局限，背景中的浮雕和绘画可以扩大空间并起到意蕴方面的补充。中国特有的塑绘结合的艺术，寓装饰性于空间感中，那山水画一般的空灵意境之表现，使得有限的空间深远化、无限化了。

（2）以形写神，注重情感表现。传神是中国艺术的最高审美要求，中国佛教雕塑、绘画中，形的雕绘都是为了传神，为了表达人物的情感。面部表情是最能表现人的思想感情的，中国佛教雕绘、绘画特别注意在面部上下功夫。古代艺术家通过人物眼神、嘴唇的微妙变化、五官的和谐、身姿手势的特定象征意义，淋漓尽致地表现出佛的庄严、观音的慈祥、天王的愤怒、力士的强悍。

中国佛教雕绘很注意通过服饰的刻画表现人物的精神风貌。有些雕像衣服质地轻薄，有的厚重，都能真切地刻画出来，人们不仅可以通过衣纹的走向折变看出人体动态、身段，而且可以通过衣纹的特征发现人物的精神气质和内在性格。西方雕绘则很少用衣饰来充当表现人物情感的工具。

（3）注重线条的运用。中国绘画重线条的风格也影响到中国佛教雕塑的风格。以体积为主要表现手段，辅以既有表现力又有形式美的线条，这是典型的中国风格。在佛教造像中，常用粗硬的线条刻画出迦叶②的"瘦"与天王的"猛"，用细柔的阴刻线刻画菩萨颈下横纹，表现其肌肤的丰腴细腻。在人物衣纹的处理方面更见出线条的功夫与魅力。如麦积山16号造像碑上的佛龛造像，线条的表现达到出神入化的境界。为表现龛内三世佛的宽大衣裙因坐势而簇集垂聚成皱褶层迭的状态，坚硬的石头竟被刻成轻盈柔软的织物，像绸缎又像丝绒，仿佛散发出纺织品的光泽。这些线条常常表现得如毛笔画出般得心应手，衣裙层迭的线条宛转自如，衣裙内人体的动势巧妙地表现出来，且线条本身的美感和生气也通过这线条的韵律和节奏感得到充分流露，形成了一种空灵的空间感。

（4）"以动见静"的反衬手法及传统美学观念的渗透。③中国佛教雕塑和绘画为创造

---

① 李泽林、孟祥玲：《漫谈中国佛教雕塑艺术风格》，《建筑·建材·装饰》，2008年第3期，第54—55页。
② 迦叶是佛的弟子。
③ 杨联：《试论佛教绘画与雕塑艺术的审美特征》，《安徽文学》，2006年第8期，第86—88页。

佛陀美,大量运用"以动见静"的反衬手法,即在佛的周围创造各种动态形象,以衬托佛的庄严与静穆。这些动态形象包括天王、金刚、伎乐以及众弟子等等。如麦积山的《西方净土变》,宝殿巍峨,佛祖端坐,殿下鼓手击鼓,舞伎应节起舞,以伎乐喧腾来衬托堂皇宝殿里的佛相庄严。伯孜克里克的《弟子举哀图》也是在佛的周围创作了悲伤、痛苦以至哀绝自毁的各种人物形象。他们丰富而生动的痛苦表情,使得佛陀完美的神格和永恒的真性,对人的心灵产生更为强烈的震撼。画面构图、布局、造型,尤其是对佛的精神世界的刻画,都能从中感受到传统哲学观念与传统美学观念的渗透,体现了佛教绘画在中国古代政治生活和社会生活领域中地位之尊。其布局构图讲究向心与对称,是传统的尚"中"观念和"执中"理念在艺术领域的反射,向心对称式构思的核心——"中",至精至妙,唯佛得以居之。佛教艺术为表现佛的至尊地位与无上威严,将向心对称之手法发挥得淋漓尽致。

(二) 道教的雕塑与绘画

由于道教信仰的神极多,甚至把民间喜爱的历史人物(如人首蛇身的伏羲、豹尾虎齿的西王母)都纳入自己的队伍,所以道教雕塑、绘画的题材十分广泛。但是,主要有三种类型:宣传道教教义、道教修炼达到入静的"存想图"、道教的神仙故事。

1. 道教雕塑

道教雕塑用材多种多样,有泥塑、石雕、牙雕、骨雕等。但具体制作皆有定式。据道书《洞玄灵宝三洞奉道科戒营私》规定,造像必须"依经具其仪相","衣冠华座,并须如法";天尊"帔以九色离罗或五色云霞、山水杂锦"等,"不得用纯紫、丹青、碧绿等";真人"不得散发、长耳、独角,并须戴芙蓉、飞云、元始等冠";左右二真"或持经执简,把诸香华,悉须恭肃,不得放诞手足,衣服偏斜"等。

早期道教的塑像曾经受到佛教艺术一定的影响。唐太宗为王远知建太平观以及王轨重建茅山华阳观,其内殿塑造元始天尊像,都取左右二真人夹侍的形式。其后,号然又取法佛教在诸天神头部加添圆光,但是,其形象是中国化的人物面貌,其创作思想深受道家哲学和道教教义的影响,其技法又是中国古铜器、汉画像砖以及古代人物画技法的直接继承,具有明显的道教美术自身的风格。

各个时代的道教雕塑具有不同的特点。唐代国力强盛,又崇奉道教,所以雕像丰满圆润,多用流畅的圆线条,衣纹条伸屈自如、有气势。宋代的造像,富有生活气息,平易、亲切。造像的风格上,人物清秀俊美,衣纹疏朗自然,少了唐代的气势与浪漫色彩。明清以后,市井文学得到很大发展,道教的造像就更趋向于世俗化。在形象上更注意写实与细节的刻画,风格上从简朴、坚实、气势恢弘,变得松弛、纤细、精巧。

历代道教造像也留下了一些精品。如中泉州石刻老君像,背松倚望,意态谦恭,两眼平视,慈祥和蔼,美须大耳,左手依膝,右手靠几,全身线条遒劲有力,洗练概括。石像高5.1米,以整块天然巨石雕成,宏伟壮观,确是道教造像艺术中的珍品。

2. 道教绘画

道教的绘画主要是壁画,画中运用中国传统的绘画手法,体现道教的教义思想。以"画以立意"为宗旨,采用"以形写神"和"以神写形"的方法。在创作中不仅调动"出水"、"当风"等多种艺术手段,而且体现了道教对绘制神像的种种要求。唐宋时,道教壁画已相当普遍。在众多的壁画中,既有朝廷组织画工绘制的巨型壁画,也有文人画家绘制的精品壁画。

泰山岱庙天贶殿的现存巨幅壁画《泰山神启跸回銮图》，以皇家宫廷生活为模式，描绘泰山神东岳大帝出巡和回銮的情景，场面浩大，人物众多，生动逼真，山水人物相互衬托，艺术的世俗化倾向浓厚，虽经明、清画工重加彩绘，工匠制作痕迹较重，但尚能体现宋代道画的特色。创作于元代的山西永乐宫道教壁画更是集唐宋道画传统的中国美术史上的杰作。

晋代画家顾恺之崇尚老庄，附会老子犹龙之说法，多以龙为题材作道画，其后云龙遂成为道画的特色之一。他画的道祖故事画，画面上有丹崖险峻高大，颜色红紫，显示其为神仙之境。张天师脸形瘦削，飘然若仙，于丹崖七试弟子。其弟子王长穆然坐答，赵升神爽气怡，另二弟子则魄散神飞、汗流失色。唐代吴道子道释画兼擅，画家张素卿本人就是道士，五代时有名画家250余人，其中以道释画为主者达113人。史载张素卿曾画有《老子过流沙图》、《五岳朝真图》、《九皇图》、《五星图》、《老人星图》、《二十四化真人像》、《太无先生像》等众多壁画。

（三）基督教的雕塑与绘画

基督教雕塑与绘画大多以基督、圣母、天使、圣徒的形象和《圣经》故事为内容，宣传基督教教义。

1. 雕塑

早期基督教雕塑主要表现在纪念死者、寄托对来世希望的石棺雕刻上。到4世纪前后，基督教雕塑的叙事性更强，内容也丰富起来，石棺外表往往有以耶稣生平故事做成的浮雕。比较典型的基督教雕塑兴起于欧洲中世纪，早期作品以基督圣像、圣母子像、耶稣受难像和圣徒像居多。罗马时代，雕像主要是为建筑服务的，是建筑主体的延伸和局部的点缀。几乎所有的罗马式教堂的大门上半圆形额板浮雕、柱头与柱基雕刻、圆雕柱及圣坛或座椅上都有装饰雕刻。哥特式雕塑主要表现为教堂门楣中心的浮雕群，以及门券里和立柱上的圣母、基督及圣徒立像。文艺复兴时期，雕塑大为发展，开始摆脱中世纪呆滞刻板的格调，在雕塑造型艺术方面以写实为主，开创了基于科学理论和实际考察的表现技法，从而使得基督教雕塑艺术达到古典艺术之后的一个新高峰。"文艺复兴三杰"——达·芬奇、拉斐尔和米开朗琪罗的雕塑作品为典型代表。米开朗琪罗为西斯廷教堂天顶作的《创世纪》、《最后审判》等许多作品，是人类艺术史上的巨作，它们呈现了上帝如何用六天时间创造了光与暗、陆地与海洋、日月星辰、陆生生物、鱼及水生生物，最后创造了亚当，此后上帝又造了夏娃，以及亚当、夏娃堕落被逐出伊甸园。这一时期的雕塑以米开朗琪罗的《大卫》、《摩西》等最为著名。18世纪下半叶之后，西方日趋世俗化，以《圣经》为题材的绘画和雕塑逐渐减少。但19世纪罗丹的雕塑像《夏娃》、《地狱之门》等名作依然出现。近代以来，基督教对西方雕刻艺术的影响有增无减，曾为巴洛克艺术风格增辉添彩，使之风靡一时。中国的基督教雕塑多为水平一般的仿造，艺术价值不高。

2. 绘画

基督教绘画主要是镶嵌画和壁画。不同的历史时代、不同的流派都产生过一些优秀的绘画作品。早期基督教的宅第和教堂里就已出现了圣经故事的壁画，但手法稚拙，表现手法较为粗糙。现存的早期教堂中保存比较好的是镶嵌画，主要在天花板上。拜占庭镶嵌画大都以象征主义手法,突出表现属灵世界。画面上的人像比例拉长,大眼小口,表情凝滞,以东方君王式的威严神态使人产生敬畏和虔诚的情感。人像在画面中占的比例较大,按一定次序排列,世人在底部,其上是教士,再上是圣徒和天使,最上是基督。十字架也常出现,意大利拉文纳圣维他勒教堂内的镶嵌画是拜占庭艺术的代表作。君士坦丁堡圣索菲亚大教堂中作于13世纪的镶嵌画《祈求》,人像比例适中,形象生动,圣母充满母爱,基督也很亲切。12世纪,受伊斯兰教影响,出现了用大理石拼镶成几何图形的艺术形式。哥特式教堂以彩色玻璃装饰为主,较少壁画。此时的传世名作是尼德兰画家胡·凡艾克和扬·凡艾克兄弟共作的祭坛圣画《敬拜上帝羔羊》,画面画在12块橡皮板上,以献祭的羔羊为中心,象征人类的堕落与基督的救赎。文艺复兴时期绘画艺术达到了登峰造极的境界。早期的意大利画家与雕刻家乔托开创了人文主义、现实主义画风。作品有《圣法兰西斯之死》、组画《基督的一生》等。文艺复兴时期,美术成为文艺复兴文化最受欢迎的代表,成果最为丰富,多为美术巨匠杰作和大量的宗教绘画。文艺复兴三杰——达·芬奇、米开朗基罗和拉斐尔将复兴运动推向全盛。达·芬奇的《最后的晚餐》,米开朗基罗的《创世纪》、《末日审判》,拉斐尔一百多幅圣母像中的《西斯廷圣母》都是传世名作。19世纪初,威尼斯画家提埃波罗的《最后晚餐》、《朝拜耶稣》色彩浓丽,具有宫廷画风。许多画家从基督教汲取个人灵感,创作了不少优秀的作品。法国画家德拉克罗瓦的《雅各与天使角力》、《基督被钉于强盗中间》,英国画家享特的《世界之光》,荷兰画家梵·高的《好撒玛利亚人》都是最优秀的作品。19世纪中叶,绘画作品更是风格各异。法国画家保罗·高更的《黄颜色的基督》、《雅各与天使角力》具有象征主义色彩,鲁阿的《兵丁戏弄耶稣》则反映超乎尘世的世界,有很深的宗教感情。到了20世纪虽然有更多的艺术家倾向宗教题材,但并非全为教会而作,教会对现代艺术潮流也采取了容忍或欢迎的态度。画家们吸收借鉴了现代艺术手法,用抽象主义表现超自然的精神世界。萨特兰的《十字架受难》被认为是20世纪最有代表性的作品。

(四)伊斯兰教的雕塑与绘画

在雕塑与绘画方面,伊斯兰教开创了独特的体系,在世界宗教景观中留下了光辉与绚烂的瑰宝。

在形式上,细密工整、精巧华丽是伊斯兰教美术的突出特点。在内容上,丰富多彩,包容性高。在发展过程中,伊斯兰教的雕刻与绘画受到了希腊、罗马、波斯,特别是中亚和印度艺术的影响,形成了自己的风格。《古兰经》否定对偶像的崇拜,所以人物、动物形象被严格禁止出现在美术作品中。受此影响,伊斯兰教雕塑和大型壁画都不发达,写实主义衰落。伊斯兰的雕刻与绘画,灵活运用非动物、人物图案,采用各种华丽的色彩、光影的效果和精工细致的意境,达到无与伦比的高度。装饰纹样是其雕塑与绘画中最核心的表现形式。其装饰纹样似乎是在有限的空间中进行无限的延续,并富有形与线变化之妙趣。从纹样类型看,大致有几何纹样、植物纹样和文字纹样三种。在纹样的组织上,采取铺满整个器物的手法,具有"满"、"平"、"匀"的装饰特色,细腻而不繁缛,充实而不拥挤,华丽而不矫揉造作,工整而不匠气。在清真寺的壁画和地面镶嵌中,几何纹样运用非常广泛。几何纹样多以圆形、三角形、方形或菱形等为基础,呈90度或60度相互交叉,从而组成各种变化不定和结构复杂的几何纹样。植物纹样以缠枝纹为代表。其特点是在整个构成上,植物的花、叶、藤蔓互相穿插、互相重合,给人造成各种曲线的和律动的美感。各种螺旋状的曲线往往布满整个画面,如同是各种曲线交织的游戏。缠枝纹常常利用葡萄枝蔓的细纹作为展开的中心,再在其间装饰百合或喇叭花形。以《古兰经》的章句和诗文对绘画和雕刻进行装饰,在伊斯兰教景观中较为常见。公元8世纪初到公元9世纪,伊斯兰世界流行一种严格的书法,笔画挺直粗犷,且笔画本身有图案化的装饰。从公元10世纪开始,又在文字图案之间的空白处用植物纹样穿插、填补,使坚挺的笔画和曲线纹样形成了强烈的对比效果。自12世纪开始,伊斯兰文字装饰更注重形、线的律动效果,特别是当地与阿拉伯风的装饰纹样组合在一起时,更显示了一种协调和华美的装饰趣味。

伊斯兰教的绘画成就主要表现在书籍插图和细密画上。细密画是一种精细刻画的小型绘画,主要做书籍的插图及封面非装饰图案。后来,也把它画在羊皮上、纸上、象牙板或木板上,作为艺术商品出售。

第三节 经典宗教文化景观赏析

宗教文化景观不同于一般的自然景观和人文景观,它有其特殊魅力。面对这类景观,欣赏者往往会在得到美的享受的同时,感受到一种来自心灵的震撼。这并非因为他们可能信奉宗教,是虔诚的信徒,也并非来源于神灵的威力,而主要是因为形神兼备、似乎有血有肉、有感情的艺术形象和内涵丰富的文化给欣赏者带来的感染。那么,怎样更好地赏析宗教文化景观呢?下文将运用前文所介绍的相关知识,对宗教文化景观展开具体赏析。

一、宗教文化景观赏析的基本方法

宗教文化景观反映和体现着人们的宗教信仰和宗教生活,是一道奇妙而神秘的风景。在欣赏宗教文化景观时,只有了解宗教文化景观的语言,才能读懂其美,获得更深层次的精神愉悦。

(一)了解宗教文化

宗教旅游景观作为宗教文化的艺术载体,其文化容量是巨大的。不了解宗教文化,就无法理解景观的内涵,当然也谈不到鉴赏。这就对旅游者宗教文化知识的储备提出了相应的要求。熟悉了宗教的起源、历史、基本教义、宗教故事和宗教语言,就缩短了与宗教景观的距离,容易产生审美欲望和审美心理场。在欣赏宗教旅游景观时,就很容易感悟宗教氛围形成宗教景观场,从而使读者拓展审美空间,进行审美创造,深化景观审美,得到不同常人的享受。反之,对宗教旅游景观就往往只有好奇,没有兴趣;只看到皮毛,看不到文化。

(二)熟悉宗教景观的艺术手法

宗教景观是以艺术表现宗教教义的,不了解其艺术手法就难以理解宗教旅游景观的丰富含义。首先,要熟悉宗教艺术史上的主要流派和主要风格。西方宗教艺术是理性化的、写实的,中国宗教艺术是概念化的、写意的。欣赏基督教堂,应分清是罗马式、哥特式、拜占庭式还是巴洛克式,各有什么特点。欣赏中国佛教雕绘艺术,则要懂得像"曹衣出水"、"吴带当风"等不同的风格。这样,才可以对宗教景观进行艺术定位,更好地进行审美。其次,要了解宗教景观的工艺和技法,从形式美的角度来评价。如欣赏雕塑要观察使用的材质、刀法、线条、上色和整体造型等;欣赏宗教绘画要看构图、线条、色彩和手法;欣赏宗教音乐要倾听其节奏、音律,注意是否悦耳、和谐等。再次,要关注眼前景观是否呈现了该宗教的文化主旨,这是鉴赏宗教文化景观的关键。如在达·芬奇的《最后的晚餐中》,作者利用构图、光线等,表现出了耶稣基督面对门徒犹大的背叛时,心中的无限平静和悲伤,让神的高大、人的罪恶一览无余。许多中国佛教雕塑中的罗汉造像,多个性鲜明、生动,具有人的喜怒哀乐,是中国化、世俗化了的精彩罗汉造像。而那些呆板且千篇一律的造像则是低劣的作品。

(三) 尝试感受宗教文化景观场

宗教文化景观重视环境、建筑、绘画、雕塑,包括音乐的统一,千方百计地营造一种森严、肃穆的神秘氛围。这种氛围和从中透射出的意蕴往往是抽象的,要带着对宗教艺术的感情,领略景观构成要素的内在精神,使审美心理场和景观场融为一个整体,才能感受到这种氛围和意蕴,进而进入宗教景观的精神世界,真正感受到宗教景观的美。如在五台山脚下,即见密集的佛教建筑,鳞次栉比的寺庙、殿宇,这些神圣的宗教建筑与高山、幽谷、风景秀丽的清凉胜景浑然一体,相映成趣。如欣赏者能领会佛教净土可净化众生、远离污秽与丑恶的意蕴,佛教给人的庄严、肃穆、神秘和美感则会在心中油然而生。

另外,中国的宗教景观(特别是佛教、道教)多建在远离世俗生活的名山胜景之中,是修持或修炼的理想之处。这种环境也是宗教景观不可分割的组成部分。作为宗教景观鉴赏者的游客,也要迅速摆脱一切俗务、烦恼,彻底放松身心,达到忘我的境界,与自然景观融为一体,进入宗教景观营造的氛围,以体味宗教景观的真谛。

二、佛教净土——龙门石窟赏析

石窟造像是中国最重要的佛教旅游景观,也是最集中、最充分体现佛教文化的景观。中国的佛教石窟很多,开凿的时代不同,规模不等,最著名的有敦煌石窟、云冈石窟、龙门石窟、麦积山石窟。敦煌石窟、麦积山石窟的佛教造像多为泥塑,其余石窟多为石刻。下面我们以龙门石窟为例,对佛教文化景观加以赏析。

(一) 石窟概貌

龙门石窟位于洛阳南13公里处,开凿于山水相依的峭壁间,它始凿于公元493年北魏孝文帝由平城迁都洛阳前后。龙门石窟经历东魏、西魏、北齐、北周、隋、唐和北宋等朝,雕凿断断续续达400年之久,其中北魏和唐代大规模营建有140多年,因而在龙门的所有洞窟中,北魏洞窟约占30%,唐代占60%,其他朝代仅占10%左右。东西两山现存窟龛2 345个、佛塔70余座,碑刻题记2 860多块,其中久负盛名的龙门二十品和褚遂良的伊阙佛龛之碑,分别是魏碑体和唐楷的典范。龙门石窟也是中国现存佛龛最多的石窟,龙门全山造像11万余尊,最大的佛像卢舍那大佛,通高17.14米,头高4米,耳长1.9米;最小的佛像在莲花洞中,每个只有2厘米。因其开凿的时代不同,风格各异,能给我们不一样的审美感受。[①]

(二) 进入佛境

龙门石窟开凿之处,香山和龙门山两山对峙,伊河水从中穿流而过,远望犹如一座天然的门阙,所以古称"伊阙"。自古以来,龙门山水被列入洛阳八大景之冠。唐代大诗人白居易曾说:"洛都四郊,山水之胜,龙门首焉。"这里山清水秀,景色宜人,还有温泉增辉。更为重要的是远离市区,没有了尘世的喧嚣与争斗。来到这里,一定会宠辱皆忘,不自主地融入大自然,恍如进入优美的佛教净土世界,引发宗教迷恋情绪。这时,进入石窟,特别是巨大的洞穴,肯定会有一种别样的感受。石窟的内部空间很大,而主要的空间又被硕大的雕像占据,四周再配以小型菩萨及浮雕佛像。站在巨大的佛像脚下,在小型菩萨的注目中,仰视大佛,顿感佛祖形象的夺目逼人、神灵的威严、佛法的广大无边,以及自己的渺小。再加上光线的阴暗、香火的闪烁、照在佛像背后反射的瑞祥光彩,极易让我们产生丰富的想象,进入佛的世界。

(三) 品味神韵

龙门石窟,窟多佛多。在了解其主要风格特点后,可选取北魏、唐最有代表性的窟和佛加以赏析。

龙门石窟是历代皇室贵族发愿造像最集中的地方,它是皇家意志和行为的体现。北魏和唐代的造像反映出迥然不同的时代风格。北魏造像一改云冈石窟造像粗犷、威严、雄健的特征,变得活泼、清秀、温和,生活气息变浓。北魏时期以瘦为美,佛雕造像也追求秀骨清像式的艺术风格。造像脸部瘦长,双肩瘦削,胸部平直,衣纹的雕刻使用平直刀法,坚劲质朴。而唐代以胖为美,所以唐代的佛像脸部浑圆,双肩宽厚,胸部隆起,衣纹的雕刻使用圆刀法,自然流畅。龙门石窟的唐代造像继承了北魏的优秀传统,又汲取了汉民族的文化,创造了雄健生动而又纯朴自然的写实作风,达到了佛雕艺术的顶峰。

1. 宾阳中洞

宾阳中洞是北魏时期最有代表性的洞窟。"宾阳"意为迎接出生的太阳。宾阳洞是北魏的宣武帝为他父亲孝文帝做功德而建的。它开工于公元500年,历时24年,用工达80多万个。原计划开凿宾阳中洞、南洞、北洞,后因为发生宫廷政变以及主持人刘腾病故仅完成了宾阳中洞,南洞和北洞都是到初唐才完成了主要造像。

宾阳中洞内为马蹄形平面,穹隆顶,中央雕刻重瓣大莲花构成的莲花宝盖,莲花周围是八个伎乐天和两个供养天人。它们衣带飘扬,迎风翱翔在莲花宝盖周围,姿态优美动人。洞内为三世佛题材,主佛为释迦牟尼,面颊清瘦,面带微笑,脖颈细长,体态修长,衣纹密集。雕刻手法采用的是北魏的平直刀法。北魏孝文帝迁都洛阳后,实行了一系列的汉化政策,所以洞中主佛的服饰一改云冈石窟佛像那种偏袒右肩式袈裟,而身着宽袍大袖袈裟。释迦牟尼有侍立二弟子、二菩萨。二菩萨含睇若笑,文雅敦厚。左右壁还各有造像一窟,都是一佛、二菩萨,着褒衣博带袈裟,立于覆莲座上。洞中前壁南北两侧,自上而下有四层精美的浮雕。第一层是以《维摩诘经》故事为题材的浮雕,叫做"维摩变"。第二层是

[①] 百度百科:龙门石窟,http://baike.baidu.com/view/1759.htm,2012-09-12。

两则佛本生故事。第三层为著名的帝后礼佛图。第四层为"十神王"浮雕像。特别是位于第三层的帝后礼佛图,它们反映了宫廷的佛事活动,刻画出了佛教徒虔诚、严肃、宁静的心境,造型准确,制作精美,代表了当时生活风俗画的高度发展水平,具有重要的艺术价值和历史价值。

2. 奉先寺

奉先寺是龙门石窟规模最大、艺术最为精湛的一组摩崖型群雕,因为它隶属于当时的皇家寺院奉先寺,俗称"奉先寺"。此窟开凿于唐高宗初,咸亨三年(公元672年)皇后武则天曾赞助脂粉钱两万贯。上元二年(公元675年)功毕,长宽各30余米,洞中佛像明显体现了唐代佛像的艺术特点,面形丰肥,两耳下垂,形态圆满、安详、温存、亲切,极为动人。主佛莲座北侧的题记称之为"大卢舍那像龛"。这里共有九躯大像,中间主佛为卢舍那大佛,为释迦牟尼的报身佛。据佛经说,卢舍那意即光明遍照。这座佛像通高17.14米,头高4米,耳朵长达1.9米,佛像面部丰满圆润,头顶为波状形的发纹,双眉弯如新月,附着一双秀目,微微凝视着下方。高直的鼻梁、小小的嘴巴,露出祥和的笑意。双耳长且略向下垂,下颏圆而略向前突。圆融和谐,安详自在,身着通肩式袈裟,衣纹简朴无华,一圈圈同心圆式的衣纹,把头像烘托得异常鲜明而圣洁。整尊佛像宛若一位睿智而慈祥的中年妇女,令人敬而不惧。有人评论说,在塑造这尊佛像时,把高尚的情操、丰富的感情、开阔的胸怀和典雅的外貌完美地结合在一起,因此,她具有巨大的艺术魅力。饱经沧桑、老成持重的大弟子迦叶,温顺聪慧的小弟子阿难,表情矜持、雍容华贵的菩萨,英武雄健的天王,咄咄逼人的力士与主佛卢舍那一起构成了一组极富情态质感的美术群体形象。奉先寺大型艺术群雕以其宏大的规模、精湛的雕刻高居于中国石刻艺术的巅峰,也是中国佛教造像的典范之作。

3. 探寻佛的微笑

在对石窟造像和其他各处佛教造像的欣赏中,不难发现一个共同的特点,那就是几乎所有的佛都面带微笑,嘴角上翘,眼睛似睁似闭。而这个特点正是佛教教义的一种形象体现,也是最能赢得人心之表情。无论在寺院中还是在石窟中,佛的躯体一般都很高大,位置也很高。佛像之所以很少平视前方,是因为如果平视,会给人佛高高在上、无视众生之感。然而,因佛是尊贵神圣的,也不可低首俯就,因此,石窟佛像多采取放低眼眸的姿势,看起来像俯瞰的样子,但他能看到众生,而不一定注视众生。佛所见的世界是雄大的宇宙,他的目光是向着所有的人,因为他要普度众生。平等,是佛教的重要教义。佛微笑着平等地对待世间的一切,正是这一教义的体现。另外,当在佛前祈求时,看着佛慈祥的面容,就会感到亲切、放心、可信赖,就会觉得他在认真倾听,你也愿意将自己心里的所有秘密都向佛倾诉。当看得入神时,自己也就随着佛一起冥想,进入正定状态。这正是对信徒的要求,更是造像要达到的最佳效果。

三、壁画瑰宝——道教之永乐宫壁画赏析

各种宗教都用建筑、雕塑、绘画等艺术手段诠释自己的教义,但道教的宗教建筑特色不及基督教,雕塑逊佛教一筹,而道教的有些壁画却很精美。山西省永济县永乐镇的永乐宫是道教的重要建筑,其壁画堪称一绝。

1. 壁画概貌

永乐宫，原来是一处道观，是为奉祀中国古代道教"八洞神仙"之一的吕洞宾而建的。永乐宫于元代定宗贵由二年（公元1247年）动工兴建，包括彩绘壁画在内，至正十八年（公元1358）竣工，施工期长达110多年。宫内，宫宇规模宏伟，布局疏朗。除山门外，中轴线上还排列着龙虎殿、三清殿、纯阳殿、重阳殿等四座高大的殿宇。在建筑总体布局上风格独特，东西两面不设配殿等附属建筑物；它吸收了宋代"营造法式"和辽、金时期的"减柱法"，形成了自己特有的风格。永乐宫壁画满布在四座大殿内。这些壁画题材丰富，画技高超，绘制精美。它继承了唐、宋以来优秀的绘画技法，又融汇了元代的绘画特点，形成了永乐宫壁画的可贵风格。壁画规模宏大，总面积达960平方米。这里的壁画是中国现存壁画艺术中的瑰宝，可与敦煌壁画媲美。

2. 探访神仙世界

三清殿，又称无极殿，为永乐宫的主殿，是供"太清、玉属、上清元始天尊"的神堂。三清殿内，光线较暗。进去以后，需适应一下才能看清里面一切。这时，一个神仙世界在我们面前展开。殿内四壁满布壁画，面积达403.34平方米，画面上共有人物近300个。这些人物按对称仪仗形式排列，以南墙的青龙、白虎星君为前导，分别画出天帝、王母等28位主神。围绕主神，28宿、12宫辰等"天兵天将"在画面上徐徐展开。画面上的武将骁勇剽悍，力士威武豪放，玉女天姿端立。整个画面气势不凡，场面浩大，人物衣饰富于变化而线条流畅精美。这人物繁杂的场面，神采又都集中在近300个"天神"朝拜元始天尊的道教礼仪中。这便是举世闻名的《朝元仙杖图》。这是诸神朝拜道教始祖元始天尊的场面。中心是八个主神，帝后装束。四周围绕290多个值日神，有帝君、仙伯、真人、天丁、力士、星宿、金童、玉女等。前后排成四层，形成长长的行列。主像稍大，有3米以上，朝拜者2米多高。人物神情各异，有的注视，有的对语，有的沉思，有的倾听。如此众多而巨大的神像组织在统一的构图中，整齐而不呆板，繁复而不杂乱。画面强调照应，又适当注意变化，使动态一致、倾向一致、服饰大致相似的人群，通过微小的转侧和顾盼，得到相互之间的呼应。画中线条严谨、简练、流畅，有的线长达数米。神像的面部表情能用各种不同的线来表现，眉眼特别有神，皱眉肌的变化，以及眼与其他各部的关系处理得准确巧妙，使同样严肃的面孔上显示出各自不同的个性。青龙星君凛然庄严；白虎星君威武刚猛；三十二天帝秀眉丰姿、矫若游龙；众多玉女柳眉杏眼、翩若惊鸿；天蓬元帅青面獠牙、须发戟立，头上有头，眼似铜铃；黑杀将军面色宁静，若有所思，平和之中又透着肃杀之气；天猷元帅血盆大口，手持斧钺；真武大帝慈祥谦和，手持宝剑；寿星长着长长的胡须，笑口微开，让人感到一种莫名的哀怨；水星是一个鹅蛋脸的少女，脖子上却绕了一条蛇；八卦神君则有的如人、有的如鬼、有的如牛、有的如虎，他们出入以云气为车，飞龙为驾，腾云驾雾，仙姿绰约；就是那些后世肉身成仙的真人，尽管他们常常"隐其道妙而露其丑形，或衣败身衰，状如痴人"，但他们自由自在，逍逍遥遥，水火不侵，令人羡慕。袍服、衣带上的细长线条，更多的是刚劲而畅顺地"一笔过"画上去，好像一条条钢线镶在壁画上一样，造就了迎风飞动的飘忽感，加强了画中仙人的生动性。这种画法不但承继了唐、宋以后盛行的吴道子"吴带当风"的传统，而且准确地表现了衣纹转折及肢体运动的关系。此外，画面色彩单纯明朗，用"重彩勾填"法，设色多以石青石绿为主，道具背景富有装饰性。衣冠和宝盖部分，大量运用沥粉、贴金,使色调既灿烂又沉厚,画面更显得主次分明。《朝元仙杖图》在设计上,融立体的建筑、雕塑、平面的彩绘为一体,和谐自然,遥相呼应,主次分明。在构图上寓复杂于单纯,寓动于静,人物众多而不杂乱,文武百官相聚,男女老幼参差,变化丰富,对比强烈,气魄宏伟,人物生动,都融汇在庄严、肃穆的气氛中,充分体现了我国传统白描技法的高度水平。

这一幅《朝元仙仗图》,不仅反映了道教神祇的完整体系,而近三百人的群像,男女老少,壮弱肥瘦,动静相参,疏密有致,在变化中达到统一,在多样中取得和谐。虚构的神仙经过艺术家的精心构思,实际上被塑造成了形形色色的世间形象。帝王的崇圣之表、仙道的修真度世之颜、儒贤的高识之风、隐逸的遁世之节、武士的英烈之貌、玉女的端严之态、神鬼的威慑之状,各不相同,曲折地显示了现实中不同阶层、不同经历、不同气质、不同情思的各种人物。天蓬元帅、天猷副元帅以及二十八宿、四曜等一些组合了人、兽两种生物特征的形象,使人感到惊讶,而又觉得似曾相识。利用禽兽的某些生理特征增强了人的性格化,也就是画家利用所了解的兽的特征,来突出了人物的特性。兽的人格化丰富了艺术的塑造手段。画家在《朝元仙仗图》上塑造了近三百个不同的人物形象,而每一个形象都是那样吸引人,那样富有情味,像是一部历史人物图像的总汇,值得你反复探索和寻味。看着这些反映神仙生活的壁画,我们是否也会产生羽化登仙的感觉呢?

纯阳殿内壁画绘制了吕洞宾从诞生起,至"得道成仙"和"普度众生游戏人间"的神话连环画故事。壁画由连续性的52幅画组成,其中每幅约16平方米,画中内容以现实生活为背景,有宫殿、园林、山野、街市,九流三教,山水人物,包罗万象。纯阳殿内对扇后壁的《钟、吕谈道图》,也是一幅极为珍贵、人物描写极为成功、情景相融得非常好的壁画。

重阳殿是供奉道教全真派首领王重阳及其弟子"七真人"的殿宇。殿内采用连环画形式描述了王重阳从降生到得道度化"七真人"成道的故事。

纯阳殿、重阳殿内的连环画,虽是叙述吕洞宾、王重阳的故事,但却妙趣横生地展示了封建社会中人们的活动。这些画面,几乎是一幅幅活生生的社会生活缩影。平民百姓的梳洗、打扮、吃茶、煮饭、种田、打鱼、砍柴、教书、采药、闲谈,王公贵族、达官贵人的宫中朝拜、君臣答理、开道鸣锣,道士设坛、念经等各式各样的动态都跃然壁上。画中,流离失所的饥民,郁郁寡欢的厨夫、茶役、乐手,朴实善良而勤劳的农民与大腹便便的宫廷贵族、帝王将相形成了非常鲜明的对照。

四、精神的避难所——基督教之圣彼得教堂赏析

教堂是上帝在人间的寓所,是无限的灵魂栖居的圣地,因此,基督徒们倾其全力在大地上打造着一座又一座教堂。这些教堂不仅具有宗教功能,也因其美学、文化价值成为世人欣赏的艺术品。在众多教堂中,圣彼得大教堂即是一朵奇葩。

圣彼得大教堂,是罗马天主教的中心教堂和梵蒂冈罗马教皇的教廷,是世界上最宏大的天主教教堂。作为意大利文艺复兴、巴洛克艺术的殿堂和世界最大的圆顶建筑,圣彼得大教堂浓郁的宗教氛围,及其璀璨的建筑、绘画、雕塑艺术吸引着全世界人们络绎不绝地前来朝圣和观赏。

（一）教堂修建源起及概貌

圣彼得教堂位于意大利首都罗马西北的城中之国——梵蒂冈。该教堂因建在圣·彼得的墓地上而得名。圣·彼得(Saint Peter)，是耶稣十二门徒之一，是耶稣第一个选的门徒，被认为是由耶稣基督所拣选的第一位教宗。耶稣受难后，他来到罗马传教，罗马的皇帝为了嫁祸基督教，放火烧了罗马城，然后归罪于基督教，并处死了圣·彼得，葬于罗马。西元4世纪，君士坦大帝皈依基督教后，于西元325年在圣·彼得初至罗马时的传教地（后来也是他的墓地）上建立了圣·彼得小教堂。公元1506年，罗马教皇朱里亚二世再次在原址上重建教堂，这就是现存的圣·彼得教堂。教堂的修建工程历时120余年，到1626年才完工。这中间，包括米开朗琪罗在内的10位文艺复兴时期的建筑艺术大师先后担任过教堂的设计师。这座教堂被认为是现存意大利文艺复兴时期建筑艺术的代表作。

教堂长约200米，最宽处130米，平面呈十字架形。据说，教堂内可容7万人之众。最能体现文艺复兴时代建筑风格的，是教堂正中覆盖着一个穹隆大圆顶。教堂有5座大门，居中正门只许重大宗教节日由教皇亲自开启，其他4门整日开放，任人入内参观。在教堂内部，粗大崇高的大理石柱上、墙壁上、天花板上、门扉上，乃至地面上、玻璃窗上，无处不是精美的雕刻、壁画和镶嵌画壁画。

大殿正中偏后，有一金色华盖，是贝尔尼尼积9年时间建造而成的巴洛克式装饰性建筑，是教皇做弥散之处。祭坛前面，有一地窖，是圣·彼得的陵墓所在。在陵墓前面栏杆上点着数十盏长明灯，昼夜不灭。沿四周墙壁，布满小教堂、小祭坛和圣徒们的坟墓。这一带灯光摇曳，布幕低垂，更增加了整个中殿的神秘而安静的宗教气氛。教堂前面是圣彼得广场，是罗马教廷用来举行大型宗教活动的地方。

（二）教堂外观

教堂前面是能容纳三四十万人的圣彼得广场，广场长340米、宽240米，被两个半圆形的长廊环绕，每个长廊由284根高大的圆石柱支撑着长廊的顶，顶上有142个教会史上有名的圣男圣女的雕像，雕像人物神采各异、栩栩如生。广场中间耸立着一座41米高的埃及方尖碑，是1856年竖起的，由一整块石头雕刻而成。方尖碑两旁各有一座美丽的喷泉，涓涓的清泉象征着上帝赋予教徒的生命之水。

圣彼得大教堂门前左边树立着圣彼得高大的雕像，他神情自若、面带微笑，右手握着两把耶稣送给他的通向天堂的金钥匙，左手拿着一卷耶稣给他的圣旨。他头上的缕缕卷发、脸上的根根皱纹、下巴上的胡须和身上的层层长袍无一不被雕琢得细腻、逼真。教堂门前的右边竖立着另一座高大精美的雕像，据说那是耶稣的另一得意门徒保罗，耶稣在世时，他总是与彼得一起跟随耶稣的左右。

大教堂的外观宏伟壮丽，正面宽115米，高45米，以中线为轴两边对称，8根圆柱对称立在中间，4根方柱排在两侧，柱间有5扇大门，2层楼上有3个阳台，中间的一个叫祝福阳台，平日里阳台的门关着，重大宗教节日时教皇会在祝福阳台上露面，为前来的教徒祝福。教堂的平顶上正中间站立着耶稣的雕像，在他的两边，12个门徒的雕像一字排开，高大的圆顶上有很多精美的装饰。

（三）内部结构

走进大教堂先经过一个走廊，走廊里带浅色花纹的白色大理石柱子上雕有精美的花纹，从左到右长长的走廊的拱顶上有很多人物雕像，整个黄褐色的顶面布满立体花纹和图案。再通过一道门，才进入教堂的大殿堂。殿堂之宏伟令人惊叹，殿堂长186米，总面积15 000平方米。高大的石柱和墙壁、拱形的殿顶，到处是色彩艳丽的图案、栩栩如生的塑像、精美细致的浮雕。彩色大理石铺成的地面光亮照人。

圣彼得大教堂是一座长方形的教堂，整栋建筑呈现出一个十字架的结构，造型非常传统而神圣。教堂内部装饰华丽，华丽到令人窒息、惶恐不安。教堂中央著名的穹隆形屋顶是米开朗琪罗的杰作，双重构造，外暗内明。这个大圆顶最先由布拉曼特年设计，他去世后拉斐尔接替了他。圆顶曾一度被取消。拉斐尔去世后，71岁的米开朗琪罗接替了这项工作。他最后为教堂设计了一个穹隆大圆顶。圆顶的高度是38米，直径42.34米，穹顶周长71米，从地面到圆顶顶上的十字架的高度达137米。圆顶上有一个金光耀目的圆球，从教堂底乘电梯升至圆顶，进入圆球，会发现圆球之内竟可容下十余人站立。站在穹隆顶下抬头上望，你会感到大堂内的一切都显得如此渺小。第一眼看上去实在无法领略其宏伟的规模，若用直观视觉去观测它的规模的话，很容易因教堂各个部分巧妙对称的布局形成错觉，只能借助一些实际资料才能说明它的实质。圆顶廊檐上有十一个雕像，耶稣基督的雕像位于中间，廊檐两侧各有一座钟，右边的是格林威治时间，左边的是罗马时间。

整个殿堂的内部呈十字架的形状，十字架交叉点处是教堂的中心，中心点的地下是圣彼得的陵墓，地上是教皇的祭坛。祭坛上方是金碧辉煌的华盖，华盖的上方是教堂顶部的圆穹。一束阳光从圆穹照进殿堂，给肃穆、幽暗的教堂增添了一种神秘的色彩，那圆穹仿佛是通向天堂的大门。

（四）大量使用装饰品

圣彼得教堂内大量使用装饰品，包括众多雕塑和大面积的壁画。其中，尤以米开朗琪罗的《圣殇》、贝尔尼尼的青铜华盖和《圣水钵》最为珍贵。

1. 米开朗琪罗的《圣殇》

《圣殇》，又名《圣母哀伤》，是意大利文艺复兴时期的雕塑家、画家、建筑师和诗人米开朗琪罗（1475—1564年）1499年为圣彼得大教堂所作，是他早期最著名的代表作。当时他年仅25岁。

作品的题材取自圣经故事中基督耶稣被犹太总督抓住并钉死在十字架上之后，圣母玛丽亚抱着基督的身体痛哭的情景。死者是耶稣，基督教的创始人，乃天父之子，为奉行天父的旨意，救赎人类，屈尊就卑，从天降下。他由童贞女玛丽亚因圣神（灵）受孕，降生人间。耶稣在民间隐居三十年，三十一岁开始带领门徒们向百姓讲道，传播天国福音，彰显天父光荣。因得罪政教当局，三十三岁时被逮捕，无罪而问死罪，酷刑后钉死在十字架上，也是天父旨意的圆满完成。

雕像中，死去的基督肋下有一道伤痕，脸上没有任何痛苦的表情，横躺在圣母玛丽亚的两膝之间，右手下垂，头向后仰，身体消瘦细长，腰部弯曲，表现出死亡的虚弱和无力；圣母年轻而秀丽，形象温文尔雅，身着宽大的斗篷和长袍，右手托住基督的身体，左手略向后伸开，表示出无奈的痛苦；头向下俯视着儿子的身体，陷入深深的悲伤之中；细密的衣褶遮住了她厚实的双肩，面罩却衬托出姣美的面容。圣母的表情是静默而复杂的，不仅倾泻了无声的哀痛，也不只是圣母充满哀思的祈祷，它已经大大超出了基督教信仰所包含的内容，这是一种洋溢着人类最伟大最崇高的母爱的感情。

米开朗琪罗认为圣母玛丽亚是纯洁、崇高的化身和神圣事物的象征，所以必能永远保持青春。作者突破了以往苍白衰老的模式，圣母被刻画成为一个容貌端庄美丽的少女，却没有影响到表现她对基督之死的悲痛，她的美是直观的，但她的悲哀却是深沉的。她所体现出的青春、永恒和不朽的美，正是人类对美的追求的最高理想。

作品采用了稳重的金字塔式的构图，圣母宽大的衣袍既显示出圣母的四肢的形状，又巧妙地掩盖了圣母身体的实际比例，解决了构图美与实际人体比例的矛盾问题。基督的那脆弱而裸露的身体与圣母衣褶的厚重感以及清晰的面孔形成了鲜明的对比，统一而富有变化。雕像的制作具有强烈的写实技巧，作者没有忽略任何一个细节，并对雕像进行了细致入微的打磨，甚至还使用了天鹅绒进行摩擦，直到石像表面完全平滑光亮为止。这一切都赋予了石头以生命力，使作品显得异常光彩夺目。

米开朗琪罗完成这个大理石雕像时，尽管还是一个无名小辈，却事先放言，这将会是一座在罗马所能见到的、最美丽的大理石雕像。作品一经展出，轰动了罗马，人们争相猜测，是何等神工，能创造出如此超尘脱俗的塑像，把宗教的神圣庄严与人世间的舐犊之情结合得如此天衣无缝？于是，米开朗琪罗便在圣母胸前的飘带上，第一次留下了自己的名字，也是他唯一的一次。

人们一向把石头视为缺乏情感、没有灵性的东西。可是米开朗琪罗以娴熟的技巧，精雕细琢，以极其逼真的外形，反映人物内心的痛楚，将作品中悲情伤痛的圣母子，刻画得淋漓尽致，楚楚动人。这给大理石赋予了丰富的情感、超然的灵性及鲜活的生命，从而使雕塑具有强烈的艺术感染力。

人生之旅，以死亡而告终。当死亡来临时，人们常因生命的脆弱感到恐惧和无奈。这尊雕像意在告诉人们：耐心忍受痛苦，在艰辛和苦难的考验中享受喜乐和平安；从容面对死亡，无怨无悔地结束短暂的人生旅程！死亡，并非绝望中的毁灭，而是生命的改变；死亡，是充满希望的等待，如同睡眠等待早晨的苏醒。雕像对教义的表达准确而形象。

2. 贝尔尼尼的青铜华盖

贝尔尼尼的青铜华盖高29米，由四根螺旋形描金铜柱支撑。铜柱高11米，柱上饰以金色葡萄枝和桂枝。枝叶间攀附着无数小天使，有许多金蜂点缀其间。华盖四周金叶垂挂，波纹起伏，似迎风招展。华盖之内是一双展翅飞翔的金鸽，光芒四射，耀人眼目。华盖之下，是祭坛，点缀以大理石雕琢和黄金饰物。华盖前面的半圆形栏杆上永远点燃着99盏长明灯。雕塑富丽堂皇，营造出了宁静和谐、自由博爱的气氛，恰如其分地传达了基督教的教义。

3. 贝尔尼尼的《圣水钵》

圣水钵的雕塑，钵呈贝壳状，用云母石雕刻而成，两个稚嫩顽皮的小天使各捧一边。小天使高2.5米，从形象上看年龄大约只有一岁多，表情认真而顽皮。他们好像在用尽全身的力气，努力将圣水钵抬到人间，让众人享用圣水。由于过分用力，天使滚圆的小胳膊、小腿肌肉似乎都绽了出来。雕塑形象逼真、丰满、传神、惟妙惟肖。艺术家把小天使和圣水放在一起,是因为那时的人们视水为上帝赐予人的圣洁之物,水是生命之源。圣水钵带给人们的是一种安慰,一种神性与人性结合的美好。

五、生命的黑箱——伊斯兰教陵墓之泰姬陵赏析

伊斯兰教旅游景观,主要是以清真寺和陵墓为主的建筑景观。而所有的伊斯兰教文化景观中,以印度的泰姬陵为最。

(一) 泰姬陵概况

泰姬陵,全称为"泰姬·玛哈尔陵",又译为"泰姬玛哈陵",既是一座伊斯兰风格的巨大建筑,又是永恒爱情的象征。它承载着几千年的历史与宁静,在距新德里二百多公里外北方邦的阿格拉城内默默地迎接着前来观览者。2007年7月7日,它被列为世界八大奇迹之一。

它是莫卧儿王朝第五代皇帝沙贾汗为了纪念他已故爱妻阿姬曼·芭奴建立的陵墓,被誉为"完美建筑"。泰姬陵的构思和布局充分体现了伊斯兰建筑艺术庄严肃穆、气势宏伟的特点,建筑富于哲理。泰姬陵于1631年动工,每天动用2万役工,历时约22年建成。为了泰姬陵的建筑,除汇集了当时全印度最好的建筑师和工匠外,还聘请了中东、伊斯兰地区的建筑师和工匠,更是耗竭了国库(共耗费4 000万卢比),直接导致了莫卧儿王朝的衰落。

泰姬陵由殿堂、钟楼、尖塔、水池等构成,全部用纯白色大理石建造,以宝石、玻璃、玛瑙镶嵌,图案精妙绝伦,色彩绚丽夺目,美丽无比。陵墓上的文字用黑色大理石做成,成千上万的宝石和半宝石镶嵌在大理石表面。大理石围栏上雕着各式各样的花,阳光照射在围栏上,投下变化纷呈的影子。从前曾有银制的门,里面有金制栏杆和一大块用珍珠穿成的布盖在皇后的衣冠冢上。它是伊斯兰教建筑中的代表作,有极高的艺术价值。

这座伊斯兰风格的建筑,外形端庄宏伟,无懈可击。最引人瞩目的是用纯白大理石砌建而成的主体建筑,皇陵上下左右工整对称,中央圆顶高62米。四周有四座高约41米的尖塔,塔与塔之间耸立了镶满35种不同类型的半宝石的墓碑。进口大门用红岩砌建,大约两层楼高,门顶的背面各有11个典型的白色圆锥形小塔。大门一直通往沙贾汗与其爱妻的下葬室,室内中央摆放了他们的石棺,庄严肃穆。

寝宫门窗及围屏都用白色大理石镂雕成菱形带花边的小格,墙上用翡翠、水晶、玛瑙、红绿宝石镶嵌着色彩艳丽的藤蔓花朵。

(二) 建筑布局之美

泰姬陵呈长方形,长约570米,宽约290米,总面积为17万平方米。四周被一道红砂石墙围绕。正中央是陵寝,在陵寝东西两侧各建有清真寺和答辩厅这两座式样相同的建筑,两座建筑对称均衡,左右呼应。陵的四方各有一座尖塔,高达40米,内有50层阶梯,是专供穆斯林阿訇拾级登高而上的。大门与陵墓由一条宽阔笔直的用红石铺成的甬道相连接,左右两边对称,布局工整。在甬道两边是人行道,人行道中间修建了一个"十"字形喷泉水池。泰姬陵的前面是一条清澄水道,水道两旁种植有果树和柏树,分别象征生命和

死亡。

陵园分为两个庭院：前院古树参天，奇花异草，芳香扑鼻，开阔而幽雅；后面的庭院占地面积最大，有一个十字形的宽阔水道，交汇于方形的喷水池。喷水池中一排排的喷嘴，喷出的水柱交叉错落，如游龙戏珠。后院的主体建筑，就是著名的泰姬的陵墓。进入后院，是一个花园，花园中间是一个大理石水池，水池尽头则是陵墓。陵墓的基座为一座高7米、长宽各95米的正方形大理石，陵墓边长近60米。整个陵墓全用洁白的大理石筑成，顶端是巨大的圆球，四角都耸立着高达40米的圆柱形高塔一座，每座塔均向外倾斜12度，以防止地震塔倾倒后压坏陵墓。陵墓的每一面都有33米高的拱门，陵前水池中的倒影，看起来好像有两座泰姬陵。陵寝内还有一扇精美的门扉窗棂，传说是出自中国明代工匠的雕刻。陵体内寝宫的上部为一高耸饱满的穹顶，下部为八角形陵壁，上下总高74米，用黑色大理石镶嵌的半部《古兰经》的经文置于4扇拱门的门框上。寝宫共分宫室5间，宫墙上有构思奇巧的用珠宝镶成的繁花佳卉，使宫室更显光彩照人。中央八角形大厅是陵墓的中心，有两座的空石棺，棺木一大一小。沙贾汗王及皇后葬于空棺处地下的土窖内。棺椁上以翡翠、玛瑙、水晶、珊瑚、孔雀石等20余种价值连城的宝石镶嵌出精致的茉莉花图案，其工艺之精细、色彩之华丽，可谓巧夺天工，无与伦比。墓室中央有一块大理石的纪念碑，上面刻着几行波斯文："封号宫中翘楚泰姬玛哈之墓。"站在陵墓旁边回廊中央的石块上，可以感受到强烈的回音，令人迷蒙不已。

（三）建筑艺术奇葩

泰姬陵的建筑艺术成就首先在于建筑群总体布局的完善。布局很单纯，陵墓是唯一的构图中心，它不是居于方形院落的中心，而是居于中轴线末端，在前面展开方形的草地。所以，一进第二道门，有足够的观赏距离，视角良好，仰角大约是1:4.5。建筑群的色彩沉静明丽，湛蓝的天空下，草色青青托着晶莹洁白的陵墓和高塔，两侧赭红色的建筑物把它映照得格外如冰如雪。倒影清亮，荡漾在澄澈的水池中，当喷泉飞溅、水雾迷蒙时，它闪烁颤动，倏整倏散，飘忽变幻，景象尤其魅人。为死者而建的陵墓，竟洋溢着乐生的欢愉气息。

泰姬陵的第二个成就是创造了陵墓本身肃穆而又明朗的形象。它的构图稳重而又舒展：台基宽阔，和主体约略成一个方锥形，但四座塔又使整体轮廓空灵，同碧空相穿插渗透。它的体形洗练：各部分的几何形状明确，互相关系清楚，虚实变化肯定，没有过于琐碎的东西，没有含糊不清的东西，诚朴坦率。它的比例和谐：主要部分之间有大体相近的几何关系，例如塔高近于两塔间距离的一半，主体的立面的中央部分的高近于立面总宽度的一半，立面两侧部分的高近于立面不计抹角部分的宽度的一半，其余的大小、高低、粗细也各得其宜。它的主次分明：穹顶统率全局，尺度最大；正中凹廊是立面的中心，尺度其次；两侧和抹角斜面上凹廊反衬中央凹廊，尺度第三；四角的共事尺度最小，它们反过来衬托出中央的阔大宏伟。此外，大小凹廊造成的层次进退、光影变化、虚实对照，大小穹顶和高塔造成的活泼的天际轮廓，穹顶和发券的柔和的曲线，等等，使陵墓富于肃穆的纪念性之外，又具有开朗亲切的性格。

泰姬陵的第三个成就是熟练地运用了构图的对立统一规律，使这座简纯的建筑物丰富多姿。陵墓方形的主体和浑圆的穹顶在形体上对比很强，但它们却是统一的：它们都有一致的几何精确性,主体正面发券的轮廓同穹顶相呼应,立面中央部分的宽度和穹顶的直径相当。同时,主体和穹顶之间的过渡联系很有匠心:主体抹角,向圆接近;在穹顶的四角布置了小穹顶,它们形成了方形的布局;小穹顶是圆的,而它们下面的亭子却是八角形的,同主体呼应。四个小穹顶同主穹顶在相似之处还包含着对比:一是体积和尺度的对比,反衬出大穹顶的宏伟;二是虚实的对比,反衬出大穹顶的庄重。细高的塔同陵墓本身形成最强的对比,它们把陵墓映照得分外宏大。同时,它们之间也是统一的:它们都有相同的穹顶,它们都是简练单纯的,包含着圆和直的形式因素;而且它们在构图上联系密切,一起被高高的台基稳稳托着,两座塔形成的矩形同陵墓主体正立面的矩形的比例是相似的,等等。除了各部分有适当的联系、呼应、相似和彼此渗透之外,它们之间十分明确的主从关系保证了陵墓的统一完整。

由于整座陵墓由纯白大理石砌成,随着晨曦、正午、黄昏和夜晚光线强弱的不同,照射在陵墓上的光线和色彩就会变幻莫测。早上是灿烂的金色,白天的阳光下是耀眼的白色,斜阳夕照下,白色的泰姬陵从灰黄、金黄,逐渐变成粉红、暗红、淡青色,而在月光下又成了银白色,白色大理石映着淡淡的蓝色萤光,更给人一种恍若仙境的感觉。

陵园无论构思还是布局都是一个完美无缺的整体,它充分体现了伊斯兰建筑艺术的庄严肃穆、气势宏伟的独特魅力。凡到此陵参观过的游客,无不赞叹。

(四) 泰姬陵的沧桑

凡是见过泰姬陵的人,都为它那洁白晶莹、玲珑剔透的身影所倾倒。然而,泰姬陵的命运并非像赞赏者所希望的那样美好和圆满。从建成至今,就像它所埋葬的泰姬那样,一直充满着哀怨和愤恨。

就在泰姬陵建成大约一个世纪之后,整个南亚次大陆沦为大英帝国的殖民地。征服者不仅掠夺了印度的财富,还要毁灭它的文明。据英国出版的《泰姬陵》一书披露,印度沦为殖民地期间,泰姬陵改成了英国青年们娱乐的舞厅。他们还将泰姬陵开辟为野餐的场所,还将铁锤、凿子带了进去,以便在酒醉饭饱之后敲凿陵墓上的宝石和珍珠。更有甚者,当时英国在印度的总督还制订了一个拆掉泰姬陵拍卖的计划,甚至施工机械都已经进入了陵园。后来由于在伦敦的第一次拍卖宣告失败,才放弃了这一计划,使泰姬陵有幸得以保存。

思考与练习

1. 简述基督教的核心教义和宗教节日。
2. 伊斯兰教的主要宗教活动和教义有哪些?
3. 简析宗教文化景观的旅游价值。
4. 以您所熟悉的教堂为例,分析基督教建筑景观的艺术风格和美学特征。
5. 结合某一佛教雕塑,简析其艺术风格与美学特征。
6. 一般而言,欣赏宗教文化景观应遵循什么样的方法?
7. 您认为应怎样培养和提升宗教文化景观的审美能力?

第七章

饮食文化赏析

【学习目标】

　　了解中西饮食文化及其美学特色,明确中西饮食文化的差异,学习茶文化基础知识,掌握品茶的基本步骤及茶的品鉴,学习泡茶和品茶艺术,理解茶道内涵。认识酒的种类及其酒性,学习饮酒礼仪和葡萄酒的品鉴,掌握达到饮酒佳境的原则,提升饮食文化审美能力。

1. 了解中国菜的主要流派和风格,明晰中国食文化之美。
2. 学习西餐礼仪及西餐文化的美学特征,理解中西餐饮文化的差异。
3. 了解茶叶的功效和种类以及中国十大名茶的特色。
4. 学会泡茶和品茶的艺术,理解茶道的文化内涵和精神。
5. 认识酒的种类及其特征,明白其功能。
6. 掌握中西方饮酒礼仪,学会品鉴葡萄酒,学习进入饮酒佳境的原则。

自从有了人类,便有了饮食。在漫长的历史发展过程中,世界各地形成了丰富多彩、博大精深而又各具特色的饮食文化。作为饮食文化核心的食文化、茶文化、酒文化,不但影响着人们的生活,而且成为文化景观和人们审美的对象,对它们的鉴赏体验,已是旅游的重要内容。本章将对世界精要饮食文化景观进行介绍,并对其品鉴加以阐述。

第一节 亦食亦景食文化

"食"是旅游中的重要活动。然而,美食并不仅仅可果腹充饥,同时也是一种文化现象,具有重要的审美意义和审美价值。

一、中国食文化

中国食文化历史悠久,工艺精湛,烹调方法多样,与法国饮食、土耳其饮食并称为世界三大饮食。它不仅色香味俱佳,而且成为诸种美的要素的集合体。

在漫长的历史积淀中,中国菜肴主要形成了宫廷菜、地方菜、斋菜和药膳等几大类。

1. 宫廷菜

宫廷菜是中国历代宫廷中专司饮食的机构和人员,为帝王后妃等皇室成员们专门烹饪的菜肴。现在人们所说的宫廷菜,一般是指清代的宫廷风味菜。清代宫廷菜主要是在山东风味、满族风味和苏杭风味这三种各具特色的风味菜的基础上发展而来的。宫廷菜主要以几大古都为代表,有南味、北味之分。南味以金陵、益都、临南、郢都为代表,北味以长安、洛阳、开封、北京、沈阳为代表,但都具有一种共同的特点,即华贵珍奇,配菜讲究典式规格。宫廷菜已成为中国古代烹饪技艺的经典和集大成者,是中华菜肴的杰出代表。著名的菜点有溜鸡脯、荷包里脊、四大抓、四大酱、四大酥、小糖窝头、豌豆黄、芸豆黄等。现在北京的仿膳仍经营这种传统的宫廷风味菜点。西安也仿制成功了唐代宫廷菜,对外供应,主要有长安八景、龙凤宴、烧尾宴、沉香宴等四种宴席,有五十多个品种。[①]

宫廷菜十分讲究菜肴的造型艺术,图案造型要求做到像盆景一样美观悦目。在造型手段上主要动用的是"围、配、镶、酿"等工艺方法。"围"就是以素围荤,以小围大,并注重利用荤素菜肴本身在色彩、质地、口味、营养成分等方面的不同特点,来协调整盘菜肴的色泽调味,烘托主料,突出主味,使两者在口味、营养等方面起到互相补益调剂的作用。"配"就是要求将两种造型不同的原料成双结对地搭配在一起,从而赋予其一种特定的寓意,如以虾球和肉馅蛋饺相配制成的"黄葵伴雪梅"。"镶"就是指在一种原料中点缀上另一种经特殊加工的原料,使菜肴更富有逼真的形象,如"金鱼戏莲"就是用青椒、豌豆、虾尾等作为镶嵌料,在用整虾和茸泥制成的鱼形胚上镶嵌点缀而成的。"酿"就是将经精加工过的各种原料,如茸泥、丝、粒等填抹在整形原料内,使菜肴的外形更加完整饱满,滋味

---

① 百度百科:《宫廷菜》,http://baike.baidu.com/view/48244.htm。

更加醇郁鲜美。这些工艺方法往往是用于同一份菜的烹制加工过程中,所以它们又常常是互相包容,兼而有之。

2. 地方菜

中国是一个餐饮文化大国,长期以来在某一地区由于地理环境、气候物产、文化传统以及民族习俗等因素的影响,形成有一定亲缘承袭关系、菜点风味相近、知名度较高,并为部分群众喜爱的地方风味著名流派,称作菜系。菜肴在烹饪中有许多流派,其中最有影响和代表性的也为社会所公认的有:鲁、川、苏、粤、闽、浙、湘、徽等菜系。鲁菜、川菜、苏菜、粤菜、浙菜、闽菜、湘菜、徽菜称为"八大菜系",加上京菜和鄂菜,即为"十大菜系"。

各菜系以选料考究、制作精细、品种繁多、风格各异而闻名。如鲁菜擅长爆、烧、炒、炸,调味纯正醇浓。代表菜为糖醋黄河鲤鱼、九转大肠、烧海螺、烧大虾等。川菜烹调方法多样,口味上讲究色香味形,兼有南北之长,辣椒、胡椒、花椒、豆瓣酱为主要调味品。宫保鸡丁、麻婆豆腐、灯影牛肉、鱼香肉丝等为其代表作。淮扬菜用料广泛,以水鲜为主,刀工精细,刀法多变,烹调方法多样,尤其擅长炖、焖、煨等。金陵三叉、苏州三鸡、镇扬三头等为其代表。浙菜制作精细,变化多样,并喜欢以风景名胜来命名菜肴,烹调方法以爆、炒、烩、炸为主,清鲜爽脆。主要名菜有"西湖醋鱼"、"东坡肉"、"赛蟹羹"、"家乡南肉"、"干炸响铃"、"荷叶粉蒸肉"、"龙井虾仁"、"虎跑素火腿"、"干菜焖肉"等数百种。粤菜取百家之长,用料广博,选料珍奇,配料精巧,善于在模仿中创新。烹调技艺多样善变,用料奇异广博。在烹调上以炒、爆为主,兼有烩、煎、烤,讲究清而不淡,鲜而不俗,嫩而不生,油而不腻。时令性强,夏秋尚清淡,冬春求浓郁。粤菜著名的菜点有:鸡烩蛇、龙虎斗、烤乳猪、盐焗鸡、白灼虾等。

3. 斋菜

斋菜,又名斋食或素食,原为道家、佛家烹饪的以三菇六耳、瓜果蔬菜及豆制品为主的菜肴。斋菜不但款式常随时令而变化,清爽素淡,而且花色繁多,制作考究,营养美味。素斋的代表性菜点为:罗汉斋、炒豆腐脑、半月沉江、桑莲献瑞等。中国素菜以寺院菜、宫廷素菜、民间素菜三大派系著称。寺院素菜一般就地取材,烹调简单,品种不繁。宫廷素菜比较讲究和复杂,清秀典雅,重格局。民间素菜的突出特点是切合时令,并与当地的饮食风味及民俗紧密结合,菜肴风味独到。

4. 药膳

药膳发源于我国传统的饮食和中医食疗文化,是在中医学、烹饪学和营养学理论指导下,严格按药膳配方,将中药与某些具有药用价值的食物相配伍,采用我国独特的饮食烹调技术和现代科学方法制作而成的具有一定色、香、味、形的美味食品。它是中国传统的医学知识与烹调经验相结合的产物。它赋食物以药用,药借食力,食助药威,二者相辅相成,相得益彰。因其具有较高的营养价值,又可防病治病、保健强身、延年益寿,深得人们的喜爱。

除汉族以外,中国还有55个少数民族。各个少数民族因其自然环境、生产生活方式、宗教信仰、历史文化等的不同,其饮食制作、礼俗、饮食器具等也迥然不同,从而形成了各自璀璨绚丽的饮食文化。

二、中国食文化美学赏析

美食是审美价值与使用价值相结合的综合体。在中国美食鉴赏中,就餐环境,食物本身的色、香、味、形,餐具、菜名与就餐的意境等均可带给人们极大的身心愉悦,具有较高的美学价值。

（一）风格各异的环境美

饮食需要一个特定的场所,一处空间中的建筑实体,即饮食环境。我国幅员辽阔,各地的环境、生态、气候、文化、风土、人情、习俗、礼俗并不相同,所以在各地就餐,饮食环境也各有特色。这就为我们鉴赏饮食文化景观提供了风格各异的审美场所。不同的就餐环境,会带给人们独特的饮食感受和特殊的意境。尽管各地的就餐环境各有特色,但从景观文化角度看,较有特色的主要有以下几种样式:

1. 宫殿式

宫殿式多见于一些规模较大、历史较久的酒店。它们大多模仿古代皇家建筑风格,外观庄严雄伟、金碧辉煌,常用红、黄为基本色调,以龙凤为装饰图案,还常常设计一些月亮门、朱红大门。在这样的地方就餐,会感受到一种特别的礼遇和尊重,并可领略到古朴雄壮的环境之美。

2. 园林式

为满足人们尤其是游人回归自然的心理需求,有的就餐场所加入了园林构景要素,如在餐厅中堆置了假山石、亭台楼阁、悬泉飞瀑;有的饮食环境园林化,建造中沿用园林的建筑风格,设假山回廊,开窗借景,扩大空间效果,将室外风景引入就餐者的视野范围,这无形中延伸了室内空间,强化了文化景观,室外环境成为饮食环境的重要组成部分,成为能给人带来美感的虚体空间;有的就餐场所直接就是园林建筑的有机组成部分,山奇水秀,小桥流水,就餐者置身这样的就餐环境中,如同身在田园,可边吃美味边欣赏园林景观,聆听鸟的婉转歌唱和泉水的天然演奏,卸下一身的疲惫,身心放松,精神愉悦。

3. 乡土式

主要是指以各民族的民居建筑为蓝本,具有民族特色和乡土气息的就餐场所。如农家小院、海边"渔家乐"、羌族的羌寨、蒙古族的蒙古包等。这些民间式就餐场所,虽建筑风格各异,文化内涵不同,但大都风格素雅质朴。在这种饮食环境就餐,既可欣赏各类民居建筑的艺术之美,又可品味不同民族文化的韵味,令人感到亲切自然,单纯朴素,如同回到了久违的家园,温馨之感油然而生。

4. 欧式

主要是仿西方古典建筑修建的就餐场所,常见的风格有哥特式建筑、巴洛克式、拜占庭式等,或将多种风格集于一身。这些建筑常给人以时尚、现代、小资、浪漫的感觉。新奇的建筑,加之异域风格的歌舞,既可以让人了解西方建筑的风格之美,又能让就餐者体验异国的新奇。

实际上,纯粹的宫殿式、园林式、民族式和西洋式饮食环境极少,多数就餐场所或多或少地融合了其他形式,是多种美的综合体。

(二) 色、香、味、形齐备的佳肴美

精美的中国饮食色、香、味、形兼备,不但可以满足人们的口舌之欲,而且是可赏可观的文化景观,值得细细品鉴。

1. 食色之美

就餐前,观赏食物之色是最基本的感官鉴赏过程。讲究的菜肴十分注意色彩的感情美感、关系美感和色调美感等。

在感情色彩上,暖色食物易令人乐观、兴奋,而冷色食物则令人感到深沉、宁静等。如绿色的食物给人以清爽新鲜、生机蓬勃的感觉;金黄色的食物给人以高贵、豪华感;乳白色的食物则能给人以清雅、高洁之感;红色的食物具有喜庆、热烈的感觉。在烹饪过程中,厨师往往注意菜品色彩的搭配,通过不同颜色的菜肴,创造出一种理想的就餐气氛。就餐者就餐时要理解这一匠心,体悟菜肴传达出的美。

在色彩的关系上,食物通常呈同类色、对比色、互补色。同类色容易产生协同感,同类色的菜品原料并置,具有协调和节奏感的效果。例如"牡丹鱼片"(如图7.1所示),嫩黄的鱼片呈盛开的牡丹花状,黄红色的牡丹花瓣丝是娇弱的花蕊,色形极其协调。菜肴的对比色让其色彩丰富,生动鲜明。再如"香滑鲈鱼球",自然卷曲,微有球形的白色鲈鱼球,与绿色的时蔬对比强烈,十分醒目。互补色可以使两种对立色彩增强光度,突出菜肴本身的色彩效果。如泡椒鲫鱼,火红的泡椒、翠绿的黄瓜掩映着白色的鲫鱼,显得高贵而自然。

图7.1 "牡丹鱼片"中的同类色

资料来源:http://eat.jwb.com.cn/art/2012/3/31/art_1009_802871.html。

在鉴赏菜肴的色时,还应注意色调。色调,也就是我们常说的"主调"或"基调"。在繁杂的色彩面前,其"主调"是欣赏的基石。如粤菜"五彩炒鲍丝",由鲍鱼丝配胡萝卜丝、鲜笋丝、青辣椒丝、冬菇丝、韭黄丝炒成。成菜后,虽红、黄、白、黑相杂,但主色调是白,其余皆为副调,既五彩缤纷,又不喧宾夺主。

除单个菜品的色之外,更要注意鉴赏整个席面的色彩美感和节奏感。在宴席上菜时,菜的色调一般遵从由偏冷到偏暖再到雅静,就好比音乐中由轻音乐到节奏繁密的音乐,再到古典音乐,这样色彩就产生了节奏感。谁能说,鉴赏佳肴中的这些色彩的学问不是一种美的享受呢?

2. 食香之美

食香是指菜品自身所飘散出的气味。香,自古以来就成为中国饮食美的一个重要鉴赏标准了。古人云"闻其臭者,十步以外,无不顾爱然"。进餐时,人们在阅食色之时,亦

可通过嗅觉感受美食之香。食物散发的香气越强烈,就越易于被食者所赞赏。菜的香气是最容易令人回味的,而回味实际是一种反复的情感体验。由香气而引起联想,各种各样的意象就会接踵而来,这就进一步加深了审美体验,进入更高美感状态。如果端上一盘菜散发着淡淡的茉莉花的清香,嗅着这花香,人们很容易联想到朵朵开满枝头的乳白色茉莉花,想到采花的欢乐少女,耳边仿佛响起"好一朵茉莉花"的美妙歌声,进入一种令人陶醉的,甚至物我两忘的境界。

3. 食味之美

菜肴的味是指菜肴入口后,对人的口腔、舌头上的味觉器官所产生的综合作用而给人留下的感受。味道是构成饮食景观审美的重要内容。人们进餐,除了获取人体所需的营养外,品尝菜肴之美味也同样重要。品味是一种享受,调味是一种艺术。运用众多调味品的综合效果,可以使菜肴产生丰富多彩的诱人味道。许多菜肴一菜一格,百菜百味。面对美食,要善于品,才能把饮食的味作为一种文化景观来欣赏。对味的鉴赏主要从以下几个方面进行:一是看这味是否"和神"。就是各种菜肴多样统一的味,是否能协调人的味觉和精神,使人的精神舒畅愉快,增加对生活的热爱。二是这味有无节奏美感。先后品尝的多种味型能产生一种节奏感,这种节奏感先由生理引起,而后反应到心理、精神方面。三是看这味能否产生联想美感。好的味道的美感能经想象而升华,凝练成一种审美情感。四是能否让人以味知文。风味与文化之间有着某种默契,地道的地方风味能让人品味出地方文化的艺术形态美。

中国最著名的有四大菜系,不同的菜系体现为不同的风味。风味是各地烹饪特色最鲜明的标志,也是特色的最高品味和最高境界。如鲁菜,味重而纯正、醇浓,并善用葱香调味,形成清、香、脆、嫩、鲜的风味。苏菜,讲究原汁原味,重视调汤,浓而不腻,风味清新。粤菜,烹饪技法善于博采中外之长,口味清而醇。了解风味特征,在品尝美食时,才能更好地从文化的层次鉴赏这些美味佳肴。

4. 食形之美

食形指的是食物的造型。它主要指原料加工处理后的形状以及加工成熟后的形态。食物之形应以饱满、流畅为主,再辅以必要的美化手法,使其达到一定的艺术效果,除了可食,亦可作为一件艺术佳作。各种食品原料经过厨师的艺术加工,形成优美的造型、逼真的形象和适度的色泽,对客人产生强烈的感官刺激,给人以视觉上美的享受和快感。形的美感是食品造型通过视觉引起的通觉审美反应。菜肴作为饮食景观的形态美,主要从以下方面鉴赏:

一是自然形的美感。食品原有的形态就是自然形。如一只卧于盘中的像要引颈啼鸣的扒鸡、一只憨态可爱的烤乳猪,都以它的自然形态使人感到愉悦。这类佳肴的形象完整、饱满,看到后人们不自觉地就想起它们的自然形态,并引起一些联想,从中产生美感。二是摹仿形的美感。摹仿形就是摹仿自然形,并处于似与不似之间,这是一种艺术美感。"似"固然能引起人们的喜悦,而"不似"更能给人以丰富的联想和意蕴,使喜悦得到升华,成为真正的审美。如八宝葫芦鸡、海棠酥等食品就能产生这样的效果。三是几何形的美感。厨师往往把菜肴原料加工成直的、圆的、方的、椭圆的、菱形的等各种几何形状,或者用菜品在盘中摆出几何图形。任何一种几何图形都有特殊的美感效应,如直线表现力量、稳定、生气、刚强、挺拔，曲线表现柔和、运动、变化、优美等。几何图形以纯粹的形式感见长，属于表现型美感，可以直接进行审美鉴赏。四是雕塑形的美感。食品雕塑中手法多种多样，有圆雕、浮雕、阴雕等。不同的方法能产生不同的美感效应，如圆雕有完整感；浮雕有动感、饱满感；阴雕①侧重线条造型，深沉含蓄。这些食品雕塑，有的形象生动、逼真，意趣无穷，如用萝卜雕成的"凤凰展翅"，给人以欲振翅高飞的感觉；有的是暗示一种情感、伦理、思想，如用红心萝卜雕成的牡丹造型代表富贵，竹子造型象征虚心高洁。不管哪一种食品雕塑，都是饮食景观中值得认真玩味的艺术品。

(三) 诗情画意的菜名美

美食佳肴，再加上一个美好动听富有文化底蕴的菜名，可以引起人们的无限遐思，把人的美感引向新的境界，将"口腹之欲"与"精神愉悦"和谐地统一起来。所以，旅游就餐时，不要忘记把菜名作为饮食景观来鉴赏。中国烹饪艺术不但讲究菜肴的色、香、味、形，而且还讲究菜肴的"美名"。菜名不仅能体现出菜品的内涵，还能集中反映菜肴创制者的审美情趣。中国菜名的命名方法很多，有一部分是以菜的原料、产地、烹饪方法相结合来命名的，如德州扒鸡、北京烤鸭、蜜汁燕窝、葱爆海参等。这一部分菜名朴实自然，让人一看便知菜的内容实质，但缺乏艺术性，没有多少欣赏价值。还有一些菜运用比喻、夸张、依形取意等手法来命名，使之具有诗情画意。这一部分构成了中国菜名的艺术品位，成为人们审美的对象。在这部分名菜中，有的本身就源于诗，如"佛跳墙"就从"坛启荤香飘四邻，佛闻弃禅跳墙来"而来。有的则因诗的流传而让佳肴声名远播，如湖北名菜"蟠龙菜"，有诗赞曰："满座宾客呼上桌，装成卷切号蟠龙。"更多的菜名则是借助于"诗中画"、"画中诗"的盎然情趣而流传。这些菜名，形与神和谐交融，虚与实高度统一，真实与艺术相映成趣，是鉴赏的主要对象。如何鉴赏这些菜名从中获得美感呢？可尝试从以下几个方面进行：

一是品评菜名精妙的诗画美。中国菜的原料取材广泛，名字来自自然，有的充满野趣，有的平淡无奇。入馔成菜后，菜名既要完整地体现菜肴的面貌、特点，又要将菜品提升至一个美的境界，就只有运用比喻、谐音转借、以形取意、掌故翻新、诗化等手段进行命名，使其更形象，内涵更深广，具有中国传统诗画的美学效果。例如，把蛇鳝比作龙，把鸡比作凤，把洁白的蛋清沫、白糖比作雪，称鸡爆蛇块为"龙凤呈祥"，金针菇爆炒绿豆芽的白茎称为"金针银芽"，黄瓜段在盘中摆成弯曲的长条再撒上白糖称为"青龙卧雪"，用青菜丝围成一个"鸟窝"、中间放上几个剔透的鹌鹑蛋、绕窝摆几只肥硕的禾花雀、盘底浅浅灌一些鸡汁称"百鸟回鸾巢"，把鳜鱼做成花形、围以用对虾制成的小鸟、再放香菜加以点缀的淮扬创新菜称"鸟语花香"。听到这些诗意的菜名，欣赏着美丽的菜肴，人们脑海中可能浮现出一幅幅具有诗情画意的画面，把人们带入画中，体验到佳肴以外的高级享受。

二是要品鉴由菜名引起丰富联想而带来的趣味美。一道菜，有时未见菜形，未品其味，仅听菜名就引人赞叹。这是因为菜名引起联想带来的情趣所致。这种趣味首先包含于情与象相交融的构思之中，而这种意象从菜肴的原料、色彩、造型、寓意等方面，都要洋

---

① 阴雕又称为沉雕，系指凹下去雕刻的一种手法，正好与浮雕相反。

溢着特定的情调,给食客一种既可感可触,又能引起食客丰富联想的效果。联想越是丰富,越能形成"含蓄无垠,思致微妙"的心灵体验。所以听到美妙的菜名,同时展开想象的翅膀,与自己心中已有文化储备建立连接,即可获取独特的趣味之美。

三是感悟情景交融的境界美。"有境界自成高格"。中国菜之菜名美"独树一帜"。它往往在寥寥数字之间,折射出美的时空,达到了"言有尽而意无穷"的境界。如以莴笋、黄瓜、鸡脯等拼成并蒂莲花形;曾获得第三届全国烹饪大赛金牌的一道菜取名"宁馨",从中溢出的是一种相亲相爱、情投意合、宁静温馨的美妙境界。进入这种境界,也就达到了饮食景观审美的高境界。

(四) 精美悦目的器具美

食物烹调后,置于器具中才能呈于食者面前。恰当的餐具,与菜肴的色、香、味同样重要。清代诗人袁枚在其《随园食单》中说:"美食不如美器,斯语是也。然宣、成、嘉、万窑器太贵,颇愁损伤,不如竟用御窑已觉雅丽惟是。宜碗者碗,宜盘者盘,宜大者大,宜小者小,参差期间,方觉生色,若板板于十碗八碟,便嫌笨俗。"这里是把盛菜的器具作为饮食景观的审美主体来看待的,其中还充满了餐具美学的辩证法。那么怎样鉴赏这器具之美呢?大体上可以从以下几个角度进行:

首先,餐具之间的协调搭配之美。同一席面中,餐具不管是否成套,但美学风格如果一致,则有协调之美。但如果粗瓷细瓷混用,彩瓷青花杂陈,碗碟的大小规格混搭,整个宴席就会显得杂乱无章,谈不上什么美感。

其次,餐具与食品在色彩、形状上的多样统一之美。一方面,餐具与食品在色彩上重在对比。一般来说,冷菜和夏天的菜宜用冷色食器;热菜、冬令菜和喜庆菜宜用暖色食器。饮食与器皿的搭配一般不宜"靠色"。例如,将青菜盛在绿色盘中,既显不出青蔬的鲜绿,又埋没了盘上的纹饰美;如果改盛在白花盘中,便会产生清爽悦目的艺术效果。再如,将嫩黄色的蛋羹盛在绿色的莲瓣碗中,色彩就格外清丽;盛在水晶碗里的八珍汤,汤色莹澈见底,透过碗腹,各色八珍清晰可辨。在纹饰上,菜肴的料形与餐具的图案要相得益彰。如将肉丝盛在绿叶盘中,就会使人感到清心悦目。另一方面,餐具与食品在形态上要和谐。中国菜品种繁多,形态各异,食器的形状也是千姿百态。可以说,在中国有什么样的肴馔,就有什么样的食器相配。平盘配爆炒菜,汤盘盛熘汁菜,椭圆盘放整鱼菜,深斗池装整只鸡鸭菜,莲花瓣海碗专为汤菜而设。餐具与食品在空间上要和谐。也就是说,菜肴的数量与器皿的大小相称,才能有美的感官效果。一般说平盘、汤盘的凹凸线是食器结合的最佳线,盛菜时以不漫过此线为好。碗盛汤以八分满为佳。菜肴掌故与餐具图案要和谐。"贵妃鸡"盛在饰有仙女拂袖起舞图案的莲花碗中,会使人联想到善舞的杨贵妃醉酒百花亭的故事,"糖醋鱼"盛在饰有鲤鱼跳龙门图案的鱼盘中,会使人情趣盎然,心情愉悦。

再次,餐具与环境气氛的统一美。在完全现代化的餐厅中,搭配古色古香的餐具不甚协调。在清静淡雅的餐厅中,用富丽堂皇的粉彩餐具,也较不合适。在比较庄重的宴会上,用粉彩侍女图案装饰的餐具也显得不伦不类。

最后,餐具的美学风格与服务人员的服饰风格一致,与就餐人员的审美修养相契合所产生的美感。

总的说来,在中国人的心目中,美食只有得配美器盛装,处处和谐,才能相得益彰,给进餐者带来美的享受和艺术的熏陶。

（五）意匠意趣的意境美

饮食景观的意境是由烹饪风味先引起鉴赏者想象，接着品尝菜肴，引起实用的美感，再升华而成的情景交融的一种美感。这种意境主要是通过意匠、意趣、就餐环境与就餐者思想感情相结合而产生的。其中，意匠、意趣起着极为重要的作用。

所谓意匠，就是厨师把独具匠心的技巧、手法运用于烹制、造型、题名、摆台等烹饪过程之中，具有技艺表演的性质。这些都可以当作一种艺术来欣赏，如红案中的"飞火爆炒"，白案中把面抻得像银丝一样的拉面技术，当场表演的食品雕塑，都让人称绝叫奇。

意匠，强调的是"匠"，是技艺，而意趣突出的是"趣味"。意趣，就是由烹饪技艺给人们带来的无穷趣味。意趣，可以分为过程意趣和形态意趣。过程意趣是动态的，形态意趣是静态的。如有一道菜叫"满台欢悦"，菜一上桌，但见一只只鲜活大虾，乱蹦乱跳，横冲直撞。客人喜不自禁，纷纷举箸"围而歼之"，夹而食之。吃菜之间，气氛热烈，意趣盎然，就餐者个个兴高采烈。这种意趣表现在上菜和吃菜过程中，靠的是厨师的巧智。静态意趣，靠的是菜肴形态。如"熊猫戏竹"、"出水芙蓉"等菜，从形态上看，似像非像，若实若虚，题名又极富情趣，名实之间有一种神奇的联系，给人以诙谐感和趣味感。

由于意匠、意趣的结合，餐厅气氛的烘托，再加上就餐者的感受、联想、想象，就达到了饮食景观的最高境界——意境美。

三、西餐礼仪及西餐文化美学赏析

像中国饮食一样，西餐也是一种文化，一种景观，也应从审美的角度进行鉴赏。

那么，什么是西餐呢？西餐是一种迥然不同于我国饮食的食品，是我国人民和其他一些东方国家和地区的人民对西方国家菜点的统称，广义上讲，也可以说是对西方餐饮的统称。所谓"西方"一般是指欧洲国家和地区，以及由这些国家和地区为主要移民的北美洲、南美洲和大洋洲的广大区域，因此西餐文化指的主要就是以上区域的餐饮文化。实际上，西方各国的餐饮文化都有各自的特点，各个国家的菜式也都不尽相同。西方人自己并没有明确的"西餐"概念，这个概念是中国人和其他东方人的概念。欧洲各国的地理位置都比较近，其文化又相互渗透融合，有许多共同之处。再者，西方各国的宗教信仰主要是基督教，在饮食禁忌和用餐习俗上也大体相同。至于南、北美洲和大洋洲，其文化也是和欧洲文化一脉相承的。所以，我国和其他东方人就对这部分特点大体相同，而又与东方饮食迥然不同的西方饮食统称为"西餐"。

（一）西餐礼仪

在中国就餐礼仪中，有不少上下、尊卑的礼节，但对如何穿戴、如何入座、如何吃喝，却少有约束。但西餐就不同了，处处讲礼仪，步步有规矩。对于这种礼仪，我们可以当作一种文化景观来观赏。

首先，吃西餐穿着要得体。男士要穿整洁的西装和皮鞋，女士亦要着正装。如果稍微正式一些，男士必须打领带或领结。再昂贵的休闲服，也不能随意穿着上高档的餐厅。当然，面向大众的西餐馆，穿着可以随意些。

其次,入座要合规矩。最得体的方式是从左侧入座。当椅子被拉开后,身体在几乎要碰到桌子的距离站直,领位者会把椅子推进来,腿弯碰到后面的椅子时,就可以坐下来了。

再次,点菜的程序不能少。就餐者就座后,服务员会送上印刷精美、封面装饰考究的菜单,这是一种优雅生活方式的表现。西餐很少有中餐的"定标准上菜"。点完菜后,上餐前,应把餐巾打开,往内折三分之一,让三分之二平铺在腿上,盖住膝盖以上的双腿部分。

最后,就餐要特别注意"吃相"。用餐时,上臂和背部要靠到椅背,腹部和桌子保持约一个拳头的距离,两脚要平放身体前方,不能两脚交叉。餐台上已摆好的餐具不要随意摆弄,更不能手拿刀叉手舞足蹈,否则则是"失态"之举。西餐宴会,主人都会安排男女相邻而坐,讲究"女士优先"的西方绅士,都会表现出对女士的殷勤。使用刀叉进餐时,要从外侧往内侧取用刀叉,要左手持叉,右手持刀;切东西时左手拿叉按住食物,右手执刀将其切成小块,用叉子送入口中,刀是绝对不能送物入口的。使用刀时,刀刃不可向外。进餐中放下刀叉时应摆成"八"字形,分别放在餐盘边上。刀刃朝向自身,表示还要继续吃。每吃完一道菜,将刀叉并拢放在盘中。如果是谈话,可以拿着刀叉,无须放下。不用刀时,可用右手持叉,但若需要做手势时,就应放下刀叉,忌手执刀叉在空中挥舞。一手拿刀或叉,一手拿餐巾拭嘴不合礼仪。一手拿酒杯,一手拿叉取菜亦不可。任何时候,都不可将刀叉的一端放在盘上,另一端放在桌上。

喝汤时不要啜,吃东西时要闭嘴咀嚼。如汤过热,可待稍凉后再喝,不要用嘴吹。喝汤时,用汤勺从里向外舀,汤盘中的汤快喝完时,用左手将汤盘的外侧稍稍翘起,用汤勺舀净即可。吃完汤菜时,将汤匙留在汤盘(碗)中,匙把指向自己。

吃鱼、肉等带刺或骨的菜肴时,不要直接外吐,可用餐巾捂嘴轻轻吐在叉上放入盘内。吃鸡腿时应先用力将骨头去掉,不要用手拿着吃。吃鱼时不要将鱼翻身,吃完上层后用刀叉将鱼骨剔掉后再吃下层。吃肉时,要切一块吃一块,块不能切得过大,或一次将肉都切成块。用手指拿东西吃后,将手指放在装洗手水的碗里洗净。吃一般的菜时,如果把手指弄脏,也可请侍者端洗手水来,注意洗手时要轻轻地洗。如盘内剩余少量菜肴时,不要用叉子刮盘底,更不要用手指相助食用,应以小块面包或叉子相助食用。吃面条时要用叉子先将面条卷起,然后送入口中,不能用嘴吸。面包一般掰成小块送入口中,不要拿着整块面包去咬。抹黄油和果酱时也要先将面包掰成小块再抹。

喝酒时吸着喝,或一饮而尽,边喝边透过酒杯看人都被视为不雅。喝咖啡时如愿意加牛奶或糖,添加后要用小勺搅拌均匀,将小勺放在咖啡的垫碟之上。喝时应右手拿杯把,左手端垫碟,直接用嘴喝,不要用小勺一勺一勺地舀着喝。吃水果时,不要拿着水果整个去咬,应先用水果刀切成四瓣再用刀去掉皮、核,用叉子叉着吃。

吃面包可蘸调味汁吃到连调味汁都不剩,是对厨师的礼貌。就餐结束后,还要付给服务员小费。

(二) 西餐文化赏析

1. 温馨浪漫的环境美

吃西餐讲究环境雅致,气氛和谐。西餐餐厅一般都宽敞整洁,一尘不染。长方形的桌台整齐洁净,上面铺着熨烫得极其平整的洁白桌布,摆放着洁白的布餐巾和新鲜别致的插花。如是晚餐,室内灯光柔和暗淡,桌上有红色的蜡烛。高档的西餐厅,通常有乐队现场演奏，一般的西餐厅，也播放美妙轻柔的音乐。这音乐的"可闻度"非常讲究，声音要达到似闻非闻的程度，如集中精力与友人谈话就听不到，放松休息时就能听得到，火候恰到好处。整个餐厅营造的是一种浪漫、迷人、淡雅、温馨的气氛。另外，西餐就餐更强调的是享受食物本身的美味，较少带有明显的功利目的或在此时谈生意。吃西餐主要是为联络感情。所以在西餐厅内，氛围一般都很温馨。进入这种环境，就餐者要学会完全融入这种氛围，摆脱一切杂念，尽力地放松身心，尽情享受这份轻松、自由、浪漫、优雅、温馨，享受这份精神大餐。

2. 精美考究的餐具美

广义的西餐餐具包括刀、叉、匙、盘、杯、餐巾等。其中盘又有菜盘、布丁盘、奶盘、白脱盘等。狭义的餐具则专指刀、叉、匙三大件。

这些刀、叉、匙，不仅仅是实用的餐具，还可以当作精美考究的艺术品来欣赏。从材质上，这些餐具多选用优质的不锈钢。加工成型后，再经过精心的打磨、抛光，件件光滑如脂，明净如镜，玲珑可爱。有的还在柄上饰以优雅的花纹，以增加其艺术性，观赏性。更高档的，用白银制成，质地细腻，光泽柔和，高贵中透着灵性。从造型上，更是用尽心思。刀、叉、匙的柄，大多是扁圆型，握持舒适，线条优美。其余部分，尽可能地使用曲线、椭圆，件件餐具线条流畅，优美动人。而这些餐具又依照其不同的用途，设计出不同的造型，统一中透着个性。在种类上，刀、叉、匙的每个家族又有众多的成员。刀，有吃冷盘或热菜用的刀、切肉的刀（刀口有锯齿，用以切牛排、猪排）、吃鱼的刀、吃水果的刀、抹黄油的刀，还有大一些的公用刀；叉，有吃冷盘用的叉、吃主菜用的叉、吃鱼用的叉、吃水果用的叉；匙，有汤匙、甜品匙、咖啡匙。林林总总，蔚为壮观。对于这其中的文化需慢慢品味。

至于西餐用的酒杯更是讲究颇多，每上一种酒，要换上专用的酒杯。这些酒杯，无疑也是我们审美的对象。西餐用酒杯，多数是用水晶玻璃制成的高脚杯，晶莹剔透，透光性极好。吃西餐不像吃中餐，酒杯整齐划一。西餐用的杯子，有大的，有小的，有高的，有矮的，有胖的，有瘦的。大的足足能装上一斤酒，小的还没有大的三分之一。高的鹤立鸡群，像是其中的巨人；矮的不敢与之比肩，像是恭敬侍从。胖的雍容华贵，像个发福的贵妇；瘦的亭亭玉立，肖似正值妙龄的少女。看着这些造型不同的酒杯，不足以引起我们丰富的联想，带来回味不尽的美的享受吗？

3. 优雅文明的礼仪美

由上文"西餐礼仪"可知，吃西餐颇为注重礼仪。而这些礼仪中反映出的是西方以人为本的文化。穿着的得体、对女士的优先、吃相的优雅、小费的支付等处处透着对他人的尊重和社会的文明和谐之美。因此，西餐礼仪非常值得品味。

4. 宛然立体图画的配色、造型美

西餐特别注意营养，也很讲究菜肴色彩的搭配、造型的美观，也就是说重视菜肴的形象美。西餐都注意颜色的多样、材料之间的相互对比映衬、装饰和雕塑手法的运用。有些西餐，与其说是食品，不如说是艺术品，可以如同欣赏一尊雕塑或者一幅立体的画卷。

如西餐中常吃的沙拉，很少有用一种或一种颜色的水果、蔬菜加工，也很少把调制好的沙拉随便堆在盘中端上餐桌，而总是用颜色对比鲜明而又协调的几种水果、蔬菜切成一定的形状，以雕塑的眼光堆出造型，再点缀以鲜花、水果。如图7.2所示的沙拉，先将淡绿色和粉红色的水果切成正方体的丁，用沙拉酱拌好后，再在淡蓝色的贝壳形盘中摆成近似山头的圆锥体,最顶上又以绿叶和鲜红诱人的樱桃点缀,宛如一座山水盆景。图7.3 所示西餐面食中的意大利面,白色的面条伴上酱红色的调料,放入周边是波浪纹的白色瓷盘中,在浑圆的顶部,插上绿叶紫红花的鲜花,简洁明快而又不单调。再如有些海鲜,用金黄色的大虾在浅碗中摆成半月形,用雪白的鱼片组成花瓣的形状填补剩下的空白,再淋以红色的番茄酱,中间饰以一朵碧绿的西兰花。这色彩也够丰富,形象也很动人。但制作者还觉得不够,又在盘子的大半周围摆上绿叶,上面摆上用胡萝卜、红心萝卜雕成的花,镶上一支粉红色的鲜花。这哪里是一碗菜肴,简直就是一组富有创意的插花作品!西方人作为主食的牛排,西餐中也不把整块牛肉烤熟就上桌,非要做出花样不可。有的牛排汉堡,先在盘底垫上烤得金黄的面包片,上面铺上碧绿的生菜叶,生菜叶上是鲜红的西红柿片,西红柿片上才是烤好的酱紫色的牛排,而牛排又用刀打花,做成向日葵的形状。牛排的边上,又以品字形摆上两块金黄色的玉米段和小面包。颜色有黄、绿、红、紫,造型很像一只海龟。看着这些极具冲击力的色彩运用、引人无限遐思的造型,很容易让人们忘记了它的食用价值,只留下赏心悦目的美的享受了。

四、中西饮食文化的差异

中国与西方各国生产方式不同,历史不同,民族文化不同,哲学思想也有很大差异。受各方面因素的影响,形成的饮食文化也不同,由此带来的饮食景观也各有特色。要更好地鉴赏饮食文化景观,就要了解中西饮食文化的不同。[①] 所以,下面就要谈一下中西餐饮文化的差异。

(一) 分别、和合,各循其道

西方文化的特点之一就是尊重个性,尊重个体。这一特点体现在西方饮食文化中,就是注重分别。西餐菜肴,除了少数的汤菜之外,很少有把几种原料放在一块烹制加工的。鸡就是鸡,鱼就是鱼,蜗牛就是蜗牛,牛排就是牛排。所谓土豆烧牛肉,不过是烧好的牛肉再配上煮熟的土豆,绝不是土豆牛肉一起烹制。正宗的西餐,更是一块牛排佐以两个土豆、三片番茄、几个生菜叶,虽然共处一个盘中,却也各自为政,互不干涉。西餐的主菜和配菜是不在一个锅里烹制的,配菜的目的,一是在营养上配合,如荤配素、蛋白质配维生素;二是在颜色上的配合,红的西红柿、绿的西兰花、透明的生菜、黄色的柠檬与各种主菜搭配;三是口味上调制,起到解腻助消化的作用,如炸猪排配上苹果泥,炸鱼披上柠檬角。这些搭配,只是把几种菜放在一起,本质上是分别。至于西餐的调味,还是分别。他们把番茄酱、芥末糊、柠檬汁、辣椒油等调料放在桌子上,由就餐者自由地蘸着主食吃,进入腹中方进行调和。

中国文化一向以"和"与"合"为最美妙的境界。音乐上讲究"和乐"、"唱和",医学上主张"身和"、"气和",政治上追求"政通人和"。这一思想运用到饮食上就是"五味调和"。就是说要重视在烹调原料自然之味的基础上"调和",要用阴阳五行的基本规律指导"调和",调和要合乎时序,要注意时令,要讲究整体配合的效果,调和的最终结果要味

[①] 杨乃济:《旅游与生活文化》,旅游教育出版社1993年版,第72—89页。

美可口。中国菜几乎所有的菜都要用两种或多种原料来调和烹制,有的光调料就要十几种。菜做好后,味已调和好,一切恰到好处,酸甜苦辣咸都是添一分则太多,少一分则太少。

中国菜之所以如此重视调和,大概与中华民族的发展历史有一定关系。中国至少从西周就靠农耕谋食了,以粮食为主食,以菜肴下饭。粮食本身没有什么鲜美滋味,所以必须把菜做得滋味好方能下饭。人们不断研究烹调的技艺、研究调和的手法,所以就有了"五味调和"的理论和实践。

中西饮食文化中的"和合"、"分别"的不同,不但表现在食品的烹制过程中,而且也充分表现在就餐过程中。西方人奉行分餐制,各点各的菜,充分表现了对个性的尊重。上菜后,一人守着一盘,各吃各的,依据各自口味随便添加调料。第一道菜吃完后再吃第二道菜,前后两道菜绝不混吃。除表明请客外,即使要好的朋友一起就餐,付费时也往往是AA制,很少如中国人一样你争我夺地买单。整个过程体现的就是分别,透出的理念就是讲个性、讲平等、讲卫生。而中国人就餐讲究热闹,众人团团围坐,共吃一桌菜。冷拼热炒等摆满桌面,就餐者东一嘴西一嘴,十几道菜一起落肚。同时,大家互为斟酒、敬酒、劝酒,吵吵嚷嚷,热闹非凡。

总之,中西饮食文化从内容到形式,无不充分表现着中国文化重和合、西方文化重分别的特征。

(二) 规范、随意,各有其法

西餐饮食强调营养,所以烹调的过程都严格按照科学规范行事。如西餐快餐肯德基、麦当劳的炸鸡,都有自己的配方和标准。原料鸡必须严格按照标准饲养,用的油也必须是统一的。炸鸡时,油的温度、炸的时间,也要严格按照规范行事。所以世界各地的肯德基、麦当劳基本上是大同小异的味道。西餐的牛排也一样,从纽约到旧金山味道没有二致,配菜也只是西红柿、土豆、生菜等有限的几种。同一种调料的味道,各西餐厅也大致相同。因制作西餐都严格按规范、按程序进行,较少改变。

中国菜追求的是味道,同西餐的规范完全不同,厨师操作起来就具有很大的随意性。此外,为了迎合不同食客的口味,厨师也需想尽办法,调和出各种各样的味,这就创造出不同的菜系和特色菜。而这些菜系和特色菜,只是有一个大概的体系,对每一样菜也没有准确的配方。具体烹制时还是靠厨师即兴发挥,随意操作。这样每个厨师做出来的菜味道都不同,才形成了各自的特点。不同的菜系有着不同的风味与特色,即使是同一个菜系的同一个菜,也会因不同厨师而味道有所不同。同一个厨师的同一样菜,又会因季节、场合、用餐人的身份、厨师的情绪不同而有所变化。

由于这种随意性,中国的菜品花样品种就非常繁多。采用不同刀工、不同调料、不同烹调方法,一种原料便可以做出数种以至十几种、几十种菜来。如以鸡为主要原料,粤菜大厨师就能做出数十道以至上百道菜。盛产某种原料的地方,常常能以这一种原料做出成桌的酒席,如北京的"全鸭席"、广东的"全鱼席"、"全蚝席",还有一些地方的"全羊席"、"全猪席"、"全狗席"、"豆腐席"等等。利用多种原料,采用不同刀工、不同调料、不同烹饪方法,做出的花样那更数不胜数了。对于主食,也是如此。用面粉能做出成百上千种食品,仅面条类就有百种以上。只按规范,没有随意性,那是不可想象的。

在中国，烹饪的初级阶段是工作，到了高级阶段厨师们就会将其作为一门艺术。中国最早出现在文学作品中的是两千多年前文惠公的厨师丁。庄子的《庖丁解牛》中说："庖丁为文惠公解牛，手之所触，肩之所倚，足之所履，膝之所踦，砉然响然，奏刀騞然，莫不中音，和于桑林之舞，乃中经首之会。""桑林"是商汤时一种舞蹈，"经首"是尧的咸池乐章。厨师丁在剔牛肉时，节奏像桑林舞蹈一样优美而准确，发出的声音也像咸池乐章那样呈现出优美的旋律。而今天有的中国厨师更是把烹饪当作一种表演。灶前颠锅舞勺，边翻炒，边敲打炒锅，节奏快慢缓急富有变化，似演奏一支乐曲。其一举手、一投足若芭蕾舞姿之轻盈婀娜。一些面食操作，更是富有表演性、娱乐性。如拉面，厨师把面抻得上下翻飞，并舞出一些花样，不多时面团就被拉成了一束粗细均匀像发丝一样的面条，甚至可以从针孔中穿过。山西的刀削面，厨师头顶面团，一手一块刀片，两手交替或者同时操作，削出的面片像翩翩起舞的蝴蝶，接连飞向两三米远的锅里。这些现象的出现，大概也是中国烹调的随意性所致吧。

第二节　清雅恬淡茶文化

中国是茶叶的故乡。从发现茶起，至今已有数千年的历史。茶被赞为世间最圣洁、最清灵之物，"性洁不可污"，"此物信灵味"。在漫长的岁月里，茶不仅滋润着人们的生活，还启迪着人们的内心世界，陶冶着人们的性情。人们在茶中品饮人间情、世间味，感悟别样茶味人生。中国人与茶有着特殊的情结。中国的茶文化，源远流长，博大精深，已渗透到人们生活的各个方面。当游人徜徉于风景名胜，饱览秀丽风光时，也往往要与茶文化亲密接触。不少景点邀游人品香茗，赏茶艺，悟茶道。另外，苍翠辽阔的茶园往往就与名山大川、古寺宝刹融为一体，茶园本身就是独具特色的景点。

一、茶叶

谈到茶叶，不能不了解它的功效、种类和各种名茶。茶的功效很多，茶叶的种类也很繁杂，名茶也不少，此处只对一些较为常见的茶叶加以简要介绍。

（一）茶的功效

茶有众多的医疗保健功效。它的这些功效，与其所含化学成分密切相关。在已知的自然状态下存在的 92 种化学元素中，茶中就包含了 33 种，而且主要是对人体有益的元素。这些元素中除常见的碳、氢、氟、氢、钾、钙、磷、铁外，还有一些极为稀有的元素和微量元素。正是这些元素的存在，使得茶具备了其他食品所不具备的保健和医疗作用。

1. 延缓衰老

茶延年益寿的功能是有科学依据的。现代科学证明，茶及其提取物能够激活动物体内的超氧化物歧化酶（SOD），延缓脂褐素的形成，增强细胞功能，延缓衰老。此外，茶中的茶多酚具有较强的抗氧化性与生理活性，可清除人体内多余的自由基。研究证明，1 毫克茶多酚清除自由基的功效相当于 9 毫克的 SOD。同时，茶多酚还能阻断脂质过氧化反应，起到清除活性酶的作用。

2. 降低胆固醇

茶叶中含有的大量的维生素C,不仅可以降低血液中胆固醇与中性脂肪的含量,还可以抑制人体对胆固醇的吸收,也可以沉淀血管中的胆固醇并将其排除体外。

3. 净化血液

健康人的血液呈弱碱性,而随着生活水平的提高,肉、蛋、鱼等酸性食物的大量食用,使人血液由弱碱性变为酸性,影响了人们的健康。要想减少血液中的酸性物质,必须用碱性物质(钙、钾、镁)与其中和并排出体外。茶叶中含有大量的钾,还有钙、镁、锰等有益物质。这些丰富的矿物质,在茶叶冲泡中有大约60%至70%可溶于水。人们可从冲泡的茶叶中获取大量的碱性矿物质,降低血液酸性,维持血液的弱碱性,促进人体的新陈代谢与血液循环,维护人体各项机能的正常运行。

4. 防癌作用

茶叶中的茶多酚及其氧化物具有吸收放射性物质锶90和锶60的功能,可从某种程度上抑制引发癌症的细胞突变。另外,茶叶能阻断亚硝酸盐的合成。其中绿茶的阻断率在90%以上,其次为紧压茶、砖茶、花茶、乌龙茶和红茶。茶叶中茶多酚含量越高,其阻断能力就越强。茶叶中所富含的维生素C和维生素E也有辅助抗癌的效果。

5. 提神益思

这一功效几乎人人皆知。白居易曾有"驱愁知酒力,破睡见茶功"的诗句。茶之所以能提神益思,是因为茶叶中的咖啡碱能促使人体的中枢神经兴奋,起到提神的效果。而且茶叶中咖啡碱还可以刺激肾脏,提高其滤出率,减少体内有害物质的滞留时间,迅速消除人体疲劳。

同时,茶还具有清除口臭、护齿明目等功效。

(二) 茶叶的种类

茶叶概而言之,可分为基本茶类和再加工茶。

1. 基本茶类

(1) 绿茶。绿茶是不经过发酵的茶,因其干茶和冲泡后的茶汤、叶底的色泽都以绿色为主,故而得名。将茶叶采摘下来,经过杀青、揉捻、干燥,这样就制成了绿茶。绿茶具有香高、味醇、形美、耐冲泡等特点。按照初制过程杀青和干燥方法的不同,绿茶又分为蒸青绿茶、烘青绿茶、炒青绿茶和晒青绿茶四种。

蒸青是指用蒸汽来破坏鲜叶中酶的活性,用这种方法制成的绿茶是蒸青绿茶,如恩施玉露。蒸青绿茶色泽深绿,茶汤浅绿,香气较闷并带有青气,涩味也较重。

烘青绿茶是用烘笼烘干的,如黄山毛峰。烘青绿茶可作熏制花茶的茶坯,香气较淡。按其外形又可分为条形茶、尖形茶、片形茶、针形茶等。

炒青绿茶,因干燥方式为炒干而得名。按其外形又可分为长炒青、园炒青和扁炒青。长炒青形似眉毛,又称眉茶,色泽鲜绿润,香高持久,滋味浓郁,汤色叶底黄亮。园炒青是颗粒状,又称为珠茶,具有香高味浓、耐冲泡的特点。扁炒青又名扁形茶,香鲜味醇,例如龙井。

晒青绿茶是指经过锅炒杀青、揉捻以后,利用太阳晒干的绿茶,如滇绿。它较多地保留了鲜叶的天然物质,滋味较重,并且带有浓浓的"太阳味"。绿茶是我国产量最多的一类茶叶,其花色品种之多居世界首位。因其保健作用最好,现在饮绿茶的人也最多。

(2)红茶。红茶是一种全发酵茶,发酵程度大于80%。因其干茶和冲泡后茶汤的色泽以红色为主,故而得名。红茶加工时不经杀青,先将新鲜的叶片放在空气中萎凋,使鲜叶失去一部分水分,再揉捻(揉搓成条或颗粒),然后发酵,使所含的茶多酚氧化,变成红色的化合物。这种化合物一部分溶于水,一部分不溶于水,而积累在叶片中,从而形成红汤、红叶。红茶主要有小种红茶(正山小种)、工夫红茶(祁红)和碎红茶(立顿红茶)三大类。

(3)黄茶。黄茶发酵度为10%至20%,属微发酵茶类。在制茶过程中,经过闷堆渥黄,因而形成黄叶、黄汤。黄茶按原料芽叶的嫩度和大小可分为"黄芽茶"(包括湖南洞庭湖君山银芽、四川雅安、名山县的蒙顶黄芽、安徽霍山的霍内芽)、"黄小茶"(包括湖南岳阳的北港在、湖南宁乡的沩山毛尖、浙江平阳的平阳黄汤、湖北远安的鹿苑)、"黄大茶"(包括的广东大叶青、安徽的霍山黄大茶)三类。黄茶的芽叶多细嫩、显毫、香醇。不同品牌的黄茶选择的茶片不一样,加工工艺也各不相同。

(4)黑茶。黑茶的发酵度达100%,属后发酵茶。加工制造过程中堆积发酵时间较长,所以叶片油黑或黑褐色,故而得名。黑茶的制作分为杀青、揉捻、渥堆、干燥四道,其中堆渥最为关键,堆渥时间的长短和程度的轻重直接决定了黑茶的品质。黑茶是中国特有的茶叶种类,云南的普洱茶就是其中一种。普洱茶又分两种:一种是传统普洱茶也就是生茶,是以云南特有的大叶种晒青毛茶,经蒸压自然干燥一定时间贮放形成的特色茶;另一种是现代普洱茶也就是熟茶,是经过潮水微生物固态发酵形成的。黑茶可以直接冲泡饮用,也可以压制成紧压茶(各种茶砖),留待以后饮用。黑茶如酒,在自然气候下存放的时间越长,口感愈佳,身价愈高。

(5)乌龙茶。乌龙茶又名青茶,是一类介于红茶和绿茶之间的半发酵茶,发酵度在30%至60%。制作时适当发酵,使叶片稍有红变,既有绿茶的鲜爽,又有红茶的浓醇。因其叶片中间为绿色,叶缘呈红色,有"绿叶红镶边"之称。据说这种茶是因一名茶农而得名。相传在福建安溪县西坪乡南岩村有一个茶农叫苏龙,因长得黝黑健壮,乡亲们叫他"乌龙"。一天他腰挂茶篓,身背猎枪上山采茶。突然,一头山獐从身边蹿过。乌龙连忙举枪射击,獐子负伤逃向了山林深处,乌龙紧追不舍终将猎物捕获。掌灯时分乌龙才将獐子背回家。由于忙于品尝野味,竟然忘记了制茶的事。第二天准备炒制青茶时,发现放置了一夜的鲜叶已镶上了红边,并散发出了阵阵清香。这种茶制好后,一扫往日的苦涩之味,格外清香浓郁。乌龙得到启发,精心琢磨,反复试验,终于制出了品质优良的新品乌龙茶,其故乡安溪也随之声名鹊起。乌龙茶既有红茶的浓郁滋味,又有绿茶的清芬香气,可为浓清总相宜。乌龙茶在六大类茶中工艺最复杂,泡法也最讲究,所以喝乌龙茶也被人称为喝功夫茶。

(6)白茶。白茶属于轻度发酵茶,发酵度在20%至30%。因其成品茶满披白毫、如银似雪,故而得名。白茶产量不高,是茶类中的珍品。白茶是我国的特产,主要是通过萎凋、干燥制成的。加工时不炒不揉,只将细嫩、叶背满茸毛的茶叶晒干或用文火烘干,而使白色茸毛完整地保留下来。白茶有外形芽毫完整、满身披毫、毫香清鲜、汤色黄绿清澈、滋味清淡回甘的特点。白茶的主要品种有白牡丹、页眉、寿眉等。白茶主要产于福建的福鼎、政和、松溪和建阳等县。

2. 再加工茶类

以六大基本茶类为原料,采用一定手段再加工而成的茶称为再加工茶,包括花茶、紧压茶、萃取茶、果味茶及药茶等。

(1) 花茶。以绿茶、红茶、乌龙茶茶坯和可食用、气味芳香的鲜花为原料,用窨制工艺制成的茶。可用于制茶的花有桂花、茉莉、玫瑰、蔷薇、兰蕙、栀子、木香等。根据所用花之品种的不同,花茶一般可分为茉莉花茶、玉兰花茶、珠兰花茶等类。花茶以其香气芬芳、保健养生、耐储存而备受喜爱。

(2) 紧压茶。古代的紧压茶是将茶的鲜叶蒸青、磨碎、压模后烘干制成的。现代的紧压茶是将红茶、绿茶、黑茶粗加工的毛茶进行再加工、蒸压成型后制成的,如云南沱茶、湖南茶砖。

(3) 萃取茶。萃取茶是用热水萃取成品茶中的水溶物,滤掉茶渣,灌入瓶罐而成的罐装、瓶装饮料茶。还可将茶汤浓缩、干燥,制成固态速溶茶。

(4) 果味茶。果味茶以绿茶、红茶的提取液和果汁为主要原料,加入糖和天然香料,经科学方法调制而成,如柠檬茶、草莓茶、橘汁茶等。这种茶性甘凉、酸甜可口,有提神解渴的作用。

(5) 药茶。药茶是在茶叶中加入某些中草药制成的、具有一定医疗保健作用的茶。如红茶加入生姜、甘草和蜂蜜制成的暖茶,除口臭的藿香茶,降血脂的苦丁茶等。

(三) 中国十大名茶

在种类繁多的名茶中,为大多数人所公认的中国十大名茶有西湖龙井、安溪铁观音、祁门红茶、洞庭碧螺春、黄山毛峰、信阳毛尖、君山银针、太平猴魁、六安瓜片及凤凰水仙十种。

1. 西湖龙井

西湖龙井产于杭州市西湖山区的狮峰、龙井、云栖、虎跑、梅家坞等地。龙井茶色绿光润,形似碗钉,藏风不露,味爽鲜醇。采摘十分细致,要求苛刻。因为产地的差别,品质风格略有不同。龙井茶极品,产量很少,异常珍贵。常见的龙井茶,历史上又分"莲心"、"旗枪"、"雀舌"等花色。1965 年后浙江省茶叶公司便将"狮峰龙井"、"梅坞龙井"、"西湖龙井"三个品类统称为"西湖龙井"。其中以狮峰龙井品质最佳,最负盛名。

2. 洞庭碧螺春

碧螺春产于江苏省吴县太湖的洞庭山,以花香果味、芽叶细嫩、色泽碧绿、形纤卷曲、满披茸毛而为古今赞美。清朝康熙皇帝以其茶色碧绿,卷曲似螺,又采制于春分到谷雨时间,把它命名为碧螺春。这种茶生产季节性很强,春分开始采茶,到谷雨采摘结束,前后不到一个月。极品碧螺春色、香、味、形俱佳,有"一嫩三鲜"之称。所谓一嫩是芽叶嫩,三鲜是色、香、味鲜。

3. 太平猴魁

太平猴魁产于安徽省太平县猴坑,位于湘潭南面山麓。境内海拔 1 000 公尺,湖漾溪流,山清水秀。此地产制"尖茶",尖茶中的极品"奎尖",冠以地名,称为"猴魁"。猴魁的外形,叶里顶芽,有"两刀夹一枪"、"二叶抱一芽"、"尖茶两头尖,不散不翘不弓弯"的特点。芽藏峰露尖,顶尖尾削,形成两端尖细的特殊形状。太平猴魁味厚鲜醇,回甘留味。冲泡时,芽叶成朵,升浮沉降,叶翠汤明,相映成趣。

4. 黄山毛峰

黄山毛峰产于安徽黄山,茶园分布在海拔约1 000米左右、山势壮观、风景如画的山间。黄山毛峰以香清高、味鲜醇、芽叶细嫩多毫、色泽黄绿光润、汤色明澈而闻名海内外。冲泡细嫩的毛峰茶,芽叶竖直悬浮汤中,然后徐徐下沉,芽挺叶嫩、黄绿鲜艳。黄山毛峰还具有耐冲泡的特点,冲泡五六次,香味犹存。

5. 六安瓜片

六安瓜片,产于安徽六安地区的金寨县,以斋云山蝙蝠洞所产者最优,故又称"斋云瓜片"。瓜片茶是由柔软的单叶片制成,采摘鲜叶制造瓜片茶须待顶芽开展,若采摘带顶芽的,采后要将芽叶摘掉,称作"扳片"。凡是以顶芽制成品称"攀针"或"银针"。以第一叶制造的成品称"瓜片"或"提片";以第二、三叶的制成品称为"梅片";而以嫩茎制成品为副茶,称为"针把子"。瓜片茶鲜爽回甘,汤色青绿明澈。

6. 君山银针

君山银针产于湖南省岳阳市八百里洞庭湖中秀丽的君山岛上,该地产茶始于唐代,清朝纳入贡茶。采茶季节性强,采摘十分细致。采回的芽叶,要经过拣尖,把芽头和幼叶分开。芽头如箭,白毛茸然,称为"尖茶",为上品。拣尖后,剩下的幼嫩叶片,叫做"兜茶",制成干茶称为"贡兜",品质稍差。尖茶芽壮多毫,条直匀齐,着淡黄色茸毫,香气高而清纯,味醇甘爽,汤黄澄亮。

7. 安溪铁观音

铁观音产于福建安溪县。安溪县境内多山,自然环境适合茶树生长,优良茶树品种较多。以铁观音种做原料制造出来的乌龙茶,是中国乌龙茶的极品,称安溪铁观音,有盛誉,十分珍贵。其茶叶质厚坚实,沉重似铁,香高、浓郁、持久,味醇、韵厚、爽口,具有独特的香味风韵,评茶上称为"观音韵"。品尝铁观音时,领略"音韵",是品茶行家和乌龙茶爱好者的乐趣。铁观音由于香郁味厚,故耐冲泡,有"青蒂、绿腹、红镶边、三节色、冲泡七道有余香"的说法。

8. 凤凰水仙

凤凰水仙产于广东潮安县海拔1 100米的凤凰山,黄土壤,年均气温17度,年降水量2 000毫米,是适合茶树生长的良好环境。凤凰水仙味醇厚回甘,香芳浓烈持久,汤澄黄明澈,叶"绿叶红镶边",外形状挺,色泽金褐光润,泛朱砂红点,以小壶泡饮浓香扑鼻。

9. 祁门红茶

祁门红茶产于安徽祁门县,产地在历口、闪里两地。属于工夫红茶,香气特高,汤红而味厚。其外形细紧纤长,完整匀齐,有峰毫,色泽乌润匀一,净度良好。祁门红茶在1915年曾在巴拿马国际博览会上荣获金牌奖章,被奉为茶中佼佼者。祁门红茶和印度大吉岭红茶、斯里兰卡乌伐的季节茶,并列为世界公认的三大高香茶,而祁门红茶的地域性香气为"群芳最"。

10. 信阳毛尖

信阳毛尖产于河南信阳地区。车云山、震雷山、云雾山、天云山、脊云山和黑龙潭、白龙潭即所谓的"五山两潭"为主要产地，这些地区属于大别山区，海拔800米以上，溪流纵横，云雾多，为茶叶生长提供了得天独厚的条件。毛尖以一芽一叶初展者为最优。信阳毛尖外形细、圆、紧、直、多白毫；内直清香，汤绿味浓，芽叶嫩匀，色绿光润。

二、茶具

茶具是茶文化的重要组成部分，无论鉴赏茶还是进行茶艺表演都离不开茶具。好的茶具不仅能体现茶的味和美，还能为之增添韵味。好茶选用恰当的茶具泡饮，才能相得益彰。经过两千多年的演变，无论从功能上还是从质地上，茶具都有众多的变化。从功能上，出现过各种各样的冲泡茶具、附属茶具、煮水器和饮茶辅助用品。从质地上，出现过竹木器、陶器、瓷器、铜器、金器、玉器、玛瑙、漆器、景泰蓝等各种茶具。要鉴赏茶文化，就不能不了解茶具。下面介绍一些现代茶具知识。

（一）茶具的种类

1. 陶器茶具

陶器茶具从唐宋开始流行，至今仍是人们最喜爱的茶具之一。陶器茶具，造型雅致，色泽古朴，用来泡茶，香味醇润古雅，色汤澄清，保温性能好，即使在夏天茶汤也不易变质，且年代越久远，色泽越光润，泡出的茶汤越醇厚芳馨。在陶器茶具中，江苏宜兴的紫砂茶具最为著名。紫砂茶具的内部和外部皆不敷釉，使用独特的陶土，也就是紫泥、红泥和团山泥烧制而成。紫砂茶具的成品，紫似熟透的葡萄、红似红色的枫叶、黄似成熟的柑橘、赭似怒放的墨菊，华丽多姿，千变万化。它有成百上千种造型，且制作工艺精湛。能工巧匠或名人大家在壶体上用钢刀代替笔，雕刻山水花鸟图案，镌刻金石书法，令紫砂集文学、绘画、书法、雕刻、金石及造型于一体。一把好的紫砂壶往往可以集哲学思想、茶人精神、自然神韵、书画艺术于一身。紫砂壶的造型有光素货（无花、无字）、花货（画有松、竹、梅等）、筋囊（画有几何图案）等类。

2. 瓷器茶具

瓷器茶具坚固耐用，造型美观，不易腐蚀，价格也较便宜。它传热不快，保温适中，不与茶叶发生化学反应，沏茶能获得较好的色香味，且装饰精巧，具有艺术欣赏价值，现在使用最为广泛。但瓷器茶具不透明，难以观察茶色。瓷器茶具有多个品种，包括白瓷茶具、黑瓷茶具、青瓷茶具、青花瓷茶具及彩瓷茶具等。最著名的瓷器茶具有景德镇白瓷、浙江青瓷等。景德镇白瓷素以"白如玉，声如磬，明如镜"著称。用这种茶具泡茶，无论是红茶还是绿茶，对汤色都能起到很好的衬托作用。浙江青瓷茶具造型古朴、幽雅，瓷质坚硬细腻，釉层丰富，色泽青莹柔和，"类玉、类冰"。

3. 玻璃茶具

玻璃茶具在我国近代才开始兴盛，使用最多的是茶杯茶壶。它透明性好，用来泡茶，茶汤之色、茶叶之姿，还有茶叶冲泡时的沉浮漂移，皆一览无余。用玻璃杯来冲泡绿茶为好，如龙井、碧螺春、君山银针、瓜片等。杯中轻罗飘渺，澄清一碧，茶叶朵朵，亭亭玉立，或旗枪交错，上下沉浮，饮之沁人心脾，观之赏心悦目，别有风趣。但是，玻璃茶具质地脆，容易破碎，且传热迅速，容易烫手。玻璃茶具不透气，且保温性差，茶的香气也易于散失，冲泡出的茶最好尽快饮用。

4. 搪瓷茶具

20世纪初我国开始生产使用搪瓷茶具,因其质地坚硬、耐于使用、图案鲜明、重量较轻、不易腐蚀而受到欢迎。搪瓷茶具中,仿瓷茶具洁白、细腻有光泽,可与瓷器媲美。网眼花茶杯有网眼或彩色加网眼作装饰,具有较强的艺术感。蝶形茶杯与鼓形茶杯造型新颖别致,重量轻且做工精巧。加彩搪瓷茶盘可以用于摆放茶杯、茶壶等。这些茶具都较受欢迎。但搪瓷茶具传热迅速,很容易烫手。搪瓷茶具档次较低,一般不宜用来待客。

(二) 茶具的选择

品茶是一种美好的艺术生活,茶具直接影响着人们在泡茶、品茶过程中的心情和感受。因此必须精心挑选茶具,以便冲泡出清醇芳香的好茶,品出茶的浓郁滋味。

1. 挑选茶具的一般原则

(1) 茶具的大小要适宜。茶具的大小要与茶叶的种类相符合。比如,冲泡绿茶类名优茶或细嫩的茶叶时,适合用小的茶具。若茶具过大,会因开水较多、载热量过大,烫熟茶叶,影响茶叶的色泽、香气和味道。一般情况下,茶壶的容量最好为200毫升,茶杯的容量最好为50毫升。

(2) 茶具的质地适宜。茶具的质地要与茶叶的种类相适应。如冲泡花茶时通常用瓷壶,饮用时用瓷杯;冲泡炒青或烘青绿茶,用带盖的瓷壶;冲泡乌龙茶时,用紫砂壶;冲泡功夫茶及红茶时,用瓷壶或紫砂壶;冲泡西湖龙井、洞庭碧螺春、君山银针等名茶时,为增加美感,用无色透明的玻璃杯。

(3) 茶具的色泽要适宜。茶具的外表色泽应该与茶叶的色泽相匹配。饮具的内壁通常以白色为宜,这样可以真切地反映茶的色泽和纯净度。同一套茶具里的茶壶、茶杯、茶盅、茶船、茶托等器具的色调也应该协调。具体地说,绿茶适宜无色、无花、无盖的透明玻璃杯或白瓷、青瓷、青花瓷的无盖杯;花茶适宜青瓷或青花瓷的盖碗、盖杯;黄茶适宜奶白或黄橙色的有盖杯具;红茶适宜内壁挂白釉紫砂、白瓷、红釉瓷、暖色瓷的有盖壶杯具或咖啡壶具;白茶适宜白瓷或黄泥壶杯;乌龙茶适宜紫砂壶杯具,或者白瓷的壶具、盖碗、盖杯。

2. 主茶具的选择

主茶具要符合泡、饮茶的功能要求,不能只注重其造型、图案、色彩。外形美观且方便实用是主茶具的最基本的条件。

(1) 茶壶。茶壶的质地以陶瓷为最好,玻璃居中,搪瓷最次。无论何种质地,做工都应精细。选购茶壶时将壶体置于手掌上,拿壶盖轻轻触碰壶身,若发出清脆的声音,表示壶的质地良好;若声音低沉则表示壶导热效果不好,声音高而尖锐则是传热太快。壶的密合度越高越好,密合度差则热度、香气都容易消散。测定精密度可先注入半壶水,然后在正面用手压住壶盖的气孔,倾壶倒水,如果壶口滴水不漏,表示壶的密合度好;反之,则密合度不好。还要注意壶的重心,看提起壶时是否顺手。除了壶把的弯度粗细要适宜外,壶把的着力点也要位于壶身受水时的重心。

(2) 茶杯。茶杯是用来饮茶的,对其要求是持握时不烫手,且使用方便,好的茶杯遵循如下几个基本准则。第一,茶杯的杯口平滑。将茶杯倒置在平板上,用食指和中指按住茶杯底,让茶杯朝左右两个方向旋转,如有叩击之声,说明杯口不平滑。第二,杯身有多种类型,可依个人习惯和爱好挑选。盏形茶杯不用抬头就能将茶汤饮完,直口茶杯需要抬起头才能饮完,收口杯必须仰头才能饮完。第三,茶杯的杯底平滑。检验方法与检验杯口的方法相同。第四,茶杯的大小应该与茶壶相配。容量为20—50毫升、杯深不小于25毫米的小茶杯适合与小茶壶相配,适合啜饮;容量为100—150毫升的大茶杯适合与大茶壶相配,既可啜饮,又可解渴。第五,茶杯外侧的颜色应该与茶壶的颜色统一。茶杯内壁的颜色以白色为宜。有时为了增强视觉效果,茶杯内壁也使用一些较特别的颜色。牙白色瓷可以令橘红色的茶汤显得更加柔媚,青瓷可以令绿茶茶汤"黄中带绿",黑釉与紫砂可以令茶汤显得更为纯正浓厚。第六,要留意茶杯的数目。通常情况下,成套的茶具都按照单数来配置茶杯。如果是一把壶配一个茶杯,适合独坐品茶;一把茶壶三个茶杯,适合邀请一二挚友烹茶夜话;一把茶壶五个茶杯,则适合与亲朋好友一起饮茶消遣。

(3) 茶船。茶船是放置茶壶的垫底用具,还可作"湿壶"、"淋壶"的蓄水之用。有时,也可用来观看叶底,盛放茶渣。茶船有多种类型,主要有盘状、碗状及带夹层的三种。带夹层的茶船在性能上比盘状和碗状的都要好。茶船的围沿比茶壶的最宽处还要大一些。碗状茶船和带夹层的茶船的容水量,应该至少是茶壶容水量的两倍以上,但也不能太大,要与茶壶的比例相称。茶船的风格应该和茶壶的风格统一,形制要精巧,耐人寻味。

(4) 茶盅。茶盅的功能是均匀茶汤的浓度和过滤茶渣。好的茶盅具有以下特点:第一,茶盅的形状、颜色最好和茶壶一致。如果以茶壶取代茶盅,则两个茶壶最好一大一小,一高一低,以区分主次。第二,通常情况下,茶盅的容量和茶壶一样即可。有时,茶盅的容量也可为茶壶容量的两倍。在客人较多时,可以先冲泡两三次茶,将其混合后再作为一道茶来品饮。第三,茶盅的过滤茶渣的功能要好,能将茶汤里的细碎茶渣过滤干净。第四,茶盅的断水性要好。茶盅的断水性能,对于分配茶汤时的动作是否优美高雅有着直接的影响。

(5) 杯托。杯托是用来放置茶杯的器具,总的要求是容易拿取、稳当且不会与茶杯黏合在一起。茶托的托沿至少距离桌面1.5厘米,这样端起来才方便。茶托中央应该为凹形圆,大小和杯底的圈足应该恰好吻合。杯托的托沿应平滑。

3. 茶具的保养

对于一般的瓷茶具、玻璃茶具或现代工艺的茶具,只要用后及时清洗即可。但对于紫砂茶具,尤其是紫砂壶,即使在平时也要注意保养。紫砂壶有吸水性,经常使用能够吸着茶香茶味,还可令壶身逐渐形成一种淳朴柔润的光泽。一把紫砂壶仅可泡一种茶叶,这样泡出来的茶汤才能保持原味的新鲜和纯正。冲泡完茶叶后,要及时从里到外清洗干净,然后置于阴凉通风处使其慢慢干燥。不能使用化学制剂清洗,否则壶身就会出现异味,壶上的光泽也会被洗掉。壶身上的图案和花纹,要经常用软毛牙刷进行清洁。要经常擦拭,这样其本身所具有的泥质光泽才能显现出来。不能在壶身上涂擦油剂之类的东西。

三、品茶①

品茶是茶文化的核心,它是一种物质享受,更是一种高层次的精神享受。品茶不仅能品尝茶味茶情,还能品出文化,品出艺术,品出心境,品出人生。要品茶,就要泡茶。要泡

---

① 本部分内容参考李安泰:《茶道·茶经》,云南教育出版社2010年版,第90—95页。

茶,就要用水。而品茶,就要懂得品茶的一般知识。下面从这三方面作简单介绍。

（一）水的选择

饮茶离不得水,而且还不是有水就行。只有好水,才能使绿茶得以见其碧,红茶得以显其艳。泡茶用的水需要是"真水",即水质要清,水性要轻,水品要活,水味要甘。佳茗配佳泉在饮茶民俗上是不可或缺的,泉水是泡茶用水的首选。为此,古人在全国各地评定了不少名泉,还出现了五个最适宜泡茶的名泉。这五个泉是:镇江金山中冷泉、庐山康王谷谷帘泉、北京玉泉山玉泉、济南趵突泉、云南安宁碧玉泉。另外,还有若干名泉,如无锡惠山泉、杭州虎跑泉、苏州虎丘石泉、济南珍珠泉等。现在对水的要求,已很难以古人的标准来衡量,凡符合国家一级饮用水要求的天然水体,均属上等水,即使是用符合国家规定的自来水来泡茶,只要有良好的心境,同样别有一番味道。

有了好水,烧水也有很多讲究。烧水的壶,最好是陶器;用的燃料,最好是木柴;火势大小,要用旺火;沸腾程度,要恰到好处。古人有"三沸"之说。"一沸"水自壶中蹿起,有"滴滴"微响,叫嫩汤;"二沸"水在壶中缘边如泉涌,且气泡连珠而出,这时叫中汤;"三沸"是水在壶中腾波鼓浪,这时叫老汤。泡茶,以"二沸"水（中汤）为最好,三沸水已过老,不能使用。这一说法,现在也仍有一定的借鉴价值。当然,随着社会的发展,现代社会烧水已很难按古法炮制了。

泡茶用水烧沸后,先让其自然冷却至所需温度,再冲泡茶叶。水温要根据茶叶的老嫩、松紧和大小来确定。具体说来,凡是细嫩的名茶,特别是高档的名优绿茶,一般只能用85℃左右的水（中汤）冲泡。只有这样的水温,才能使泡出来的茶汤色泽清澈而不浑,香气纯正而不钝,滋味鲜爽而不熟,叶底明亮而不暗,饮之可口,视之悦目。如果水温过高,就会破坏茶的香气和观赏性。如果水温过低,往往会使茶叶浮于水面,茶中的有效成分难以浸出,茶汤单薄。对于大宗红、花茶和烘青类绿茶来说,茶叶原料加工要求适中,可以用烧沸后不久、大约90℃至95℃的开水（老汤）冲泡。如果是冲泡乌龙茶、普洱茶等,则要用刚沸腾的开水冲泡。特别是乌龙茶,为了保持和提高水温,要在冲泡前用滚开的水烫热茶具;冲泡后还要用滚开的水淋壶加温,才能将茶叶浸泡出味来。

（二）茶的冲泡

泡茶是一门艺术。不同的茶叶有不同的冲泡方法,同一类茶叶也会因特质不同而有截然不同的冲泡方法。为了将茶叶的特点发挥到极致,冲泡时,应根据不同茶叶的特性采用相应的方法。虽然茶叶的冲泡方法多种多样,但基本工序大致相同,一般可分为五个步骤:

1. 清具

先用热水对茶壶、茶杯、壶嘴、壶盖进行冲淋,然后再将茶壶、茶杯的水渍擦拭干净。这样既可以确保茶具的洁净,又能提高茶具的温度,使茶汤品质保持稳定。

2. 置茶

先将茶壶按照容量大小依次排开,再用茶匙取适量茶叶放入茶壶内。此时,还可欣赏一下茶叶的色泽和形态。

3. 冲泡

应秉承温润泡茶的原则进行。通常,将第一遍泡出的茶汤淋于杯盖上或倒掉,这时还可闻到茶的清香。

4. 观茶

将温度适宜的水重新注入茶壶中,七分满为最佳。但在冲泡乌龙茶时,水必须从壶嘴和壶口溢出。冲泡时,茶叶随着自上而下的水流上下翻滚,并在沸腾的水中舒展开来,恢复本来面目,之后安然沉淀壶底,此情此景别有一番滋味。

5. 敬茶

待茶充分浸泡后,要将茶汤分置于小茶杯中,与客人一同分享。给多人敬茶时最好使用茶盘托杯,如用茶杯直接奉茶,应避免手指触碰杯口。敬茶的姿势也有很多规矩。正面上茶,为表示敬意,应以右手握杯身,从客人的右方奉上;当由左侧敬茶时,应以左手端杯,右手做请用茶姿势;若由右侧敬茶时,则与左侧相反。客人接茶时,应点头示意,并对主人表达谢意。

(三)茶的品鉴

经过繁复的冲泡过程后,最重要也最享受的便是品茶了。品茶要调动人体的各种器官,用心去品味、欣赏,可名之为"五品"。即认真听主人或茶艺表演者介绍的"耳品";观察茶的外观形态、汤色的"目品";闻茶香的"鼻品";用口舌品鉴茶汤滋味的"口品";从物质高度感性欣赏升华到文化高度的"心品"。如听到碧螺春,忆古思今,联想到烟波浩渺的洞庭湖,想象到康熙皇帝御笔赐名的情景,再加上对茶辨形、观色、闻香、品味,定会达到神游洞庭、心驰茶乡、感受到"碧螺春香百里醉"的意境。

鉴赏茶叶、品鉴茶汤的具体方法为"三看、三闻、三品、三回味"。

所谓"三看",即看干茶、看汤色、看叶底。不同种类的茶形态是不同的,色泽、质地、匀齐度、紧结度、显毫状况等也都不同,这些从干茶外观上便可看出。通过观察茶汤色泽的鲜亮度与透析度也可辨别出茶的品质和品种。茶叶经过冲泡,呈现出原有的姿态,可看出展开后茶叶的细嫩、均齐以及完整度。名优茶叶,如一位舞蹈艺人,粉墨登场,随着水流浮动,在茶汤中呈现最动人的身姿,引人遐思。通过这三看,可先对茶叶作一个大致了解。

所谓"三闻",就是干闻、热闻、冷闻。干闻,是闻冲泡前干茶的香型,判断是否有陈味、霉味、异味。热闻,是指在冲泡时,闻茶汤升腾的热气散发出的独特香气。这香气分为甜香、火香、清香、花香、栗香、果香。这些香型或醇厚,或淡雅,或清新,或自然,展示出的风情是不同的。冷闻,是指在饮茶过后闻茶杯底所留的余香。在饮茶时被高温掩盖的香气这时便徐徐透出,再次闻来,是对方才饮茶的最后回味。

所谓"三品",是指品茶叶加工的火候,是老火、足火、生青还是有日晒味。品茶的滋味,当舌尖触碰到茶汤时,舌尖会在第一时间辨别出茶的各种滋味。茶汤入口后,不要急于咽下,轻轻合上双唇,让茶汤顺着舌尖的翻动轻轻触碰口腔中所有的感触细胞。茶汤每流过一处舌位,所带来的感受是完全不相同的:舌尖感甜,舌侧前感咸,舌侧后感酸,舌心感鲜,舌根感苦,五味俱全,使人尽情品味茶汤的曼妙无穷。最后是品回荡于口中的茶之韵味。

所谓"三回味",是指在品尝完好茶后,得到的无尽享受。一是回味舌根回味茶汤的甘甜;二是回味萦绕齿颊的茶汤香味;三是回味源自喉底的无尽畅快。

四、茶艺①

茶艺指泡茶的技艺和品茶艺术,是在一定的场所内进行的饮茶活动,也是旅程中可能欣赏和参与的活动。重表演性是茶艺文化景观鉴赏的重要内容,它体现了茶艺的技能和品茶的艺术。中国茶艺受中国古典美学理论的影响和哺育,有自己的特色。

茶、水、器、境是茶艺的重要构成要素。前三者前文已述,这里只就茶境作简要介绍。茶艺中的境是一种艺境,这种艺境是饮茶环境和多种艺术氛围相融合而成的。古人崇尚天人合一,这一观念对茶文化的影响很大,因此清静、回归自然是茶艺表演环境的主调。在这种环境中,爱茶惜茶之人最易与自然展开精神上的沟通,使尘心洗净,达到精神上的升华。所以,茶艺表演的场所要求窗明几净、装修古朴、格调高雅、气氛温馨,令人感到亲切舒适。另外,"茶通六艺"("六艺"指琴、棋、书、画和金石古玩的收藏和鉴赏)。在茶艺表演中要以六艺助茶,特别注意音乐和字画。在茶艺表演场所一般都悬挂名人字画,摆放古董、古玩、花木盆景,演奏音乐来营造气氛。所用音乐一般选用清新高雅的曲子,特别是重情味、重自娱、重生命的古典名曲。这样,有助于陶冶人的情操。在茶艺场所的装饰上,还常用楹联画龙点睛。

茶、水、具、境皆备,就可以进行茶艺表演了。不同的茶有不同的茶艺程序,能让人品出不同的茶香,体会到不同的茶韵。下文仅对绿茶、红茶、铁观音的茶艺程序进行简要介绍。

1. 绿茶茶艺程序

冲泡方法:玻璃杯泡饮法。

预备器皿:香、香炉、茶巾、玻璃杯、白瓷茶壶、开水壶、锡茶叶罐、脱胎漆器茶盘、茶道器、绿茶每人3克。

第一步:燃香——焚香静心。品茶需要有一种平静的心态,做到不为杂念所扰。通过焚香可以营造一个安然祥和的氛围。

第二步:净杯——冰心去浊尘。茶乃集日月之精华、玉露之滋养而成,是空灵的净物,所以盛装的器物必须是绝尘的。冰心去浊尘即是用沸水再次洗涤干净的玻璃杯,确保其冰清玉洁。

第三步:养汤——玉瓶养太和。绿茶茶叶稚嫩,属芽茶类,不可直接以沸水冲泡,否则会将嫩芽烫熟,破坏其营养成分。玉瓶养太和即是在冲泡之前,先将沸水置于瓷壶中,待水温降至80℃左右再进行冲泡。

第四步:置茶——宫阙迎佳丽。自古以来,人们就常常将名茶比作佳人。宫阙迎佳丽是说用茶匙将茶叶置入杯中的过程,就好比那华美的宫阙敞开朱门,迎接那冰肌玉骨的明媚佳人一般。

第五步:润茶——琼浆润莲心。极品绿茶状如莲心,乾隆皇帝称之为"润莲心"。在冲泡之前点入少许的热水,让茶叶慢慢地吸收少量的水分,起到润茶的功效。

---

① 本部分内容参考李安泰:《茶道·茶经》,云南教育出版社,第95—100页。

第六步:入水——凤凰三点头。向杯中加入沸水时,分三次点入,以助茶叶随水流翻动,调匀茶汤。同时,这三起三落就像凤凰在点头,向客人表达敬意。水加至玻璃杯容量的七成左右即可,意在向客人表达"七分茗茶在,三分情意存"。

第七步:泡茶——情淀万丈清。茶叶慢慢舒展,最终落入杯底,情意沉淀于心底,只留下澄明的清泉。

第八步:敬茶——观音奉玉瓶。传说观音手持玉瓶,瓶中的甘露可消灾避祸。当茶泡好之后,在将茶奉与客人品尝的同时,向客人送上深深的祝福。

第九步:赏茶——春风扬绿叶。茶叶在水中慢慢地舒展开来,犹如被春风吹开的嫩绿的新叶,给人以清新的美感。

第十步:闻茶——馨香绕灵心。绿茶的茶香闻起来清新雅致,使人的内心达到一种空灵、飘渺的境界。

第十一步:感茶——雅然感超脱。用心去感受绿茶,它淡雅清新、清爽鲜美,给人一种超然万物之感。

第十二步:谢茶——自斟意无穷。品尝过茶的鲜美之后,可请客人自己泡茶,感受别样的滋味。

2. 祁门功夫红茶茶艺程序

冲泡方法:功夫饮法、壶饮法、清饮法。

预备器皿:茶杯(青花瓷、白瓷茶具为佳)、茶荷、茶巾、茶匙、瓷质茶壶、奉茶盘、热水壶及烧水炉。

第一步:观茶——珠光乍现。置于茶荷中让客人观看。红茶如稀世的黑珍珠,散发着高贵、温润的光泽,给人一种美的享受。

第二步:煮水——轻灵浮动。泉水受热而沸腾,水汽弥漫,凝聚成珠,在壶壁上浮动。

第三步:净杯——浸温壶盏。向壶、杯注入初沸之水,使其温热。

第四步:置茶——王子进殿。人们将祁门功夫茶誉为"王子茶",所以将红茶置于壶中,就好比"王子进殿"。

第五步:入水——直落千丈。已大开的沸水,由高处冲下,可使茶叶极致翻滚,茶汤更加浓郁芬芳。

第六步:敬茶——分杯奉客。将茶壶中冲泡好的茶分置于小杯中,邀客人一起分享。

第七步:闻香——清香绕鼻。祁门功夫茶是世界公认的三大高香茶之一,其香气醇厚悠长,有幽兰之香,所以在品茶之前应先闻香。

第八步:赏汤——赏叶观汤。祁门功夫茶的汤色鲜艳动人,而沉于汤中的茶叶更是柔美娇嫩,观之令人心醉。

第九步:啄饮——细品爽鲜。祁门功夫茶口感清爽、味道醇香,与红碎茶浓烈的刺激感截然不同,所以在饮祁门功夫茶时应当浅啄慢饮。

第十步:品余韵。在品过第一道茶汤后可续两次水,因为每次续水后其口感均有细微的变化,所以只有饮过三次之后方能对茶有全面的感悟。

第十一步:论茶谢客。品茶之后,茶客互相交流方才饮茶的感受。最后,真诚地感谢客人的到来。

3. 铁观音茶艺程序

冲泡方法:壶泡法。

预备器皿:炉、壶、瓯、杯、茶匙、茶斗、茶夹、茶通、托盘。

第一步:沸煮山泉。选择最富灵性的山泉水,煮沸至100℃来冲泡安溪铁观音,是最纯正、最极致的。

第二步:仙鹤欲水。将开水淋于茶具之上,在确保茶具清洁的同时,还能提高茶具的温度。

第三步:观音入殿。左手持茶匙,右手将茶斗中的铁观音拨入瓯杯。

第四步:节节高升。将壶口对准瓯杯注水,将水壶逐渐提高。先低后高的水流可使茶叶得以充分的舒展。

第五步:云开日出。在冲泡过程中瓯面会出现泡沫,这时用左手提起瓯盖绕瓯杯一圈,将泡沫刮走,还茶汤以纯净。然后,再用右手提起水壶将瓯盖冲净。

第六步:瓯盖酿香。注水后将瓯盖盖紧严,保留其热度以便更好的酿香,待至一两分钟,茶汤就会变得浓郁芬芳。

第七步:三神护殿。倒茶时,用右手的拇指与中指夹住瓯杯的边沿,食指按在瓯杯的顶部,并提起瓯杯,将茶汤倒出。

第八步:观音出海。将瓯放低,慢慢地把茶均匀地斟入茶杯中。

第九步:点水流香。茶斟至底部时,茶汤转浓,这时可将浓汤缓慢均匀地滴入各茶杯中,使茶汤浓淡调和。

第十步:奉茶献客。将分好的香茗以茶盘托出,恭敬地献于宾客享用。

第十一步:观汤赏色。在品饮之前先观赏茶汤,看其是否清澈,汤色是否金黄透明。

第十二步:净享馨香。铁观音独特的醇厚馨香似兰似桂,使人闻来心驰神旌。

第十三步:浅啄甘露。小口浅啄,感受茶汤自喉入腹,香茶流溢的无穷回味。

五、茶道[①]

茶道是茶文化景观鉴赏的核心。茶道可理解为"茶之道",即备茶、品茶之道,是指备茶的技艺、规范和品茶方法等一系列以茶为载体的生活礼仪。茶道,更可以理解为"茶中道",亦即通过对沏茶、赏茶、饮茶等一系列活动思想内涵的挖掘,达到增进友谊、美心修德、学习礼法之目标的生活态度。茶道不仅是一种物质享受,更是一种精神享受,是一种通过品茶的方式陶冶情操、修身养性、升华思想的方式,是一种融合了哲学思想与道德观念的文化艺术。茶艺侧重于茶文化的展示和观赏,茶道则是通过茶事活动领悟人生哲理。

茶道有中国茶道、日本茶道、韩国茶道之分。中国茶道又有贵族茶道、雅士茶道、禅宗茶道、世俗茶道之分。本文着重介绍中国各茶道的精神内涵。

中国茶道的内涵相当丰富,涉及儒、释、道多家的思想。近年来,茶道研究学者将其概括为"和、静、怡、真"四谛。"和"是中国茶道的核心,"静"是中国茶道修习的必由之路,"怡"是中国茶道中人的身心享受,"真"是中国茶道修习的终极目标。

---

① 林治:《中国茶道》,世界图书出版公司2009年版。

（一）和

茶道中的"和"是由《易经》中的"保合大和"的观点演化而来的。"和"的理念在儒家、佛教、道教的哲学思想中都有体现，而对于茶道中的"和"，儒、释、道有着不同的诠释。

儒家从"大合"的哲学理念中推衍出了"中庸"、"和谐"的思想，并把"和"引入了中国茶道。这种"和"在情理上表现为理性的节制，而非情感上的放纵；在言行举止上表现为适可而止，"敏于事而慎于言"；在人与自然的关系上表现为"仁人之心，以天地万物为一体"；在人与社会及人与人的关系上表现为"礼之用，和为贵"，提倡和衷共济，敬爱为人。儒家学说中"和"的理念，均渗透到中国茶道中并得到了淋漓尽致的展现。在泡茶时，表现为"酸甜苦涩调太和，掌握迟速量适中"的中庸之美；在待客时，表现为"奉茶为礼尊长者，备茶浓意表浓情"的明礼之伦；在饮茶过程中，表现为"饮罢佳茗方知深，赞叹此乃草中英"的谦和之礼；在品茗的环境与心境方面，表现为"普事故雅去虚华，宁静致远隐沉毅"的俭德之行。

佛家也讲"和"，提倡人们修习"中道妙理"，这就是佛家所谓的"中和"。在茶道中，佛家最突出的表现就是"禅茶一味"。佛教认为，人生存过程中的物质因素和精神因素都会造成"苦恼"，只有修习佛法，才能从"苦"中解脱出来。茶有"苦后会甘，苦中有甘"的口感，又有"苦而寒，最能降火"的功效。由这些特点引发的联想，能够帮助人们在修习佛法时理解"苦禅"，参悟人生。这实际上就是外来的佛教文化与中国传统文化的"和合"。

道家认为，人与自然的万物都是阴阳两气相和而生的，本为一体。体现在中国茶道中，就是特别注重亲和自然、回归自然。在处世方面，强调"知和日常"，提倡"和其光，同其尘"。在茶道中表现为无论同什么人一起品茶，都有诚处世，和蔼待人，和乐品茗。

正因为茶道中"和"的内涵如此丰富深刻，所以历代茶人都以"和"作为茶的灵魂，把"和"作为一种胸怀、一种境界，不断在茶艺实践中修习、体悟，不懈地按照"和"的真谛去追寻自我、超越自我、完善人格。

（二）静

儒家和道家都十分强调"静"在修身养性中的重要作用。孔子说："水静则明烛须眉……水静伏明，而况精神。圣人之心，静乎，天地之鉴也，万物之镜也。"老子说："致虚极，守静笃万物并作，吾以观其复。夫物芸芸，各复归于根。归根曰静，静曰复命。"他们的意思是说，致虚达到极点，守静达到纯笃，就会发现世间万物在茁壮成长之后，各自复归于它的根柢。复归根柢叫做静，静是复原生命。只有心静了，才能体察到宇宙间生命的灵气。只有心空灵了，才能使自己襟怀坦荡、容得下天地万物，达到自由洒脱、天人合一的境界。茶道讲究的就是修身养性，所以把静作为茶道修习的必由之路。茶人的心虚静之极了，就能像镜子一样真实地反映出天地万物。

在茶道修习的过程中，"静"还常与美联系在一起，"静"是茶人的一种审美体验，"静"是品茗修心之大道。孔子说："以虚静推于天地，通于万物，此谓之天乐。"而道家的"虚静观复法"在中国的茶道中演化为"茶须静品"的理论实践。中国茶道正是通过茶事创造一种宁静的氛围和一个空灵虚静的心境，当茶的清香静静地浸润人们的心田和肺腑的每一个角落的时候，人们的心灵便在虚静中显得空明，精神便在虚静中升华净化，人将在虚静中与大自然融涵玄会,达到"天人合一"的"天乐"境界。

（三）怡

中国茶道是雅俗共赏之道,它不重形式,不拘一格,突出体现了道家"自恣以适己"的随意性,最能让茶人在茶事过程中得到愉悦的身心感受。中国茶道的"怡"可分为三个层次,即怡目、悦口的直觉感受,怡心、悦意的审美领悟,怡神、悦志的精神升华。

修习茶道、参与茶事活动,首先是对美的直觉感受。幽美的茶事环境、精美的茶具器皿、醉人的茶香、甘爽的茶味、悠扬悦耳的背景音乐或许还伴有动人的解说,这一切都给人以愉悦之感。这是茶道之"怡"的最浅层次。

除此之外,茶的色、香、味以及茶事活动中的美妙情景必然会撩动茶人的情感,加深对茶道之美的领悟,体验到全身心的畅快和愉悦,获得"心旷神怡"甚至"销魂夺魄"的心理感受。黄庭坚在《品令·茶词》中写到的"味浓香永。醉乡路、成佳境。恰如等下故人,万里归来对影。口不能言,心下快活自省",就是这种境界。

"怡神、悦志"是茶道使人怡悦的最高层次,是茶人追求的最高境界,也是中国茶道最令人着迷的地方。茶人在参加茶事活动时,通过感知、理解、想象等多种心理活动品出茶的物外高意,悟出茶道中的玄机妙理。这种升华可表现为"明心见性"后的畅快,也可表现为"物我两忘"后的"天乐"。"啜罢灵芽第一春,伐毛洗髓见元神"(明·闵龄《试武陵茶》),这一诗句形象地描述出了茶人连骨髓都洗净了的精神升华。这就是怡神、悦志的"天乐"。

中国茶道的"怡"还极具广泛性。不同地位、不同信仰、不同文化层次的人,对茶道有不同的追求。历史上王公贵族讲茶道,重在"茶之珍",意在炫耀权势,夸示富贵,附庸风雅;文人学士讲茶道,重在"茶之韵",托物寄怀,激扬文思,交朋结友;佛家讲茶道,重在"茶之德",意在去困提神,参禅悟道,间性成佛;道家讲茶道,重在"茶之功",意在品茗养生,保生尽年,羽化成仙;普通老百姓讲茶道,重在"茶之味",意在去腥除腻,涤烦解渴,享受人生。无论什么人都可以在茶事活动中取得生理上的快感和精神上的畅适。

中国茶道,可抚琴歌舞,可吟诗作画,可观月赏花,可论经对弈,可独对山水,亦可以翠娥捧瓯,可潜心读《易》,亦可置酒助兴。中国茶道的这种怡悦性,有着极广泛的群众基础。

（四）真

"真"是中国茶道的起点也是中国茶道的终极追求。"真",原是道家的哲学范畴。庄子认为:"真者,精诚之至也。不精不诚,不能动人。真者所受于天地。自然不可易也。故圣人法天贵真,不拘于俗。"道家说的"真",与"天"、"自然"等概念相近,即本性、本质。中国茶道所追求的"真"有四重含义:物之真,情之真,性之真,道之真。

茶艺在以艺示道时,茶应是真茶、真香、真味;环境最好是真山真水;挂的字画最好是名家名人的真迹;用的器具最好是真竹、真木、真陶、真瓷;插花最好是新采的鲜花。此乃追求物之真。

对人要真心,敬客要真情,说话要真诚。要通过品茗叙怀增进情谊,达到互见真心的境界,体味到品茶的真趣。茶事活动的每一个环节都要认真,每一个环节都要求真。此乃追求情之真。

在品茗过程中,真正放松心情,在无我的境界中放飞自己的心灵,放牧自己的天性,达到"全性葆真"的境界。此乃追求性之真。

在茶事活动中,茶人以淡泊的襟怀、旷达的心胸、超逸的兴趣和闲适的心态去品评茶的物外高意,将自己的感情和生命都融入大自然之中,去追求对"真"的真切体悟,使自己的心契合大道,达到修身养性、陶冶情操、洁净心性、品味人生的目的。此乃追求道之真。

可见,"真"既是中国茶道的起点,又是中国茶道的终极追求。

第三节 似火如冰酒文化

酒文化是酒在生产、销售、消费过程中所产生的物质文化和精神文化的总称,它既有酒自身的物质特征,也有品酒所形成的精神内涵,是制酒、饮酒活动过程中形成的特定文化形态。酒,经过悠久历史的"酿造",其种类、文化、礼俗愈加醇厚而悠长。

酒是一种特殊的文化载体,是一个奇特而又变化多端的精灵。它炽热似火,冷酷像冰,柔软如锦缎,锋利似钢刀。它在令人超脱旷达,自由翱翔的同时,也叫人沉沦无度,难以自持。酒的面孔如此变化莫测,以它为载体的酒文化必然丰富多彩,作为一种旅游资源的酒文化景观值得细加品鉴。

一、酒的家族及其酒性

酒的种类繁多,根据其商品特性,可以分为白酒、黄酒、葡萄酒、啤酒四大类,而每一类又有若干种。一般,有色酒的酒精度比较低,无色酒的酒精度要高些。

(一)白酒

白酒,一般是无色透明的蒸馏酒,酒的度数一般较高,属于烈酒。中国与西方各国都有白酒,并且种类极多。

1. 白酒的特点

白酒,按照香型大致可分为酱香型、窖香型、清香型、米香型。

(1)酱香型,特点是酒体醇厚、香而不艳,郁而不猛,入口微有焦味,但苦不留口,回味悠长。如贵州茅台、四川古蔺郎酒、湖南常德武陵酒等。

(2)窖香型,又称浓香型。其特点是窖香浓郁、绵甜甘洌、香气协调、尾净余长。四川的五粮液、剑南春、泸州老窖等就是窖香型的优秀代表。

(3)清香型,其特点是清香纯正、醇甜柔和、口味协调、余味爽净。北方人比较喜欢这种口味。山西杏花村汾酒是典型代表。

(4)米香型,其特点是酒质晶莹、蜜香清雅、入口柔绵、落口爽洌、回味宜人。广西桂林三花酒是典型的代表。

酒是色、香、味、体的综合艺术,各产品即使属一种香型,风格也不尽相同。

2. 中外名酒

(1)贵州茅台酒。产于贵州省仁怀县茅台镇。酿造历史悠久,声名显赫。西汉时,就受到汉武帝的赞誉,1915年就获"巴拿马万国博览会"金奖,被誉为"国酒"。茅台酒以优质高粱、小麦为原料酿造而成。茅台酒是风格最完美的酱香型大曲酒之典型,其酒质晶亮透明,微有黄色,酱香突出。开瓶后,香气扑鼻;开怀畅饮,满口生香;饮后空杯,留香持久不散。口味幽雅细腻,酒体丰满醇厚,回味悠长,茅香不绝。茅台酒醇馥幽郁的特点,是由酱香、窖香、醇甜三大特殊风味融合而成的,现已知香气组成成分多达300余种。

(2) 四川五粮液。五粮液酒产于四川省宜宾市,是窖香型大曲酒的典型代表。它精选优质高粱、糯米、大米、小麦和玉米五种粮食,采用传统工艺酿制而成,具有"香气悠久,味醇厚,入口甘美,入喉净爽,各味谐调,恰到好处"的风格。

(3) 山西汾酒。汾酒,产于山西省汾阳市杏花村,是我国古老的历史名酒,有着4000年的历史。汾酒以优质高粱为原料,用杏花村的甘泉水精心酿造而成,入口绵,落口甜,饮后余香,回味悠长。

(4) 帝亚吉欧集团伏特加。英国帝亚吉欧是世界最具规模的高级酒品公司,占有全球30%左右的洋酒市场份额,其生产的伏特加是世界的顶级烈酒。伏特加是以多种谷物(马铃薯、玉米、大豆、黑麦)为原料,用重复蒸馏、精炼过滤的方法酿制而成。伏特加酒口味烈,劲大刺鼻,与软饮料混合能使之变得干洌,与烈性酒混合使之变得更烈。由于酒中所含杂质极少,口感纯净,并且可以以任何浓度与其他饮料混合饮用,所以经常用于做鸡尾酒的基酒,酒度一般在40°—50°之间。

(5) 苏格兰威士忌。苏格兰生产威士忌酒已有500年的历史,苏格兰威士忌品种繁多,按原料和酿造方法不同,可分为三大类:纯麦芽威士忌、谷物威士忌和兑合威士忌。其产品有独特的风格,色泽棕黄带红、清澈透明,气味焦香,带有一定的烟熏味,具有浓厚的苏格兰乡土气息。苏格兰威士忌口感甘洌、醇厚、劲足、圆润、绵柔,是世界上最好的威士忌酒之一。

(6) 百得家。百得家是产于古巴的烈性酒。它以甘蔗为主要原料,先制成蜜糖,然后发酵、蒸馏,配以当地特产的优质糖浆,酿造成酒浆,再将酒浆装入美洲白橡木桶中,储藏三年以上。百得家酒具有醇、和、净的特色,酒味特别清爽顺滑,香醇芬芳。

(7) 轩尼诗干邑酒。轩尼诗干邑酒产于法国,是以葡萄为主要原料的蒸馏酒,世界三大白兰地品牌之一。其质感丰厚如丝绸,入口后留存良久后,才渐渐披露其味道的精华,舌头上留下点点浓郁的果甜味道,和谐有致。其香气独特,香草、花卉精华、糖渍水果、香料的浓郁气息完美地结合在一起;微妙的花卉、香料和胡椒的香气接连在一起,核桃和糖渍果香略微明显。香料味道隐约,犹如雨后翠林般清香。

(二) 黄酒

黄酒,也称为米酒,是用谷物酿造的酒,因颜色多呈黄色、褐色或红棕色,所以称为黄酒。它是中国独有的,也是最古老的酒种,约有6000年的历史。黄酒属于酿造酒,是一种以稻米为原料酿制成的粮食酒,没有经过蒸馏,酒精含量低于20%。以浙江绍兴黄酒为代表的麦曲稻米酒是黄酒历史最悠久、最有代表性的产品。

对于黄酒的品质,一般从"色、香、味、格"四方面评价。如绍兴黄酒为琥珀色,透明澄澈,令人赏心悦目;有诱人的馥郁芳香,且愈陈愈香;由甜、苦、辛、香、涩等味道相融合而成的。甜味赋予绍兴酒滋润、丰满、浓厚的内质,饮时有稠粘的感觉。恰到好处的苦味,使味感清爽。适当的辛味,有增加食欲之功效。涩是伴随着苦同时产生的,苦涩得当,使酒味有特殊的柔和感。格是色、香、味的总和,即酒体,是指酒的风格。绍兴酒经以上六味互相影响、制约,和谐融合,又加以美好的色和香,从而形成了出类拔萃的"格"。

（三）葡萄酒

葡萄酒(Wine),指由新鲜葡萄挤压出来的葡萄汁,经过天然发酵程序所得到的饮品。一般其酒精度数不能低于8.5°。葡萄酒酿造历史悠久,在西方,甚至可以追溯到两三千多年以前。世界上最早酿造葡萄酒的国家,多数历史学家认为可能是波斯。在中国,公元前119年,张骞出使西域归来时将葡萄传入国内,东汉末年出现了葡萄酒,唐朝时饮用葡萄酒已成为风尚。时至今日,葡萄酒更是民众喜爱的酒类饮品。

葡萄酒酿造范围遍及全世界,种类众多,葡萄酒文化多姿多彩。

1. 葡萄酒的种类

根据颜色,葡萄酒可分为红葡萄酒、白葡萄酒及粉红葡萄酒三类。按含糖度,红葡萄酒又可细分为干红葡萄酒、半干红葡萄酒、半甜红葡萄酒和甜红葡萄酒；白葡萄酒则细分为干白葡萄酒、半干白葡萄酒、半甜白葡萄酒和甜白葡萄酒。按含不含二氧化碳,分为静态葡萄酒和气泡葡萄酒。按酿造方法,分为天然葡萄酒、加强葡萄酒、加香葡萄酒、葡萄蒸馏酒。因人们习惯按葡萄酒的颜色对其进行分类,下文将据此对葡萄酒进行介绍。

（1）白葡萄酒。用白葡萄或皮红肉白的葡萄分离发酵制成的葡萄酒。酒的颜色微黄带绿,近似无色或浅黄、禾秆黄、金黄。凡深黄、土黄、棕黄或褐黄等色,均不符合白葡萄酒的色泽要求。

（2）红葡萄酒。采用皮红肉白或皮肉皆红的葡萄经葡萄皮和葡萄汁混合发酵而成的葡萄酒。酒色呈自然深宝石红、宝石红、紫红或石榴红,凡黄褐、棕褐或土褐颜色,均不符合红葡萄酒的色泽要求。

（3）桃红葡萄酒。用带色的红葡萄带皮发酵或分离发酵制成的葡萄酒。酒色为淡红、桃红、橘红或玫瑰色。凡色泽过深或过浅均不符合桃红葡萄酒的要求。这一类葡萄酒在风味上具有新鲜感和明显的果香,含单宁不太高。玫瑰香葡萄、黑比诺、佳利酿、法国蓝等品种都适合酿制桃红葡萄酒。

2. 中国名葡萄酒

就知名度而言,中国在世界上享有盛誉的葡萄酒不多,较为知名的如张裕葡萄酒、华东庄园葡萄酒。

（1）张裕葡萄酒。张裕葡萄酒影响最大的是张裕解百纳高级干红葡萄酒。解百纳品系以品丽珠、蛇龙珠、赤霞珠等葡萄品种为原料,经低温发酵精酿而成,为中国之首创。酒体丰满,具有葡萄的典型性,口感纯正,酒香悦怡,酒质典雅独特。

（2）华东庄园葡萄酒。该品牌葡萄酒是青岛华东葡萄酿酒有限公司生产的,以珍藏莎当妮干白葡萄酒最受欢迎。该酒选用酿酒葡萄莎当妮为原料,兼以法国橡木桶内陈酿而成。酒体凝重优雅,雍容华贵。观其色,淡青鹅黄,澄澈晶透；闻其香,如成熟的果实,沁人心脾；品其味,则有似奶油般和谐绵长的感觉。该酒是中国干白葡萄酒的典型代表。

3. 外国名葡萄酒

欧洲人信奉基督教,基督教徒把面包和葡萄酒称为上帝的肉和血,把葡萄酒视为生命中不可缺少的饮料酒,所以葡萄酒酿造业的发展在欧美洲西方国家达到了登峰造极的程度,著名葡萄酒特别多。因篇幅所限,此处仅介绍顶级的几种。

(1) 法国彼德鲁庄园(Petrus)葡萄酒。彼德鲁庄园,又译作彼得·绿堡或柏图斯庄园,是由阿诺德(Arnaud)家族于19世纪建立的葡萄酒庄。该酒庄管理严格,葡萄的密度为每公顷6 000株,植株年龄都比较老,在葡萄树树龄达到70年之后才会被移植。再加上严格的剪枝,产量极低。为保证质量,葡萄要在全熟而没有过熟的时候采摘下来。采收的时间是下午,为的是让上午的阳光将葡萄上的露水晒干,以保证不让葡萄汁的浓度有丝毫的稀释。采摘完毕后,每粒葡萄要经过严格的手工筛选。发酵完成后,还要在不同的新橡木桶中陈酿22到28个月,让酒吸收不同橡木的香味。在这个过程中,大概每3个月就要换一次桶。每桶放入5个新鲜蛋白用于澄清酒水。酿成后的葡萄酒十分丰浓凝缩,具有浓烈的黑樱桃颜色,加上松露、巧克力、牛奶、花香、黑莓与浓厚的丹宁,发挥出无比细腻及变化无穷的特质。有香料、梅子的香气和特有的泥土味与高级的松露香。口感柔滑,带有高级成熟的单宁味。彼德鲁庄园葡萄酒从不过滤,味道丰富而润口。彼德鲁平均年产4.2万瓶,不超过5万瓶,价格高昂。即使这样,市场上也是一瓶难求。

(2) 美国贺兰酒庄葡萄酒。加州贺兰酒庄除了有享誉世界的母品牌哈兰园(Harlan Estate)之外,还出品独家子品牌邦德(Bond)系列。酒庄虽然只有短短二十多年的历史,但却被誉为美国加州最杰出的酒庄之一。酒庄聘请世界许多一流的葡萄种植师和酿酒师,加上优良的土地种植条件,Harlan Estate在世界葡萄酒评分中达到95分以上,被公认为美国顶级的葡萄酒。2000年NAPA葡萄酒拍卖会上,10瓶1.5公升装的哈兰园解百纳赤霞珠(Harlan Estate Cabernet Sauvignon)创下了70万美元的拍卖纪录。贺兰酒庄的红葡萄酒由85%的嘉本纳沙威浓和15%的梅洛在100%的新橡木桶中酿造而成,同时增加了微妙的格栅或烘烤香味,这种紫色透明赤霞珠葡萄酒提供了咖啡豆、黑色和蓝色水果、矿物质和草药味道,再加上层层辛辣的薄荷、醋栗味、黑樱桃、雪松、烟草味相互融合,回味无穷,令人沉醉。这是醇厚、细腻、纯净、壮观等各种味道均衡所达到的一种完全和谐。

(3) 法国玛歌酒庄葡萄酒。玛歌酒庄的正牌酒是玛歌白亭(Chateau Margaux)。玛歌酒庄是比较恪守传统的酒庄,全部采用木桶发酵罐发酵,还自己生产橡木桶,每年采用30%自己生产的桶,而正牌酒全部采用新桶。酿造过程大部分采用人工操作,连发酵温控都是人工控制。玛歌酒庄葡萄酒是波尔多的代表,细致、温柔、幽雅,单宁中庸。玛歌红酒颜色优美,气味香甜优雅,酒体结构紧密细致,入口温柔典雅,而且平宜近人。香气不那么浓烈,有种"香气袭人"之感。玛歌红酒的经典味道开始是黑莓、黑醋栗香,继而是雪茄和烟草香,影影绰绰的香料、烟熏气和矿质气,香气层次丰富而经久,不断变幻,十分迷人。玛歌红酒入口醇厚,重酒体,精致的单宁撑着复杂的结构,黑色浆果与雪茄、香料香气萦绕,以丝滑柔和开始,渐渐显出单宁的劲道来。感觉她有力度但不上头,喝起来舒服而不易醉,微微张开口,会感觉口腔纯净清凉。玛歌酒是一种适合心平气和品尝和体验的酒。人们形容玛歌酒像优美婉转的绝妙女郎歌唱后余音绕梁的音乐体会。

(4) 法国罗曼尼·康帝(Romanee Conti)葡萄酒。罗曼尼·康帝酒庄是法国最古老的葡萄酒酒庄之一,被誉为天下第一庄。所种植的葡萄为100%的黑皮诺,植株的平均年龄高达50年,葡萄采收时间有严格的规定,为9月24日。年产量仅为7 000箱,所有产品均是精品。罗曼尼·康帝葡萄酒是绝世名酒,也是最为昂贵的葡萄酒,在市场上罕见其踪影。因此，品酒师说"罗曼尼·康帝是百万富翁之酒，却只有亿万富翁才喝得到"。康帝酒酒体颜色美妙，保持着紫红的色调；花香和辛香融合，优雅愉悦；喝入口中显现出惊人的流动性和和谐，有红果和樱桃气息与丰富细腻的单宁。

（5）澳大利亚奔富格兰奇（Penfolds Grange）葡萄酒。奔富格兰奇葡萄酒是澳大利亚最具声望的红葡萄酒，也是澳洲红酒的代表。酿酒用的葡萄，都是种植于由沙土与黏土构成的山坡之上，每公顷栽种2 200株葡萄，有一部分是超过40年的葡萄植株。葡萄酒酿造过程多使用由美国进口的橡木桶，为期2年，经过中长期的窖藏。颜色呈极好的紫色，伴随令人感觉格外甜美的黑莓利口酒香气，并带烧烤香料的香味。这种果香只能来自葡萄产量极低的高龄葡萄树。这些成熟葡萄所散发的成熟风味，品尝者每次品尝时都可体会到不同的香味，激发新的兴趣。其口感丰富，有烟雾缭绕的土质、胡椒、烤肉和咖啡味，巨大的块状细腻纹理，显得异常的年轻，给人深刻完美的印象。其酒体成熟优雅，迷人深邃，结构感平衡，有橡木气息，单宁柔和适中，回味悠长。

（四）啤酒

啤酒是20世纪初传入中国的外来酒种，是人类最古老的酒精饮料，也是继水和茶之后世界上消耗量排名第三的饮料。啤酒是以大麦芽、酒花、水为主要原料，经酵母发酵酿制而成的饱含二氧化碳的低酒精度酒。啤酒中含有丰富的氨基酸和维生素等营养物质，被誉为"液态面包"。

啤酒有不同的分类标准。按加工过程中是否杀菌，分为鲜啤酒（生啤酒）和熟啤酒；按麦芽汁浓度、酒精含量不同，可分为低浓度啤酒、中度啤酒、高度啤酒三种；按颜色的不同分为浅色啤酒（黄色啤酒）及浓色啤酒（黑色啤酒）。

墨西哥的科罗纳啤酒、荷兰的喜力啤酒、德国的贝克啤酒、法国的红磨坊啤酒、日本的麒麟啤酒、美国的百威啤酒都是世界上顶尖级的啤酒，中国的青岛啤酒在世界上也享有盛誉。青岛啤酒以二棱大麦为原料，配以自产的优质啤酒花，用崂山泉水为酿造水精心酿制而成。酒色淡黄透明，富有光泽，泡沫洁白、细腻、持久、挂杯，口味纯正柔和，余味纯洁，有明显的啤酒花香，是我国最著名的啤酒。

二、酒的功能——水形火性

由于酒"水的形，火的性"的特质，在它浸润整个社会的过程中，逐渐形成了特有的酒文化。它已不再仅仅是一种饮料，而是一种文化载体，具有多方面的功能。

一方面，酒具有重要的社会文化功能。第一，酒是协调人际关系的润滑剂。许多政治家把它当作"政治饮料"，即使一般的官员、商人、文人雅士、平民百姓也把它作为协调关系的润滑剂。尤其在中国文化中，设酒宴请，通过酒商谈事宜，谈日常工作难以沟通之事；或敞开心扉，弥合嫌隙，是解决矛盾的重要渠道。第二，酒也是表情达意的媒介物。久别相逢，把酒话旧；送别离，借酒传情；职位升迁、乔迁新居，喝酒庆贺。总之，名目繁多，不一而足，需向对方表情达意时，酒蕴含了万千感情，感情借着酒表达得更深、更切、更加动人，酒成为表情达意不可或缺的媒介。第三，酒是宣泄强烈感情的助推剂或消融剂。当人极端高兴时，往往以酒作为助推剂，使感情得到淋漓尽致的宣泄，达到内心的平衡、情绪的平复。如安史之乱时，杜甫在逃亡途中，听到朝廷收复蓟北的消息，无法自已，便纵酒高歌，宣泄欣喜若狂的情感。"白日放歌须纵酒,青春作伴好还乡",以此更充分地宣泄"喜欲狂"的情感。而当人们极度忧愁、难以解脱时,酒又是"与尔同消万古愁"的消融剂。通过喝酒,愁苦的程度能得到一定减轻,精神的痛苦也能缓解。第四,酒是活跃思想的兴奋剂。酒为液体,柔而软,但此外表下翻腾着火一样的热情。酒精的蒸发令人血脉畅通,精力旺盛,思维活跃,头脑反应灵敏,全身蓄积的巨大能量随时可以爆发,且往往不由自主,心中有话不吐不快。因此,适当饮酒,可以活跃思想,激发灵感,催生奇想新意迭出,许多不朽之作亦由此诞生。如李白"斗酒诗百篇",他的不少名篇就是在半醉状态下完成的。画圣吴道子必酣饮大醉方可动笔,醉后为画,挥毫立就。当然,这里的醉肯定不是醉得不省人事的酩酊大醉。

另一方面,酒具有保健功能。酒可以通血脉、散湿气、行药势、杀百邪、理肠胃、御风寒、止腰膝痛等。用药浸制的"药酒",古人称为"百药之长"。根据"虚则补之,损则益之"的中医理论制成的可以长期饮用的有养生保健作用的补酒,现代称之为"保健酒",可以防病,可以强身。少量饮酒还能预防和减少动脉硬化及冠心病发病率。葡萄酒更是有多方面的保健作用,如含有如茶素、黄酮类物质及某些维生素、微量元素等多种抗氧化剂,能清除氧自由基,抗衰老;含有白藜芦醇,有辅助抗癌作用。

三、饮酒礼仪

酒是一种饮品,饮酒是一种文化。无论是在国内还是国外,饮酒都需遵循一定的礼仪,这既是一个人文化素养的体现,更是尊重他人、与他人融洽相处与交流的需要。

(一)中国饮酒礼仪

现代中餐宴饮礼仪,是在继承中国传统餐饮礼仪的基础上,适当参考国外礼仪发展而来的。

1. 入座遵规

中国宴饮的座次以右为上。现代举办宴会多用圆桌,座次以主人的位置而定。男女主人往往以主陪、副陪的身份相向而坐。主宾应坐于男主人右侧,副宾坐于左侧,三宾坐于女主人右侧,四宾坐于左侧,其余客人以此类推。客人要按照自己的身份,遵照规矩找准自己的位置。坐错了位置,会失礼或尴尬,有时甚至令主人无法安排座次。如果参加酒宴的人员没有尊卑、主次之分,则可按年龄的大小就座。

2. 祝酒得体

在饮第一杯酒前,主人或尊者、长者应致祝酒词。然后是其他人祝酒。祝酒词要围绕酒宴的中心话题,语言应简洁、凝练、亲切,有一定内涵且符合祝酒者的身份,能为宴会的进行创造良好气氛。祝酒词要短,忌长篇大论,影响在座人员饮酒的心情。祝酒者致辞时,客人应认真倾听,不要私下交谈,否则会显得无礼。当祝酒者提议干杯时,要积极响应,面带微笑目视对方,举起酒杯并喝一点。主桌未祝酒时,其他桌不可先起立或串桌祝酒。客人不宜先提议为主人干杯,以免喧宾夺主。

3. 敬酒循序

祝酒结束以后,开始敬酒。敬酒也是一门学问,要按照一定的顺序进行。一般情况下敬酒应以年龄大小、职位高低、宾主身份为序。即使与不熟悉的人在一起喝酒,也要先打听一下对方身份或是留意别人如何称呼,避免叫错人名或称呼,出现尴尬或伤感情的局面。敬酒的具体顺序为:主人(主陪)先敬主宾,副陪敬主宾,主宾再回敬主陪、副主陪、主陪、副主陪敬其余客人,其余客人回敬,大家互敬。主人或尊者给主宾和贵宾席人员敬酒后,往往到其他各桌敬酒,遇此情况应起立举杯,目视对方致意。人多时可同时举杯示意,不一定碰杯。碰杯要站起来,双手拿杯,自己的杯子要比对方低一点,这是对别人的尊敬。可以多人敬一人,不可一人敬多人,除非是长者或尊者。自己敬他人,如果不碰杯,喝多少可随意;如果碰杯可让对方随意,自己干杯或稍多喝一点。有人给自己敬酒,不要拒绝,但也不一定一饮而尽。敬酒干杯,要保持风度,不可失态。

4. 劝酒以诚

中国人在一起喝酒,喜劝酒,"文敬"、"互敬"、"武敬"、"罚敬",名目繁多。劝酒要诚恳热情,无须竞相赌酒、强喝酒。帮人添酒前,最好征得对方的许可。如果对方用手遮掩杯口并说明不想喝了,则不必相强。劝酒不成而反目是一种不近人情,而又令人莫名其妙的失礼行为。勉强别人,不但达不到传递敬意的目的,而且会使对方感到为难而不悦。席间的干杯或共同敬酒一般以一次为宜,不要重复敬酒。碰杯和喝多少亦应随各人之意。

5. 饮酒有度

饮酒要有限度,切忌过量。一般正式宴会,要主动将饮酒控制在本人酒量的三分之一以内,最多也不能超过二分之一。切不可过多,失言失态,或醉酒误事。不会喝酒或不能饮酒时,要注意礼貌拒酒。可以提前声明或以饮料代酒,也可以倒入杯中少许酒,当别人敬酒时,少量啜饮。如果别人敬酒而又实在没法拒绝,为不失礼,可请与自己关系密切的人代喝。总之,公众场合饮酒,以不醉酒为度。

(二) 西方饮酒礼仪

饮酒礼仪,东西方虽然颇有不同,但一些原则与做法是共同的:宴会的主人应该敬第一杯酒;敬酒前,对客人有一个大概的了解;祝酒词要简短活泼,结束语要积极开阔;即使不善饮酒,在礼貌上也要加入祝酒的行列。至于入座的规矩,前文西餐就餐礼仪中已作介绍,在此不再赘述。下面将着重介绍西方与中国不同的礼仪。

1. 祝酒、敬酒礼仪

西餐宴会祝酒、敬酒的时机与中国有很大差异。中国人按照不同的等级、层次分别敬酒,而西方人的习惯是注重开始和结束的酒仪,即在正餐开始前,由主人举杯欢迎每一位客人。在正餐结束、上甜点前,主人再次举杯向来宾单独表达敬意。如果主人单独向贵宾敬酒时,贵宾不用起立,也不用喝酒,这是一种谦卑的表示。之后,贵宾应拿起酒杯,向其他客人祝贺,以表示不敢独享主人的敬意,而更愿将其分享传递。但在中国,当主人向贵宾敬酒时,贵宾一般要站起来表示感谢,并拿起酒杯一饮而尽,以表示接受敬意。西方不能越过身边的人而和其他人祝酒干杯,干杯可以相互碰杯,但更普遍的做法是只需举起酒杯表达相祝的诚意,并不碰杯。喝不喝,喝多喝少都随意。

2. 饮酒细节

饮酒时有几个细节需特别注意。喝酒时不能发出声音。除主人与侍者外,一般不宜自行为他人斟酒。男主人亲自斟酒时,宾客应端起酒杯致谢,必要时,还需起身站立,女士则欠身点头为礼。侍者斟酒时要表示谢意。女士饮酒不要把口红留在酒杯沿上,这是不礼貌行为。如实在不小心将唇印印在了上面,可及时用干净的手指尖擦掉口红,再用纸巾擦拭手指尖。直接用纸巾擦拭酒杯的做法是不礼貌的。

四、葡萄酒的品鉴

葡萄酒是有生命的艺术品,因为只有葡萄酒才沉积了那么多的历史文化、人文精神,抒写了那么多的澄澈醇香的故事。它的神奇,或许是因为它饱含了鲜活的生命原汁,蕴藏了深厚的历史内涵,绵延了高尚的文化积累。品着葡萄酒,感受着快乐,沉醉于神秘,是人生难得的美妙意境。品味葡萄酒不止是一种单纯的感官享受,更是一种充满乐趣的艺术审美活动。

葡萄酒的品鉴是一个过程,包括醒酒、斟酒、观酒、摇杯、闻酒、品酒和回味等步骤。

第一,醒酒。为了让酒的香味更醇,葡萄酒开瓶后,一般需先醒酒。这样酒通过与空气接触,发生氧化,浓郁的香气才能散发出来。一般,新酒醒酒时间多在30分钟或者1个小时。成熟期的红酒只需提前半小时醒酒就足够了。第二,斟酒。斟葡萄酒时,一般酒标朝外,并用餐巾裹住酒瓶,以免手温使酒升温。斟完一杯时将酒瓶轻轻一转,以防酒滴落在杯外。此外,为保有酒香,酒瓶口与酒杯的距离不能太大。斟酒最多以杯容量的三分之一为度,除了为观色闻香,还让升腾的酒香在杯口处留一定的空间。第三,观色。明亮的光线下,握住杯脚或杯底,倾斜45度,并对着白色的背景,观察酒的外观和颜色。好的红葡萄酒澄清、透亮、有光泽。呈鲜红色的葡萄酒,一般酒龄颇浅,呈紫色的葡萄酒一般已到中年,当干红葡萄酒的颜色呈现咖啡色,代表酒已到达壮年或老年。第四,摇杯与闻香。手握酒杯底托,不停地摇晃杯中酒,使酒中的酯、醚和乙醛释放出来,让氧气与红葡萄酒充分融合,最大限度地释放出红葡萄酒的独特香气。这时,将鼻尖探入杯内闻酒的原始气味。短促地轻闻几下,确定此酒是强劲而复杂的香气,还是简单而轻盈的芬芳?其芬芳是持久、绵长的,还是短暂、易逝的?第五,品酒。将酒啜一小口,置于口腔前部,让舌头及口腔把酒液温热,使各种香味缓缓逸出。通常会感到下列味道相互糅合:甜味,提前终止发酵的酒会留下一些天然糖分,舌头若明显感触到糖分,便属于微甜至十分甜的酒;酸味,可于舌头两侧和颚部感觉到;涩味,红葡萄酒丹宁酸含量最高,干涩的感觉也较强;酒精味,酒液流进喉咙里时,会弥漫一股暖气,酒精越多,温暖度越强。品尝的感觉来源于红葡萄酒对口腔的刺激以及入口的质感,不同的酒因其酿制方法各异,有的柔滑,有的刚烈,有的妩媚。最后回味酒体和酒的风味。酒体指的是酒在口中的重量和浓稠感觉。可以通过对牛奶的形容,使酒体的概念更易理解。脱脂牛奶在口中的清淡和水感,可以表述为"轻酒体";全脂牛奶的略微浓稠,可以说是"中等酒体";奶油的浓郁,可以被认为是"厚重酒体"。酒的风味通常就是指葡萄酒在口中的香气。真正的好酒醇美无瑕,令人回味无穷。

五、饮酒佳境

饮酒有度,方能达到佳境。那么,什么是饮酒的最佳境界呢?那就是"微醺"境界。所谓"微醺",即似醉非醉、似醒非醒、激情与幻觉共生、恍惚与明察俱在的一种颇为奇妙的境界。适量地饮酒称小酌,小酌可以把人带入微醺之佳境,而牛饮则与微醺无缘。就酒的理化特征和人的生理特征而言,饮至微醺时,大脑皮层细胞异常活跃,潜意识想象增强,种种平常难于出现的奇思妙想,都如潮水般涌现,有的灵感也随之出现。郭小川说:"一杯酒,开心扉;五杯酒,豪情胜似长江水;十杯酒,红心与朝日同辉。"微醺状态能助诗情,助豪情,更壮英雄胆。李白的"花间一壶酒,独酌无相亲。举杯邀明月,对影成三人"显然是在似醉非醉、似醒非醒的微醺状态下所作。刘邦凯旋返归故乡,也是在与乡亲父老开怀畅饮,进入微醺状态,高唱"大风起兮云飞扬,威加海内兮归故乡,安得勇士兮守四方"以抒豪情。荆轲刺秦王之前,"饮燕市,酒酣气益震,哀歌和渐离,谓若无旁人"。就是这微醺,给了饮者才情、胆量和力量。

微醺还可产生一种境界,那就是亦真亦幻,物我两忘,恍如飘飘然进入仙境。要获得这种飘飘然的快意,仅仅有酒是不够的,必须选择好饮酒的环境。在装饰豪华的宾馆、酒店,因人与自然的分离,以及豪华包装产生的对人性的束缚,一般难以产生这种感觉。置身于大自然的怀抱之中,酒才会把你推向云端,推向清风里,推向那浩渺的太空⋯⋯所以,古人特别喜欢作"山水郊野炊"、"明月清风饮",以及花前饮、雪中饮、雨中饮、江上饮、舟中饮⋯⋯李白的"举杯邀明月,对影成三人"便是全身心沉浸在月光下的花丛,目睹清风弄花影时的神来之笔。即或是在家宅中饮,也常设席于庭院,领略"东篱把酒黄昏后,有暗香盈袖"的情趣。就是在室内作堂上饮、楼上饮也要面对窗外庭院的景色,展示出缤纷的画面。这样,不管原来喜也罢,愁也罢,当酒酣耳热之际,潜意识中的无边想象就会向着广阔的时空膨胀,那如梦的人生,经微醺酒意的点染,飘忽远去。有些平时摆脱不掉的种种情绪,都会尽情地宣泄到广漠的大自然中,会将山川草木、清风明月融为一股清澈透明的逸致闲情,将全身心都沉浸在飘飘然的快意之中。如此,就可缘着酒香的指引,跨入"天人合一"的世界,如仙人御风了。杜牧"与客携酒上翠微"、李白的"青天有月来几时,我今停杯一问之"、苏轼的"明月几时有,把酒问青天"记录都是古人以山水、郊野、明月、清风佐饮的实例。正是酒的微醺,拌和了山川之灵、草木之气,再加清风徐来、皓月朗照,方使人进入那"醉翁之意不在酒,在乎山水之间也"的天人合一的妙境。

这就是饮酒的最高追求、最高境界。不过,这种境界在正规场合、正式宴会是不能去追求的。总之,人若知酒趣,到处总风流!

❓ 思考与练习

1. 中国菜有哪些主要流派?其主要特征是什么?
2. 中国饮食文化的美在何处?
3. 吃西餐一般有什么礼仪?西餐文化的美学特征体现在哪里?
4. 简述中西餐饮文化的差异。
5. 茶一般分为哪几类?简析中国十大名茶的特色。
6. 一般而言,怎样才能品出茶的美味?
7. 简析茶道的文化内涵和精神。
8. 按照商品特征,酒可以分为哪几类?其特征是什么?
9. 怎样品鉴葡萄酒?简述西方饮酒的礼仪。
10. 什么是饮酒佳境?怎样才可能渐入饮酒佳境?

附录 世界遗产景观名录[①]

截至 2011 年 6 月,全球被联合国教科文组织批准的世界遗产共有 936 项,其中 725 项世界文化遗产(含文化景观遗产),183 项自然遗产,28 项文化与自然双遗产。下列目录按国家英文字母顺序排序,每处遗产名单前附以批准年代。

中文名	英文名	所在国家	类型	入选时间
贾姆的尖塔和考古遗址	Minaret and Archaeological Remains of Jam	阿富汗	文化	2002
巴米扬山谷的文化景观和考古遗迹	Cultural Landscape and Archaeological Remains of the Bamiyan Valley	阿富汗	文化	2003
布特林特	Butrint	阿尔巴尼亚	文化	1992
基诺喀斯特城市博物馆	Museum City of Girokastra	阿尔巴尼亚	文化	2005
贝尼·哈玛德的卡拉城	Al Qal'a of Beni Hammad	阿尔及利亚	文化	1980
阿杰尔的塔西里	Tassili n'Ajjer	阿尔及利亚	复合	1982
姆扎卜山谷	M'Zab Valley	阿尔及利亚	文化	1982
杰米拉	Djemila	阿尔及利亚	文化	1982
提帕萨	Tipasa	阿尔及利亚	文化	1982
提姆加德	Timgad	阿尔及利亚	文化	1982
阿尔及尔城	Kasbah of Algiers	阿尔及利亚	文化	1992
马德留-克拉罗尔-配拉菲塔大峡谷	Madriu-Perafita-Claror Valley	安道尔	文化	2004
洛斯格拉希亚雷斯	Los Glaciares	阿根廷	自然	1981
伊瓜苏国家公园	Iguazu National Park	阿根廷	自然	1984
里约-宾图拉斯的洞窟	The Cueva de las Manos, Rio Pinturas	阿根廷	文化	1999
瓦尔德斯半岛	Peninsula Valdes	阿根廷	自然	1999
科多巴的耶稣会街区和庄园	The Jesuit Block and Estancias of Cordoba	阿根廷	文化	2000
伊斯奇瓜兰斯托和塔兰巴亚自然公园	Ischigualasto / Talampaya Natural Parks	阿根廷	自然	2000
克夫拉达-德-乌马华卡	Quebrada de Humahuaca	阿根廷	文化	2003
瓜拉尼耶稣会传教场所	Jesuit Missions of the Guaranis	阿根廷、巴西	文化	1983
哈夫巴托和萨那因修道院	The Monasteries of Haghpat and Sanahin	亚美尼亚	文化	1996

[①] 本名录根据联合国教科文组织世界遗产名录网站资料整理,网址为:http://whc.unesco.org/en/list/。

(续表)

中文名	英文名	所在国家	类型	入选时间
吉哈尔德修道院和上阿扎特谷	The Monastery of Geghard and the Upper Azat Valley	亚美尼亚	文化	2000
埃奇米河津的教堂和兹瓦尔特诺茨考古遗址	The Cathedral and Churches of Echmiatsin and the Archaeological Site of Zvartnots	亚美尼亚	文化	2000
大堡礁	Great Barrier Reef	澳大利亚	自然	1981
卡卡杜国家公园	Kakadu National Park	澳大利亚	复合	1981
韦兰德拉湖区域	Willandra Lakes Region	澳大利亚	复合	1981
塔斯马尼亚荒原	Tasmanian Wilderness	澳大利亚	复合	1982
豪勋爵诸岛	Lord Howe Island Group	澳大利亚	自然	1982
澳大利亚东中部雨林保护区	Central Eastern Rainforest Reserves (Australia)	澳大利亚	自然	1986
乌卢鲁卡塔曲塔国家公园	Uluru-Kata Tjuta National Park	澳大利亚	复合	1987
昆士兰州的热带雨林	Wet Tropics of Queensland	澳大利亚	自然	1988
西澳大利亚的沙克湾	Shark Bay, Western Australia	澳大利亚	自然	1991
弗雷泽岛	Fraser Island	澳大利亚	自然	1992
澳大利亚哺乳动物化石遗址-里弗斯雷和纳科特拉	Australian Fossil Mammal Sites (Riversleigh / Naracoorte)	澳大利亚	自然	1994
赫德岛和麦克唐纳群岛	Heard and McDonald Islands	澳大利亚	自然	1997
麦夸里岛	Macquarie Island	澳大利亚	自然	1997
大兰山地区	The Greater Blue Mountains Area	澳大利亚	自然	2000
波奴鲁鲁国家公园	Purnululu National Park	澳大利亚	自然	2003
宁格罗海岸	Ningaloo Coast	澳大利亚	自然	2011
萨尔茨堡城历史中心	Historic Centre of the City of Salzburg	奥地利	文化	1996
申布伦宫殿和花园	Palace and Gardens of Schonbrunn	奥地利	文化	1996
萨尔茨卡莫古特地区的哈尔施塔特-达赫施泰因文化景观	Hallstatt-Dachstein Salzkammergut Cultural Landscape	奥地利	文化	1997
塞梅宁铁路	Semmering Railway	奥地利	文化	1998
格拉茨城历史中心	City of Graz-Historic Centre	奥地利	文化	1999
瓦绍文化景观	The Wachau Cultural Landscape	奥地利	文化	2000
维也纳历史中心	Historic Centre of Vienna	奥地利	文化	2001
菲尔特湖文化景观	Ferto/Neusiedlersee Cultural Landscape	奥地利、匈牙利	文化	2001
巴库城及希尔梵沙王宫、少女塔	The Walled City of Baku with the Shirvanshah's Palace and Maiden Tower	阿塞拜疆	文化	2000
巴林-卡拉特考古遗址	Qal'at al-Bahrain Archaeological Site	巴林	文化	2005

(续表)

中文名	英文名	所在国家	类型	入选时间
巴格尔哈特历史清真寺城	Historic Mosque City of Bagerhat	孟加拉国	文化	1985
巴哈尔普尔的佛教寺院遗迹	Ruins of the Buddhist Vihara at Paharpur	孟加拉国	文化	1985
孙德尔本斯地区	The Sundarbans	孟加拉国	自然	1997
米尔城堡群	The Mir Castle Complex	白俄罗斯	文化	2000
别洛维什卡亚森林/比亚沃维耶扎森林	Belovezhskaya Pushcha / Bialowieza Forest	白俄罗斯、波兰	自然	1979
涅斯维日的拉济维乌家族的建筑、居住和文化建筑群	Radzivills Residence at Nesvizh	白俄罗斯	文化	2005
斯特鲁维测地弧	Struve Geodetic Arc	白俄罗斯	文化	2005
布里奇敦及其军事要塞	Bridgetown and its Garrison	巴巴多斯	文化	2011
佛兰德的贝居安会女修道院	Flemish Beguinages	比利时	文化	1998
中央运河上的四部升降机及周边的拉-卢维耶尔地区和拉-耶鲁地区	The Four Lifts on the Canal du Centre and their Environs, La Louviere and Le Roeulx (Hainault)	比利时	文化	1998
布鲁塞尔大广场	Grand-Place, Brussels	比利时	文化	1998
佛兰德斯和瓦隆尼亚地区的钟楼	The Belfries of Flanders and Wallonia	比利时	文化	1999
布吕赫历史中心	Historic Centre of Brugge	比利时	文化	2000
建筑师维克多·霍尔塔设计的布鲁塞尔城市住宅	The Major Town Houses of the Architect Victor Horta (Brussels)	比利时	文化	2000
蒙斯的斯皮耶纳新石器时代燧石矿	The Neolithic Flint Mines at Spiennes (Mons)	比利时	文化	2000
图尔奈的圣母大教堂	Notre Dame Cathedral in Tournai	比利时	文化	2000
帕拉丁-莫瑞图斯博物馆	Plantin-Moretus Museum	比利时	文化	2005
伯利兹堡礁保护系统	Belize Barrier-Reef Reserve System	伯利兹	自然	1996
阿波美王宫	Royal Palaces of Abomey	贝宁	文化	1985
波托西城	City of Potosi	玻利维亚	文化	1987
奇基托斯耶稣会传教场所	Jesuit Missions of the Chiquitos	玻利维亚	文化	1990
苏克雷历史城镇	Historic City of Sucre	玻利维亚	文化	1991
萨梅帕塔城塞	El Fuerte de Samaipata	玻利维亚	文化	1998
诺尔-坎普夫-墨尔加多国家公园	Noel Kempff Mercado National Park	玻利维亚	自然	2000
提瓦纳库——提瓦纳库人的文化政治中心	Tiwanaku: Spiritual and Political Centre of the Tiwanaku Culture	玻利维亚	文化	2000
莫斯塔尔老城的老桥区	Old Bridge Area of the Old City of Mostar	波斯尼亚和黑塞哥维那	文化	2005
措迪罗的岩画	Tsodilo	博茨瓦纳	文化	2001
欧罗普雷托历史城镇	Historic Town of Ouro Preto	巴西	文化	1980

(续表)

中文名	英文名	所在国家	类型	入选时间
奥林达历史中心	Historic Centre of Olinda	巴西	文化	1982
萨尔瓦多历史中心	Historic Centre of Salvador de Bahia	巴西	文化	1985
孔贡哈斯的仁慈耶稣殿保护区	Sanctuary of Bom Jesus do Congonhas	巴西	文化	1985
伊瓜库国家公园	Iguacu National Park	巴西	自然	1986
巴西利亚城	Brasilia	巴西	文化	1987
卡皮瓦拉山国家公园	Serra da Capivara National Park	巴西	文化	1991
圣路易斯历史中心	The Historic Centre of Sao Luis	巴西	文化	1997
迪亚曼蒂纳城历史中心	Historic Centre of the Town of Diamantina	巴西	文化	1999
迪斯卡弗里海岸的大西洋森林保护区	Discovery Coast Atlantic Forest Reserves	巴西	自然	1999
大西洋森林东南保护区	Atlantic Forest Southeast Reserves	巴西	自然	1999
潘塔诺保护区	Pantanal Conservation Area	巴西	自然	2000
中部亚马逊河保护区	Central Amazon Conservation Complex	巴西	自然	2000
塞拉多的保护区——查帕达-多斯-维阿迪罗斯和艾玛斯国家公园	Cerrado Protected Areas: Chapada dos Veadeiros and Emas National Parks	巴西	自然	2001
巴西大西洋群岛的费尔南多-德-诺隆哈和阿托尔-达斯-卢卡斯保护区	Brazilian Atlantic Islands: Fernando de Noronha and Atol das Rocas Reserves	巴西	自然	2001
戈亚斯城历史中心	Historic Centre of the Town of Goias	巴西	自然	2001
博亚纳教堂	Boyana Church	保加利亚	文化	1979
马达拉骑士浮雕	Madara Rider	保加利亚	文化	1979
伊万诺沃石凿教堂群	Rock-hewn Churches of Ivanovo	保加利亚	文化	1979
卡赞利克的色雷斯人墓	Thracian Tomb of Kazanlak	保加利亚	文化	1979
内塞巴尔古城	Ancient City of Nessebar	保加利亚	文化	1983
斯雷巴尔纳自然保护区	Srebarna Nature Reserve	保加利亚	自然	1983
皮林国家公园	Pirin National Park	保加利亚	自然	1983
里拉修道院	Rila Monastery	保加利亚	文化	1983
斯维什塔里色雷斯人墓	Thracian Tomb of Sveshtari	保加利亚	文化	1985
吴哥	Angkor	柬埔寨	文化	1992
德贾动物保护区	Dja Faunal Reserve	喀麦隆	自然	1987
安斯梅多国家历史遗址	L'Anse aux Meadows National Historic Site	加拿大	文化	1978
纳汉尼国家公园	Nahanni National Park	加拿大	自然	1978
恐龙省立公园	Dinosaur Provincial Park	加拿大	自然	1979
斯肯瓜伊——安东尼岛	SGaang Gwaii (Anthony Island)	加拿大	文化	1981

(续表)

中文名	英文名	所在国家	类型	入选时间
北美野牛狩猎地	Head-Smashed-In Buffalo Jump	加拿大	文化	1981
伍德·布法罗国家公园	Wood Buffalo National Park	加拿大	自然	1983
加拿大落基山脉公园群	Canadian Rocky Mountain Parks	加拿大	自然	1984
魁北克的历史区域	Historic District of Quebec	加拿大	文化	1985
格罗斯莫讷国家公园	Gros Morne National Park	加拿大	自然	1987
卢嫩堡老城	Old Town Lunenburg	加拿大	文化	1995
米瓜沙公园	Miguasha Park	加拿大	自然	1999
乔金斯化石崖壁	The Joggins Fossil Cliffs	加拿大	自然	2008
克卢恩/朗格尔和圣伊莱亚斯/冰川湾/塔仙希尼和阿尔塞克	Kluane / Wrangell-St. Elias / Glacier Bay / Tatshenshini-Alsek	加拿大、美国	自然	1979
沃特顿冰川国际和平公园	Waterton Glacier International Peace Park	加拿大、美国	自然	1995
马诺沃贡达圣佛罗里斯国家公园	Manovo-Gounda St Floris National Park	中非	自然	1988
拉帕努伊国家公园	Rapa Nui National Park	智利	文化	1995
奇洛伊岛的教堂	The Churches of Chiloe	智利	文化	2000
瓦尔帕莱索海港城市的历史区域	Historic Quarter of the Seaport City of Valparaiso	智利	文化	2003
亨伯斯通和圣劳拉硝石采石场	Humberstone and Santa Laura Saltpeter Works	智利	文化	2005
苏埃尔铜矿城	Sewwell Mining Town	智利	文化	2006
长城	The Great Wall	中国	文化	1987
泰山	Mount Taishan	中国	复合	1987
明清皇宫	Imperial Palace of the Ming and Qing Dynasties	中国	文化	1987
莫高窟	Mogao Caves	中国	文化	1987
秦始皇陵	Mausoleum of the First Qin Emperor	中国	文化	1987
周口店北京人遗址	Peking Man Site at Zhoukoudian	中国	文化	1987
黄山	Mount Huangshan	中国	复合	1990
九寨沟风景名胜区	Jiuzhaigou Valley Scenic and Historic Interest Area	中国	自然	1992
黄龙风景名胜区	Huanglong Scenic and Historic Interest Area	中国	自然	1992
武陵源风景名胜区	Wulingyuan Scenic and Historic Interest Area	中国	自然	1992
承德避暑山庄及外八庙	The Mountain Resort and its Outlying Temples in Chengde	中国	文化	1994

(续表)

中文名	英文名	所在国家	类型	入选时间
曲阜孔府、孔庙、孔林	Temple and Cemetery of Confucius and the Kong Family Mansion in Qufu	中国	文化	1994
武当山古建筑群	Ancient Building Complex in the Wudang Mountains	中国	文化	1994
拉萨布达拉宫历史建筑群	Historic Ensemble of the Potala Palace, Lhasa	中国	文化	1994
庐山国家公园	Lushan National Park	中国	文化	1996
峨眉山和乐山大佛	Mt. Emei and Leshan Giant Buddha	中国	复合	1996
丽江古城	The Old Town of Lijiang	中国	文化	1997
平遥古城	The Ancient City of Pingyao	中国	文化	1997
苏州古典园林	Classical Gardens of Suzhou	中国	文化	1997
北京的皇家园林——颐和园	Summer Palace, an Imperial Garden in Beijing	中国	文化	1998
北京的皇家祭坛——天坛	Temple of Heaven: an Imperial Sacrificial Altar in Beijing	中国	文化	1998
武夷山	Mount Wuyi	中国	复合	1999
大足石刻	The Dazu Rock Carvings	中国	文化	1999
青城山和都江堰灌溉工程	Mount Qincheng and the Dujiangyan Irrigation System	中国	文化	2000
安徽南部古村落——西递和宏村	Ancient Villages in Southern Anhui—Xidi and Hongcun	中国	文化	2000
龙门石窟	Longmen Grottoes	中国	文化	2000
明清皇家陵寝	Imperial Tombs of the Ming and Qing Dynasties	中国	文化	2000
云冈石窟	Yungang Grottoes	中国	文化	2001
云南三江并流保护区	Three Parallel Rivers of Yunnan Protected Areas	中国	自然	2003
吉林高句丽王城、王陵及贵族墓葬	Capital Cities and Tombs of the Ancient Koguryo Kingdom	中国	文化	2004
澳门历史街区	The Historic Centre of Macau	中国	文化	2005
四川大熊猫栖息地	China's Giant Panda Habitat	中国	自然	2006
中国安阳殷墟	The Ruins of Yin of Anyang	中国	文化	2006
中国喀斯特	The Karsts in Southern China	中国	自然	2007
开平碉楼与古村落	Kaiping Diaolou and Villages	中国	文化	2007
福建土楼	Fujian Tulou Earth Building	中国	文化	2008
三清山	Mount Sanqing	中国	自然	2008
登封"天地之中"历史建筑群	Historic Monuments of Dengfeng in "The Centre of Heaven and Earth"	中国	文化	2010

(续表)

中文名	英文名	所在国家	类型	入选时间
中国丹霞	China Danxia	中国	自然	2010
杭州西湖文化景观	Hangzhou West Lake	中国	文化	2011
卡塔赫纳的港口、要塞和遗迹	Port, Fortresses and Group of Monuments, Cartagena	哥伦比亚	文化	1984
洛斯卡迪奥斯国家公园	Los Katios National Park	哥伦比亚	自然	1994
圣克鲁斯·德蒙波斯历史中心	Historic Centre of Santa Cruz de Mompox	哥伦比亚	文化	1995
铁拉登特罗国家考古公园	National Archaeological Park of Tierradentro	哥伦比亚	文化	1995
圣奥古斯丁考古公园	San Agustin Archaeological Park	哥伦比亚	文化	1995
哥伦比亚咖啡文化景观	The Coffee Cultural Landscape of Colombia	哥伦比亚	文化	2011
马尔佩洛岛动植物保护区	Malpelo Fauna and Flora Sanctuary	哥伦比亚	自然	2006
科科斯岛国家公园	Cocos Island National Park	哥斯达黎加	自然	1997
瓜纳卡斯特山保护区	Area de Conservacion Guanacaste	哥斯达黎加	自然	1999
塔拉曼卡山脉及拉阿米斯塔德保护区	Talamanca Range-La Amistad Reserves	哥斯达黎加、巴拿马	自然	1983
塔伊国家公园	Tai National Park	科特迪瓦	自然	1982
科莫埃国家公园	Comoe National Park	科特迪瓦	自然	1983
杜布罗夫尼克古城	Old City of Dubrovnik	克罗地亚	文化	1979
斯普利特历史区域和戴克里先官	Historical Complex of Split with the Palace of Diocletian	克罗地亚	文化	1979
普里特维察湖群国家公园	Plitvice Lakes National Park	克罗地亚	自然	1979
波雷奇历史中心的幼发拉西乌斯主教教堂建筑群	The Episcopal Complex of the Euphrasian Basilica in the Historic Centre of Porec	克罗地亚	文化	1997
特罗吉尔历史城镇	The Historic City of Trogir	克罗地亚	文化	1997
希贝尼克的圣詹姆士大教堂	Cathedral of St. James in Sibenik	克罗地亚	文化	2000
哈瓦那古城及其要塞	Old Havana and its Fortifications	古巴	文化	1982
特立尼达和洛斯-因赫尼奥斯山谷	Trinidad and the Valley de Los Ingenios	古巴	文化	1988
圣地亚哥的圣佩德罗-德-拉-罗卡城堡	San Pedro de la Roca Castle, Santiago de Cuba	古巴	文化	1997
德森巴克-德-格拉玛国家公园	Desembarco del Granma National Park	古巴	自然	1999
维纳尔斯谷	Vinales Valley	古巴	文化	1999
古巴东南部的咖啡最初种植地遗址	Archaeological Landscape of the First Coffee Plantations in the Southeast of Cuba	古巴	文化	2000

（续表）

中文名	英文名	所在国家	类型	入选时间
阿里杰德罗-德-胡波尔德国家公园	Alejandro de Humboldt National Park	古巴	自然	2001
西恩富戈斯历史城区	Urban Historic Center of Cienfuegos	古巴	文化	2005
帕福斯	Paphos	塞浦路斯	文化	1980
特鲁多斯地区的彩绘教堂	Painted Churches in the Troodos Region	塞浦路斯	文化	1985
乔伊诺科里梯亚	Choirokoitia	塞浦路斯	文化	1998
布拉格历史中心	Historic Centre of Prague	捷克	文化	1992
捷克克鲁姆洛夫历史中心	Historic Centre of Cesky Krumlov	捷克	文化	1992
泰尔契历史中心	Historic Centre of Tele	捷克	文化	1992
泽莱纳-霍拉的内波穆克圣约翰朝圣教堂	The Pilgrimage Church of St John of Nepomuk at Zelena Hora	捷克	文化	1994
库特纳霍拉——塞德莱克历史城镇及圣芭芭拉教堂和圣母大教堂	Kutna Hora: The Historical Town Centre with the Church of St. Barbara and the Cathedral of Our Lady at Sedlec	捷克	文化	1995
莱德尼察-瓦尔季采文化景观	The Lednice-Valtice Cultural Landscape	捷克	文化	1996
霍拉索维察历史村落保护区	Holasovice Historical Village Reservation	捷克	文化	1998
克罗麦里兹的花园和城堡	Gardens and Castle at Kromeríz	捷克	文化	1998
利托米什城堡	Litomysl Castle	捷克	文化	1999
奥罗姆茨的三位一体圣柱	Holy Trinity Column in Olomouc	捷克	文化	2000
布尔诺的图根哈特别墅	Tugendhat Villa in Brno	捷克	文化	2001
特热比奇的犹太人区和圣普罗科匹厄斯大教堂	The Jewish Quarter and St Procopius' Basilica in Trebíc	捷克	文化	2003
高句丽墓葬群	Complex of Koguryo Tombs	朝鲜	文化	2004
维龙加国家公园	Virunga National Park	刚果民主	自然	1979
卡胡兹别加国家公园	Kahuzi-Biega National Park	刚果民主	自然	1980
加兰巴国家公园	Garamba National Park	刚果民主	自然	1980
萨龙加国家公园	Salonga National Park	刚果民主	自然	1984
霍加皮野生生物保护区	Okapi Wildlife Reserve	刚果民主	自然	1996
耶林墓地、古北欧石刻和教堂	Jelling Mounds, Runic Stones and Church	丹麦	文化	1994
罗斯基勒大教堂	Roskilde Cathedral	丹麦	文化	1995
克隆伯格城堡	Kronborg Castle	丹麦	文化	2000
伊路利萨特冰湾	Ilulissat Icefjord	丹麦	自然	2004
特鲁斯皮顿山国家公园	Morne Trois Pitons National Park	多米尼各	自然	1997
移民城市圣多明戈	Colonial City of Santo Domingo	多米尼加	文化	1990

(续表)

中文名	英文名	所在国家	类型	入选时间
加拉帕戈斯群岛	Galapagos Islands	厄瓜多尔	自然	1978
基多城	City of Quito	厄瓜多尔	文化	1978
桑盖国家公园	Sangay National Park	厄瓜多尔	自然	1983
昆卡历史中心	Historic Centre of Santa Ana de los Rios de Cuenca	厄瓜多尔	文化	1999
孟菲斯及其墓地——从吉萨到代赫舒尔的金字塔区域	Memphis and its Necropolis—the Pyramid Fields from Giza to Dahshur	埃及	文化	1979
底比斯古城及其墓地	Ancient Thebes with its Necropolis			
从阿布-辛拜勒到菲莱的努比亚遗迹	Nubian Monuments from Abu Simbel to Philae	埃及	文化	1979
伊斯兰都市开罗	Islamic Cairo	埃及	文化	1979
阿布-米那	Abu Mena	埃及	文化	1979
圣凯瑟琳东正教修道院地区	Saint Catherine Area	埃及	文化	2002
鲸鱼峡谷	Wadi Al-Hitn (Whale Valley)	埃及	自然	2005
霍亚德塞伦考古遗址	Joya de Ceren Archaeological Site	埃萨尔瓦多	文化	1993
塔林老城历史中心	The Historic Centre (Old Town) of Tallinn	爱沙尼亚	文化	1997
斯特鲁维测量路线	Struve Geodetic Arc	爱沙尼亚	文化	2005
拉里贝拉石凿教堂	Rock-hewn Churches of Lalibela	埃塞俄比亚	文化	1978
瑟门山国家公园	Simien National Park	埃塞俄比亚	自然	1978
贡德尔地区的法西尔-格赫比	Fasil Ghebbi, Gondar Region	埃塞俄比亚	文化	1979
阿克苏姆	Aksum	埃塞俄比亚	文化	1980
阿瓦什低谷	Lower Valley of the Awash	埃塞俄比亚	文化	1980
奥莫低谷	Lower Valley of the Omo	埃塞俄比亚	文化	1980
蒂亚	Tiya	埃塞俄比亚	文化	1980
哈勒尔——防御性历史城镇	Harar Jugol, the Fortified Historic Town	埃塞俄比亚	文化	2006
孔索文化景观	Konso Cultural Landscape	埃塞俄比亚	文化	2011
劳马古城	Old Rauma	芬兰	文化	1991
斯奥梅林纳的要塞	Fortress of Suomenlinna	芬兰	文化	1991
佩塔耶维希老教堂	Petajavesi Old Church	芬兰	文化	1994
韦尔拉木料木板工厂	Verla Groundwood and Board Mill	芬兰	文化	1996
萨马拉赫德马基的青铜时代墓葬	The Bronze Age Burial Site of Sammallahdenmaki	芬兰	文化	1999
奥理德区域及其文化历史群以及自然环境	Ohrid Region with its Cultural and Historical Aspect and its Natural Environment	马其顿	复合	1979
圣米歇尔山及其海湾	Mont-Saint-Michel and its Bay	法国	文化	1979
沙特尔大教堂	Chartres Cathedral	法国	文化	1979

(续表)

中文名	英文名	所在国家	类型	入选时间
凡尔赛宫及园林	Palace and Park of Versailles	法国	文化	1979
韦泽莱教堂及山丘	Vezelay, Church and Hill	法国	文化	1979
韦泽尔山谷洞窟群	Decorated Grottoes of the Vezere Valley	法国	文化	1979
枫丹白露宫及园林	Palace and Park of Fontainebleau	法国	文化	1981
亚眠大教堂	Amiens Cathedral	法国	文化	1981
奥朗日的古罗马剧院和凯旋门	Roman Theatre and the "Triumphal Arch" of Orange	法国	文化	1981
阿尔勒的古罗马和罗马式建筑	Roman and Romanesque Monuments of Arles	法国	文化	1981
丰特奈的西多会修道院	Cistercian Abbey of Fontenay	法国	文化	1981
阿尔克塞南皇家盐场	Royal Saltworks of Arc-et-Senans	法国	文化	1982
南锡的斯坦尼斯拉斯广场、卡里耶尔广场和阿里昂斯广场	Place Stanislas, Place de la Carriere and Place d'Alliance in Nancy	法国	文化	1983
圣萨文教堂	Church of Saint-Savin sur Gartempe	法国	文化	1983
科西嘉岛的吉罗拉塔海角、波尔图海角、斯坎多拉自然保护区和皮亚纳-卡兰切斯	Cape Girolata, Cape Porto, Scandola Nature Reserve, and the Piana Calanches in Corsica	法国	自然	1983
加尔桥-古罗马水槽	Pont du Gard (Roman Aqueduct)	法国	文化	1985
斯特拉斯堡大岛	Strasbourg-Grande Ile	法国	文化	1988
巴黎塞纳河畔	Paris, Banks of the Seine	法国	文化	1991
兰斯的圣母大教堂、前圣雷米修道院和塔乌宫	Cathedral of Notre-Dame, former Abbey of Saint-Remi and Palace of Tau in Reims	法国	文化	1991
布尔日大教堂	Bourges Cathedral	法国	文化	1992
阿维尼翁历史中心	Historic Centre of Avignon	法国	文化	1995
南方运河	Canal du Midi	法国	文化	1996
卡尔卡松历史城堡	The Historic Fortified City of Carcassonne	法国	文化	1997
比利牛斯山脉	Pyrenees-Mont Perdu	法国西班牙	复合	1997
法国境内的圣地亚哥-德-孔波斯特拉朝圣之路	The Routes of Santiago de Compostela in France	法国	文化	1998
里昂的历史街区	Historic Site of Lyons	法国	文化	1998
圣埃米里奥地区	The Jurisdiction of Saint-Emilion	法国	文化	1999
叙利到沙洛纳间的卢瓦尔河谷	Loire Valley between Sully-sur-Loire and Chalonnes	法国	文化	2000
中世纪城镇普罗旺斯	Provins, Town of Medieval Fairs	法国	文化	2001
奥古斯特·佩雷重建之城	Le Havre, the City Rebuilt by Auguste Perret	法国	文化	2005

(续表)

中文名	英文名	所在国家	类型	入选时间
波尔多月亮港	Bordeaux Port de la Lune	法国	文化	2008
佛邦防御工事	Marquis de Vauban	法国	文化	2008
新喀里多尼亚泻湖——珊瑚礁多样性及相关生态系统	Lagoons of New Caledonia: Reef Diversity and Associated Ecosystems	法国	自然	2008
阿尔比主教城	Albigensian Crusade	法国	文化	2010
喀斯和塞文——地中海农牧文化景观	The Causses and the Cévennes, Mediterranean agro-pastoral Cultural Landscape	法国	文化	2011
詹姆士岛和相关遗迹	James Island and Related Sites	冈比亚	文化	2003
姆兹海塔城市博物馆保护区	The City-Museum Reserve of Mtskheta	格鲁吉亚	文化	1994
巴格拉提大教堂和格拉提修道院	Bagrati Cathedral and Gelati Monastery	格鲁吉亚	文化	1994
上斯瓦涅季	Upper Svaneti	格鲁吉亚	文化	1996
亚琛大教堂	Aachen Cathedral	德国	文化	1978
施佩耶尔大教堂	Speyer Cathedral	德国	文化	1981
维尔茨堡宫以及宫廷花园和宫廷广场	Wurzburg Residence with the Court Gardens and Residence Square	德国	文化	1981
维斯朝圣教堂	Pilgrimage Church of Wies	德国	文化	1983
布吕尔的奥古斯都堡和谐趣园城堡	Castles of Augustusburg and Falkenlust at Bruhl	德国	文化	1984
希尔德斯海姆的圣母玛丽亚大教堂和圣米迦洛教堂	St. Mary's Cathedral and St. Michael's Church at Hildesheim	德国	文化	1985
特里尔的古罗马建筑、圣彼得大教堂和圣母教堂	Roman Monuments, Cathedral of St. Peter and Church of Our Lady in Trier	德国	文化	1986
汉萨同盟城市吕贝克	Hanseatic City of Lubeck	德国	文化	1987
波茨坦和柏林的宫殿和公园	Palaces and Parks of Potsdam and Berlin	德国	文化	1990
洛尔施的修道院和阿尔腾蒙斯特	Abbey and Altenmunster of Lorsch	德国	文化	1991
拉梅尔斯堡矿山和戈斯拉尔历史城镇	Mines of Rammelsberg and the Historic Town of Goslar	德国	文化	1992
班贝格城	Town of Bamberg	德国	文化	1993
毛尔布隆修道院群	Maulbronn Monastery Complex	德国	文化	1993
奎德林堡的牧师会教堂、城堡和古城	Collegiate Church, Castle and Old Town of Quedlinburg	德国	文化	1994
弗尔克林根钢铁厂	Volklingen Ironworks	德国	文化	1994
曼塞尔坑化石遗址	Messel Pit Fossil Site	德国	自然	1995
科隆大教堂	Cologne Cathedral	德国	文化	1996

（续表）

中文名	英文名	所在国家	类型	入选时间
魏玛和德绍德鲍豪斯建筑	The Bauhaus and its sites in Weimar and Dessau	德国	文化	1996
艾斯莱本和维腾贝格的马丁路德纪念地	The Luther Memorials in Eisleben and Wittenberg	德国	文化	1996
魏玛古城	Classical Weimar	德国	文化	1998
博物馆岛	Museumsinsel (Museum Island)	德国	文化	1999
瓦特堡城堡	Wartburg Castle	德国	文化	1999
德绍-沃里茨的王家花园景区	The Garden Kingdom of Dessau-Worlitz	德国	文化	2000
赖歇瑙岛的修道院	Monastic Island of Reichenau	德国	文化	2000
埃森的德意志关税同盟煤矿工业区	Zollverein Coal Mine Industrial Complex in Essen	德国	文化	2001
莱茵河中上游河谷	Upper Middle Rhine Valley	德国	文化	2002
施特拉尔松德和维斯马历史中心	Historic Centres of Stralsund and Wismar	德国	文化	2002
马斯科夫公园	Muskauer Park	德国	文化	2004
不莱梅市场上的市政厅和罗兰	The Town Hall and Roland on Marketplace of Bremen	德国	文化	2004
德累斯顿易北河谷	Dresden Elbe Valley	德国	文化	2004
雷根斯堡旧城	Old Town of Regensburg	德国	文化	2006
柏林现代住宅群落	Berlin Modernism Housing Estates	德国	文化	2008
瓦登海	Waddenzee	德国	自然	2009
阿尔卑斯地区史前湖岸木桩建筑	Prehistoric Pile Dwellings around the Alps	德国	文化	2011
喀尔巴阡山原始山毛榉森林	Primeval Beech Forests of the Carpathians	德国	自然	2011
法古斯工厂	Fagus Factory	德国	文化	2011
沃尔特、大阿克拉、中西部地区的古堡和城堡群	Forts and Castles, Volta, Greater Accra, Central and Western Regions	加纳	文化	1979
阿散蒂传统建筑	Asante Traditional Buildings	加纳	文化	1980
巴塞的伊壁鸠鲁阿波罗神庙	Temple of Apollo Epicurius at Bassae	希腊	文化	1986
德尔菲考古遗址	Archaeological Site of Delphi	希腊	文化	1987
雅典卫城	Acropolis, Athens	希腊	文化	1987
阿索斯山	Mount Athos	希腊	复合	1988
曼代奥拉	Meteora	希腊	复合	1988
塞萨洛尼基的古基督教和拜占庭建筑	Paleochristian and Byzantine Monuments of Thessalonika	希腊	文化	1988
埃皮道拉斯考古遗址	Archaeological Site of Epidaurus	希腊	文化	1988

(续表)

中文名	英文名	所在国家	类型	入选时间
罗得岛的中世纪古城	Medieval City of Rhodes	希腊	文化	1988
米斯特拉斯	Mystras	希腊	文化	1989
奥林匹亚考古遗迹	Archaeological Site of Olympia	希腊	文化	1989
得洛斯	Delos	希腊	文化	1990
希俄斯的达菲尼、霍希俄斯卢卡斯和尼奥莫尼修道院	Monasteries of Daphni, Hossios Luckas, and Nea Moni of Chios	希腊	文化	1990
萨摩斯岛的毕萨格里翁和伊拉翁	Pythagoreion and Heraion of Samos	希腊	文化	1992
维吉纳考古遗址	The Archaeological Site of Vergina	希腊	文化	1996
迈锡尼和梯林斯考古遗址	The Archaeological Sites of Mycenae and Tiryns	希腊	文化	1999
波特摩斯岛上的克拉城历史中心和神学家圣约翰修道院以及启示洞穴	The Historic Centre (Chora) with the Monastery of Saint John "the Theologian" and the Cave of the Apocalypse on the Island of Potmos	希腊	文化	1999
蒂卡尔国家公园	Tikal National Park	危地马拉	复合	1979
安提瓜的危地马拉城	Antigua Guatemala	危地马拉	文化	1979
基里瓜考古公园及遗址	Archaeological Park and Ruins of Quirigua	危地马拉	文化	1981
莱昂大教堂	León Cathedral	危地马拉	文化	2011
宁巴山自然保护区	Mount Nimba Strict Nature Reserve	几内亚、科特迪瓦	自然	1981
国家历史公园：城堡、圣苏西、拉米尔斯	National History Park-Citadel, Sans Souci, Ramiers	海地	文化	1982
梵蒂冈城	Vatican City	梵蒂冈	文化	1984
科潘的玛雅遗址	Maya Site of Copan	洪都拉斯	文化	1980
雷奥普拉塔诺生物圈保护区	Rio Platano Biosphere Reserve	洪都拉斯	自然	1982
艾恩文化遗址——哈菲特、西里、比达-宾特-沙特以及绿洲	Hafit, Hili, Bidaa Bint Saud and Oases Areas	阿联酋	文化	2011
布达佩斯及多瑙河畔、布达城堡地区和安德拉希大街	Budapest, including the Banks of the Danube, the Buda Castle Quarter and Andrassy Avenue	匈牙利	文化	1987
霍洛克古村落及其周边	Old Village of Holloko and its Surroundings	匈牙利	文化	1987
帕诺哈尔马千年本笃会修道院及周边自然环境	Millenary Benedictine Abbey of Pannonhalma and its Natural Environment	匈牙利	文化	1996
霍托巴吉平原国家公园	Hortobagy National Park-the Puszta	匈牙利	文化	1999

(续表)

中文名	英文名	所在国家	类型	入选时间
佩奇的早期基督教陵墓	Early Christian Necropolis of Pecs (Sopianae)	匈牙利	文化	2000
托卡伊葡萄酒产地历史文化景观	Tokaj Wine Region Historic Cultural Landscape	匈牙利	文化	2002
阿格泰莱克洞和斯洛伐克喀斯特地形	Caves of Aggtelek Karst and Slovak Karst	匈牙利、斯洛伐克	自然	1995
平威利尔国家公园	Tingvelir National Park	冰岛	文化	2004
叙尔特赛岛	Surtsey Island	冰岛	自然	2008
阿旃陀石窟	Ajanta Caves	印度	文化	1983
埃洛拉石窟	Ellora Caves	印度	文化	1983
阿格拉古堡	Agra Fort	印度	文化	1983
泰姬陵	Taj Mahal	印度	文化	1983
科纳拉克太阳神庙	The Sun Temple, Konarak	印度	文化	1984
玛哈巴利布勒姆遗迹	Group of Monuments at Mahabalipuram	印度	文化	1984
卡兹兰加国家公园	Kaziranga National Park	印度	自然	1985
马纳斯野生生物保护区	Manas Wildlife Sanctuary	印度	自然	1985
凯奥拉德奥国家公园	Keoladeo National Park	印度	自然	1985
果阿的教堂和修道院	Churches and Convents of Goa	印度	文化	1986
卡久拉霍遗迹群	Khajuraho Group of Monuments	印度	文化	1986
汉皮遗迹群	Group of Monuments at Hampi	印度	文化	1986
法塔赫布尔西格里	Fatehpur Sikri	印度	文化	1986
帕塔达卡尔遗迹群	Group of Monuments at Pattadakal	印度	文化	1987
埃勒凡塔石窟	Elephanta Caves	印度	文化	1987
坦贾武尔的湿婆神庙	Brihadisvara Temple, Thanjavur	印度	文化	1987
孙德尔本斯国家公园	Sundarbans National Park	印度	自然	1987
南达戴维国家公园	Nanda Devi National Park	印度	自然	1988
桑奇佛教遗址	Buddhist Monuments at Sanchi	印度	文化	1989
德里胡玛雍陵	Humayun's Tomb, Delhi	印度	文化	1993
德里库特布塔及其建筑	Qutb Minar and its Monuments, Delhi	印度	文化	1993
喜马拉雅山大吉岭铁路	Darjeeling Himalayan Railway	印度	文化	1999
菩提伽耶的摩诃菩提寺	Mahabodhi Temple Complex at Bodh Gaya	印度	文化	2002
皮姆贝特卡的岩石住所	Rock Shelters of Bhimbetka	印度	文化	2003
尚庞-巴瓦加德考古公园	Champaner-pavagadh Archaeological Park	印度	文化	2004
红堡建筑群	Red Fort Complex	印度	文化	2007
斋浦尔的简塔·曼塔天文台	Jantar Mantar Jaipur	印度	文化	2010

(续表)

中文名	英文名	所在国家	类型	入选时间
婆罗浮屠寺庙群	Borobudur Temple Compounds	印度尼西亚	文化	1991
乌戎库隆国家公园	Ujung Kulon National Park	印度尼西亚	自然	1991
科莫多国家公园	Komodo National Park	印度尼西亚	自然	1991
普兰巴南寺庙群	Prambanan Temple Compounds	印度尼西亚	文化	1991
桑吉兰早期人类遗址	Sangiran Early Man Site	印度尼西亚	文化	1996
洛伦茨国家公园	Lorentz National Park	印度尼西亚	自然	1999
苏门答腊热带雨林遗产	Tropical Rainforest Sumatra	伊朗	自然	2004
乔加赞比尔	Tchogha Zanbil	伊朗	文化	1979
波斯波利斯	Persepolis	伊朗	文化	1979
伊斯法罕伊玛姆广场	Meidan Emam, Esfahan	伊朗	文化	1979
塔赫特-苏里曼	Takht-e Soleyman	伊朗	文化	2003
波斯园林	The Persian Garden	伊朗	文化	2011
哈特拉	Hatra	伊拉克	文化	1985
亚述	Ashur (Qal'at Sherqat)	伊拉克	文化	2003
博恩河河曲考古遗址群	Archaeological Ensemble of the Bend of the Boyne	爱尔兰	文化	1993
斯凯利格迈克尔岛	Skellig Michael	爱尔兰	文化	1996
马察达要塞	Masada	以色列	文化	2001
阿卡古城	Old City of Acre	以色列	文化	2001
特拉维夫白城的现代建筑	The White City of Tel-Aviv—the Modern Movement	以色列	文化	2003
米吉多、夏琐和别是巴的圣经古迹‡@	Biblical Tels-Megiddo, Hazor, Beer Sheba	以色列	文化	2005
香路——内盖夫的沙漠城	Incense Route—Desert Cities in the Negev	以色列	文化	2005
海法和西加利利的巴哈伊教圣地	Baha'i Holy Places in Haifa and the Western Galilee	以色列	文化	2005
瓦尔卡莫尼卡岩画	Rock Drawings in Valcamonica	意大利	文化	1979
绘有达·芬奇《最后的晚餐》的圣玛利亚教堂和多明各会修道院	Church and Dominican Convent of Santa Maria delle Grazie with "The Last Supper" by Leonardo da Vinci	意大利	文化	1980
佛洛伦萨历史中心	Historic Centre of Florence	意大利	文化	1982
威尼斯及其泻湖	Venice and its Lagoon	意大利	文化	1987
比萨大教堂广场	Piazza del Duomo, Pisa	意大利	文化	1987
圣吉米纳诺历史中心	Historic Centre of San Gimignano	意大利	文化	1990
马泰拉的洞窟	I Sassi di Matera	意大利	文化	1993
维琴察城和威尼托地区的帕拉第奥风格的别墅	The City of Vicenza and the Palladian Villas of the Veneto	意大利	文化	1994
锡耶纳历史中心	Historic Centre of Siena	意大利	文化	1995

(续表)

中文名	英文名	所在国家	类型	入选时间
那不勒斯历史中心	Historic Centre of Naples	意大利	文化	1995
克雷斯皮达阿达	Crespi d'Adda	意大利	文化	1995
文艺复兴城市费拉拉及波河三角洲	Ferrara, City of the Renaissance and its Po Delta	意大利	文化	1995
蒙特堡	Castel del Monte	意大利	文化	1996
阿尔贝罗贝洛的楚利式建筑	The Trulli of Alberobello	意大利	文化	1996
拉文纳的早期基督教建筑和装饰	Early Christian Monuments and Mosaics of Ravenna	意大利	文化	1996
皮恩扎城历史中心	The Historic Centre of the City of Pienza	意大利	文化	1996
卡塞塔的十八世纪王宫及花园和范维特里水渠以及圣莱乌奇奥建筑群	The 18th-Century Royal Palace at Caserta with the Park, the Aqueduct of Vanvitelli, and the San Leucio Complex	意大利	文化	1997
萨伏伊皇家住宅	The Residences of the Royal House of Savoy	意大利	文化	1997
帕多瓦植物园	The Botanical Garden (Orto Botanico), Padua	意大利	文化	1997
韦内雷港、五村镇和群岛——帕尔马里亚、蒂诺和蒂内托	Portovenere, Cinque Terre, and the Islands (Palmaria, Tino and Tinetto)	意大利	文化	1997
摩德纳的大教堂、市民塔和大广场	The Cathedral, Torre Civica and Piazza Grande, Modena	意大利	文化	1997
庞贝、埃尔科拉诺和托雷安努兹亚塔的考古区	The Archaeological Areas of Pompei, Ercolano, and Torre Annunziata	意大利	文化	1997
阿马尔菲海岸	The Costiera Amalfitana	意大利	文化	1997
阿格里真托的考古区	The Archaeological Area of Agrigento	意大利	文化	1997
罗马纳-德-卡萨莱别墅	Villa Romana del Casale	意大利	文化	1997
苏-纳拉西-德-巴尔米尼	Su Nuraxi di Barumini	意大利	文化	1997
奇莱托和迪亚诺山谷国家公园及帕埃斯图姆和韦利亚的考古遗址以及切尔托萨-迪-帕杜拉	Cilento and Vallo di Diano National Park with the Archeological Sites of Paestum and Velia, and the Certosa di Padula	意大利	文化	1998
乌尔比诺历史中心	Historic Centre of Urbino	意大利	文化	1998
阿奎利亚考古地区以及主教教堂	Archaeological Area and the Patriarchal Basilica of Aquileia	意大利	文化	1998
阿德里亚纳的别墅	Villa Adriana (Tivoli)	意大利	文化	1999
埃奥里亚群岛	Isole Eolie (Aeolian Islands)	意大利	自然	2000

(续表)

中文名	英文名	所在国家	类型	入选时间
安西西及圣弗兰西斯克大教堂及其他圣方济各会遗址	Assisi, the Basilica of San Francesco and Other Franciscan Sites	意大利	文化	2000
维罗纳城	City of Verona	意大利	文化	2000
蒂沃利的东方别墅	Villa d'Este, Tivoli	意大利	文化	2001
诺托谷的晚期巴洛克风格城镇	Late Baroque Towns of the Val di Noto (South-eastern Sicily)	意大利	文化	2002
皮德蒙特和隆巴蒂的神山	Sacri Monti of Piedmont and Lombardy	意大利	文化	2003
切尔维特里和塔尔奎尼亚的伊特鲁里亚墓地	Etruscan Necropolises of Cerveteri and Tarquinia	意大利	文化	2004
奥尔恰谷	Val d'Orcia	意大利	文化	2004
锡拉库扎和潘塔立克石墓群	Syracuse and the Rocky Necropolis of Pantalica	意大利	文化	2005
热那亚的新街和罗利宫殿体系	Genoa: Le Strade Nuove and the System of the Palazzi dei Rolli	意大利	文化	2006
伦巴第人遗址	The Longobards in Italy	意大利	文化	2011
罗马历史中心和享有治外法权的教皇领地以及圣保罗大教堂	Historic Centre of Rome, the Properties of the Holy See in that City Enjoying Extraterritorial Rights and San Paolo Fuori le Mura	意大利、梵蒂冈	文化	1980
法隆寺地区的佛教建筑	Buddhist Monuments in the Horyu-ji Area	日本	文化	1993
姬路城	Himeji-jo	日本	文化	1993
屋久岛	Yakushima	日本	自然	1993
白神山地	Shirakami-Sanchi	日本	自然	1993
古京都历史建筑群——包括京都、宇治和大津	Historic Monuments of Ancient Kyoto (Kyoto, Uji, and Otsu Cities)	日本	文化	1994
白川乡和五崮山的历史村落	Historic Villages of Shirakawa-go and Gokayama	日本	文化	1995
广岛和平公园——原爆屋顶	Hiroshima Peace Memorial (Genbaku Dome)	日本	文化	1996
严岛神社	Itsukushima Shinto Shrine	日本	文化	1996
古奈良历史遗迹群	Historic Monuments of Ancient Nara	日本	文化	1998
日光的神社与寺庙	Shrines and Temples of Nikko	日本	文化	1999
琉球王国的王城遗址及相关遗迹	Gusuku Sites and Related Properties of the Kingdom of Ryukyu	日本	文化	2000
纪伊山脉胜地和朝圣路线以及周围的文化景观	Sacred Sites and Pilgrimage Routes in the Kii Mountain Range	日本	文化	2004

(续表)

中文名	英文名	所在国家	类型	入选时间
知床半岛	Shiretoko	日本	自然	2005
平泉——象征着佛教净土的庙宇、园林与考古遗址	Hiraizumi—Temples, Gardens and Archaeological Sites Representing the Buddhist Pure Land	日本	文化	2011
小笠原群岛	Ogasawara Islands	日本	自然	2011
耶路撒冷古城及其城墙	Old City of Jerusalem and its Walls	耶路撒冷	文化	1981
佩特拉	Petra	约旦	文化	1985
安姆拉宫	Quseir Amra	约旦	文化	1985
乌姆赖萨斯	Kastrom Mefa'a	约旦	文化	2004
瓦迪拉姆保护区（约旦）	Wadi Rum Protected Area	约旦	文化/自然	2011
霍贾·艾哈迈德·亚萨维陵墓	The Mausoleum of Khoja Ahmed Yasawi	哈萨克	文化	2003
泰姆格里考古景观岩刻	Petroglyphs within the Archaeological Landscape of Tamgaly	哈萨克	文化	2004
肯尼亚山国家公园/自然森林	Mount Kenya National Park / Natural Forest	肯尼亚	自然	1997
图尔卡纳湖国家公园群	Lake Turkana National Parks	肯尼亚	自然	1997
拉姆古城	Lamu Old Town	肯尼亚	文化	2001
东非大裂谷的湖泊系统	Great Rift Valley	肯尼亚	自然	2011
蒙巴萨的耶稣堡	Fort Jesus, Mombasa	肯尼亚	文化	2011
琅勃拉邦城	Town of Luang Prabang	老挝	文化	1995
瓦特普和相关的占巴塞古移民地文化景观	Vat Phou and Associated Ancient Settlements within the Champasak Cultural Landscape	老挝	文化	2001
里加历史中心	The Historic Centre of Riga	拉脱维亚	文化	1997
斯特鲁威测量路线	Struve Geodetic Arc	拉脱维亚	文化	2005
安杰尔	Anjar	黎巴嫩	文化	1984
巴勒贝克	Baalbek	黎巴嫩	文化	1984
比布鲁斯	Byblos	黎巴嫩	文化	1984
提尔	Tyre	黎巴嫩	文化	1984
圣谷和神杉森林	Ouadi Qadisha (the Holy Valley) and the Forest of the Cedars of God (Horsh Arz el-Rab)	黎巴嫩	文化	1998
莱波蒂斯马格纳考古遗址	Archaeological Site of Leptis Magna	利比亚	文化	1982
萨布拉塔考古遗址	Archaeological Site of Sabratha	利比亚	文化	1982
昔兰尼考古遗址	Archaeological Site of Cyrene	利比亚	文化	1982
达德拉特阿卡库斯岩画遗址	Rock-Art Sites of Tadrart Acacus	利比亚	文化	1985
加达梅斯古城	Old Town of Ghadames	利比亚	文化	1986
维尔纽斯历史中心	Vilnius Historic Centre	立陶宛	文化	1994

(续表)

中文名	英文名	所在国家	类型	入选时间
库洛尼亚沙嘴	Curonian Spit	立陶宛、俄罗斯	文化	2000
克拿维考古遗址（克拿维文化遗址）	Kernave Archaeological Site (Cultural Reserve of Kernave)	立陶宛	文化	2004
斯特鲁威测量路线	Struve Geodetic Arc	立陶宛	文化	2005
卢森堡城的古城区及要塞	The City of Luxembourg: Its Old Quarters and Fortifications	卢森堡	文化	1994
钦基德贝马拉哈自然保护区	Tsingy de Bemaraha Strict Nature Reserve	马达加斯加	自然	1990
安波希曼加王室山岭	Royal Hill of Ambohimanga	马达加斯加	文化	2001
马拉维湖国家公园	Lake Malawi National Park	马拉维	自然	1984
琼戈尼岩石艺术区	Chongoni Rock Art Area	马拉维	文化	2006
贡努穆鲁国家公园	The Gunung Mulu National Park	马来西亚	自然	2000
基纳巴卢国家公园	Kinabalu Park	马来西亚	自然	2000
杰内古城	Old Towns of Djenne	马里	文化	1988
通布图	Timbuktu	马里	文化	1988
邦贾加拉悬崖——多贡族地域	Cliff of Bandiagara (Land of the Dogons)	马里	复合	1989
阿斯基亚陵	Tombs of Askia	马里	文化	2004
哈尔萨夫列尼地宫	Hal Saflieni Hypogeum	马耳他	文化	1980
瓦莱塔城	City of Valetta	马耳他	文化	1980
马耳他巨石庙群	Megalithic Temples of Malta	马耳他	文化	1980
邦克德阿让国家公园	Banc d'Arguin National Park	毛里塔尼亚	自然	1989
乌瓦达尼、欣盖提、提切特和乌瓦拉塔古代村落	Ancient Ksour of Ouadane, Chinguetti, Tichitt and Oualata	毛里塔尼亚	文化	1996
阿普拉瓦西·佳特	Aapravasi Ghat	毛里求斯	文化	2006
锡安卡安	Sian Ka'an	墨西哥	自然	1987
前西班牙的帕伦克城及国家公园	Pre-Hispanic City and National Park of Palenque	墨西哥	文化	1987
墨西哥城历史中心及霍奇米尔科	Historic Centre of Mexico City and Xochimilco	墨西哥	文化	1987
前西班牙的特奥蒂瓦坎城	Pre-Hispanic City of Teotihuacan	墨西哥	文化	1987
瓦哈卡历史中心和蒙特阿尔班考古遗址	Historic Centre of Oaxaca and Archaeological Site of Monte Alban	墨西哥	文化	1987
普埃布拉历史中心	Historic Centre of Puebla	墨西哥	文化	1987
瓜纳华托历史城镇及其银矿	Historic Town of Guanajuato and its Silver Mines	墨西哥	文化	1988
前西班牙的奇琴伊察城	Pre-Hispanic City of Chichen-Itza	墨西哥	文化	1988
莫雷利亚历史中心	Historic Centre of Morelia	墨西哥	文化	1991
前西班牙的埃尔塔津城	El Tajin, Pre-Hispanic City	墨西哥	文化	1992

（续表）

中文名	英文名	所在国家	类型	入选时间
埃尔维采诺鲸鱼保护区	Whale Sanctuary of El Vizcaino	墨西哥	自然	1993
萨卡特卡斯历史中心	Historic Centre of Zacatecas	墨西哥	文化	1993
圣弗兰西斯科山脉的岩画	Rock Paintings of the Sierra de San Francisco	墨西哥	文化	1993
波波卡特佩特山坡上的十六世纪早期修道院	Earliest 16th Century Monasteries on the Slopes of Popocatepetl	墨西哥	文化	1994
前西班牙的乌斯马尔城	The Prehispanic Town of Uxmal	墨西哥	文化	1996
克里塔罗历史建筑遗迹	The Historic Monuments Zone of Queretaro	墨西哥	文化	1996
瓜达拉哈拉的卡巴纳斯福利院	Hospicio Cabanas, Guadalajara	墨西哥	文化	1997
特拉科塔帕历史街区	Historic Monuments Zone of Tlacotalpan	墨西哥	文化	1998
大卡萨斯的帕奎米考古带	Archeological Zone of Paquime, Casas Grandes	墨西哥	文化	1998
坎佩切历史城镇	Historic Fortified Town of Campeche	墨西哥	文化	1999
霍奇卡尔科考古遗址区	The Archaeological Monuments Zone of Xochicalco	墨西哥	文化	1999
坎佩切的古玛雅时代城市卡拉克穆尔	Ancient Maya City of Calakmul, Campeche	墨西哥	文化	2002
克雷塔罗州谢拉格达的圣芳济会传教场所	Franciscan Missions in the Sierra Gorda of Queretaro	墨西哥	文化	2003
路易斯·巴尔干的住宅和工作室	Luis Barragán House and Studio	墨西哥	文化	2004
加利福尼亚湾群岛及保护区	California Bay Islands and Reserve	墨西哥	文化	2005
龙舌兰景观和古代工业设备	Agave Landscape and Areas of the Gulf of Californai	墨西哥	文化	2006
黑脉金斑蝶生态保护区	Monarch Butterfly Biosphere Reserve	墨西哥	自然	2008
鄂尔浑峡谷文化景观	Orkhon Valley Cultural Landscape	蒙古	文化	2004
蒙古阿尔泰山脉的石刻群	Petroglyphs Complexes of the Mongolian Altai	蒙古	文化	2011
乌苏湖盆地	Uvs Nuur Basin	蒙古、俄罗斯	自然	2003
非斯的阿拉伯区	Medina of Fez	摩洛哥	文化	1981
马拉喀什的阿拉伯区	Medina of Marrakesh	摩洛哥	文化	1985
阿伊特本哈杜村	Ksar of Ait-Ben-Haddou	摩洛哥	文化	1987
梅克内斯历史城镇	Historic City of Meknes	摩洛哥	文化	1996
沃斯比利斯考古遗址	Archaeological Site of Volubilis	摩洛哥	文化	1997
提塔万的阿拉伯区	Medina of Tetouan (formerly known as Titawin)	摩洛哥	文化	1997

(续表)

中文名	英文名	所在国家	类型	入选时间
索维拉的阿拉伯区	Medina of Essaouira (formerly Mogador)	摩洛哥	文化	2001
马扎干葡萄牙城	Doukkala-Abda Region	摩洛哥	文化	2004
莫桑比克岛	Island of Mozambique	莫桑比克	文化	1991
萨加马塔国家公园	Sagarmatha National Park	尼泊尔	自然	1979
加德满都谷地	Kathmandu Valley	尼泊尔	文化	1979
奇特万皇家国家公园	Royal Chitwan National Park	尼泊尔	自然	1984
佛祖诞生地兰毗尼	Lumbini, the Birthplace of the Lord Buddha	尼泊尔	文化	1997
斯霍克兰及周边	Schokland and Surroundings	荷兰	文化	1995
阿姆斯特丹防线	The Defence Line of Amsterdam	荷兰	文化	1996
金德代克-埃尔肖克的风车群	The Mill Network at Kinderdijk-Elshout	荷兰	文化	1997
荷属安的列斯群岛的威廉斯塔德历史区域、内城和海港	Historic Area of Willemstad, Inner City, and Harbour, The Netherlands Antilles	荷兰	文化	1997
迪-弗-伍达蒸汽泵站	Ir. D. F. Woudagemaal (D. F. Wouda Steam Pumping Station)	荷兰	文化	1998
比姆斯特围垦地	Droogmakerij de Beemster (The Beemster Polder)	荷兰	文化	1999
里特维德设计的施罗德家族住宅	Rietveld Schroderhuis (Rietveld Schroder House)	荷兰	文化	2000
汤加里罗国家公园	Tongariro National Park	新西兰	复合	1990
特瓦希波纳姆-新西兰西南部	Te Wahipounamu-South West New Zealand	新西兰	自然	1990
新西兰次南极群岛	New Zealand Sub-Antarctic Islands	新西兰	自然	1998
老莱昂城遗址	Ruins of Leon Viejo	尼加拉瓜	文化	2000
阿伊尔和泰内雷自然保护区	Air and Tenere Natural Reserves	尼日尔	自然	1991
大布琉国家公园	"W" National Park of Niger	尼日尔	自然	1996
宿库文化景观	Sukur Cultural Landscape	尼日利亚	文化	1999
奥孙-奥索博神树林	Osun-Osogbo Scared Grove	尼日利亚	文化	2005
奥尔内斯木板教堂	Urnes Stave Church	挪威	文化	1979
布吕根	Bryggen	挪威	文化	1979
勒罗斯	Roros	挪威	文化	1980
阿尔塔岩画	Rock Drawings of Alta	挪威	文化	1985
维加群岛	Vega Archipelago	挪威	文化	2004
挪威盖兰格尔峡湾和里塞峡湾	West Norwegian Fjords-Geirangerfjord and Noeroyjord	挪威	自然	2005
斯特鲁威测量路线	Struve Geodetic Arc	挪威	文化	2005

(续表)

中文名	英文名	所在国家	类型	入选时间
巴赫拉古堡	Bahla Fort	阿曼	文化	1987
巴特、库姆和艾因考古遗址	Archaeological Sites of Bat, Al-Khutm and Al-Ayn	阿曼	文化	1988
阿拉伯羚羊保护区	Arabian Oryx Sanctuary	阿曼	自然	1994
乳香贸易遗址	The Frankincense Trail	阿曼	文化	2000
阿曼的阿夫拉季灌溉体系	Aflaj Irrigation Systems of Oman	阿曼	文化	2006
摩亨佐达罗考古遗迹	Archaeological Ruins at Moenjodaro	巴基斯坦	文化	1980
塔克西拉	Taxila	巴基斯坦	文化	1980
塔克特依巴依佛教遗迹和毗邻的萨尔依巴赫洛城遗迹	Buddhist Ruins of Takht-i-Bahi and Neighbouring City Remains at Sahr-i-Bahlol	巴基斯坦	文化	1980
塔塔的历史遗迹	Historical Monuments of Thatta	巴基斯坦	文化	1981
拉合尔的古堡和沙利马尔花园	Fort and Shalamar Gardens in Lahore	巴基斯坦	文化	1981
罗塔斯古堡	Rohtas Fort	巴基斯坦	文化	1997
加勒比海边的巴拿马要塞——波托韦洛和圣洛伦索	The Fortifications on the Caribbean sideof Panama: Portobelo-San Lorenzo	巴拿马	文化	1980
达连国家公园	Darien National Park	巴拿马	自然	1981
老巴拿马城考古遗址和巴拿马城历史区域	Archaeological Site of Panama Viejo and the Historic District of Panama	巴拿马	文化	1997
柯义巴国家公园和海洋保护区	Coiba National Park and its Special Zone of Marine Proteciton	巴拿马	自然	2005
桑蒂西莫-特立尼达-德-巴拉那和杰西-德-塔瓦兰古耶酥会传教场所	Jesuit Missions of La Santisima Trinidad de Parana and Jesus de Tavarangue	巴拉圭	文化	1993
库斯科城	City of Cuzco	秘鲁	文化	1983
马丘-比丘历史保护区	Historic Sanctuary of Machu Picchu	秘鲁	复合	1983
查文考古遗址	Archaeological Site of Chavin	秘鲁	文化	1985
瓦斯卡兰国家公园	Huascaran National Park	秘鲁	自然	1985
昌昌考古地区	Chan Chan Archaeological Zone	秘鲁	文化	1986
马努国家公园	Manu National Park	秘鲁	自然	1987
利马历史中心	Historic Centre of Lima	秘鲁	文化	1988
里约阿比塞奥国家公园	Rio Abiseo National Park	秘鲁	复合	1990
纳斯卡和潘帕斯-德-胡马纳的地线和地画	The Lines and Geoglyphs of Nasca and Pampas de Jumana	秘鲁	文化	1994
阿雷基帕城历史中心	Historical Centre of the City of Arequipa	秘鲁	文化	2000
图巴塔哈群礁海洋公园	Tubbatha Reef Marine Park	菲律宾	自然	1993

(续表)

中文名	英文名	所在国家	类型	入选时间
菲律宾的巴洛克风格教堂	Baroque Churches of the Philippines	菲律宾	文化	1993
菲律宾科迪勒拉斯的稻米梯田	Rice Terraces of the Philippine Cordilleras	菲律宾	文化	1995
维甘历史城镇	The Historic Town of Vigan	菲律宾	文化	1999
佩托-普林塞萨地下河国家公园	Puerto-Princesa Subterranean River National Park	菲律宾	自然	1999
克拉科夫历史中心	Cracow's Historic Centre	波兰	文化	1978
维耶利奇卡盐矿	Wieliczka Salt Mine	波兰	文化	1978
奥斯维辛集中营	Auschwitz Concentration Camp	波兰	文化	1979
华沙历史中心	Historic Centre of Warsaw	波兰	文化	1980
扎莫斯克古城	Old City of Zamosc	波兰	文化	1992
托伦中世纪城镇	The Medieval Town of Torun	波兰	文化	1997
马尔博克的条顿人城堡	The Castle of the Teutonic Order in Malbork	波兰	文化	1997
卡尔瓦里亚-泽布日多夫斯卡——风格独特的建筑和园林景观群以及朝圣公园	Kalwaria Zebrzydowska: the Mannerist architectural and park landscape complex and pilgrimage park	波兰	文化	1999
贾沃和斯维德尼卡的和平教堂	Churches of Peace in Jawor and Swidnica	波兰	文化	2001
小波兰南部的木造教堂	Wooden Churches of Southern Little Poland	波兰	文化	2003
马科斯夫公园/马扎科夫斯基公园	Muskauer Park/Park Muzakowski	波兰	文化	2004
洛兹拉夫百年厅	Centennial Hall in Wroclaw	波兰	文化	2006
亚速尔群岛英雄港中心区域	Central Zone of Angra do Heroismo in the Azores	葡萄牙	文化	1983
里斯本的哲罗姆会修道院与贝伦塔	Monastery of the Hieronymites and Tower of Belem in Lisbon	葡萄牙	文化	1983
巴塔利亚修道院	Monastery of Batalha	葡萄牙	文化	1983
托马尔的基督教修道院	Convent of Christ in Tomar	葡萄牙	文化	1983
埃武拉历史中心	Historic Centre of Evora	葡萄牙	文化	1986
阿尔科巴萨修道院	Monastery of Alcobaca	葡萄牙	文化	1989
辛特拉文化景观	Cultural Landscape of Sintra	葡萄牙	文化	1995
波尔图历史中心	The Historic Centre of Oporto	葡萄牙	文化	1996
科阿山谷的史前岩画遗址	Prehistoric Rock Art Sites in the Coa Valley	葡萄牙	文化	1998
马德拉群岛的劳里席尔瓦森林	The Laurisilva of Madeira	葡萄牙	自然	1999
上杜洛河的葡萄酒产地	Alto Douro Wine Region	葡萄牙	文化	2001

(续表)

中文名	英文名	所在国家	类型	入选时间
吉马良斯历史中心	Historic Centre of Guimaraes	葡萄牙	文化	2001
皮克岛葡萄园文化景观	Landscape of the Pico Island Vineyard	葡萄牙	文化	2004
库科早期农业遗址	Kuk Early Agricultural Site	巴布亚新几内亚	文化	2008
萨利亚喀-哈萨克斯坦北部的疏树草原和湖泊	Saryarqa-Steppe and Lakes of Northern Kazakhstan	哈萨克斯坦	自然	2008
石窟庵与佛国寺	Seokguram Grotto and Bulguksa Temple	韩国	文化	1995
海印寺及八万大藏经藏经处	Haeinsa Temple Janggyeong Panjeon, the Depositories for the Tripitaka Koreana Woodblocks	韩国	文化	1995
宗庙	Jongmyo Shrine	韩国	文化	1995
昌德宫建筑群	Changdeokgung Palace Complex	韩国	文化	1997
水原华城	Hwaseong Fortress	韩国	文化	1997
高敞、和顺、江华的史前遗址	Gochang, Hwasun, and Ganghwa Dolmen Sites	韩国	文化	2000
庆州历史地区	Gyeongju Historic Areas	韩国	文化	2000
斯特鲁威测量路线	Struve Geodetic Arc	摩尔多瓦	文化	2005
莫纳山文化景观	Le Morne Cultural Landscape	毛里求斯	文化	2008
多瑙河三角洲	Danube Delta	罗马尼亚	自然	1991
特兰西瓦尼亚的村落及设防教堂	The Villages with Fortified Churches in Transylvania	罗马尼亚	文化	1993
胡雷兹修道院	Monastery of Horezu	罗马尼亚	文化	1993
摩尔达维亚的教堂	Churches of Moldavia	罗马尼亚	文化	1993
锡吉索拉历史中心	Historic Centre of Sighisoara	罗马尼亚	文化	1999
奥勒斯蒂耶山脉的达契安城堡	The Dacian Fortresses of the Orastie Mountains	罗马尼亚	文化	1999
马拉姆特的木造教堂	The Wooden Churches of Maramures	罗马尼亚	文化	1999
圣彼得堡历史中心及相关建筑群	Historic Centre of Saint Petersburg and Related Groups of Monuments	俄罗斯	文化	1990
基日岛的木造教堂	Khizi Pogost	俄罗斯	文化	1990
莫斯科克里姆林宫和红场	Kremlin and Red Square, Moscow	俄罗斯	文化	1990
诺夫戈罗德历史建筑及周边	Historic Monuments of Novgorod and Surroundings	俄罗斯	文化	1992
索洛维茨群岛的文化历史建筑群	Cultural & Historic Ensemble of the Solovetsky Islands	俄罗斯	文化	1992
弗拉基米尔和苏兹达尔的白色建筑群	The White Monuments of Vladimir and Suzdal	俄罗斯	文化	1992

(续表)

中文名	英文名	所在国家	类型	入选时间
谢尔吉耶夫镇的三位一体修道院建筑群	Architectural Ensemble of The Trinity-Sergius Lavra in Sergiev Posad	俄罗斯	文化	1993
科洛明斯基耶的耶稣升天教堂	The Church of the Ascension at Kolomenskoye	俄罗斯	文化	1994
科米原始森林	The Virgin Komi Forests	俄罗斯	自然	1995
贝加尔湖	Lake Baikal	俄罗斯	自然	1996
勘察加半岛火山群	Volcanoes of Kamchatka	俄罗斯	自然	1996
阿尔泰黄金山脉	Golden Mountains of Altai	俄罗斯	自然	1998
西高加索	Western Caucasus	俄罗斯	自然	1999
费拉波托夫修道院群	The Ensemble of the Ferapontov Monastery	俄罗斯	文化	2000
喀山城历史建筑群	Historic and Architectural Complex of the Kazan Kremlin	俄罗斯	文化	2000
中斯科特-阿林山脉	Central Sikhote-Alin	俄罗斯	自然	2001
杰尔宾特的原址、古城和城堡建筑	Citadel, Ancient City and Fortress Buildings of Derbent	俄罗斯	文化	2003
乌布苏盆地	Uvs Nuur Basin	俄罗斯	自然	2003
弗兰格尔岛自然保护区	Natual System of Wrangel Island Reserve	俄罗斯	自然	2004
诺沃德维奇女修道院	Ensemble of the Novodevichy Covent	俄罗斯	文化	2004
亚拉斯拉夫尔城历史中心	Historical Centre of the City of Yaroslavl	俄罗斯	文化	2005
斯特鲁威测量路线	Struve Geodetic Arc	俄罗斯	文化	2005
硫磺山要塞国家公园	Brimstone Hill Fortress National Park	圣克里斯多	文化	1999
圣马力诺历史中心与蒂塔诺山	San Marino Historic Centre and Monte Titano	圣马力诺	文化	2008
石谷考古遗址（玛甸沙勒）	Al-Hijr Archaeological Site	沙特阿拉伯	文化	2008
戈雷岛	Island of Goree	塞内加尔	文化	1978
觉乌德基国家鸟类保护区	Djoudj National Bird Sanctuary	塞内加尔	自然	1981
尼奥科罗科巴国家公园	Niokolo-Koba National Park	塞内加尔	自然	1981
圣路易斯岛	Island of Saint-Louis	塞内加尔	文化	2000
塞内冈比亚石圈	Stone Circles of Senegambia	塞内加尔	文化	2006
萨卢姆河三角洲	Saloum Delta	塞内加尔	文化	2011
科托尔自然和文化历史区域	Natural and Culturo-Historical Region of Kotor	塞尔维亚	文化	1979
斯塔里拉斯和索波查尼	Stari Ras and Sopocani	塞尔维亚	文化	1979
杜米托尔国家公园	Durmitor National Park	塞尔维亚	自然	1980
斯图德尼查修道院	Studenica Monastery	塞尔维亚	文化	1986

（续表）

中文名	英文名	所在国家	类型	入选时间
科索沃中世纪建筑	Medieval Monuments in Kosovo	塞尔维亚	文化	2004,2006
阿尔达布拉环礁	Aldabra Atoll	塞舌尔	自然	1982
马埃谷地自然保护区	Vallee de Mai Nature Reserve	塞舌尔	自然	1983
沃尔科里尼克	Vlkolinec	斯洛伐克	文化	1993
班斯卡什佳夫尼察	Banska Stiavnica	斯洛伐克	文化	1993
斯皮斯基堡及其相关文化建筑群	Spissky Hrad and its Associated Cultural Monuments	斯洛伐克	文化	1993
巴尔代约夫城保护区	Bardejov Town Conservation Reserve	斯洛伐克	文化	2000
喀尔巴阡山斯洛伐克段的原木教堂	Wooden Churches of the Slovak part of Carpathian Mountain Area	斯洛伐克	文化	2008
斯科契扬石窟	Skocjan Caves	斯洛文尼亚	自然	1986
东伦内尔	East Rennell	所罗门群岛	自然	1998
大圣卢西亚湿地公园	Greater St. Lucia Wetland Park	南非	自然	1999
罗本岛	Robben Island	南非	文化	1999
斯泰克方丹、斯瓦特克瑞斯、克罗姆德拉伊和周边的原始人类化石遗址	The Fossil Hominid Sites of Sterkfontein, Swartkrans, Kromdraai, and Environs	南非	文化	1999
夸特兰巴山脉/德拉肯斯堡山脉公园	Ukhahlamba / Drakensberg Park	南非	复合	2000
马邦谷布韦文化景观	Mapungubwe Cultural Landscape	南非	文化	2003
开普植物群保护区	Protected Areas of the Cape Floral Region	南非	自然	2004
弗里德堡陨石坑	Vredefort Dome	南非	自然	2005
科尔多瓦历史中心	Historic Centre of Cordoba	西班牙	文化	1984
格拉纳达的阿尔汗布拉宫、赫内拉利费宫和阿尔贝辛广场	The Alhambra, the Generalife and Albayzin, Granada	西班牙	文化	1984
布尔戈斯大教堂	Burgos Cathedral	西班牙	文化	1984
马德里埃斯库里亚尔修道院及遗址	Monastery and Site of the Escurial in Madrid	西班牙	文化	1984
巴塞罗那的古埃尔公园、古埃尔宫和卡萨米拉	Parque Guell, Palacio Guell and Casa Mila in Barcelona	西班牙	文化	1984
阿尔塔米拉石窟	Altamira Cave	西班牙	文化	1985
塞戈维亚古城及其水槽	Old Town of Segovia and its Aqueduct	西班牙	文化	1985
奥维耶多和阿斯图里亚斯王国的建筑	Monuments of Oviedo and the Kingdom of the Asturias	西班牙	文化	1985
圣地亚哥-德-孔波斯特拉古城	Santiago de Compostela (Old Town)	西班牙	文化	1985

(续表)

中文名	英文名	所在国家	类型	入选时间
阿维拉古城及其城外教堂	Old Town of Avila with its Extra-muros Churches	西班牙	文化	1985
阿拉贡的穆德哈尔式建筑	Mudejar Architecture of Aragon	西班牙	文化	1986
托莱多历史城镇	Historic City of Toledo	西班牙	文化	1986
加拉霍埃国家公园	Garajonay National Park	西班牙	自然	1986
卡塞雷斯古城	Old Town of Caceres	西班牙	文化	1986
塞维利亚的大教堂、城堡及西印度档案馆	Cathedral, Alcazar and Archivo de Indias, in Seville	西班牙	文化	1987
萨拉曼卡古城	Old City of Salamanca	西班牙	文化	1988
波布莱特修道院	Poblet Monastery	西班牙	文化	1991
梅里达考古建筑群	Archaeological Ensemble of Merida	西班牙	文化	1993
圣玛利亚-德-瓜达卢佩皇家修道院	Royal Monastery of Santa Maria de Guadalupe	西班牙	文化	1993
圣地亚哥-德-孔波斯特拉朝圣之路	The Route of Santiago de Compostela	西班牙	文化	1993
多那那国家公园	Donana National Park	西班牙	自然	1994
昆卡历史城镇	The Historic Walled Town of Cuenca	西班牙	文化	1996
巴伦西亚丝绸交易所	La Lonja de la Seda of Valencia	西班牙	文化	1996
拉斯-梅德拉斯	Las Medulas	西班牙	文化	1997
巴塞罗那的加泰罗尼亚音乐厅和圣保罗医院	The Palau de la Musica Catalana and the Hospital de Sant Pau, Barcelona	西班牙	文化	1997
圣米良山的尤索和苏索修道院	San Millan Yuso and Suso Monasteries	西班牙	文化	1997
阿尔卡拉-德-哈纳雷斯的大学和历史区域	University and Historic Precinct of Alcala de Henares	西班牙	文化	1998
伊比利亚半岛上的地中海盆地岩画	Rock-Art of the Mediterranean Basin on the Iberian Peninsula	西班牙	文化	1998
伊比沙岛的多样化生物与文物	Ibiza, Biodiversity and Culture	西班牙	复合	1999
拉古纳的圣克里斯托波尔城	San Cristobal de La Laguna	西班牙	文化	1999
塔拉克考古遗址群	The Archaeological Ensemble of Tarraco	西班牙	文化	2000
埃尔奇的棕榈树区域	The Palmeral of Elche	西班牙	文化	2000
卢戈的古罗马时代城墙	The Roman Walls of Lugo	西班牙	文化	2000
瓦尔-德-波伊的加泰罗尼亚地区罗马式教堂	Catalan Romanesque Churches of the Vall de Boi	西班牙	文化	2000
阿塔普埃卡考古遗址	Archaeological Site of Atapuerca	西班牙	文化	2000
阿兰胡埃斯文化景观	Aranjuez Cultural Landscape	西班牙	文化	2001

(续表)

中文名	英文名	所在国家	类型	入选时间
乌韦达和巴埃萨的文艺复兴建筑群	Renaissance Monumental Ensembles of Ubeda and Baeza	西班牙	文化	2003
维兹卡亚桥	Vizcaya Bridge	西班牙	文化	2006
特拉蒙塔那山区文化景观	Cultural Landscape of the Serra de Tramuntana	西班牙	文化	2011
阿努拉达普勒圣城	Sacred City of Anuradhapura	斯里兰卡	文化	1982
波隆纳鲁瓦古城	Ancient City of Polonnaruwa	斯里兰卡	文化	1982
锡吉里亚古城	Ancient City of Sigiriya	斯里兰卡	文化	1982
辛哈拉贾森林保护区	Sinharaja Forest Reserve	斯里兰卡	自然	1988
康提圣城	Sacred City of Kandy	斯里兰卡	文化	1988
加勒古城及其要塞	Old Town of Galle and its Fortifications	斯里兰卡	文化	1988
丹布拉金庙	Golden Temple of Dambulla	斯里兰卡	文化	1991
纳帕坦区域的吉布巴加尔石碑及遗迹	Gebel Barkal and the Sites of the Napatan Region	苏丹	文化	2003
麦罗埃岛考古遗址	Archaeological Sites of the Island of Meroe	苏丹	文化	2011
中部苏里南自然保护区	Central Suriname Nature Reserve	苏里南	自然	2000
帕拉马里博的古老内城	Historic Inner City of Paramaribo	苏里南	文化	2002
德罗特宁霍尔姆皇家领地	Royal Domain of Drottningholm	瑞典	文化	1991
比尔卡与霍夫加登	Birka and Hovgarden	瑞典	文化	1993
恩格尔斯堡钢铁厂	Engelsberg Ironworks	瑞典	文化	1993
塔努姆岩画	The Rock Carvings in Tanum	瑞典	文化	1994
斯考哥司基考哥登	Skogskyrkogarden	瑞典	文化	1994
汉萨同盟城市维斯比	Hanseatic Town of Visby	瑞典	文化	1995
吕勒奥的加默尔斯塔德教堂村	The Church Village of Gammelstad, Lulea	瑞典	文化	1996
拉普人区域	The Laponian Area	瑞典	复合	1996
卡尔斯克鲁纳军港	Naval Port of Karlskrona	瑞典	文化	1998
大海岸	The High Coast	瑞典	自然	2000
厄兰岛南部的农业风景	The Agricultural Landscape of Southern oland	瑞典	文化	2000
法伦的大铜山脉矿区	Mining Area of the Great Copper Mountain in Falun	瑞典	文化	2001
瓦尔贝尔格广播站	Varberg Radio Station	瑞典	文化	2004
斯特鲁维测量路线	Struve Geodetic Arc	瑞典	文化	2005
圣加伦修道院	Convent of Saint Gall	瑞士	文化	1983
米斯泰尔的圣约翰本笃会修道院	Benedictine Convent of Saint John at Mustair	瑞士	文化	1983

(续表)

中文名	英文名	所在国家	类型	入选时间
伯尔尼古城	Old City of Berne	瑞士	文化	1983
贝林松的三座要塞及防卫墙和集镇	Three Castles, Defensive Wall and Ramparts of the Market-town of Bellinzone	瑞士	文化	2000
少女峰、阿雷奇冰河、毕奇霍恩峰	Jungfrau-Aletsch-Bietschhorn	瑞士	自然	2001
圣乔治山	Monte San Giorgio	瑞士	自然	2003
拉沃葡萄园梯田	Lavaux, Vineyard	瑞士	文化	2007
萨多纳地质构造区	Swiss Tectonic Arena Sardona	瑞士	自然	2008
拉绍德封/力洛克,制表业城镇规划	Clock-making La Chaux-de-Fonds	瑞士	文化	2009
阿尔卑斯地区史前湖岸木桩建筑	Pile Dwellings around the Alps	瑞士、奥地利、法国、德国、意大利、斯洛文尼亚	文化	2011
阿尔布拉-伯尔尼纳文化景观中的雷塔恩铁路	Rhaetian Railway in the Albula / Bernina Landscapes	瑞士/意大利	文化	2008
大马士革古城	Ancient City of Damascus	叙利亚	文化	1979
布斯拉古城	Ancient City of Bosra	叙利亚	文化	1980
帕尔米拉遗址	Site of Palmyra	叙利亚	文化	1980
阿勒颇古城	Ancient City of Aleppo	叙利亚	文化	1986
萨拉赫丁城堡	Crac des Chevaliers and Qal'at Salah El-Din	叙利亚	文化	2006
叙利亚北部古村落群	Ancient Villages of Northern Syria	叙利亚	文化	2011
素可泰及邻近历史城镇	Historic Town of Sukhotai and Associated Historic Towns	泰国	文化	1991
阿瑜陀耶及邻近历史城镇	Historic City of Ayutthaya and Associated Historics Towns	泰国	文化	1991
图亚伊华伊伊卡肯野生生物保护区	Thungyai-Huai Kha Khaeng Wildlife Sanctuaries	泰国	自然	1991
班清考古遗址	Ban Chiang Archaeological Site	泰国	文化	1992
栋巴耶廷-考爱森林	Dong Phayayen-Khao Yai Froest	泰国	自然	2005
库塔玛库-巴塔玛里巴陆地	Koutammakou, the land of the Batammariba	多哥	文化	2004
杰姆竞技场	Amphitheatre of El Jem	突尼斯	文化	1979
迦太基遗址	Site of Carthage	突尼斯	文化	1979
突尼斯城的阿拉伯区	Medina of Tunis	突尼斯	文化	1979
伊其克乌尔国家公园	Ichkeul National Park	突尼斯	自然	1980

（续表）

中文名	英文名	所在国家	类型	入选时间
迦太基人的喀尔寇阿内城及其墓地	Punic Town of Kerkuane and its Necropolis	突尼斯	文化	1985
苏斯的阿拉伯区	Medina of Sousse	突尼斯	文化	1988
凯鲁万城	Kairouan	突尼斯	文化	1988
沙格城遗迹	Dougga / Thugga	突尼斯	文化	1997
伊斯坦布尔历史区域	Historic Areas of Istanbul	土耳其	文化	1985
戈雷迈国家公园和卡帕多西亚石窟群	Goreme National Park and the Rock Sites of Cappadocia	土耳其	复合	1985
迪夫里伊大清真寺和医院	Great Mosque and Hospital of Divrigi	土耳其	文化	1985
哈图萨	Hattusha	土耳其	文化	1986
内姆鲁特达格	Nemrut Dag	土耳其	文化	1987
桑索斯和莱顿	Xanthos-Letoon	土耳其	文化	1988
赫拉波利斯和帕穆克卡莱	Hierapolis-Pamukkale	土耳其	复合	1988
萨夫兰博卢城	City of Safranbolu	土耳其	文化	1994
特洛伊考古遗址	Archaeological Site of Troy	土耳其	文化	1998
塞利米耶清真寺	Selimiye Mosque	土耳其	文化	2011
古梅夫国家历史文化公园	State Historical and Cultural Park "Ancient Merv"	土库曼斯坦	文化	1999
库尼亚-乌尔根奇	Kunya-Urgench	土库曼斯坦	文化	2005
比温蒂禁猎区国家公园	Bwindi Impenetrable National Park	乌干达	自然	1994
温佐里山国家公园	Rwenzori Mountains National Park	乌干达	自然	1994
卡苏比的布干达王国诸王墓葬	Tombs of Buganda Kings at Kasubi	乌干达	自然	2001
基辅的圣索菲亚大教堂及相关建筑和基辅佩切尔斯克拉维拉	Kiev: Saint Sophia Cathedral and Related Monastic Buildings, the Kiev-Pechersk Lavra	乌克兰	文化	1990
利维夫历史中心建筑群	L'viv-the Ensemble of the Historic Centre	乌克兰	文化	1998
斯特鲁威测量路线	Struve Geodetic Arc	乌克兰	文化	2005
布科维纳与达尔马提亚的城市民居	The Residence of Bukovinian and Dalmatian Metropolitans	乌克兰	文化	2011
巨人之路和海岸堤道	Giant's Causeway and Causeway Coast	英国	自然	1986
达勒姆城堡和大教堂	Durham Castle and Cathedral	英国	文化	1986
铁桥峡谷	Ironbridge Gorge	英国	文化	1986
斯托德利皇家公园及方廷斯修道院遗址	Studley Royal Park Including the Ruins of Fountains Abbey	英国	文化	1986

(续表)

中文名	英文名	所在国家	类型	入选时间
斯通亨奇和埃夫伯里及相关遗址	Stonehenge, Avebury and Associated Sites	英国	文化	1986
圭内斯郡的爱德华一世时期的城堡和城墙	Castles and Town Walls of King Edward in Gwynedd	英国	文化	1986
圣基尔达	St. Kilda	英国	自然	1986
布莱尼姆宫	Blenheim Palace	英国	文化	1987
巴斯城	City of Bath	英国	文化	1987
哈德里安墙	Hadrian's Wall	英国	文化	1987
威斯敏斯特宫、威斯敏斯特修道院和圣玛格丽特教堂	Westminster Palace, Westminster Abbey and Saint Margaret's Church	英国	文化	1987
亨德森岛	Henderson Island	英国	自然	1988
伦敦塔	Tower of London	英国	文化	1988
坎特伯雷大教堂、圣奥古斯丁修道院和圣马丁教堂	Canterbury Cathedral, Saint Augustine's Abbey, and Saint Martin's Church	英国	文化	1988
爱丁堡老城与新城	Old and New Towns of Edinburgh	英国	文化	1995
戈夫岛野生生物保护区	Gough Island Wildlife Reserve	英国	自然	1995
格林威治海滨	Maritime Greenwich	英国	文化	1997
奥克尼郡的新石器时代中心遗址	The Heart of Neolithic Orkney	英国	文化	1999
百慕大群岛上的圣乔治历史城镇及相关要塞	The Historic Town of St George and Related Fortifications, Bermuda	英国	文化	2000
布雷纳冯工业景观	Blaenavon Industrial Landscape	英国	文化	2000
多塞特和东德文海岸	Dorset and East Devon Coast	英国	自然	2001
德文特河谷作坊工厂	Derwent Valley Mills	英国	文化	2001
新拉纳克村	New Lanark	英国	文化	2001
索泰尔村	Saltaire	英国	文化	2001
皇家植物园	Royal Botanic Gardens, Kew	英国	文化	2003
利物浦-海商城市	Liverpool Maritime Mercantile City	英国	文化	2004
康沃尔和西德文矿业景观	Cornwall and West Devon Mining Landscape	英国	文化	2006
庞特基西斯特输水道及运河	Pontcysyllte Aqueduct and Canal	英国	文化	2009
恩戈罗恩戈罗保护区	Ngorongoro Conservation Area	坦桑尼亚	自然	1979
基尔瓦-基西瓦尼遗迹和松戈-姆纳拉遗迹	Ruins of Kilwa Kisiwani and Ruins of Songo Mnara	坦桑尼亚	文化	1981
塞伦盖蒂国家公园	Serengeti National Park	坦桑尼亚	自然	1981
塞卢斯野生生物保护区	Selous Game Reserve	坦桑尼亚	自然	1982
乞力马扎罗山国家公园	Kilimanjaro National Park	坦桑尼亚	自然	1987
桑给巴尔岛上的石头镇	The Stone Town of Zanzibar	坦桑尼亚	文化	2000

(续表)

中文名	英文名	所在国家	类型	入选时间
梅萨弗德	Mesa Verde	美国	文化	1978
黄石	Yellowstone	美国	自然	1978
大峡谷国家公园	Grand Canyon National Park	美国	自然	1979
沼泽地国家公园	Everglades National Park	美国	自然	1979
独立厅	Independence Hall	美国	文化	1979
红杉国家公园	Redwood National Park	美国	自然	1980
猛犸洞国家公园	Mammoth Cave National Park	美国	自然	1981
奥林匹克国家公园	Olympic National Park	美国	自然	1981
卡俄基亚土墩群州立历史遗址	Cahokia Mounds State Historic Site	美国	文化	1982
大雾山国家公园	Great Smoky Mountains National Park	美国	自然	1983
波多黎各的福塔雷萨和圣胡安历史遗址	La Fortaleza and San Juan Historic Site in Puerto Rico	美国	文化	1983
自由女神像	Statue of Liberty	美国	文化	1984
约塞米蒂国家公园	Yosemite National Park	美国	自然	1984
夏洛特茨威尔的蒙蒂赛洛和弗吉尼亚大学	Monticello and the University of Virginia in Charlottesville	美国	文化	1987
查科文化国家历史公园	Chaco Culture National Historical Park	美国	文化	1987
夏威夷火山国家公园	Hawaii Volcanoes National Park	美国	自然	1987
普韦布洛印第安人的陶斯村	Pueblo de Taos	美国	文化	1992
卡尔斯巴德洞窟国家公园	Carlsbad Caverns National Park	美国	自然	1995
马塔王酋长领地	Chief Roi Mata's Domain	瓦努阿图	文化	2008
移民城市萨克拉门托的历史地区	The Historic Quarter of the City of Colonia del Sacramento	乌拉圭	文化	1995
伊契扬卡拉	Itchan Kala	乌兹别克	文化	1990
布哈拉历史中心	Historic Centre of Bukhara	乌兹别克	文化	1993
沙克里希亚别兹历史中心	Historic Centre of Shakhrisyabz	乌兹别克	文化	2000
撒马尔罕——文化交汇之地	Samarkand—Crossroads of Cultures	乌兹别克	文化	2001
科罗及其港口	Coro and its Port	委内瑞拉	文化	1993
卡奈马国家公园	Canaima National Park	委内瑞拉	自然	1994
加拉加斯的修达德大学	Ciudad Universitaria de Caracas	委内瑞拉	文化	2000
顺化建筑群	The Complex of Hue Monuments	越南	文化	1993
下龙湾	Ha Long Bay	越南	自然	1994
会安古城	Hoi An Ancient Town	越南	文化	1999
迈森保护区	My Son Sanctuary	越南	文化	1999
丰茅国家公园	Phong Nha-Ke Bang National Park	越南	自然	2003
胡朝时期的城堡	Citadel of the Ho Dynasty	越南	文化	2011

(续表)

中文名	英文名	所在国家	类型	入选时间
希巴姆古城	Old Walled City of Shibam	也门	文化	1982
萨那古城	Old City of Sana'a	也门	文化	1986
扎比德历史城镇	Historic Town of Zabid	也门	文化	1993
索科特拉群岛	Socotra Archipelago	也门	自然	2008
莫西奥图尼亚/维多利亚瀑布	Mosi-oa-Tunya/Victoria Falls	赞比亚、津巴布韦	自然	1989
马纳波尔斯国家公园及萨皮与切沃雷禁猎区	Mana Pools National Park, Sapi and Chewore Safari Area	津巴布韦	自然	1984
大津巴布韦国家遗迹	Great Zimbabwe National Monument	津巴布韦	文化	1986
卡米国家遗迹	Khami Ruins National Monument	津巴布韦	文化	1986
马托波山	Matobo Hills	津巴布韦	文化	2003

主要参考文献

1. 百度百科:《宫廷菜》,http://baike.baidu.com/view/48244.htm。
2. 百度百科:《龙门石窟》,http://baike.baidu.com/view/19988.htm。
3. 百度百科:《永乐宫》,http://baike.baidu.com/view/16886.htm。
4. 陈从周:《说园》,同济大学出版社1984年版。
5. 丁一民:《谈中国古典园林艺术美》,《陕西建筑》,2005年第122期。
6. 董树国:《红酒事典》,化学工业出版社2009年版。
7. 董玉整:《论审美态度的层次性》,《广东社会科学》,1998年第6期:101—105。
8. 冯今源:《中国清真寺建筑风格赏析》,《回族研究》,1991年第2期:81—91。
9. 高建新:《山水风景审美》,内蒙古大学出版社1998年版。
10. 高巍:《砖瓦建成的北京文化》,学苑出版社2011年版。
11. 高友德:《框架中的魅力——中外建筑艺术鉴赏》,广西人民出版社1990年版。
12. 高友德:《立体诗画——中国园林艺术鉴赏》,广西人民出版社1990年版。
13. 葛启进:《试探审美虚静心境》,《西华师范大学学报(哲学社会科学版)》,2005年第2期:80—84。
14. 顾孟潮、王明贤、李雄飞:《当代建筑文化与美学》,天津科学技术出版社1989年版。
15. 果治:《西方园林艺术特色浅析》,《技术与市场(园林工程)》,2007年第9期。
16. 韩丽娟、雷杰:《审美态度的心理内涵》,《山东科技大学学报》,2004年第6卷第4期:92—95。
17. 韩学林:《和谐成趣——谈建筑艺术》,辽海出版社2001年版。
18. 韩增禄:《建筑·文化·人生》,北京大学出版社1997年版。
19. 何颖:《自然审美价值层次分析》,《云南电大学报》,2010第1期:51—55。
20. 和爱东:《论丽江古城民居建筑特色》,《大众文艺》,2011年第5期。
21. 侯志华:《道教建筑的文化特征》,中国民族宗教网,http://www.longquanzs.org/articledetail.php?id=142。
22. 黄成林:《徽州文化景观初步研究》,《地理研究》,2000年第3期。
23. 荆其敏:《建筑环境观赏》,天津大学出版社1993年版。
24. 李安泰:《茶道·茶经》,云南教育出版社2008年版。
25. 李泽林、孟祥玲:《漫谈中国佛教雕塑艺术风格》,《建筑·建材·装饰》,2008年第3期:54—55。
26. 郦芷若、朱建宁:《西方园林》,河南科学技术出版社2001年版。
27. 梁思成:《梁思成文集》(四),中国建筑工业出版社1986年版。
28. 林治:《中国茶道》,世界图书出版公司2009年版。
29. 刘丹:《世界建筑艺术之旅》,中国建筑工业出版社2004年版。
30. 刘莉:《诗情画意——论中国古典园林的意境之美》,《九江职业技术学院学报》,2006年第2期。
31. 刘天华:《画境文心——中国古典园林之美》,三联出版社2008年版。
32. 刘天华:《园林艺术及欣赏》,上海教育出版社1989年版。
33. 刘旭红:《浅析我国佛塔的建筑艺术成就》,《四川建筑科学研究》,2005年第2期:147—148。

34. 罗小未、蔡琬英:《外国建筑图说》,同济大学出版社 1994 年版。
35. 马莹:《新编旅游美学》,中国旅游出版社 2005 年版。
36. 彭一刚:《传统村镇聚落景观分析》,中国建筑工业出版社 1990 年版。
37. 乔修业:《旅游美学》(第 3 版),南开大学出版社 2010 年版。
38. 沙润:《旅游景观审美》,南京师范大学出版社 2005 年版。
39. 沈福煦、黄国新:《建筑艺术风格鉴赏》,同济大学出版社 2003 年版。
40. 王健庭:《从颐和园与凡尔赛看中法园林自然观的差异》,《安徽农业科学》,2008 年第 21 期。
41. 王珂平:《旅游审美活动论》,旅游教育出版社 1989 年版。
42. 王宁宇:《雕塑艺术欣赏》,山西教育出版社 1996 年版。
43. 王受之:《世界现代建筑史》,中国建筑工业出版社 1999 年版。
44. 王苏君:《审美体验层次》,《甘肃教育学院学报》,2004 年第 2 期:8—13。
45. 王文宾:《怎样欣赏风景》,浙江人民美术出版社 1986 年版。
46. 萧默:《文化纪念碑的风采——建筑艺术的历史与审美》,中国人民大学出版社 1999 年版。
47. 肖星、严江平:《旅游资源与开发》,旅游教育出版社 2000 年版。
48. 谢凝高:《山水审美——人与自然的交响乐》,北京大学出版社 1991 年版。
49. 谢彦君:《基础旅游学》,中国旅游出版社 1999 年版。
50. 辛林:《两种迥异的辉煌——颐和园和凡尔赛宫苑的园林艺术》,《视觉空间》,2006 年第 2 期。
51. 徐兴志:《东西方皇家园林的比较分析——以凡尔赛宫和避暑山庄为例》,《河北林果研究》,2010 年第 4 期。
52. 杨豪中、郝玲:《英国自然风景式园林的发展及其艺术特色》,《文博》,2007 年第 4 期。
53. 杨联:《试论佛教绘画与雕塑艺术的审美特征》,《安徽文学》,2006 年第 8 期:86—88 页。
54. 杨乃济:《旅游与生活文化》,旅游教育出版社 1993 年版。
55. 姚雪艳:《皇家园林的辉煌》,《园林》,2001 年第 10 期:12—14。
56. 叶朗:《中国美学史大纲》,上海人民出版社 1999 年版。
57. 余树巡:《园林美与园林艺术》,中国建筑工业出版社 2006 年版。
58. 俞孔坚:《景观:文化、生态和感知》,科学出版社 1998 年版。
59. 章海荣:《旅游审美原理》,上海大学出版社 2002 年版。
60. 章海荣:《旅游文化学》,复旦大学出版社 2004 年版。
61. 俞学才:《旅游文化》,中国林业出版社 2002 年版。
62. 赵仁基:《古典园林欣赏》,江苏人民出版社 1986 年版。
63. 朱海宁:《品鉴红酒》,中国文联出版社 2008 年版。
64. 庄志民:《旅游美学》,上海三联书店 1999 年版。
65. 卓新平:《基督教知识读本》,宗教文化出版社 2000 年版。
66. 宗白华:《中国园林艺术概观》,江苏人民出版社 1987 年版。

后　　记

　　本书是 2007 年以后,笔者在山东大学为学校开设的通选课及核心通识课教学所写的讲稿。在前辈及学校的敦促、鼓励和改正之下整理出来,内心铭感。对这本书原来的想法是先介绍一些旅游文化与美学的知识,然后深入地谈一些旅游文化及景观赏析的道理。这样,或许能为学生读书问道提供一定的借鉴。在将这些内容讲授了 6 遍以后,发现学生还是较有兴趣,对景观的欣赏和品评能力都有所提高,但是具体分析及理论高度仍需提高。所以本书只能算是旅游景观赏析的基础理论知识。如果能将理论与实践结合起来,效果会更好些。

　　人生处处皆风景。诗意的人生,就是学会用审美的眼光和审美的心胸看待世界,照亮身边或远处的风景,体验它无限的意味和情趣,从而享受现在,为自己打造一个精神的家园。在旅程中,如能有意识地寻找景观之美,反思生活之美,或可涵养气质,提升自身人生境界。

编者
2012 年 12 月

教辅申请说明

北京大学出版社本着"教材优先、学术为本"的出版宗旨,竭诚为广大高等院校师生服务。为更有针对性地提供服务,请您按照以下步骤在微信后台提交教辅申请,我们会在1~2个工作日内将配套教辅资料,发送到您的邮箱。

◎手机扫描下方二维码,或直接微信搜索公众号"北京大学经管书苑",进行关注;

◎点击菜单栏"在线申请"—"教辅申请",出现如右下界面:

◎将表格上的信息填写准确、完整后,点击提交;

◎信息核对无误后,教辅资源会及时发送给您;如果填写有问题,工作人员会同您联系。

温馨提示:如果您不使用微信,您可以通过下方的联系方式(任选其一),将您的姓名、院校、邮箱及教材使用信息反馈给我们,工作人员会同您进一步联系。

我们的联系方式:

北京大学出版社经济与管理图书事业部
北京市海淀区成府路 205 号,100871
联 系 人: 周莹
电　　话: 010-62767312 /62757146
电子邮件: em@pup.cn
Q Q: 5520 63295(推荐使用)
微信: 北京大学经管书苑(pupembook)
网址: www.pup.cn